DICTIONNAIRE
DE LA PÉNALITÉ

DANS

TOUTES LES PARTIES DU MONDE CONNU.

DE L'IMPRIMERIE DE PLASSAN, RUE DE VAUGIRARD, N° 15,
DERRIÈRE L'ODÉON.

DICTIONNAIRE
DE LA PÉNALITÉ

DANS

TOUTES LES PARTIES DU MONDE CONNU;

Tableau historique, chronologique et descriptif des Supplices, Tortures ou Questions ordinaires et extraordinaires, Tourmens, Peines corporelles et infamantes, Châtimens, Corrections, etc., ordonnés par les Lois, ou infligés par la cruauté ou le caprice, chez tous les peuples de la terre, tant anciens que modernes; auxquels ou a rattaché les Faits les plus importans que l'histoire présente en condamnations ou exécutions civiles, correctionnelles ou criminelles;

PAR M. B. SAINT-EDME;

ORNÉ DE 72 GRAVURES,

ET DÉDIÉ

AU JEUNE BARREAU FRANÇAIS,

DANS LA PERSONNE DE Mᵉ MÉRILHOU, AVOCAT.

TOME CINQUIÈME.

PARIS,
CHEZ ROUSSELON, LIBRAIRE,
RUE D'ANJOU-DAUPHINE, N° 9.

1828.

DICTIONNAIRE
DE LA PÉNALITÉ

DANS

TOUTES LES PARTIES DU MONDE CONNU.

O

** OREILLE COUPÉE.** Ce genre de mutilation a été anciennement fort en usage, et emportait avec lui une sorte d'infamie. On l'emploie encore chez quelques nations sauvages ou peu civilisées.

MACÉDOINE. Voy. *Nez coupé*, t. IV, p. 468.

PERSE. Pour les moindres crimes on arrachait les yeux aux condamnés, ou on leur coupait le nez, *les oreilles*, les pieds ou les mains : ces amputations étaient principalement réservées aux voleurs ordinaires. — Le roi de Perse, Séfi, ayant tué de sa main son chancelier, en 1625 (ou 1035 de l'hégire), un poète, faussement accusé d'avoir mis cette cruelle exécution en vers, et de les avoir chantés au méïdan ou marché, fut conduit dans ce même lieu, et là on lui coupa le nez, *les oreilles*, la langue, les pieds et les mains, mutilations dont il mourut quelques jours après.

RUSSIE. Un premier larcin était puni du fouet, de l'amputation d'une oreille, et de la prison temporaire; la récidive entraînait la perte de l'autre oreille, et la déportation en Sibérie.

T. V.

I

MEXIQUE. Chez les Ysipaques, l'amputation du nez et des oreilles était la punition de la femme infidèle.

AMBOINE (île d'). On coupe le nez et les oreilles aux voleurs, et on les fait esclaves pour la vie.

ACHEM. Les mutilations sont le genre de peine le plus fréquent que prononce le roi de ce pays. Il fait souvent couper aux condamnés, le nez, les oreilles ou la lèvre supérieure, et ces exécutions n'ont quelquefois pour motif que son caprice. Les exécuteurs mettent à contribution les patiens, et leur font chèrement payer l'avantage d'être ainsi mutilés proprement et d'un seul coup.

MISSOURI. Certains peuples de cette contrée punissent de mort l'adultère de la femme; mais souvent le mari lui-même se contente de lui couper le nez et les oreilles.

ALLEMAGNE. L'article 123 du Code criminel de Charles V met l'amputation des oreilles au nombre des peines à infliger à ceux qui aident à la prostitution des femmes mariées.

PRUSSE. Voy. *Nez coupé*, t. IV, p. 469.

ANGLETERRE. Autrefois on coupait un pouce, une oreille, un pied ou une main, pour les plus petits vols.

FRANCE. L'essorillement, ou amputation de l'oreille, a été fort en usage en France. Anciennement, quand les maîtres étaient mécontens de leurs serfs, ils leur faisaient couper les oreilles, et même, pour en détruire la race, ils les faisaient mutiler. Sous la deuxième race, au lieu d'imposer des peines canoniques à leurs moines, les abbés leur faisaient couper une oreille, un bras, une jambe. —

Grégoire de Tours rapporte que Chilpéric Ier, qui se piquait d'être théologien, poète et grammairien, ayant voulu, en cette dernière qualité, introduire une nouvelle orthographe, deux maîtres d'école aimèrent mieux se laisser *essoriller* (couper les oreilles). que d'accepter cette innovation. — Il est parlé de ce genre de peine dans deux anciennes ordonnances, l'une du mois de mars 1498, et l'autre du 24 juillet 1534. Jean Doyac, dont les services, comme espion et délateur, avaient mérité la faveur de Louis XI, fut essorillé et fustigé en 1584, pour avoir attenté sur les biens et les personnes de quelques princes. Cette peine se trouve établie dans nombre de coutumes, notamment dans celle d'Anjou, art. 148, et dans celle de Loudunois, chapitre 39, art. 12. La coutume de la Marche la prononce contre ceux qui, ayant été bannis à perpétuité, osent reparaître dans le pays. Il paraît qu'autrefois ce supplice était particulièrement infligé aux voleurs. Les patiens subissaient cette opération au haut d'une potence permanente, qu'on appelait alors *échelle. Voy.* ce mot, t. III, p. 445. Voici ce qu'en rapporte Sauval : « A un serviteur larron, ou coupeur de bourses, on lui coupait l'oreille pour la première fois, et pour la seconde, l'autre, après quoi la mort suivait la troisième. Quand le vol de la première fois était considérable, on leur coupait l'oreille gauche, d'autant qu'il y a en icelle une veine qui répond aux parties naturelles, laquelle étant coupée, rend l'homme incapable de pouvoir engendrer, afin que telle race de gens ne laissassent au monde une engeance vicieuse et méchante, dont il n'y en a que trop.... A Paris, en ce petit carrefour que l'on voit entre le bout du pont Notre-Dame, la Macque, Saint-Jacques de la Boucherie et la Grève, où jadis il y avait une échelle comme celle du Temple, cette place était nommée le carrefour *Guigne-Oreille*, à cause de cette exécution, et en langage corrompu, *Guillori*, par le vulgaire. » (Le carrefour dont parle Sauval porte encore aujourd'hui le même nom.) Une ordonnance du 24 juillet 1484, tendant à réprimer les excès des *clercs*, *pages* et *laquais* qui s'entrebattaient dans les rues, insultaient les passans, et portaient des armes meurtrières, prononce contre les coupables la peine du fouet, jointe à celle d'avoir les oreilles coupées. — Le supplice de l'essorillement est encore en usage dans nos colonies, à l'égard des esclaves fugitifs. *Voy.* AMPUTATION, t. I, p. 325; ADULTÈRE, t. I, p. 102; ABIGEAT, t. I, p. 37; BOURGEOIS, t. III, p. 49; DÉLATEUR, t. III, p. 350.

 OREILLES ARRACHÉES. *Voyez* TRAHISON (haute).

OREILLES (CLOUÉ PAR LES). On trouve ce supplice en usage en Turquie. Le marchand qui vend à faux poids est condamné à l'amende, à la bastonnade, et on le cloue par l'oreille à la porte de sa boutique. — En Angleterre, le statut v d'Elisabeth, ch. 9, a attaché à la subornation l'infamie perpétuelle avec une amende de 40 liv.; et, à défaut de paiement, six mois de prison, après avoir été cloué au pilori par les oreilles.

OREILLES PERCÉES. Chez les Romains, il n'y

avait, outre les dames, que les esclaves, les affranchis et leurs enfans, qui eussent l'oreille percée. C'était une marque de servitude. *Voy.* ADULTÈRE, t. I, p. 102.

ORGE. Au rapport de Polybe, un des châtimens militaires en usage chez les Romains était de donner aux soldats de l'orge au lieu de blé, ce qui était réputé une honte pour eux. On infligeait principalement cette peine à ceux qui avaient abandonné leur poste, et que la décimation, peine ordinaire de ce crime, n'avait pas atteint.

OS BRULÉS. Sous le régime de l'inquisition ancienne, on brûlait sur un bûcher les ossemens des hérétiques morts avant d'avoir été *réconciliés*, c'est-à-dire, absous par les inquisiteurs, et ayant subi certaines pénitences publiques à la porte de l'église pendant trois, cinq ou sept ans. — Lors de l'exécution des Templiers, sous Philippe-le-Bel, la rage superstitieuse fut poussée jusqu'à attaquer les morts: leurs ossemens furent déterrés, brûlés et leurs cendres jetées au vent.

OSSELETS, en latin *cudiculæ*, petit bâton au travers duquel on passait une corde formant un nœud coulant dont on serrait les doigts, le poignet, et quelquefois le cou de ceux qu'on menait en prison.

OSTAGER. On nommait ainsi, dans l'ancienne jurisprudence, le débiteur forain que son créancier constituait prisonnier. On l'appelait ostager parce qu'il était retenu par forme d'*ostage*. *Voy.* DÉBITEUR, t. III, p. 525.

OSTRACISME, loi par laquelle le peuple athé-

nien condamnait, sans flétrissure ni déshonneur,
à dix ans d'exil, les citoyens dont il craignait la
trop grande puissance, et qu'il soupçonnait de
vouloir aspirer à la tyrannie. Le premier *Athénien
frappé* par cette loi fut Hypparchus, parent de
Pisistrate. C'était la tyrannie de ce dernier qui avait
occasioné l'établissement de *l'ostracisme*. Ce mot
dérivait du grec οστρακον, qui signifie coquille ; on
l'employa pour désigner les suffrages en cette occasion, parce que chaque citoyen écrivait sur une
coquille le nom de celui qu'il jugeait devoir être
banni. *Voy.* Bannissement, t. II, p. 296.

OTAGES, citoyens qui se livrent eux-mêmes,
ou qui sont livrés par l'État auquel ils appartiennent, à un autre État ou souverain, pour garantie de l'exécution d'une convention politique.
On a agité la question de savoir si celui à qui sont
donnés des otages, peut les faire mourir, au cas
d'inexécution des engagemens. On répond que les
otages eux-mêmes n'ont pu donner à l'ennemi
aucun pouvoir sur leur propre vie, dont ils ne
sont pas les maîtres ; et que, pour ce qui est de
l'État qui les a livrés, il ne peut pas plus les rendre responsables de son infidélité au péril de leur
vie, qu'il ne peut faire que l'innocent soit coupable. Tout droit à leur égard demeure borné
à les retenir prisonniers jusqu'à ce que les conditions du traité soient remplies. Il y a une troisième
sorte d'otages : ce sont ceux que l'on prend de
force. — Le 12 juillet 1799, il fut rendu en France
une loi appelée *loi des otages;* elle prescrivait des
mesures contre les parens d'émigrés et les nobles,

et autorisait les administrateurs des départemens
à les prendre comme otages, en cas de troubles,
et de séquestrer leurs biens.

OUBLIETTES. C'était un lieu, dans certaines
prisons, en France, où l'on mettait autrefois ceux
qui étaient condamnés à une prison perpétuelle.
Ces cachots, humides et obscurs, étaient appelés
ainsi, à cause que ceux qu'on y enfermait, ne paraissant plus, étaient entièrement *oubliés*. *Hugues
Aubriot*, prévôt de Paris, qui fit bâtir la Bastille,
en 1369, par ordre de Charles V, ayant été poursuivi en jugement, par le clergé et l'Université,
pour crime d'impiété et d'hérésie, fut condamné
à être *prêché* et *mitré* publiquement au parvis de
Notre-Dame, et, après cette exposition, à être mis
en l'oubliette au pain et à l'eau. Ce fut à la prison
du Fort-l'Évêque, d'où il fut tiré depuis par les Pa-
risiens insurgés. — La prison de l'Officialité avait
aussi alors ses oubliettes. — Lorsque l'assemblée
nationale établit ses bureaux dans le couvent des
capucins, évacué d'après son décret du 6 juillet
1790, en parcourant ce bâtiment, on découvrit
dans un lieu secret, à gauche et au fond d'un corridor qui communiquait au cloître, ce que les
religieux nommaient *oubliettes* ou *in pace*. C'était
deux cachots étroits, pratiqués dans deux des an-
gles d'une pièce à demi-souterraine, et formés par
une forte cloison composée de gros madriers de
chêne, unis entre eux par des liens de fer, le tout
recouvert de maçonnerie. La seule ouverture par
laquelle les vivres et le jour pouvaient momentanément pénétrer dans ce cachot, avait environ un

pied et demi de hauteur sur cinq pouces de lar-geur ; cette ouverture était encadrée par des bar-res et plaques de fer, et fermée par une petite porte aussi en fer. Le guichet par où on introduisait le prisonnier n'avait pas plus de quatre pieds de hauteur ; il était garni d'énormes serrures et ver-roux. — En 1804, lorsqu'on démolit la tour sur l'emplacement de laquelle on bâtit la porte d'Her-cule à Grenoble, on découvrit, indépendamment du tribunal de l'ancienne justice ecclésiastique, le cachot nommé *les oubliettes,* ainsi disposé : Le con-damné, passant, dans un corridor ouvert, dans son milieu, par une trape, tombait dans ce cachot par une espèce de conduit de la forme d'un puits, dont les parois étaient garnies de fers tranchans qui dé-chiraient le malheureux ; on l'y laissait ensuite mourir de ses blessures et du manque de nourri-ture. On découvrit ensuite que, dans certains cas, après avoir descendu le patient dans l'oubliette, on lui avait traversé la cuisse d'une barre de fer fixée par un bout dans le rocher, et qu'on l'avait laissé mourir dans cet état. — Le château de Blois renfermait aussi, dit-on, des oubliettes dont on montre encore l'emplacement. — Le cardinal de Richelieu avait à Bagneux une maison qui a retenu le nom des *oubliettes,* et qui fut achetée, vers le mi-lieu du dernier siècle, par un nommé Toinard , dans l'espoir qu'en la fouillant il se dédommage-rait du prix. Il trouva effectivement un puits dont l'ouverture était bouchée, et dans lequel étaient les ossemens de plus de quarante cadavres, avec les débris de leurs vêtemens , montres, bijoux, argent, etc. Le cardinal, qui avait pour habitude de tout sacrifier à son ambition, se défaisait, disait-on, des gens qu'il n'osait ou ne pouvait attaquer publiquement, en les comblant de caresses et de marques d'amitié. La dernière qu'il leur en donnait, était de les faire sortir par un escalier dérobé, au milieu duquel était une bascule que ce ministre daignait faire jouer lui-même ; on tombait alors dans un puits qui avait au moins cent pieds de profondeur. Les premiers qui l'essayèrent furent ceux qui l'avaient creusé. — Ces cachots, dits oubliettes, étaient sans doute une imitation de l'ancien *barathrum* des Grecs et des Romains. *Voy.* ce mot, t. II, p. 381, et *In pace*, t. IV, p. 209.

OURS (ENFERMÉ DANS UNE PEAU D'). Iwan IV, czar de Russie, dans le seizième siècle, et le premier qui donna des lois écrites à cet empire, apporta dans la répression des crimes une férocité que la plupart des historiens ont attribuée faussement à son caractère, et qui n'était que la conséquence nécessaire de la barbarie de son pays à cette époque. Lorsque les fautes étaient considérables, il faisait revêtir le coupable d'une *peau d'ours,* et, dans cet état, on le conduisait sur la place du marché public, où il était abandonné aux chiens, qui le déchiraient.

OUTRAGE. Offense de faits, de menaces ou de paroles dirigés contre des personnes ou des objets qui commandent le respect. Ainsi la loi pénale qui régit aujourd'hui la France considère et punit, dans ses art. 222, 223, 224, 225, 227, 262 et 330, 1° les outrages faits aux magistrats, offi-

ciers ministériels ou agens de la force publique
dans l'exercice de leurs fonctions; 2° ceux faits aux
objets d'un culte dans le lieu destiné à son exercice ou aux ministres de ce culte dans leurs fonctions; 3° l'outrage fait publiquement à la pudeur.
La peine décernée dans ces trois cas est l'amende
et l'emprisonnement, variés suivant les cas : la
peine est plus grave s'il y a eu violence. — Les
Annales des tribunaux rapportent une multitude
de faits du dernier genre. On y voit que l'ancienne
législation les punissait beaucoup plus sévèrement,
qu'elle ordonnait toujours l'amende honorable, et
condamnait souvent les coupables aux galères. Le
13 mars 1695, le parlement de Paris rendit un arrêt contre la marquise de Tresnel, qui avait fait
outrager par ses laquais, sur un chemin public,
la dame de Liancourt. La marquise fut condamnée
à l'amende honorable envers l'offensée, et au bannissement hors du ressort du parlement; deux de
ses gens furent envoyés aux galères. — Rien n'é-
gale le trait de sévérité du pape Sixte V, dans une
affaire bien moins grave et qui n'aurait même jamais été considérée comme telle en France. Le fils
d'un avocat de Pérouse demanda en mariage une
fille qu'il aimait éperdûment. Les parens de la demoiselle le refusèrent; sur quoi il s'imagina de les
mettre dans la nécessité de revenir de cette décision, et, pour cela, il épia sa maîtresse, et l'ayant
trouvée dans une rue de Rome, il l'arrêta, leva
son voile et lui donna un baiser malgré elle et
malgré sa mère qui l'accompagnait. Une pareille
action en Italie, où le sexe est surveillé avec un

soin jaloux, est regardée comme un véritable outrage. Or, pour éviter les suites de la plainte que
la mère avait portée au pape, les Colonnes, puissante maison de Rome, qui s'intéressaient au jeune
homme, s'entremirent pour lui et firent conclure
son mariage. Mais, au milieu du repas de noces,
des sbires viennent arrêter l'époux. On court au
gouvernement, qui renvoie au pape : celui-ci fait
venir toutes les parties intéressées et leur demande
si elles étaient satisfaites. Sur leur réponse affirmative : J'en suis content, dit-il, mais la justice ne l'est
pas. Les poursuites furent continuées sur ses ordres, et l'époux se vit condamner aux galères.
Voy. OFFENSE et INJURE, t. IV, p. 206.

P.

POEDOTISIE, d'un mot grec qui signifie proprement infanticide. On prend ce mot dans une
acception particulière, pour désigner cette coutume inhumaine, pratiquée par quelques peuples,
de sacrifier aux dieux ses propres enfans pour apaiser leur colère. On trouve, principalement dans
les livres sacrés des Juifs, différens exemples de
pareils sacrifices.

PAIN (MORCEAUX DE). Sauval, dans ses Antiquités de Paris, dit que les patiens faisaient deux pau-
ses lorsqu'on les conduisait au supplice. A la dernière, ils s'arrêtaient à la cour des Filles-Dieu, bai-
saient le crucifix, recevaient l'aspersion, man-
geaient *trois morceaux de pain* et buvaient un verre
de vin. On appelait ce repas le *dernier morceau*

du patient, qui ressemble fort à ce repas que les femmes juives donnaient aux personnes condamnées à mort, et au vin de Myrta', que les Juifs faisaient boire aux personnes destinées au dernier supplice, et qu'ils présentèrent à Jésus-Christ.

PAIRS. On nomme ainsi les membres de la chambre haute du parlement en Angleterre, et, en France, ceux de la chambre dite des Pairs. Pour ceux de France, *voy.* dans ce Dict., à l'art. Chambre des Pairs, t. III, p. 207, auquel il faut ajouter que cette chambre, formée en cour judiciaire, connaît aussi des crimes dont les ministres peuvent être accusés par la chambre des députés, et qui sont les faits de trahison et de concussion. — En Angleterre, les pairs, considérés comme conseillers nés et perpétuels du souverain, ne peuvent, en aucun cas, être arrêtés pour dettes : s'il leur arrive de l'être pour crime de haute trahison, ils ne sont pas jugés, comme les autres sujets, par douze jurés, mais par l'assemblée générale de leurs pairs, qui, dans ce cas, comme dans tous les autres, ne sont pas obligés de prêter serment : mais, portant la main sur la poitrine, ils déclarent (*upon my honour*), sur leur honneur, que leur opinion est telle ou telle. Il n'est pas non plus exigé, comme pour le jury, que leurs suffrages soient unanimes; leur décision se rend à la pluralité des voix. Un pair anglais jouit de l'étonnant et injuste privilége d'échapper, à cause de son rang, à l'ignominie de l'exécution que subit un meurtrier ordinaire dans le cas où il n'a pas agi avec préméditation. Ce genre de meurtre, appelé par les lois anglaises *manslaug-*

ter (carnage d'homme), entraîne la punition d'être brûlé dans la main avec un fer rouge, peine qui remplace celle de mort pour ceux qui invoquent le bénéfice du clergé, pour lequel il suffit de savoir lire.

PAL. *Voy.* EMPALEMENT, t. III, p. 465.

PAMPHLETS. *Voy.* PRESSE (liberté de la).

PARATILME. On appelait ainsi, dans l'ancienne jurisprudence grecque, une sorte de châtiment imposé aux adultères qui étaient pauvres et hors d'état de payer l'amende ordinaire en pareil cas. — Ce châtiment consistait à faire marcher les condamnés en public avec une rave enfoncée dans l'anus; ou à lui arracher jusqu'à la racine les poils qui entouraient la partie coupable. C'est principalement cette dernière opération qui était nommée *paratilme,* d'un mot grec qui veut dire *arracher.*

PANTOMIMES, bouffons qui représentent toutes sortes de sujets par des gesticulations ingénieuses. Ces bouffons furent les premiers comédiens parmi les Français, comme ils l'avaient été chez les Romains et chez les Grecs, dont leur nom témoigne qu'ils tirent leur origine. Les Romains perfectionnèrent cet art et en furent enthousiastes. Ils rendaient eunuques les enfans qu'ils destinaient à cette profession, dans la vue de donner plus de souplesse à leurs corps. Auguste protégea beaucoup les *pantomimes,* comme un puissant moyen de détourner des Romains les idées de liberté. Ils furent chassés de Rome sous Tibère, Néron et quelques autres empereurs; mais on fut toujours

Supplice chez les Chinois.

Dané de la Pénalité.

obligé de les rappeler malgré tous les abus dont
ils se rendaient coupables. — Anciennement, en
France, ils amusaient le peuple par des postures
et des chansons, qui prouvaient toute la grossiè-
reté du siècle où ils avaient commencé leurs jeux.
— Charlemagne, voulant corriger cet abus, déclara. *les histrions, mimes et farceurs, incapables
d'être admis en témoignage contre les personnes
d'une condition libre*. Cette peine infamante fit
tomber les *pantomimes* ; ils furent remplacés par
les troubadours, les jongleurs et les ménestrels.

PANT-SÉE, nom de l'instrument dont on punit les coupables à la Chine. C'est une grosse canne
de bambou, bois dur et massif ; fendue à demi,
plate, et de quelques pieds de longueur. Elle a par
le bas la largeur de la main, et est par le haut po-
lie et déliée, *Voy.* BATON, CANGUE.

PAO-LO, supplice extraordinaire inventé par
l'empereur chinois Tcheou ; à l'instigation de sa
concubine favorite qui se nommait *Takya*. L'instrument de ce supplice était une colonne de cuivre
haute de vingt coudées, sur huit de diamètre,
creusée comme le taureau de Phalaris, avec trois
ouvertures pour y mettre du feu. On y attachait
les criminels, en la leur faisant embrasser avec les
pieds et les jambes ; on allumait un grand feu au
dedans, qui rôtissait ces malheureux jusqu'à ce
qu'ils fussent réduits en cendres. Le père Duhalde,
qui rapporte ce fait, ajoute que Takya se faisait
un amusement de ce spectacle.

PAON. Les rois d'Angola, contrée d'Afrique voisine du Congo, entretiennent un grand nombre de

paons ; ce privilége est réservé à la famille royale. Leur vénération va si loin pour ces animaux, qu'un de leur sujets qui aurait la hardiesse d'en prendre une seule plume, n'éviterait pas la mort ou l'esclavage.

PAPE. Le fanatisme religieux, décoré du nom de zèle, ne s'est pas borné à attaquer les rois ; les papes même en ont été plusieurs fois victimes. Sixte V, qui avait confirmé, en 1558, la congrégation du Saint-Office, fut lui-même accusé d'hérésie, à cause de la traduction de la Bible qu'il fit publier en italien. L'inquisition d'Espagne s'efforça d'empêcher cette publication , et n'y put réussir ; mais dès que le redoutable pontife eut cessé de vivre, le Saint-Office condamna la *Bible Sixtine*, et par conséquent le pape, oracle infaillible de la foi. On croit même que Sixte V mourut empoisonné, et que Philippe II et les inquisiteurs ne furent pas étrangers à cette mort. — On sait que Clément XIV (Ganganelli) paya de la vie le *crime* d'avoir aboli les jésuites.

" PAPISME, PAPISTE. L'Angleterre, si renommée pour la liberté, en l'étendant à l'exercice des différens cultes religieux, a exclu de cette protection les anti-trinitaires , et ceux de la communion romaine qu'on y désigne sous le nom de papistes. On peut même dire que le papisme y est considéré comme une sorte de tache criminelle ; et sa manifestation publique comme un délire et souvent un crime. On en jugera par le précis des lois faites à ce sujet. Elles considèrent trois classes de papistes, savoir : ceux qui professent le papisme sans en avoir été convaincus en justice; ceux qui y persistent après avoir été convaincus; et enfin les prêtres papistes.,—Ceux qui professent le papisme sont inhabiles, après l'âge de dix-huit ans, à posséder les biens que la naissance leur a donnés ou qu'ils ont acquis, jusqu'à ce qu'ils renoncent à leurs opinions. Si un père envoyait son enfant pour être élevé dans la religion romaine, il ne pourrait plus recevoir de legs, de donation, ni exercer aucun office dans le royaume, et tous ses biens seraient confisqués. Il y a plus; si quelqu'un, après avoir professé la religion anglicane, apostasiait en se réconciliant avec le siége de Rome, ou en procurant aux autres cette réconciliation, cette offense deviendrait haute-trahison; et les papistes réfractaires, convaincus en justice de ne point assister au service de la religion anglicane, outre les peines ci-dessus mentionnées, sont encore mulctés par celles qui suivent. Ils sont frappés d'incapacité pour tout office ou emploi public; ils ne peuvent avoir des armes dans leurs maisons; ils ne peuvent s'approcher à dix milles de Londres, sous peine de 100 livres d'amende, ni s'éloigner de leur domicile au-delà de cinq milles, sans une permission, ni venir à la cour, sous peine de confiscation de leurs biens. De plus, ils sont tenus de se servir des ministres de la religion anglicane pour leurs mariages et le baptême de leurs enfans. La femme mariée convaincue de papisme perd ses droits matrimoniaux, et durant son mariage on peut la punir de la prison, à moins que son mari ne la rachète au prix de dix livres par mois. Enfin, tout papiste avéré, et convaincu en justice , est obligé, dans l'espace de trois mois, de sortir du royaume, s'il en est requis légalement ; et, au cas qu'il n'obéisse pas, ou qu'il y revienne sans la permission du roi, il est puni de mort comme coupable de félonie. Il faut ajouter que tout papiste, même régnicole , est exclu des deux chambres. Quant aux papistes ecclésiastiques , leur sort est bien plus rigoureux. Les statuts xi et xii de Guillaume III , chap. 4, prononcent la prison perpétuelle contre les prêtres ou évêques papistes, qui célèbrent la messe ou qui exercent quelqu'une de leurs fonctions ailleurs que dans les maisons des ambassadeurs. Par le statut xxvii d'Élisabeth,ch. 2, tout prêtre papiste, né sujet de l'Angleterre, qui y reviendrait ou y resterait trois jours sans prêter le serment de conformité , serait coupable de haute-trahison , et toute personne qui lui donnerait retraite, encourrait la peine de félonie, sans pouvoir réclamer de privilége clérical. — Black stone, en rapportant ces lois, dit qu'elles sont rarement exécutées à la rigueur. Elles cesseront entièrement de l'être si le parlement adopte le bill d'émancipation des catholiques , dont il est question maintenant plus que jamais.

PARDON. Dans l'ancienne jurisprudence française, les peines décernées pour injures et outrages envers les particuliers ou les magistrats, étaient accompagnées d'une sorte de réparation qui consistait, à en ce que le coupable demandait pardon genoux à la personne offensée, en lieu public, ordinairement dans une chambre d'audience. — On appelait aussi pardon, une espèce particulière de grâce faite par le prince pour une action excusable. *Voy*, ABOLITION, t. I, p. 45; CHAMBRE DES COMMUNES, t. III, p. 205; INJURES, t. IV, p. 206.

PARESSE, habitude de ne point s'occuper. Dracon avait prononcé la peine de mort contre les paresseux. Une loi de Solon les déclarait infâmes. Cette dernière loi fut adoptée en Sicile.

PARJURE, crime de celui qui a fait sciemment un faux serment; on donne aussi ce nom à l'auteur du crime.

ALLEMAGNE. D'après le Code de Charles V, celui qui commet un parjure en matière civile est condamné, 1° à restituer les deniers ou autres choses que son crime lui a procurés; 2° à la privation de ses honneurs et dignités; 3° à avoir, suivant l'exigence des cas, la main ou les doigts coupés. Selon ce Code, le témoin coupable d'un parjure qui donne lieu de prononcer contre quelqu'un une peine capitale, est puni de la même peine, qui est également prononcée contre ceux qui engagent, par méchanceté, une personne à commettre un parjure.

ANGLETERRE. Le législateur du pays de Galles, Hoel-Da, dont les *leges Wallicæ* sont de l'année 914, ordonna que le parjure serait racheté par le paiement de trois vaches. Plus tard, commettre ou faire commettre un parjure entraîna la confiscation des biens, et, successivement, le bannissement, l'amputation de la langue, la mort. Dans les temps modernes, on a borné la peine à l'infamie perpétuelle avec l'amende, à un emprisonnement

de six mois, après avoir été cloué au pilori par les
oreilles, à la réclusion ou à la transportation pour
sept ans.

DACES. *Voy.* Nu, t. IV, p. 473.

EGYPTE. Le parjure était autrefois puni de mort.

ESPAGNE. Sous le règne de Philippe V, *l'excommunication réservée* était la peine du parjure.

FRANCE. Suivant les Capitulaires de Charlemagne
et de Louis-le-Débonnaire, le parjure avait la main
droite coupée. Par l'ordonnance de Philippe-le-
Hardi, de l'an 1234, l'avocat qui violait sa promesse était noté de parjure et d'infamie, exclu de
ses fonctions et puni à l'arbitraire des juges; un
des canons du concile de Tours, de 1236, prononce la peine du fouet et de l'échelle contre les
parjures; sous Charles VII, il était passible d'une
amende; d'après l'ancienne coutume de Bretagne,
ses meubles étaient confisqués au profit du seigneur, s'il n'exerçait pas un office de justice, car,
dans ce cas, on le déclarait infâme et incapable de
posséder aucun emploi; selon la coutume du Bour-
bonnais, le juge prononçait une peine arbitraire.
Le Code pénal de 1791 ne punissait le parjure
que lorsqu'il constituait un faux témoignage. L'article 366 du Code pénal de 1810 punit de la *dégradation civique* « celui à qui le serment aura été
déféré ou référé en matière civile, et qui aura fait
un faux serment. »

ISSINI. L'amende est la punition du parjure.

LOMBARDIE. Le parjure avait le poing coupé.

NAPLES. Julius Clarus parle d'une constitution
qui condamnait les parjures à avoir le poing coupé.

ROME. Des lois avaient successivement prononcé contre le parjure la peine du fouet, du bannissement, de l'infamie. Le parjure militaire était mis à mort par ses camarades à coups de bâtons ou de pierres.

PAROLES INDISCRÈTES. *Voy.* LÈSE-MAJESTÉ, t. IV, p. 318.

PARRICIDE, meurtre volontaire commis sur la personne d'un père, d'une mère, d'un frère, d'un enfant.

ALBANIE. Le parricide n'est pas atteint par la loi, mais celui qui s'en est rendu coupable est en butte à l'horreur de ses compatriotes : on le fuit, on l'abandonne, et partout il excite l'horreur et le mépris.

ALLEMAGNE. Il est puni de mort.

ANGLETERRE. Considéré comme simple meurtre, le parricide était puni par la potence. Cependant, au commencement du xviiie siècle, la peine se compliquait quelquefois. En 1705, une nommée Marie Coole, de la province d'Yorck, ayant trouvé son père endormi, lui coupa la gorge de deux coups de rasoir. Cette malheureuse, prise et interrogée, eut l'impudence d'insulter aux magistrats, en disant qu'elle n'avait pas cru que c'était un crime de tuer son père, puisque le parlement avait fait mourir son roi, qui était le père du peuple, et que la reine avait laissé mourir le sien en exil, sans lui procurer aucun secours : on lui fit couper la langue et le poignet, ensuite elle fut brûlée. En 1802, on pendait pour ce crime; mais en 1812, on le traitait de folie, et on condamnait le coupable à la prison perpétuelle.

Athènes. Solon n'avait pas, prononcé de peine contre ce crime, parce qu'il ne croyait pas qu'il pût exister.

Chine. « S'il arrivait, qu'un fils maltraitât son père, soit par des paroles injurieuses, soit par des coups, ou, ce qui est également rare et horrible, que dans un transport de fureur il devînt parricide, l'alarme se répandrait dans toute la province, la punition s'étendrait, jusque sur ses parens, et les gouverneurs même courraient risque d'être déposés, parce qu'on supposerait toujours que ce malheureux enfant n'aurait pu parvenir que par degrés à ce comble d'horreur, et que ceux qui devaient veiller sur sa conduite auraient prévenu le scandale, s'ils eussent apporté une juste rigueur à le punir de ses premières fautes : mais alors il n'y a pas de châtiment trop sévère pour le coupable. Il est coupé en mille pièces; sa maison est détruite, et l'on élève un monument pour éterniser l'horreur d'une si détestable action. »

Egypte. On perçait toutes les parties du corps du parricide avec des pointes de roseau de la longueur d'un doigt; on le plaçait ensuite sur des épines, et on l'y brûlait.

France. Avant 1789, les parricides étaient condamnés à faire amende honorable, à avoir le poing coupé, à être rompus vifs et jetés au feu. L'assassinat du souverain était considéré comme parricide. Dans ce dernier cas, on ajoutait encore à la peine. Damien, comme Ravaillac, fut condamné à « être tenaillé aux mamelles, bras, cuisses et gras de jambes, sa main droite, tenant en icelle le couteau dont il a commis ledit parricide, brûlée de feu de soufre, et sur les endroits où il sera tenaillé, jeté du plomb fondu, de l'huile bouillante, de la poix résine brûlante, de la cire et du soufre, fondus ensemble; et ensuite son corps tiré et démembré à quatre chevaux, et ses membres consumés au vent, réduits en cendres, et ses cendres jetées au feu. » On a remarqué qu'Enguerrand de Marigny, chambellan, châtelain du Louvre, surintendant des finances, grand-maître-d'hôtel de France et premier ministre de Philippe-le-Bel, puis de Louis X, ayant déplu au comte de Valois, oncle de Louis, et accusé, en conséquence, d'avoir aidé sa femme et sa sœur à *envoûter* (1) *le roi et autres barons*, ne fut condamné qu'à être pendu, quoique déclaré *atteint et convaincu d'un horrible parricide*. Aujourd'hui, le coupable condamné à mort pour parricide est conduit sur le lieu de l'exécution, en chemise, nu-pieds, la tête couverte d'un voile noir; il est exposé sur l'échafaud pendant qu'un huissier fait au peuple lecture de l'arrêt de condamnation; il a ensuite le poing droit coupé, et est immédiatement exécuté à mort, c'est-à-dire guillotiné (article 13 du Code pénal). L'attentat ou le complot contre la vie ou contre la personne du roi, est puni comme parricide (art. 86 du même

; (1). C'est-à-dire, qu'ils avaient fait faire leurs images en cire. On croyait alors qu'en piquant ou en brûlant ces sortes de figures avec des opérations magiques, ces impressions s'étendaient sur ceux qu'elles représentaient. L'exécution de Marigny eut lieu le 30 avril 1315. Et c'était alors le bon temps!

Code); mais il n'est point ajouté à la peine comme autrefois.

— GRÈCE. *Voy.*, au présent article, le mot *Athènes*, et au t. 1, p. 106, le mot *Adultère*.

ROME. Il n'y avait pas de loi contre le parricide, à Rome, avant l'an 652 de sa fondation. Mais alors, un Publicius Maléolus, ayant tué sa mère, donna occasion d'en régler la peine: ce fut, d'abord, d'être noyé, cousu simplement dans un sac de cuir de bœuf (1). Ce genre de supplice fut ordonné par Tarquin-le-Superbe, pour un prêtre qui avait révélé le secret des mystères. Pompée, consul pour la seconde fois, confirma la loi qui avait fixé cette peine, et ajouta qu'on mettrait un chien, un coq, un singe et des serpens, le tout en vie, dans le même sac avec le criminel, avant de le noyer. Ce supplice cessa d'être en usage au temps de l'empereur Adrien; alors on brûla vif, ou on exposa aux bêtes les coupables.

PART, du latin *partus*, fruit de la conception; enfant. On distinguait en jurisprudence l'exposition, la supposition et la suppression de part. *Voy.* AVORTEMENT, t. II, p. 206; — ENFANS, t. III, p. 477; INFANTICIDE, t. IV, p. 204; et SUPPOSITION D'ENFANT.

PARTIES NATURELLES. Presque tous les peuples ont imaginé de punir différens crimes ou

(1) Quelques historiens croient que cette loi fut faite par les décemvirs, et ils disent qu'elle était en quelque sorte oubliée lorsqu'on la remit en usage, vers l'an 600 de Rome, au sujet d'un parricide commis par Lucius Hostilius.

d'exercer leur vengeance par des mutilations ou des blessures faites à ces parties.

· ANGLETERRE. Autrefois on coupait les organes de la génération à un criminel avant de l'exécuter; on les brûlait devant lui, et on lui disait : *Misérable, tu ne méritais pas de recevoir le jour, et tu n'es pas digne de laisser de postérité.* Les délits de chasse étaient punis de ce supplice. Lorsque la reine Isabelle, sœur de Charles-le-Bel, roi de France, et femme d'Édouard II, roi d'Angleterre, repassa dans ce pays et fit la guerre à son époux, le favori d'Édouard, le jeune Spencer, étant tombé entre ses mains, elle le fit condamner à être pendu; mais elle voulut que l'arrêt portât qu'on arracherait au patient les parties dont il était jugé avoir fait un coupable usage avec le monarque : l'arrêt fut exécuté à la potence, et la reine ne craignit pas de voir l'exécution. Il est à remarquer qu'elle avait alors publiquement auprès d'elle son amant Mortimer.

BOTHNIE. La contusion des parties viriles accompagne le supplice de la strangulation.

·· ÉGYPTIENS. Ils rendaient eunuque celui qui violait une femme libre.

FRANCE. Joinville rapporte la sentence suivante, que Louis IX rendit contre un des chevaliers qui l'avaient accompagné dans son voyage d'outre-mer : « Dans la ville de Césarée, un chevalier ayant été trouvé au bordeau, fut condamné par condition, ou que la ribaude avec laquelle il avait été trouvé le menerait parmi l'armée, en chemise, ayant *une corde liée à ses génitoires,* laquelle la ribaude tiendrait d'un bout; ou, s'il ne voulait souffrir telle chose, qu'il perdrait son cheval et harnais, et qu'il serait chassé et forbanni de l'armée du roi. » Le chevalier dit qu'il aimait mieux perdre son cheval et armure, et quitta l'armée. On lit dans la vieille histoire de Robert-le-Diable, duc de Normandie, que ce prince fit pendre l'abbé de Sainte-Geneviève, par les parties sexuelles, à la porte de l'abbaye, pour lui avoir envoyé des *os de chat* en place des reliques qu'il lui avait demandées.

FRISIENS. La loi de ces peuples ordonnait que les coupables de vols faits dans les temples, seraient conduits sur le bord de la mer, que là on leur fendrait les oreilles, qu'on les châtrerait, et qu'ils seraient ensuite immolés aux dieux, dont ils avaient pillé les temples.

IROQUOIS. La Potherie rapporte, dans son voyage, qu'une femme ayant eu un de ses parens tué à la guerre, voulut exercer sa vengeance en tourmentant un Français, et que, pour cela, elle fit rougir un fer qu'elle lui enfonça dans les testicules, ce qui est réputé pour le plus affreux de tous les supplices.

JUIDA. Un nègre de ce pays fut surpris avec une des femmes du roi. On le plaça d'abord sur une élévation, pour servir de but à plusieurs grands, qui lui lancèrent leurs zagaies; on l'amena ensuite auprès de la coupable; on lui coupa les parties viriles à ses yeux, et on l'obligea de les jeter lui-même au feu.

KAMTCHADALES. Ces peuples, fort enclins au sui-

cide, emploient quelquefois le moyen de se serrer
les testicules d'une manière violente, et parvien-
nent ainsi à s'étouffer.

MONOMOTAPA. Les guerriers ont, après le combat,
l'affreuse coutume de mutiler les captifs, et d'en
présenter à leurs femmes les parties naturelles;
celles-ci font gloire de porter au cou ces tristes
marques de la victoire de leurs maris.

NAPLES. Guillaume III, fils de Tancrède, et qui
lui avait succédé sur le trône de Naples, après s'en
être vu arraché par l'ambitieux Henri II, empereur
d'Allemagne, fut, en outre, victime de cruautés
inouïes de la part de son vainqueur, qui ne se contenta pas de lui crever les yeux, mais le dégrada de
l'humanité, et le priva de la faculté de se créer des
vengeurs.

PORTUGAL. Gama, célèbre navigateur de cette
nation, revenant en Europe, eut à se plaindre de la
trahison d'un Maure: il le fit d'abord fouetter, puis
il ordonna de le lier par les parties naturelles, et de
le tirer de bas en haut avec une poulie.

ROMAINS. Ils crucifiaient de trois manières, parmi
lesquelles figurait celle de clouer le criminel à un
arbre par les parties naturelles. Entre les nombreux tourmens qu'inventa Tibère, un des plus
cruels fut celui de faire boire beaucoup de vin à
ses victimes, sans qu'elles fussent instruites du
supplice qui devait s'en suivre. et qui consistait à
leur faire lier les parties naturelles avec de petites
cordes. en sorte qu'elles eussent à souffrir et de la
ligature et de la rétention qu'elle occasionerait.

VISIGOTHS. Ils ôtaient les parties viriles aux pédérastes, et c'est la soule mutilation qu'ordonne leur Code. .

Voy. Castration, t. III, p. 173.

PASSAGE. Les art. 471 et 475 du Code pénal prononcent de légères amendes contre ceux qui passent sur le terrain d'autrui, ou y feraient passer des bestiaux avant la récolte ou pendant que le terrain est préparé ou ensemencé.

PASSE-PORT, permission de voyager. Le nom de *passe-port* semblerait indiquer que cette permission ne devrait être exigée que pour la sortie ou l'entrée du royaume, mais elle l'est également pour l'intérieur, et même l'article 6 du t. III de la loi du 10 vendémiaire an 4, porte l'obligation de se munir de passe-port pour sortir de son canton. La loi qu'on vient de citer, et celle du 28 mars 1792, prononcent la mise en état d'arrestation de tout individu voyageant sans passeport. C'est un singulier contraste que la création d'une mesure aussi contraire à la liberté individuelle au moment même où l'on proclamait la liberté publique. Il faut l'attribuer à la fois aux craintes d'un gouvernement ombrageux et au besoin d'une police sévère. Sous ce dernier rapport seul, sans doute, cette mesure, qui ne devait être que provisoire, d'après la loi de 1792, continue à être en vigueur. Un décret impérial, du 18 septembre 1807, règle la forme et le prix des passe-ports. Il ne peut être payé pour chaque passe-port, pour tous frais, que la somme de deux francs. Divers réglemens modifient encore les dispositions relatives à ces actes. Enfin. le Code

pénal (article 153 et suivans) prononce des peines pour la fabrication ou falsification d'un passe-
port, pour l'usage d'un passe-port faux, et étend
ces peines aux officiers publics, témoins, logeurs
et aux aubergistes qui ont concouru à commettre
ou pallier ce délit. Le faux, dans cette espèce de délit, n'est puni que d'un emprisonnement d'un an
à cinq ans. Les autres cas entraînent la même
peine, mais plus restreinte. L'officier public qui
a concouru sciemment à une supposition de nom
sur un passe-port , encourt la condamnation au
bannissement.

PASSER par les armes, par les baguettes, par
les courroies, par les verges. *Voy.* ARMES (passer
par les), t. I, p. 421; BAGUETTES (passer par les),
t. II, p. 240; COURROIES (passer par les), t. III,
p. 307; VERGES (passer par les).

PASSE-VOLANT, homme qui, sans être en-
rôlé , se présente dans une revue pour faire paraître une compagnie plus nombreuse , et pour
tirer la paie au profit du capitaine. Sous François Ier et Henri II, les passe-volans, reconnus pour
tels, étaient pendus, et le capitaine cassé. Les
ordonnances de Louis XIV, des 1er juin 1675 et 14
juin 1702, avaient condamné les passe-volans à
avoir le nez coupé. L'article 43 de l'ordonnance
du 13 juillet 1727 prononce contre eux la peine
des galères à perpétuité, et ordonne que les officiers qui les auraient présentés seraient cassés.
Aujourd'hui, le passe-volant serait puni comme
complice de l'officier qui l'aurait fait paraître à la
revue, et tous deux seraient condamnés à trois ans

çues, d'après le t. vii de la loi du 21 brumaire an 5.

PASSION. Les chrétiens désignent par ce mot les tourmens et la mort que J.-C. a endurés. La partie de l'Évangile qui comprend le récit de ses souffrances s'appelle aussi *passion*. Il est inutile de retracer les détails d'un supplice que tout le monde doit connaître. Au reste, il se borne à trois choses : l'insulte, la flagellation et le crucifiement. *Voy.* Croix, t. III, p. 309.

PATENTES. Brevet portant permission d'exercer un état ou profession, art ou métier. C'est une création de la loi du 17 mars 1791, qui abolit les corps d'arts et métiers. Plusieurs lois successives furent rendues sur cette matière, attendu que le droit de patente, étant une contribution publique, ne pouvait être ordonné que pour un an. Toutes ces lois furent abrogées par celle du 1er brumaire au 7, qui sert encore aujourd'hui de règle, au moyen du renouvellement qu'en fait, chaque année, la loi sur le budjet de l'État. Un tarif annexé à cette loi de l'an 7 fait connaître les nombreux états ou métiers soumis à ce droit. Il faut ajouter à cette longue énumération, les médecins qui y ont été assujétis récemment. — Les principales dispositions pénales, relatives aux patentes sont : une amende de 500 francs pour tous actes judiciaires relatifs à la profession de l'individu sujet à patente, à la tête desquelles ne serait pas faite la mention détaillée de la patente : la confiscation des marchandises est aussi prononcée contre le commerçant non patenté qui les aurait vendues

ou exposées en vente hors de son domicile. Quant
à celui qui vend à son domicile, l'article 58 de la
loi de brumaire an 7 j. porte qu'il en est dressé
procès-verbal pour faire poursuivre le contrevenant *conformément à la présente loi;* mais cette loi
n'assigne nulle part de peine répressive pour ce
cas. On ne pourrait que s'en référer à l'article 19
de la loi de 1791, qui dispose ainsi : Tout particulier qui fera le négoce, exercera une profession,
art ou métier quelconque, sans s'être pourvu de
patente, sera condamné à une amende du quadruple du prix fixé pour la patente dont il aurait
dû se pourvoir.

- PATERNITÉ. Qualité de celui qui est réputé ou
jugé auteur de la conception d'un enfant. — Dans
l'ancienne jurisprudence française, la paternité
hors du mariage était réputée délit, et la recherche en était admise. La peine était des dommages-
intérêts envers la mère, et une provision ou pen-
sion alimentaire allouée à l'enfant naturel. L'action en reconnaissance de paternité pouvait être
intentée soit par l'enfant, soit par la mère; mais
celle-ci devait le faire dans les cinq ans de la conception. Cette action ne s'appuyait le plus souvent
que sur des présomptions et la déclaration de la
fille ou veuve grosse; déclaration qui, dans le cas
d'un premier enfantement, suffisait seule pour faire
condamner l'inculpé à payer une provision pour
les frais, qu'on appelait de *gésine.* La condamnation à des dommages-intérêts envers la mère était
autorisée par la loi, à cause de la présomption
qu'un pareil fait n'avait pu avoir lieu sans quelque

promesse de mariage au moins verbale. Aussi y avait-il des cas où, cette promesse ne pouvant être présumée, les dommages-intérêts n'étaient pas accordés, comme, par exemple, si la plaignante avait su que le séducteur était homme d'église ou marié. Le cas était autrement considérable quand il y avait eu rapt, ou violence, ou promesse formelle de mariage.—L'article 340 du Code civil actuel interdit toute recherche de paternité, hors le seul cas d'enlèvement, et lorsque cet enlèvement coïncide avec l'époque de la conception. — En Angleterre, il suffit de la déclaration de la mère pour faire condamner celui contre qui elle est faite à épouser, ou à payer une somme qui n'est jamais moindre de 25 liv. sterl., et qui peut être quelquefois très-considérable, en raison de la fortune connue ou présumée du père *déclaré*. Cette déclaration est presque toujours provoquée par les *overseers* ou surveillans de paroisse qui, dès qu'ils s'aperçoivent de l'état de grossesse d'une fille pauvre, la font arrêter et traduire devant le magistrat, et là, la forcent à déclarer, sous serment sur la Bible, quel est le père de l'enfant : l'individu désigné est aussitôt arrêté et condamné à l'alternative indiquée plus haut. Ce zèle des *overseers* s'explique par l'état de pénurie où le grand nombre de pauvres met chaque paroisse, qui est chargée de leur subsistance et qui cherche à diminuer ce fardeau, n'importe par quels moyens. *Voy.* BATARDS, t. II, p. 357; PROMESSE DE MARIAGE, RAPT, SÉDUCTION, VIOL.

PATROUILLES. La loi du 7 août 1793 porte,

dans son art. 1er, la disposition suivante, confirmée par une autre loi du 4 prairial an 3 : « Tous ci- toyens surpris en fausse patrouille, seront punis de la peine de mort ». L'art. 2 de cette loi de 1793 était ainsi conçu : « Tout homme qui sera surpris dans les rassemblemens, déguisé en femme, sera également puni de mort. » Ce genre de délit n'en- traînerait point aujourd'hui une pareille peine, sauf les circonstances aggravantes et les crimes ou tentatives de crimes qui l'auraient accompagné.

PATURAGE. Ceux qui ont droit de pâturage, dans les forêts de l'État, ne peuvent en user que dans les endroits que les officiers des eaux-et-fo- rêts ont déclarés *défensables*, c'est-à-dire où les ar- bres sont assez forts pour n'avoir pas à craindre la dent des animaux : certaines espèces d'animaux, les chèvres, brebis, moutons, en sont exclues. Les délinquans sont punis par la confiscation des bes- tiaux trouvés en délit, et, dans le cas où ils ne pour- raient être saisis, il est prononcé contre eux des amendes fixées par des réglemens particuliers, auxquels on doit se conformer dans chaque loca- lité. Quant au délit de pâturage dans les pro- priétés particulières, il ne peut fournir qu'une ac- tion en dommages-intérêts. — La loi romaine vou- lait que le troupeau qu'on avait mené paître dans le champ d'autrui, fût livré, ou qu'on réparât le dommage. — Chez les Salaminiens, on arrachait les dents à un porc qui paissait la moisson d'autrui.

PAU-LO. *Voy.* PAO-LO.

PAUSICAP. espèce d'instrument de supplice chez les Athéniens. C'était une machine ronde, dans laquelle on mettait le cou du patient, de telle manière qu'il ne pouvait lever la main vers sa tête. *Voy.* CANGUE.

PAVÉS. Les anciens réglemens prononçaient contre ceux qui dépavaient les rues, la peine du carcan, et, en cas de récidive, les galères; les recéleurs étaient condamnés à 1000 fr. de dommages-intérêts. Des peines aussi sévères étaient prononcées contre ceux qui troublaient les paveurs dans leurs ateliers, ou arrachaient les pieux mis pour la sûreté de leurs ouvrages, les bornes placées pour empêcher le passage des voitures, les bornes milliaires, parapets, etc. Toutes ces dispositions pénales sont aujourd'hui abrogées, et ces différens crimes ou délits sont punis par l'art. 458 du Code pénal, et ceux relatifs aux vols.

PAYE SAISIE. C'était une des peines militaires chez les Romains; elle était réputée ignominieuse, et s'infligeait principalement à ceux qui quittaient leurs enseignes. On leur retranchait la paie pour tout le temps qu'ils avaient servi avant leur faute.

PEAU (ARRACHER LA). Ce supplice est un des plus douloureux à cause du grand nombre de ramifications nerveuses que l'on offense dans l'exécution. En Chine, le voleur cruel est coupé en dix mille morceaux; mais avant cette opération, l'exécuteur attache le criminel à un poteau, lui cerne la tête, en arrache la peau de force et l'abat sur les yeux du patient. *Voy.* ÉCORCHER VIF, t. III, p. 449; ONGLES DE FER.

PEAUX DE BÊTES (ENFERMÉ DANS DES). Plusieurs auteurs romains font foi que, sous l'empire, un des supplices usités consistait à envelopper le patient dans une peau de bête, pour le faire dévorer par des chiens.

PÊCHE. Cette matière est encore réglée par les dispositions de l'ordonnance de 1669, sauf les modifications apportées par l'arrêté du gouvernement du 28 messidor an 6, l'art 1er de la loi du 15 avril 1791, et les art. 12, 13, etc., 18 de la loi du 14 floréal an 10.

D'après cette dernière, « Tout individu qui, n'étant ni fermier de la pêche, ni pourvu de licence, pêchera dans *les fleuves et rivières navigables*, autrement qu'à la ligne flottante et à la main, sera condamné :

» 1° A une amende de 50 fr. au moins et 200 fr. au plus;

» 2° A la confiscation des filets ou engins de pêche;

» 3° A des dommages-intérêts envers le fermier de la pêche, d'une somme pareille à l'amende.

» L'amende sera double en cas de récidive. »

Les délits sont poursuivis et punis de la même manière que les délits forestiers. L'administration forestière est chargée de la police et surveillance de la pêche. Quant à la pêche de mer, elle est déclarée libre, sauf l'observation des diverses ordonnances qui en règlent la forme et le genre des instrumens. Les contrevenans encourent diverses amendes, et, en certains cas, la confiscation de ces instrumens.

PÉCULAT. Crime de ceux qui détournent les deniers publics. Chez les Romains, ceux qui étaient

convaincus de ce crime étaient punis de mort, et
ils ne pouvaient en obtenir l'abolition. Parmi eux,
on appelait péculat militaire, le larcin de tout ce
qui était sacré, ou qui appartenait à la république;
tel était le pillage fait sur les ennemis. La loi Julia
punissait ce crime, suivant les circonstances, par
la déportation ou la confiscation des biens des
coupables; mais sur la fin de la république, et
malgré les réclamations de Caton, on fut obligé
de fermer les yeux sur la punition du péculat militaire, car alors tout le monde s'en rendait coupable. Les empereurs rendirent à ce sujet de nombreux édits dans lesquels la peine fut modifiée et
diminuée progressivement; le péculat fut puni
alors de la déportation, de la confiscation et de la
condamnation à la restitution du double. Anciennement, en France, le péculat était puni de mort
comme chez les Romains. La plus ancienne ordonnance qui ait paru en France, sur ce crime, est
du mois de juin 1532; elle veut « Que tous finan-
ciers, de quelque état ou qualité qu'ils soient,
qui se trouveront avoir falsifié acquits, quittances,
comptes et rôles, *soient pendus.* » Par l'article 6
qui suit, le roi « entend que l'argent de ses finances ne soit employé à autre chose si ce n'est à ses
affaires, et par ainsi (est-il ajouté), s'il se trouve
quelqu'un maniant ses finances qui prête ses deniers, les billons, les baille à usure, les mette
en marchandises, les applique à son profit particulier, ou les convertisse en autre chose que les
commissions, les ordonnances, ou leurs offices
portent, qu'il soit puni de la même peine que

ci-dessus.» Cette ordonnance, n'ayant point été enregistrée au parlement, ne fut pas exécutée. Puis vint l'ordonnance de François Ier, du mois de mars 1545, qui porte : « Que le crime de péculat sera puni » par confiscation de corps et de biens, par quel- » ques personnes qu'il ait été commis ; que si le dé- » linquant est noble, il sera, outre ladite peine, » privé de noblesse, et lui et ses descendans dé- » clarés vilains et roturiers, et que si aucuns » comptables se *latitent* (cachent) et retirent du » royaume sans avoir rendu compte et payé le re- » liquat par eux dû, il sera procédé contre eux » par déclarations de mêmes peines que ceux qui » ont commis le crime de péculat. » Depuis cette ordonnance il y a eu peu d'exemples de personnes punies de mort pour crime de péculat. L'abolition en a souvent été accordée moyennant certaines sommes, et notamment par un édit de Louis XIII du mois d'octobre 1624. Deux autres édits, l'un de juillet 1665, et l'autre du mois d'août 1669, font voir que le péculat n'était plus puni que pécuniairement. Cependant la pénalité sur le péculat varia constamment, et fut tantôt sévère, tantôt indulgente. On rencontre dans les dispositions à ce sujet la même instabilité. En 1701, parut contre le péculat une déclaration d'une sévérité effrayante, et pour les coupables, et pour les juges : elle porte que « Les accusés reconnus coupables de péculat seront *punis de mort*, sans que les juges puissent modérer cette peine, à peine d'interdiction, et de répondre en leur nom des dommages-intérêts. » Malgré cette ordonnance, les infidélités, les déprédations que commettaient les trésoriers, les caissiers, les gens de finances, s'étaient multipliées au point, qu'en 1716, on crut nécessaire de créer une chambre appelée *chambre de justice,* comme si toutes les autres n'eussent été que des chambres d'indulgence. Cette chambre agit avec tant de rigueur, qu'on ne voyait plus que familles alarmées. Une déclaration du 18 septembre 1716 vint calmer l'effroi universel, et changea en peines pécuniaires les peines capitales ou afflictives que l'édit du mois de mars précédent avait permis aux juges d'infliger. En 1717, la chambre de justice fut supprimée, et une amnistie générale ramena la sécurité. Depuis, les coupables de péculat ont été condamnés, les uns à l'amende honorable, d'autres au bannissement, quelques-uns aux galères limitées, et même aux galères à perpétuité: toujours l'incertitude et l'arbitraire régnèrent dans les décisions de ce genre sous l'ancienne jurisprudence. L'histoire apprend qu'il s'est trouvé parmi les hommes du plus haut rang, des coupables de péculat, et que l'élévation de leurs dignités, l'éminence de leurs places, ne les ont pas mis à l'abri du châtiment. — En 1539, l'amiral Chabot, accusé et convaincu d'avoir *diverti les deniers royaux,* fut, par arrêt rendu contre lui, *destitué de tous honneurs; condamné à l'amende et relégué.* — Quatre ans après, le chancelier Poyet, sur l'accusation du même crime, fut condamné à une amende de 100,000 francs, à être dégradé de sa charge, et au bannissement pour cinq ans. — Le connétable de Montmorency, instruit que le

sieur de Châteaubriand s'était rendu coupable dé
péculat dans le maniement des fonds destinés par
François 1er à l'établissement d'un port dans la
ville de Rennes, songea ; non a le forcer à une
restitution, mais à s'emparer pour lui-même des
profits de ce crime. Pour cela il effraya Châteaubriand, en lui peignant la colère du roi (qui ignorait toute cette intrigue). Le résultat en fut que
le délinquant céda au connétable sa maison et sa
terre de Châteaubriand, moyennant quoi, le connétable obtint des secrétaires d'État un brevet portant quittance générale de tous les deniers perçus,
à quelles sommes qu'ils aient pu monter, desquels deniers S. M. faisait don au sieur de Châteaubriand. Ainsi un voleur volait un autre. —
Par arrêt du parlement de Toulouse, le maréchal de Biez, convaincu d'avoir détourné à son
profit des deniers destinés à la solde de ses troupes, fut déclaré indigne de ses charges, condamné
à de fortes restitutions, destitué de son grade de
maréchal de France pour cinq ans, et banni de la
cour. — On peut mettre au nombre des illustres
accusés qui furent punis pour crime de péculat,
le maréchal de Marillac, qui, sous ce prétexte,
victime de la haine du cardinal de Richelieu, fut
jugé par des commissaires dévoués au ministre, et
décapité en 1632. — Tout le monde sait la disgrâce du célèbre Fouquet, et sa condamnation au
bannissement perpétuel, qui, par des considérations d'État, fut changée en une prison, aussi perpétuelle. L'intrigue eut au moins autant de part
que la justice à cette condamnation. Colbert, qui

en profita, et madame de Chevreuse, en furent les agens principaux; et le frère même de l'accusé, homme intrigant, audacieux et ennemi déclaré du surintendant, le desservit auprès du roi, en lui reprochant d'avoir dépensé 15 millions à Vaux. — Une autre condamnation, du 27 mars 1665, rendue contre un sieur de Fargues, et qui conduisit cet accusé au gibet, a donné lieu à quelques imputations, calomnieuses sans doute, dirigées contre le président de Lamoignon. La vérité est que le sieur de Fargues était vassal du président pour la terre de Courson; qu'il fut condamné pour des malversations très-anciennes, et que sa terre de Courson fut donnée par le roi à M. de Lamoignon. — Le Code pénal de 1791 prononçait la peine de quinze ans de fers contre tout fonctionnaire public qui serait convaincu d'avoir détourné des deniers publics dont il était comptable. — Mais le Code de 1810 substitue d'autres dispositions à celles-là dans ses art. 169 et suivans. *Voy.* Dépositaires publics, t. III, p. 377; Pendaison, p. 44 de ce volume.

PÉDÉRASTIE. *Voy.* Amour socratique, t. I, pag. 321, et Sodomie.

PEIGNES DE FER. Parmi les différens supplices usités chez les Hébreux, don Calmet note celui de déchirer le patient avec des peignes de fer. — Les relations de divers voyageurs font aussi mention de ce supplice employé par quelques nations sauvages, et particulièrement par les Canadiens envers leurs prisonniers; auxquels ils ne donnent la mort qu'après les plus affreuses tortures. C'est

Pendaison.

Supplice de la corde.

Dict. de la Pénalité.

Supplice Canadien.

Dict. de la Pénalité.

pour les tribus sauvages le plus haut point d'honneur, après celui de vaincre, que la constance et l'impassibilité au moins extérieure, au milieu des plus affreux supplices.

PEINE (REMISE ET COMMUTATION DE). *Voy.* ABOLITION, t. I, pag. 45; AMNISTIE, t. I, p. 311; GRACE, t. IV, p. 153.

PEINES. *Voy.* L'INTRODUCTION.

PEINTRES. Les Thébains, au rapport d'Ælien, condamnaient à l'amende les peintres et sculpteurs qui travaillaient mal.

PELLE. En 1673, un très-brave officier nommé Du Pas rendit Naerden au prince d'Orange le 14 septembre. Il n'avait tenu, à la vérité, que quatre jours; mais il n'avait remis la ville qu'après un combat de cinq heures, donné sur de mauvais ouvrages, et pour éviter un assaut général, que la garnison faible et rebutée était incapable de soutenir. Louis XIV, irrité du premier affront que recevaient ses armes, fit condamner Du Pas à être traîné dans Utrecht *une pelle à la main*, et son épée fut rompue. Du Pas se fit tuer un an après, au siége de la petite ville de Grave, où il servit comme volontaire.

PENDAISON, PENDRE. Attacher un criminel, par quelque partie de son corps, à un objet élevé, tel qu'un arbre, une potence, etc., en sorte qu'il n'ait pas d'autre point d'appui. Ce supplice est employé, soit pour faire mourir, comme quand on pend par le cou, ce qui détermine la strangulation; soit pour faire endurer au condamné un état de gêne plus ou moins douloureux, comme la

pendaison par les aisselles ; enfin, on pendait autrefois au gibet le corps des suppliciés déjà étranglés ou décapités. On va voir comment et pour
quelles causes cette peine est ou a été appliquée
dans différens pays.—On *pendait* chez les Anciens,
non à des potences, mais à des arbres , à moins
qu'on·ne considère la croix comme une potence.
Voy. Croix (supplice de la), t. III, pag. 309. Pendant le supplice , on voilait le visage du criminel.
On pendait quelquefois les coupables par un pied
seulement, et on leur attachait un poids au cou ;
on les pendait aussi par un bras ou par les deux,
et on les fouettait avec violence jusqu'à ce qu'ils
rendissent l'âme.

Allemagne. Le Code criminel de Charles V condamne le déserteur qui est en même temps trans-
fuge/et voleur , à être pendu et étranglé , jusqu'à
ce que mort s'ensuive. Même peine contre l'homme
qui se rend coupable de vol périlleux, c'est-à-dire
avec escalade, effraction ou port d'armes , ou
quand le vol est commis pour la troisième fois ;
si c'est une femme, elle est précipitée dans l'eau.
Le vol des vases sacrés est aussi puni de la pendaison ; mais préalablement le condamné a le poing
coupé. Ce fut à Trèves qu'eut lieu la première
exécution pour crime de controverse religieuse ,
sous l'empire du tyran Maxime. Les condamnés,
Priscillien et ses adhérens, furent pendus. Leur
crime était de soutenir que les âmes étaient des
émanations de Dieu, que la Trinité ne·contient
point trois hypostases, et, de plus, ils poussaient le
sacrilége jusqu'à jeûner le dimanche. Les pour-

suites furent dirigées par les saints évêques espagnols Idacio et Ithacus. Ils obtinrent qu'avant de
faire mourir les accusés, on les appliquerait à
la question en leur présence. Saint Martin, évêque
de Tours, fut obligé de fuir de Trèves pour éviter
la question, que les prélats espagnols lui auraient
donnée à lui-même comme hérétique, pour avoir
sollicité la grâce de Priscillien.

. ANGLETERRE. On n'y connaît guère d'autre genre
de supplice que la corde pour les deux sexes, de
quelque rang que soit le coupable; la décapitation est une faveur que la clémence du souverain
n'accorde que rarement aux pairs; elle ne peut
être regardée que comme une exception à la loi.
Lorsqu'un accusé est déclaré coupable d'un crime
entraînant la peine capitale, le juge lui prononce
sa sentence en ces termes : N..., *you are sentenced
to be hanged by your neck, till you be dead, dead,
dead.* « N..., vous êtes condamné à être pendu par
votre cou, jusqu'à ce que vous soyez mort, mort,
mort. » — Les criminels condamnés, en attendant
leur supplice, se réjouissent autant qu'ils le peuvent dans leur prison, mangent tout ce dont ils
peuvent disposer, en le convertissant en espèces,
jusqu'à leur propre cadavre, qu'ils vendent aux
chirurgiens. Ils marchent, en général, avec assurance vers le lieu de l'exécution, liés par la corde
qui doit terminer leurs jours, et assis sur une charrette tendue en noir. Ils peuvent même obtenir la
permission de se servir d'un carrosse. Arrivé au
lieu du supplice, le condamné, qui, dans ce moment, doit être sur la charrette, est délié par le

bourreau, qui fixe un bout de la corde à la traverse de la potence, et ajuste l'autre au cou du
patient. Puis l'exécuteur lui couvre la tête d'un
bonnet qu'il rabat sur le visage jusqu'au menton,
et sur le signal que fait le premier schériff, il
touche le cheval, la charrette avance, et l'office
du bourreau se trouve rempli d'une manière im-
perceptible. Après une heure de suspension, on
détache le corps, on le rend aux parens, hors le
cas d'assassinat; alors il est livré aux écoles d'ana-
tomie pour être disséqué.—Anciennement la qualité de pair faisait quelquefois commuer la peine
capitale ; le bénéfice de clergie avait le même effet, en sorte que le malheureux qui ne savait pas
lire, et qui, par cette raison, était plus excusable
d'ignorer la loi, était pendu pour vol, et celui que
son éducation rendait plus criminel avait la vie
sauve. *Voy.* POUCE MARQUÉ. — On n'exécute aujourd'hui que cinq ou six condamnés sur cent :
ce sont les coupables de grands crimes, avec des
circonstances très-graves, tels que l'empoisonnement, les assassinats multipliés, le parricide, etc.;
encore ce dernier crime est-il dans le nombre de
ceux dont les coupables sont déclarés *lunatiques.*
Voyez ce mot, t. IV, p. 442. Il est à remarquer
qu'en Angleterre le préjugé de l'infamie ne poursuit pas dans l'opinion publique les parens d'un
criminel exécuté, comme cela arrive dans plusieurs autres pays, et cependant il y existe une
loi, désignée sous le nom de *corruption du sang,*
qui rend le parent du condamné, à quelque degré qu'il soit, incapable de posséder aucune

place ou emploi, et le déclare par conséquent infâme.

ARABIE. La pendaison est au nombre des peines que prononce l'émir-juge, sans appel, en matière criminelle.

BOTHNIE. Le criminel qui a subi le supplice de la strangulation (*voyez ce mot*) est suspendu à un arbre voisin ; et si le criminel est un raya (esclave), on le laisse pendre à un pied de terre, afin que les chiens puissent dévorer son cadavre.

CHINE. Dans le XVIIe siècle, ce pays souffrit à la fois deux invasions. L'empereur Hoait-Sang, voyant son palais près d'être envahi, exhorta quarante femmes qu'il avait à se pendre, comme l'avait déjà fait l'impératrice, afin d'échapper aux insultes de l'ennemi. Sa fille unique, âgée de quinze ans, ayant refusé de suivre cet exemple, *ce bon prince* (ainsi que l'appelle le jésuite Mailla) lui donna un grand coup de sabre, et la laissa pour morte.

CORSE. Les statuts criminels de cette île, dressés pendant la dépendance de la république de Gênes, portaient la peine de la corde contre ceux qui commettaient des vols avec violence, mais au-dessus de 100 liv. Les vols au-dessous de cette somme n'étaient punis de mort qu'à la troisième fois.

ESPAGNE. Quand un criminel doit être seulement pendu, une demi-heure avant l'exécution, un frère de la *Hermandad de la Misericordia* parcourt les rues en demandant pour les frais des funérailles de l'infortuné ; il a une clochette d'un timbre sépulchral, et dont les vibrations déchirantes sont elles-mêmes un supplice. A Madrid, *la cloche des pendus* de l'église Saint-Martin trouble les airs de ses sons lugubres, qui représentent les douleurs de l'agonie, et invite les Espagnols à prier le ciel pour l'âme du coupable. Plus d'une mère est dans l'habitude de mener ses enfans en bas âge au spectacle d'une semblable exécution, et de les frapper violemment au moment du dernier soupir du mourant, afin que l'exemple, se gravant dans leurs tendres organes, les préserve à jamais de commettre de pareils crimes. En ce pays, la famille d'un pendu est déshonorée, et obligée de fuir à cause des affronts et des outrages dont l'opinion publique l'abreuve. Suivant la rigueur des lois espagnoles, tout criminel, après avoir resté quarante-huit heures dans une chapelle destinée à cet usage, doit être mené au lieu de l'exécution sur une claie. La pitié a substitué à cette claie un vaste panier d'osier, auquel est attelé un mulet; en outre, une confrérie de pénitens soutient le panier et le porte de manière que le corps du malheureux ne touche pas à la terre; et leur nombre est tel que sa vue se trouve dérobée à la multitude, qui ne laisse pas de l'insulter autant qu'elle le peut. C'est ainsi que fut traité *don Raphaël Riégo,* principal moteur de l'insurrection de l'île de Léon, en 1820, et qui croyait avoir ouvert à l'Espagne l'ère de la liberté. Lorsque le parti constitutionnel se fut dissipé sans combattre devant l'armée française, Riégo fut arrêté, et, le 5 novembre 1823, condamné au supplice du gibet, et déposé le même jour dans la chapelle, où il resta toute la journée du 6. Le 7, vers midi, son exécution eut lieu, aux cris d'une populace qui faisait entendre le vœu ridicule de *vira el rey absoluto*, derniers cris qui frappèrent l'oreille du malheureux Riégo, et durent lui être plus cruels que son supplice.

FRANCE. Depuis l'adoption de la guillotine (21 janvier 1790), la potence, la roue et tous les autres genres d'exécution à mort cessèrent d'être en usage: la société punit et ne se vengea plus. Peut-être un jour en viendra-t-on à prévenir ou réparer, ce qui vaudrait mieux encore, si la chose est possible. Parmi les anciens supplices, celui de la corde n'était pas le moins cruel ni le moins hideux : il était réservé aux roturiers. Il fut un temps, néanmoins, où les nobles subissaient aussi cette peine. On lit dans les *Établissemens de saint Louis* qu'un gentilhomme qui séduit et déshonore une demoiselle confiée à sa garde, est dépouillé de son fief; s'il a employé la violence, *il est pendu.* Dans les derniers temps et avant la révolution, on pendait pour un grand nombre de crimes ou délits, tels que l'infanticide, la bigamie, le vol domestique, le vol militaire, la désertion, la fabrication de fausse monnaie, etc. Voici les détails de l'exécution. Le criminel condamné à ce supplice, avait trois cordes au cou. Les deux premières, de la grosseur du petit doigt et qu'on nommait *tortouses*, avaient chacune un nœud coulant. La troisième, appelée le *jet*, ne servait qu'à jeter le patient hors de l'échelle. — Assis dans la charrette de l'exécuteur, le dos tourné au cheval, il avait à côté de lui le confesseur, et le bourreau derrière. Arrivé à la po-

tence, où était appuyée et liée une échelle, le bourreau montait le premier à reculons, et aidait, au
moyen des cordes, le criminel à monter de même.
Tandis que le confesseur remplissait son ministère, l'exécuteur attachait les deux cordes au bras
de la potence. Le consolateur descendait; alors,
d'un coup de genou, et aidé du jet, l'exécuteur
faisait quitter l'échelle au patient, qui se trouvait
suspendu. Les nœuds coulans des deux autres cordes lui serraient le cou, et le bourreau, se tenant
des mains au bras de la potence, montait sur les
mains liées du patient, et, à force de secousses et
de coups de genou dans l'estomac, il terminait le
supplice par la mort. — En 889, le prévôt de Paris, nommé *Henri Capparel,* qui avait fait pendre
un homme innocent, mais pauvre, à la place d'un
riche condamné à mort, fut attaché au même gibet.
—Des personnages considérables ont subi, en France, cette peine ignominieuse et cruelle, ou du moins
leurs corps ont été exposés sur un gibet. — Le premier fut Enguerrand de Marigny, ministre et favori
de Philippe-le-Bel. On l'accusa de péculat ; mais son
véritable crime était d'avoir donné un démenti au
frère du roi, en présence de Philippe. — Le corps
de Jean de Montaigu, ministre de Charles VI, fut
également porté à Montfaucon après sa décapitation aux halles. La haine du duc de Bourgogne
fut la cause de cette injuste condamnation, sur
laquelle on revint plus tard ; son innocence fut
reconnue lorsqu'il n'était plus au pouvoir des
hommes de réparer l'injustice. — Olivier le Daim,
surnommé le Diable, barbier de Louis XI, et,

comme on sait, son favori, figura aussi au gibet,
lorsqu'après la mort du roi il fut permis de rechercher ses crimes — Jacques de Beaune de Sem-
blançai, général ou surintendant des finances sous
Charles VIII, Louis XII et François Ier, alla mourir à Montfaucon sous le poids d'une condamnation pour crime de péculat, dont le véritable auteur était Louise de Savoie, mère de François Ier,
et régente du royaume pendant la guerre du Mi-
lanais. — Lorsque le cruel Anne de Montmorency
fut envoyé à Bordeaux, par Henri II, pour pacifier
les révoltés qui s'y étaient élevées à l'occasion des
impôts onéreux que François Ier avait établis, ce
ridicule et barbare guerrier voulut simuler une
prise d'assaut, et fit pointer le canon sur la ville
pour y entrer par la brèche, bien que les portes
lui fussent ouvertes, et que les habitans eussent été
au-devant de lui pour le complimenter. Il fit faire
le procès à la ville et condamner de dix en dix
maisons un Bordelais à être pendu. A cet acte
horrible de tyrannie, il joignit encore l'action d'un
brigand atroce. — Parmi les magistrats qu'il avait
également condamnés à mort, était un nommé
Lestonat. Sa femme, jeune et belle, sollicita la
grâce de son époux, et, le catholique Anne de Montmorency lui ayant fait entendre à quel prix il mettait cette grâce, elle crut devoir faire ce sacrifice
et s'immoler elle-même pour sauver son époux.
Mais le connétable, après avoir passé la nuit avec
elle, la conduisit à sa fenêtre et lui montra son
mari, qu'il avait fait périr, et dont le corps mort
était pendu à une potence. — Tout le monde sait

que Charles IX alla voir au gibet le corps de l'amiral de Coligny, et que, comme les courtisans se plaignaient de l'odeur que commençait à exhaler le cadavre, Charles, renouvelant l'horrible mot d'un empereur romain, leur dit : Sachez que le corps d'un ennemi mort ne sent jamais mauvais. — Jourdain Delisle, un des puissans seigneurs du xive siècle, célèbre par ses brigandages et ses cruautés jusque-là impunis, s'avisa de faire périr un sergent du roi, qui lui signifiait un ajournement. Le haut, puissant et redouté baron fut arrêté, conduit à Paris et pendu (1). En 1591, Brisson, choisi par la ligue pour occuper la place du premier président de Harlay, qui était alors prisonnier à la Bastille, fut arrêté le 15 novembre, par la faction des Seize, et conduit au petit Châtelet, où il fut pendu à une poutre de la chambre du conseil, avec deux autres conseillers, Larcher et Tardif.

Île de France. On y pend les noirs esclaves pour le moindre vol.

Italie. Le supplice de la corde y était appliqué aux assassins et aux rebelles. — En 1155, le fameux Arnaud de Bresse, disciple d'Abeilard, qui,

(1) Le curé de Saint-Merry, instruit que ce brigand avait épousé la nièce du pape, s'empressa, pour faire sa cour au saint père, d'enterrer le corps de Jourdain Delisle dans son église; et, pour ne pas perdre le mérite d'une si belle action, il lui adressa une lettre dans laquelle il lui disait : « A peine votre neveu était-il pendu, qu'avec grand »luminaire nous allâmes le prendre à la potence, et nous »le fîmes porter en notre église, où nous l'avons enterré »honorablement et *gratis.* »

dix ans auparavant, ayant excité une sédition contre le pape Eugène III, avait réussi à le faire chasser , fut livré à son successeur Adrien IV par l'empereur Frédéric, auprès duquel il s'était retiré lors
qu'Eugène rentra dans Rome. Adrien condamna cet
enthousiaste turbulent à être pendu et brûlé; il décida que ses cendres seraient jetées dans le Tibre,
de peur que ses sectateurs n'en fissent des reliques.
—En 1765, une femme est condammée à Crémone,
comme complice de l'assassinat de son mari, à être
pendue, et son corps jeté dans le Pô. Cette infortunée dément ce crime horrible ; mais elle ne peut
rendre compte de l'absence de son mari. On l'applique à la question ; elle avoue le crime ; elle est
exécutée. Quatre jours après, le mari se présente.
Il cherche à justifier sa femme ; mais on lui dit
que, puisqu'elle a été pendue pour l'avoir fait mourir, il ne peut être qu'un imposteur.

Juifs. La suspension ou la corde était en usage
chez ce peuple; mais il n'est pas bien sûr qu'on
pendît les coupables vivans. Les savans de cette
nation disent qu'il n'y avait que les blasphémateurs
et les idolâtres qu'on pendait ainsi : pour les autres, on leur ôtait apparemment la vie d'une autre
manière, et l'on suspendait ensuite leur corps à
un poteau ou à une croix.

Malabar. Le traitement que le fameux conquérant Ayder-Kouli-kan faisait souffrir aux Malabares, dont les prisonniers étaient tous pendus par
ses ordres , fait présumer que ce supplice était
usité dans l'Inde, au moins dans les derniers siècles.

Peut-être avait-il été importé par les Européens, dont Ayder était l'allié.

MAROC. Lorsqu'un malfaiteur est condamné, on le promène dans toutes les rues de la ville, les mains liées derrière le dos, et il doit lui-même annoncer au peuple le sujet pour lequel on le fait mourir. Arrivé au lieu du supplice, on le pend par les pieds à un gibet, et on lui coupe la gorge. Le cadavre reste ainsi suspendu un ou deux jours.

MAZOVIE. En 1707, Charles XII, roi de Suède, se met à la tête de quarante-cinq mille hommes, et s'avance vers la Mazovie. Six mille paysans lui députent un vieillard de leur corps. Cet homme, d'une figure extraordinaire, vêtu de blanc, et armé de deux carabines, harangue Charles XII. Le monarque fait un signe et l'orateur n'est plus. Les paysans, désespérés, se retirent et s'arment. On les poursuit, on saisit tous ceux qu'on trouve, et on les oblige de se pendre les uns les autres. Le dernier est forcé de se passer lui-même la corde au cou, et d'être son propre bourreau.

ROMAINS. On peut considérer comme une véritable pendaison le supplice de la croix, surtout quand on y fixait le patient avec des cordes. Cette peine n'était guère infligée qu'aux esclaves ou aux barbares, c'est-à-dire aux étrangers. On l'avait cependant employé, dans certains cas, comme châtiment militaire.

RUSSIE. L'histoire de cet empire offre un exemple célèbre de ce genre de supplice, en la personne d'un Démétri, le quatrième des six, qui successivement prétendirent être le Démétri ou Démétrius, fils de Jean Basilides, dont la mort avait été ordonnée, en 1584, par son frère Fédor, et qu'on prétendait n'avoir pas été tué. Ce quatrième Démétrius parut en 1610, et fut reconnu czar par la ville de Pleskou, où il tint sa cour pendant quelques années. Mais bientôt toute la Russie ayant reconnu Michel, fils de Fédor, Démétrius fut livré par les habitans de Pleskou, et finit par être pendu.

TURQUIE. Pour les crimes autres que l'assassinat, et qui méritent la mort, le supplice est d'être pendu. L'instrument qui sert à cette exécution, est une potence formée de deux poteaux joints à leurs sommets par une traverse. Des clous droits sont fixés sur la traverse et sur les poteaux. Le patient est amené par les bourreaux, et placé entre les deux poteaux, ayant une corde nouée au cou par une extrémité. Un des bourreaux jette la corde par l'autre bout sur la traverse, hisse le patient à deux pieds de terre, et attache la corde à l'un des poteaux. Le pendu, dont les bras sont libres, peut retarder sa mort, en saisissant la corde au-dessus de sa tête, et se retenir ainsi tant que ses forces le lui permettent ; peut-être cette faculté n'est-elle qu'un raffinement de cruauté, car elle prolonge l'attente et la crainte du dernier moment, et par là double le tourment du criminel. Un chrétien surpris avec une femme ou une fille turque est pendu, à moins qu'il ne change son chapeau pour un bonnet. La femme ou la fille, ses complices sont mises dans un sac et noyées ; puis on expose leur corps nu au pied de la potence où le chrétien est pendu.

VENISE. Les malfaiteurs et les rebelles périssent ignominieusement sur un gibet, lorsqu'ils ne sont que d'obscurs citoyens. La tête tranchée distingue les nobles.

Voy. AISSELLES (pendu par les), t. I, p. 219; ÉCHELLE, t. III, p. 446; FOURCHES PATIBULAIRES, t. IV, p. 152; POTENCE, p. 114; GIBET, t. IV.

PÉNITENCE, mortifications et prières expiatoires; punition imposée par le confesseur; peine.

ANGLETERRE. Dans le droit canon anglais, la pénitence se dit d'une punition ecclésiastique à infliger pour cause de fornication. Voici ce que les canons prescrivent à cet égard. Celui qui a commis le péché de fornication doit se tenir, pendant quelques jours de dimanche, dans le porche ou vestibule de l'église, la tête et les pieds nus, enveloppé dans un drap blanc, avec une baguette blanche en main, se lamentant et suppliant tout le monde de prier Dieu pour lui. Il doit ensuite entrer dans l'église, s'y prosterner et baiser la terre; et enfin, placé au milieu de l'église sur un endroit élevé, il doit déclarer l'impureté de son crime scandaleux aux yeux des hommes, et détestable aux yeux de Dieu. Si le crime n'est pas de notoriété publique, les canons permettent de commuer la peine, à la requête de la partie, en une amende pécuniaire au profit des pauvres. C'est la pénitence qu'on fit subir à Thomas Parr, mort en 1655, âgé de 152 ans, accusé d'avoir fait un enfant à une jeune fille. — La jeune fille pauvre qui,

au moment de sa couche, détruit son enfant ou
le va cacher dans un lieu où elle n'a pas, non plus
que ses parens, droit de paroisse, est renfermée,
si on la découvre, dans la maison de travail nommée
Worckhouse. Là on lui impose des tâches pénibles,
on l'astreint à une pénitence publique. Cette pénitence consiste à être présentée le dimanche à l'é-
glise, pendant les offices du matin et du soir, assise
sur une banquette vis-à-vis du prédicateur, séparée de l'assemblée, et vêtue d'étoffes grossières,
dont les pièces sont quelquefois mi-parties et de
différentes couleurs. Dans cet état, elle est répri-
mandée à la fin du sermon, avec les expressions les
plus dures. Voy. *Bâtard*, t. II, p. 360.

CALAMINHAM (empire de). Auprès de Timplam,
capitale de cet empire, il y a une grotte nommée
des pénitens. Tous ceux qui ont commis des fautes vont les racheter dans cette grotte. Ceux de
ces coupables en punition volontaire qui croient
avoir achevé le temps de leur pénitence, hâtent
leur mort en faisant brûler des chardons verts et
des épines, dont la fumée les étouffe.

CHINE. Démeunier a extrait de Duhalde le passage suivant : « On traite les Chinois comme les enfans; les cours des tribunaux sont remplies d'*hommes en pénitence.* Un jeune marié, qui aimait le jeu,
perdit une partie de la somme que son père lui
avait donnée pour son établissement; les exhor-
tations, les réprimandes et les menaces ne purent
le corriger, et ses parens l'amenèrent au tribunal.
Le mandarin voulut d'abord lui faire donner la
bastonnade, mais il fut moins sévère; il prit en-

suite un livre, composé par l'empereur pour l'instruction de ses sujets, et, l'ouvrant à l'article de
l'obéissance filiale, il dit au jeune homme : Vous
me promettez de renoncer au jeu et d'écouter les
conseils de votre père. Je vous pardonne pour
cette fois; mais allez vous mettre à genoux dans
la galerie, du côté de la salle de l'audience, et
tâchez d'apprendre par cœur cet article : vous ne
quitterez le tribunal qu'après me l'avoir répété,
et m'avoir juré de l'observer tout le reste de votre
vie. Cet ordre fut exécuté ponctuellement. Le
jeune homme eut besoin de trois jours pour apprendre l'article. »

Espagne. Au seizième siècle, un dominicain
nommé Arbuès tomba sous un fer assassin. Les
inquisiteurs jurèrent de venger sa mort. Deux
cents individus montèrent sur le bûcher; deux
cents autres périrent dans les cachots. « Les inquisiteurs n'épargnant personne, il n'y eut point
de famille dans les trois premiers ordres de la noblesse qui ne comptât quelqu'un de ses membres au nombre des condamnés à des peines infamantes, et l'on vit don Jacques de Navarre, fils
du fameux infant don Carlos, enfermé dans les
prisons de Saragosse, d'où il ne sortit que pour
subir une pénitence publique, comme convaincu
d'avoir protégé la fuite de quelques-uns des conjurés..... Parmi les accusés qui furent assez heureux pour se réfugier en France, il y en avait un
de race noble, nommé Gaspard de Santa-Cruz,
qui mourut à Toulouse pendant qu'on le brûlait
en effigie à Saragosse. Un de ses fils fut arrêté

comme ayant favorisé son évasion ; les inquisiteurs le condamnèrent à figurer dans un *auto-da-fé* public , et à se rendre ensuite à Toulouse pour demander aux dominicains de cette ville que le cadavre de son père fût exhumé et livré aux flammes; il devait, en outre, revenir à Saragosse, et remettre aux inquisiteurs le procès-verbal de cette parricide exécution. La terreur que l'inquisition inspirait au fils de Santa-Cruz fut telle, qu'il se soumit, sans se plaindre, aux ordres barbares qu'elle lui prescrivait, et qu'il eut la bassesse de remplir son exécrable pénitence. »

FRANCE. Le roi Robert avait épousé sa cousine. Le pape Grégoire V cassa son mariage, et lui imposa une pénitence de sept ans, sous peine d'anathème. Sous Louis VII, la pénitence était subie, à Paris, au milieu des nombreuses processions dont on récréait la vue des habitans. « L'attention de ces habitans était aussi de temps en temps réveillée par des processions où figuraient, *forcément*, des hommes, des femmes en chemise, ou entièrement nus. Parmi ces pénitens, les uns portaient, dans leurs chemises, des pierres enchaînées ; d'autres, sans chemises, étaient flagellés ou piqués aux fesses avec des aiguillons. » Du temps de Philippe-Auguste, un homme en *pénitence publique* était suspendu de toutes fonctions civiles , militaires et matrimoniales; il ne devait ni se faire faire les cheveux, ni se faire faire la barbe, ni aller aux bains, ni même changer de linge. Au quinzième siècle, deux hommes , payés par le duc de Bourgogne, ayant été témoigner faussement contre Jean Juvénal des Ursins , membre du parlement, et s'en étant ensuite confessés au pénitencier de Paris, le légat du pape « leur donna absolution, leur énjoignant pour pénitence d'aller requérir pardon, en chemise, au seigneur des Ursins, le vendredy sainct, les visages toutefois voilez , ce qu'ils firent par la bouche de l'un d'eux sans nommer leurs noms, comme ne leur estant commandé: mais lui qui avoit veu les charges, les nomma tous par noms et surnoms , dont ils furent si estonnez, qu'adoncques ils luy récitèrent tout au long ceux qui auoient esté les subornateurs de leurs tesmoignages. » Voy. *Amende honorable* , t. I, p. 292 , *et Excommunication*, t. IV, p. 25.

HÉBREUX. Les pénitences étaient réglées par les pénitentiels. L'auteur du *Dict. des cultes* , publié en 1770, Delacroix, avancé, d'après Buxtorf, que les juifs modernes s'infligent des pénitences très-sévères. « Par exemple , dit-il, un meurtrier est condamné à être fouetté tous les jours, à la synagogue ; pendant trois ans. Il doit crier pendant la flagellation : *Je suis un meurtrier !* L'usage du vin, de la viande et du linge blanc lui est interdit durant tout le temps de sa pénitence. Il doit avoir au cou une chaîne qui attache en même temps le bras qui a commis le meurtre. Il lui est défendu de couvrir sa tête, excepté une fois par mois. Il doit laisser croître ses cheveux et sa barbe. » Ce que dit Delacroix se rapporte sans doute au temps où les juifs formaient un corps de nation; leur dispersion les soumet aujourd'hui aux lois du pays qu'ils habitent. Voy. *Flagellation*, t. IV, p. 81.

Parsis. Leur horreur va si loin pour les cadavres, que, s'il leur arrive seulement de toucher aux os d'une bête morte, ils sont obligés de jeter leurs habits, de se nettoyer le corps, et de faire une pénitence de neuf jours, pendant lesquels leurs femmes et leurs enfans n'osent approcher d'eux.

Rome. Voici, quant à la durée des pénitences, ce que contiennent de pénalité les *canons pénitentiaux :* Pour les apostats, dix ans de pénitence. Pour avoir consulté les sorciers et employé la magie, cinq ans. Pour le parjure, quarante jours au pain et à l'eau, et sept ans de pénitence. Pour avoir juré le nom de Dieu, sept jours au pain et à l'eau. Pour avoir parlé dans l'église, pendant le service divin, dix jours au pain et à l'eau. Pour avoir rompu le jeûne du carême une fois, sept jours de jeûne au pain et à l'eau. Pour les filles qui auraient fait avorter leur fruit, trois ans de pénitence. Pour avoir commis un meurtre avec réflexion, pénitence pendant toute la vie, et trois ans s'il a été commis dans un premier mouvement de colère. Pour un vol considérable, cinq ans, et un an s'il est léger. Dix ans pour l'adultère, trois ans pour la simple fornication ; toute la vie pour un inceste. Pour les femmes qui, pour plaire, auraient fardé leur visage, et pour ceux qui se seraient masqués, trois ans de pénitence.— L'empereur Henri IV, dit le *Vieil* et le *Grand,* désireux de conserver sa couronne, alla trouver Grégoire VII, qui avait délié ses sujets de leur serment d'obéissance. L'audacieux pontife était alors à Canosse. L'empereur, « déjà célèbre par des batailles ga-

gnées, se présente à la porte de la forteresse, sans
gardes, sans suite. On l'arrête dans la seconde enceinte; on le dépouille de ses habits, on le revêt
d'un cilice. Il resta pieds nus dans la cour, c'était
au mois de janvier 1077. On le fit jeûner trois
jours, sans l'admettre à baiser les pieds du pape...
Enfin l'empereur eut la permission de se prosterner aux pieds du pontife, qui voulut bien l'absoudre, en le faisant jurer qu'il attendrait le jugement juridique du pape à Augsbourg, et qu'il lui
serait en tout parfaitement soumis. » Henri, victime de l'ignorance et du fanatisme des peuples
qu'il devait gouverner, mourut dans l'abandon le
plus absolu, à Liége, en 1106, âgé de cinquante-
cinq ans.

SUÈDE. Jean, roi de Suède, ayant empoisonné son
frère, le jésuite Possevin, nonce de Grégoire XIII,
lui imposa, pour pénitence de ce fratricide, de ne
faire qu'un repas tous les mercredis. Au moins ce
jésuite-là n'était qu'absurde!

PENSÉE PUNIE. Parmi les lois particulières
au despotisme, on ne saurait en trouver de plus
cruellement absurde que celle qu'on trouve dans
le code des Lombards. Elle punissait de mort la
pensée, comme si l'on pouvait constater un pareil
délit. Voici ses termes : « *Si quis contrà animam re-
gis cogitaverit, aut consiliatus fuerit, animæ suæ in-
currat periculum.* » (Legis Longobard., t. X.) *Voy.*
LÈSE-MAJESTÉ, t. IV, p. 318, note 1.

PENTÉSYRINGUE, instrument de supplice,
usité chez les Grecs. C'était une machine de bois

à cinq trous, dans lesquels on faisait passer la tête, les bras et les jambes d'un criminel afin qu'il ne puisse se remuer.

PERCEPTEUR. *Voy.* PÉCULAT.

PERCHES, supplice chez les Hurons. *Voy.* Assassinat, t. I, p. 485.

PÈRE. *Voy.* PROSTITUTION, RÉVÉLATION, VOL.

PÉRÉGRINE (COMMUNION), sorte de châtiment ecclésiastique. C'était une dégradation des clercs, par laquelle on les réduisait à un ordre inférieur, en les envoyant dans une autre église : de là le nom de *pérégrine*, du latin *peregrinus*, étranger. Peut-être aussi, cette dénomination vient-elle de ce que les dégradés étaient réduits à la condition des clercs étrangers. Cette peine est nommée, pour la première fois, dans le troisième canon du concile de Riéz, au sujet d'Armentarius, lorsqu'il fut dégradé de son évêché d'Embrun, et qu'on lui permit de se retirer dans toute église où on voudrait charitablement le souffrir, sans pouvoir y faire aucune fonction épiscopale.

PERIPSEMA, CATHARMA, mots grecs synonymes, dont la signification radicale est l'expression du dernier mépris et équivaut aux termes de *balayures, ordures, fumier, exécration, fardeau de la terre.* Ces deux mots étaient pris, l'un et l'autre, pour désigner les victimes humaines qu'on immolait aux dieux irrités, lorsque, par leur colère, une ville était désolée par quelque malheur, comme la peste, la famine ou quelque autre fléau. Voici en quoi consistait cette expiation. — On se saisissait de l'homme le plus laid qu'il y eût dans la cité, afin de servir de remède aux maux qu'on souffrait. Conduit au lieu destiné à sa mort, on lui mettait à la main un fromage, un morceau de pain et des figues; on le battait sept fois avec un faisceau de verges, fait des tiges d'une espèce d'ognons,, de branches de figuier sauvage et d'autres arbrisseaux de même nature; on le brûlait enfin dans un feu de bois d'arbres sauvages, et on jetait sa cendre dans la mer et au vent. La formule de l'expiation était cette invocation : *Que cette victime soit propiliation pour nous.*

. PERSÉCUTION, poursuite tyrannique que le souverain exerce ou permet d'exercer, en son nom, contre ceux de ses sujets qui suivent des opinions différentés des siennes, en matière de religion. — Si l'on en excepte le supplice des Machabées, rapporté dans les livres juifs, on ne connaissait guère les persécutions avant l'établissement du christianisme. Mais, depuis cette époque, elles n'ont pour ainsi dire point cessé jusqu'à nos jours. Les chrétiens, d'abord persécutés, devinrent persécuteurs à leur tour, dès qu'ils furent puissans. La naissance des communions réformées fut marquée par des persécutions plus terribles que celles qu'on raconte des païens. Celles-ci, en effet, si l'on en croit les critiques savans et le témoignage de plusieurs pères de l'Église, furent bien moindres qu'on l'a prétendu; et sans compter les supplices commandés par François Ier, la Saint-Barthélemy, les massacres d'Irlande, ceux qui eurént lieu sous Henri VIII, sous Élisabeth, sous Louis XIV et tant d'autres, l'inquisition surpasserait à elle seule tout

ce que les persécutions ont jamais eu de tyrannique, de révoltant et d'odieux. *Voy.* INQUISITION,
t. IV, p. 210.

PERTE DES ARMES. Ce délit était, chez les
Romains, assimilé à la désertion, et le coupable
était mis à mort, par ses camarades, à coups de bâtons ou de pierres.

PERTUISANIERS, gardes des forçats. On les
nommait ainsi, parce qu'ils étaient armés d'une
pertuisane, espèce de lance ou hallebarde courte
et propre à défendre un vaisseau à l'abordage. —
Les pertuisaniers étaient aux ordres des argousins
et sous-argousins (officiers et sous-officiers des
chiourmes). Le réglement du 30 juillet 1677 condamnait aux galères perpétuelles les pertuisaniers
qui s'absentaient du bagne sans congé, ou qui n'y
rentraient pas après son expiration, dans les trois
mois de la sommation qui leur en était faite.

PESTIFÉRÉS. Les lois anglaises veillent d'une
manière spéciale sur les mesures à prendre contre ceux qui sont attaqués de la peste, afin d'éviter
la communication de la contagion. Le statut 1 de
Jacques Ier, ch. 31, déclare que si quelqu'un, attaqué de la peste, ou qui habite une maison in-
fectée, reçoit ordre du maire, du commissaire de
quartier ou de quelque autre officier de la ville ou
de la campagne, de ne point sortir de chez lui, il
doit y être forcé par le guet, en cas de désobéissance, au risque même de blesser ou de tuer. Si
cet individu, malgré la défense qui lui est faite,
se montre et communique au dehors, quand même
il n'aurait aucun symptôme de peste, il serait puni

comme vagabond, par le fouet, et tenu à donner
caution pour une meilleure conduite. Mais s'il
avait quelque charbon de peste, il serait coupable
de félonie (*Voy.* ce mot, t. IV, p. 65). Les statuts
xxvi et xxix de Georges II portent que les capitaines de vaisseaux mis en quarantaine qui ne
suivent pas rigoureusement les règles prescrites,
sont coupables de félonie et condamnés comme
tels, sans pouvoir réclamer le privilége clérical.
Même peine est prononcée contre les personnes
qui s'échappent du lazaret, pour le guet qui néglige son devoir et pour ceux qui apporteraient
des lettres des vaisseaux en quarantaine. — Pour
ce qui se pratique en France à ce sujet, *voy.* QUA-
RANTAINE.

PÉTALISME. Un usage semblable à l'ostracisme
fut établi à Syracuse; on le nomma *pétalisme*,
parce qu'on écrivait sur une feuille d'olivier le nom
de celui qu'on voulait bannir. Le pétalisme était
une institution beaucoup plus inique et rigoureuse
que l'ostracisme même, car les principaux citoyens
de Syracuse pouvaient ainsi se bannir les uns les
autres, en se mettant une feuille d'olivier dans la
main. On fut bientôt obligé d'abolir une loi si
dure et si funeste, qui privait la république de ses
membres les plus utiles.

PÉTITIONS. Celles qui sont adressées au parlement d'Angleterre ne doivent pas être signées
par plus de vingt personnes, et présentées par plus
de deux seulement, sous peine, par les pétitionnaires, d'être condamnés à une amende de cent écus
et à un emprisonnement de trois mois, comme

coupables de pétition tumultueuse. — En France, les pétitions collectives sont interdites, mais sans entraîner d'application de peine, au moins pour le seul fait de la pluralité des pétitionnaires.

.. PIÈCE DE BOIS. Dans l'île de Java, les laboureurs sont esclaves pendant toute la durée du bail des terres qu'ils tiennent à ferme du roi ou des seigneurs. Si, pendant ce temps, ils se rendent coupables dé quelque infidélité dans leurs obligations avec leurs maîtres, leur punition est de porter, à leur cou, pendant le reste de leur vie, une grosse chaîne ou une lourde pièce de bois.

PIED (mise a), peine usitée contre les postillons et conducteurs de voitures, pour les infractions légères dont ils se rendent coupables ; elle consiste à leur interdire, pour un temps plus ou moins long, l'exercice de leur profession.

. . PIEDS. Cette partie du corps est une de celles sur lesquelles on a le plus varié les exécutions.

Pieds brulés. — Pieds chauffés. *Voy.*, pour ces deux articles, au mot *question*. — On lit, dans l'histoire du règne de Muley Ismaël, roi de Maroc, que ce barbare, afin de réduire une jeune Anglaise à se faire mahométane, lui faisait mettre les pieds dans l'huile bouillante à de certains intervalles réguliers, et parvint ainsi à vaincre sa constance.

. Pieds coupés. Plusieurs peuples fournissent des exemples de ce genre de mutilation.

.. *Achem.* On a vu déjà, dans divers articles, comment le despotisme du chef de ce royaume faisait arbitrairement, et par caprice, subir les supplices

les plus cruels. Un des moindres était l'amputation des pieds.

Angleterre. Les plus petits vols y étaient autrefois punis par diverses mutilations; celle du pied
en était une.

Chine. La même chose était anciennement usitée
dans cet empire, mais ne se pratique plus aujourd'hui. Vers la fin du septième siècle, la célèbre Vu-Heu, impératrice de la Chine, jalouse du
souvenir que Kao-Tsong, son époux, gardait encore de deux épouses qu'il avait répudiées pour
la mettre sur le trône, fit donner la mort à ces
deux princesses après leur avoir fait couper les
pieds et les mains.

France. D'après ce qu'on connaît des mœurs
féroces qui régnaient sous la première race, on
n'est point étonné de voir se multiplier de pareilles
exécutions. Frédégonde fit couper un pied et une
main à un ecclésiastique qu'elle avait envoyé pour
assassiner Brunehaut, et qui n'avait pas réussi.
Sous la seconde race, il était ordinaire de punir
ainsi les serfs pour des fautes assez légères. La
même barbarie se prolongea sous la race suivante.
A la fin du onzième siècle, Enguerrand Ier, seigneur de Coucy, avait épousé la comtesse de Namur, du vivant de son époux, absent pour la
Terre-Sainte; celui-ci, de retour, lui fit une guerre
d'acharnement, pendant laquelle les prisonniers
de chaque côté eurent les yeux arrachés et les
pieds coupés. Thomas, fils de cet Enguerrand,
rencontrant un homme blessé qui marchait avec
peine: *Pourquoi*, lui dit-il, *ne marches-tu pas plus*

come 4 page

Pieds ferrés.

Supplice chez les Persans.

Dict. de la Pénalité

vite. — *Je ne le puis,* reprit le piéton. — *Attends,
je vais te faire aller plus lentement encore.* Thomas
descend de cheval, tire son épée et lui coupe les
deux pieds. Cette violente amputation causa la
mort de ce malheureux. Sous le règne de Louis IX,
la peine d'un second larcin était d'avoir un pied
coupé.

Inde. L'amputation des pieds et des mains est
le supplice ordinaire des meurtriers dans quelques cantons de l'Inde. On les jette ensuite dans
un champ proche du grand chemin, et on les y
laisse mourir.

Juifs. Parmi les nombreux supplices usités chez
ce peuple était celui de couper aux criminels les
extrémités des pieds.

. *Maroc.* On y coupe le pied aux voleurs de grand
chemin. L'empereur y fait souvent lui-même l'office de bourreau. *Voy.* MAIN COUPÉE, t. IV, p. 355.

Perse. Voy. OREILLES COUPÉES, t. V, p. 1.

Russie. Pugastchew, cosaque du Don, forma.
en 1773. le projet de se faire passer pour le czar
Pierre III, détrôné et étranglé par Catherine II.
Il tint pendant un an contre les troupes de l'impératrice; mais, pris en 1774, il subit le dernier supplice. Le bourreau, par une méprise assez étrange,
lui coupa d'abord la tête, ensuite les mains, et
enfin les deux pieds.

PIEDS ENCHAÎNÉS. En Égypte, les criminels condamnés aux mines y travaillent enchaînés par les
pieds. *Voy.* FERS, t. IV, p. 75.

PIEDS FERRÉS. *Voy.* MAINS FERRÉES, t. IV, p. 360.

PIEDS NUS. *Voy.* AMENDE HONORABLE, t. I, p. 295.

PIERRE. Les pierres ont servi en différentes manières d'instrumens de supplice.

Caffres. Ce peuple superstitieux croit que les maladies ne sont point des accidens naturels, mais bien le résultat des sortiléges. Pour en découvrir les auteurs, ils emploient des femmes magiciennes, qui, après quelques cérémonies, se lancent au milieu de la foule, frappant de tous côtés d'une javeline. Celui qui en est atteint est déclaré coupable, et condamné à divers supplices. Un des plus ordinaires est d'approcher de la victime des pierres rougies au feu.

Ceylan. On déshabille un débiteur, et on lui donne des gardes. On lui met sur le dos une grosse pierre dont on augmente le poids de jour en jour, jusqu'à ce qu'il paie son créancier.

France. Ducange, aux mots *lapis*, *lapides catenatos* et *putagium*, dit qu'un des supplices que l'on faisait subir anciennement aux femmes de mauvaise vie, était de porter, toutes nues, dans leur chemise, depuis une paroisse jusqu'à l'autre, deux pierres liées ensemble par une chaîne, et que l'on gardait soigneusement dans tous les tribunaux. L'histoire du duché de Valois contient, à la date de l'année 1520, un jugement remarquable contre une femme de Crépy, qui avait insulté un bourgeois, son concitoyen. Cette femme avait appelé le bourgeois *Capperel*, injure prise du nom d'un prévôt de Paris condamné à être pendu pour avoir fait mourir un pauvre innocent à la place d'un homme riche. La femme coupable de cette insulte fut condamnée à faire trois fois le tour de la place publique, exposée aux huées de la populace; mais, afin qu'elle ne pût accélérer sa marche et abréger la durée de sa peine, on remplit son tablier de pierres en aussi grande quantité que ses forces pouvaient le permettre. Il paraît que cette punition était d'usage fréquent dans le Valois.

Juifs. *Voy.* Lapidation, t. III, p. 306, 307.

Mexique. Dans les temps de détresse, ce peuple abandonnait aux prêtres des victimes humaines, que ceux-ci sacrifiaient en les traînant violemment, le dos appliqué sur une longue pierre tranchante et pointue. Cette exécution était continuée jusqu'à ce que l'épine dorsale du patient fût brisée et qu'on vît sortir ses entrailles.

Romains. Les Romains lapidaient des soldats qui se rendaient coupables de vols envers leurs camarades.

PIERRE DE MARBRE. Table placée au bout du grand escalier du palais où les condamnés faisaient amende honorable. *Voy.* ce mot, t. 1, p. 292.

PIERRE DE SCANDALE. A Rome, le banqueroutier était condamné à aller s'asseoir nu sur une pierre nommée scandale, élevée devant le portail du capitole et sur laquelle était gravée la figure d'un lion. Il devait crier ensuite, à haute voix : *Cedo bona,* je cède mes biens ; et frapper en même temps par trois fois le derrière sur la pierre. Cette forme de cession fut, dit-on, substituée par Jules César à l'ancienne peine portée à la loi des XII Tables, et qui consistait en ce qu'un débiteur était à la merci

de son créancier, qui pouvait le tuer, le faire esclave, ou du moins le punir corporellement.

PIEU, gros bâton ou pièce de bois, taillé en
pointe. Le pieu servait, chez les anciens, à attacher le criminel condamné à être battu de verges;
il est encore en usage chez les sauvages des deux
Indes. Des pieux sont placés au milieu des huttes,
sur une place destinée aux assemblées ; les prisonniers de guerre y sont attachés, et exposés à
tous les outrages et aux mutilations que le caprice
peut dicter à leurs vainqueurs. En Allemagne, il
était d'usage de faire périr à coups de pieux la
femme coupable d'infanticide. *Voy.* EMPALEMENT,
t. III, p. 463.

PILER dans un mortier. *Voyez* MORTIER, t. IV,
p. 460.

PILEUS, bonnet dont on décorait la tête des
esclaves romains qui venaient d'obtenir leur liberté. *Voyez* AFFRANCHISSEMENT, t. I, p. 146.

PILLAGE. Dégât, ravage, enlèvement que le
soldat fait à la guerre de tout ce qui tente son
avidité. Par ce qu'on appelle les droits de la guerre
un chef de troupes est autorisé à livrer au pillage
une ville prise d'assaut. Cette espèce d'exécution
entraîne toujours les violences les plus cruelles
envers les habitans, et sans doute aucun supplice
ne présente un spectacle plus hideux. Souvent, à
défaut de l'ennemi, des troupes accoutumées au
pillage l'ont exercé dans leur propre pays. Dans
la guerre de Hollande de 1672, les soldats pillèrent
leurs propres magasins. Le marquis de Louvois
fit retenir, sur le paiement de toute l'armée, ce qui

était nécessaire pour dédommager les entrepreneurs. Les Romains punissaient de mort ceux qui pillaient les campagnes. Le pillage des propriétés publiques et particulières, par des bandes armées, est prévu par les articles 96, 329 et 440 de notre Code pénal, et les coupables doivent être punis des travaux forcés à temps et d'une amende de 200 fr. à 5,000 fr..

PILULES (ÉPREUVE PAR LES). Les Siamois, très-partisans des jugemens dictés par les épreuves, emploient celle-ci assez ordinairement. Leurs *talapoins* (prêtres) ont le privilége de préparer certaines pilules dont ils augmentent, selon eux, la vertu probatrice, en prononçant diverses imprécations. Cette cérémonie achevée, les deux adversaires en avalent la quantité prescrite, et la preuve de l'innocence, ou du bon droit, est de les garder dans l'estomac sans les rendre. On sent combien le charlatanisme, commun à presque toutes les épreuves, est ici facile à soupçonner.

— PILORI. On entend ordinairement par *pilori* un lieu patibulaire où était le poteau ou pilier du seigneur et qui portait son écusson : au milieu étaient attachés des chaînes et des carcans, qui marquaient la haute justice. Dans une acception plus particulière, le pilori était un petit bâtiment en forme de tour, avec une charpente à jour, dans laquelle un carcan ou roue horizontale percée de plusieurs trous, tournait sur son centre, et présentait, par les ouvertures de la tour, la tête et les mains du patient passées dans les trous. Le pilori, toujours placé dans les lieux les plus appa-

rens, tels que les marchés et les places publiques,
servait à exposer certains criminels à la risée
du peuple, et à les noter ainsi d'infamie. On y
dressait aussi les instrumens des divers supplices,
qui souvent y restaient à demeure pour effrayer
ceux qu'un mauvais penchant portait au crime.
Les opinions varient beaucoup sur l'étymologie du
mot *pilori*. La plus naturelle est, sans contredit,
celle que lui assigne Ducange, qui le fait dériver de
pila, *pilier*, *poteau*. L'action de mettre au pilori se
nommait *pilorier*. Il y avait au quatorzième siècle
deux piloris dans Paris, celui des halles, et celui
placé dans le carrefour des rues de Bussy, du Four
et des Boucheries. Ce dernier était aussi construit
en forme de tour. Le pilori des halles avait été re-
bâti dans les derniers temps. Anciennement, il
était environné d'une cour fermée par des plan-
ches. On y faisait les exécutions à mort, et les
corps des criminels y étaient gardés une nuit;
puis on les portait à Montfaucon. Après la recon-
struction de ce pilori, en 1542, on cessa d'y faire
des exécutions; il ne servit plus qu'à exposer les
banqueroutiers frauduleux et les usuriers, qui,
suivant le coutumier de France, devaient être mis
et *tournés* au pilori pendant trois dimanches ou
fêtes solennelles. On y exposait aussi les corps des
criminels exécutés dans la ville, en attendant
qu'on leur donnât la sépulture. Le dernier pilorié
fut un certain Billard, janséniste. Il s'excusait
d'avoir fait banqueroute à ses créanciers, par l'intention où il était, disait-il, d'enrichir les pauvres. Cet instrument de supplice a été renversé à

l'époque de la révolution. Auprès, il y avait un
croix. Par une contradiction bizarre, c'était au
pied de cette croix que les usuriers et les banque
routiers faisaient leur cession et recevaient l
bonnet vert, et cependant elle avait été long
temps un lieu d'asile pour les voleurs. L'usage d
pilorier fut entièrement aboli dans toute la Franc
en 1790. On a cependant renouvelé l'exposition
mais d'une autre manière. *Voy.* CARCAN, t. III
p. 156. On expose au pilori, en Angleterre, pou
plusieurs crimes ou délits, tels que le monopole
l'emploi de faux poids et mesures, la prévaricatio
des officiers de justice, la subornation, etc. ; dan
ce dernier cas, le coupable est cloué au pilori pa
les oreilles. Cette disposition fait voir que cet in
strument n'est, dans ce pays, qu'un simple po
teau. *Voy.* BANQUEROUTE, t. III, p. 311; BONNE
VERT, t. III, p. 18; ÉCHELLE, t. III, p. 445.

PINCES ARDENTES. *Voy.* RÉGICIDE.

PIQUES (PASSER PAR LES). *Voy.* ALARME, t. 1
p. 237.

PIQUET, châtiment militaire qui a cessé d'êtr
infligé en France sous Louis XV. Voici en quoi i
consistait : Dans les casernes, devant le corps d
garde, il y avait un poteau de sept pieds de hau
teur, au bas duquel on enfonçait en terre u
pieu ou piquet, pointu par le bout, et qu'on lais
sait ressortir au-dessus du niveau du sol, de l
longueur de dix-huit pouces environ. On attachai
le soldat délinquant au grand poteau, par un
main, et au plus haut qu'il pût atteindre, mai
de manière que le pied du même côté portait u

sur le piquet. Il devait rester ainsi plus ou moins d'heures. Cette punition était prononcée contre les soldats surpris en état d'ivresse.

PIRATE, écumeur de mer, commandant de vaisseau, qui navigue dans le but de prendre et piller les autres vaisseaux. La piraterie est très-ancienne : elle était même honorable chez les anciens Grecs. Les Egyptiens et les Phéniciens l'exercèrent long-temps avec ardeur, et quoique les autres peuples aient souvent tâché de les détruire, comme étant des voleurs publics dignes des plus cruels supplices, ils se trouvèrent en si grand nombre dans la Méditerranée, qu'ils se rendirent redoutables aux Romains, qui chargèrent Pompée de les combattre. Cet habile capitaine les dissipa dans l'espace de quarante jours, et n'employa pour les détruire que la douceur. Au lieu de les faire mourir, il les relégua dans le fond des terres et loin de la mer, et là, leur donnant le moyen de vivre sans piraterie, il les détermina ainsi à renoncer à leur ancien métier. Les nations modernes nomment proprement pirates, les commandans de vaisseaux qui écument la mer sans distinction d'amis ou d'ennemis. Ceux que les gouvernemens munissent de commissions pour chasser et prendre les vaisseaux ennemis, sont appelés corsaires, et réputés honnêtes. Les premiers, au contraire, considérés comme ennemis déclarés de la société, violateurs du droit des gens, et voleurs publics à main armée, sont jugés dignes de la peine de mort. La loi du 10 avril 1825 renouvelle presque toutes les dispositions de l'ancienne législation sur cette matière : cette loi punit de mort les commandans, chefs et officiers d'un navire français, qui commettraient des actes de piraterie envers des bâtimens français, ou ceux d'une nation alliée à la France; elle prononce la même peine contre les officiers d'un vaisseau étranger qui, sans commission de son gouvernement, aurait attaqué des navires français. Dans ces deux cas, les hommes composant l'équipage sont punis des travaux forcés à perpétuité. Cette loi considère encore le seul fait de naviguer armé, sans commission, comme piraterie, mais ne prononce, dans ce cas, que la peine des travaux forcés. Un édit du mois de juillet 1691 réprime un genre particulier de piraterie. Il prononce la peine des galères contre les corsaires ennemis, même commissionnés, qui seraient pris dans les rivières du royaume, ou empêchant la navigation à leur embouchure.

PLACARDS. Les articles 86 et suivans du Code pénal français assimilent aux auteurs de crimes et complots contre la sûreté de l'État, tous ceux qui, par placards affichés, auront excité les habitans à les commettre. La peine, en conséquence, est la mort. Néanmoins, dans le cas où ces provocations n'auraient été suivies d'aucun effet, leurs auteurs sont simplement punis du bannissement. (1)

---

(1) Ce délit est assez difficile à constater, et la recherche des auteurs souvent impossible. Voici, entre autres, un moyen assez ingénieux dont on s'est servi pour y parvenir sans être découvert. Une femme, chargée d'une hotte, couverte de haillons, appuyait, comme pour se re-

PLACE ASSIÉGÉE. Défendre son pays est sans doute le premier devoir de l'homme social. Les lois qui veillent à cette défense, qui préviennent et punissent les machinations et intelligences avec les ennemis, ou les capitulations sans résistance, ces lois paraissent justes, et ne sauraient être trop rigoureuses ; mais il en est qui veulent que tout citoyen qui dans une ville assiégée *parlera de se rendre* soit puni de mort. N'est-ce pas vouloir que la peur donne du courage?

PINE. C'est le nom que l'on donnait en Russie à la peine du knout, lorsqu'on l'infligeait pour les grands crimes. Dans ce cas, ce supplice était accompagné de circonstances qui ajoutaient considérablement à sa rigueur. *Voy.* KNOUT, t. IV, page 293.

PLACET. Supplique au roi ou au magistrat, pour obtenir justice ou grâce. Dans la première livraison de l'ouvrage intitulé *Bastille dévoilée*, on lit que, dans l'année 1745, le comte de Thélis fut emprisonné *pour avoir voulu donner un placet au roi.*

PLAGIAIRE, *plagiarius*. Les Romains nommaient ainsi ceux qui volaient des personnes libres et les vendaient comme esclaves, ou enlevaient des enfans, qu'ils mutilaient et couvraient de plaies pour exciter la compassion publique, et en re-

poser, sa hotte contre le mur. Un enfant, contenu dans cette hotte, par une ouverture secrètement pratiquée, appliquait sur le mur l'affiche imbibée de colle. L'opération terminée, l'enfant fermait cette ouverture, et la femme allait la renouveler ailleurs.

cueillir le fruit. Les coupables du crime de plagiat étaient punis du fouet, et ce supplice s'appelait *ad plagas*, d'où est venu le nom de *plagiaire*. On a, dans les temps modernes, étendu ou plutôt *changé la signification* de ce mot en l'appliquant à ceux qui dérobent les ouvrages des autres et les vendent comme étant les leurs; on a même exclusivement consacré ce terme à designer les auteurs qui s'emparent des productions littéraires des autres, et se les attribuent à eux-mêmes. A part la question de propriété, il semble qu'on peut puiser, sans scrupule, dans un ouvrage qu'on a acheté; car où serait la compensation de l'argent donné pour cet achat? Dans les ouvrages sérieux il faut bien qu'on puise de l'instruction, et cette instruction n'est autre chose que le contenu de l'ouvrage lui-même. Pour les ouvrages d'imagination, il est évident que les bons étant sus de tout le monde, ne peuvent être pillés sans que le ridicule fasse justice de celui qui se permet un tel plagiat. Mais on ne pourra jamais trouver mauvais qu'on cherche à tirer de l'or du bourbier de nos nombreux *Ennius*. Il paraît qu'anciennement le plagiat littéraire était capable de fixer l'attention des tribunaux. C'est ce qu'on voit dans un ouvrage publié par Rigoley de Juvigny, intitulé: *Bibliothéque françoise de la croix du Maine*, à l'article ALBERTET. Ce poète, qui vivait vers l'an 1290, avait confié à un de ses amis des chansons dont il était l'auteur, pour les remettre à une marquise de Malespine. L'ami, au lieu de s'acquitter de ce *fidei-commis* avec toute la probité qu'exigeait la confiance d'Albertet, jugea à propos

de vendre ces chansons à un poète nommé *Fabre*
d'Uscz. Fabre fut accusé pour ce fait, et condamné à être fouetté en public, et cela, *conformément*, est-il dit, *à la loi des empereurs.*

PLAIDS COMMUNS (cour des). C'est, en Angleterre, le premier des tribunaux après la chambre haute; il faisait autrefois partie de la cour du
roi, et suivait sa personne. Un des articles de la
grande Charte porte qu'il sera permanent. Sa résidence est à Westminster. Il est composé du *lord
premier jugé des plaids* et de trois autres juges.
Cette cour statue en première instance sur tous
les procès entre particuliers. Les appels sont portés à la cour du banc du roi.

PLAINTES. Le trentième article d'un capitulaire de 755, de Pepin-le-Bref, commande de
donner la bastonnade à tout moine qui portera à
la cour des plaintes de son abbé.

PLANCHE. Dans les pays soumis au mahométisme, on attache au cou de celui qui observe
avec négligence, dit Boëmus, les usages, et les
cérémonies prescrites par l'Alcoran, une planche
garnie de plusieurs queues de renard; et, après
l'avoir ainsi traîné par toute la ville, on le condamne à une amende. *Voy.* AISSELLES (*pendu sous
les*), t. I, p. 219; BRODEQUINS, t. III, p. 98;
MORCEAUX DE CHAIR, t. IV, p. 459.

PLANTE DES PIEDS. Constantin Faulcon,
premier ministre du roi de Siam au dix-septième
siècle, fut emprisonné pour des crimes imaginaires; on lui brûla la plante des pieds afin de le

forcer à des aveux qu'il ne pouvait pas faire. *Voy.* Bougie, t. III, p. 36.

PLAQUE DE FER. Les Grecs et les Romains appliquaient sur la peau de certains coupables des plaques de fer rougies au feu, qui leur causaient la mort. Glanius et plusieurs autres auteurs reprochent aux Siamois un supplice qui ne me paraît guère possible, et qu'ils décrivent ainsi : « On serre fortement le corps d'un criminel, on le pique avec des instrumens très-pointus, non pour lui tirer du sang, mais pour l'obliger à retenir son haleine. On saisit ensuite le moment favorable, on le coupe brusquement en deux, et on met la partie supérieure du corps sur une plaque ardente de cuivre, ce qui arrête le sang, et prolonge la vie du patient, dans des tourmens inexprimables. »

PLETI. C'est ainsi qu'on nomme le fouet, communément administré en Russie. On lit dans les *Voyages du docteur Lyall* : « Deux enfans et une femme reçurent ensuite le *pleti*. Le corps en partie découvert, ils furent couchés la face contre terre, et maintenus dans cette position par quelques assistans. L'exécuteur, se tenant à droite, leur donna un certain nombre de coups, et ensuite autant à gauche. Tous les patiens poussaient des cris aigus, et, en effet, ce mode de punition, bien que puéril en apparence, est extrêmement sévère. »

PLEURER. Tibère avait défendu, sous peine de mort, aux parens de ses nombreuses victimes, de pleurer ceux qu'ils affectionnaient. La loi Julia défendait de pleurer et d'honorer de la sépulture les criminels de lèse-majesté. — Lorsque le roi de Congo meurt, c'est un crime de le pleurer, parce qu'on doit croire, dit-on, qu'il n'est mort que pour aller jouir d'une vie plus heureuse. .; .' '

PLOMB FONDU. Le plomb fondu, versé dans la bouche, était au nombre des supplices des anciens Juifs. — En France, on versait du plomb fondu sur les plaies que faisaient aux criminels de lèse-majesté les tenailles employées à leur arracher des morceaux de chair : tels Ravaillac et Damiens. — Au dix-septième siècle, Séfi, schah de Perse, défendit l'usage du tabac. Deux Indiens ayant été trouvés fumant dans une hôtellerie, Séfi ordonna de leur verser du plomb fondu dans la bouche. Quatre marchands, compatriotes de ces malheureux, ayant offert deux mille tonnans pour les sauver, Séfi les fit mettre à mort pour lui avoir supposé l'intention de vendre la justice. — Plonger la main dans du plomb fondu est une épreuve dans le royaume de Siam. — Autrefois, en Turquie, on versait du plomb fondu dans la bouche du mahométan qui avait bu du vin.

PLUMES. Voici un des réglemens que firent les rois de France et d'Angleterre, en 1189, avant de s'embarquer pour la croisade : « Si quelqu'un est convaincu de vol, on lui coupera les cheveux, on versera sur sa tête de la poix bouillante ; on la couvrira ensuite de plumes, et on l'exposera, dans cet état, sur le premier rivage. » *Voy.* LANGUE PERCÉE, t. IV, p. 504; MORCEAU DE TERRE, t. IV, p.459; POURVOYEUSES.

PODESTAT, magistrat, officier de justice et de

police dans une ville libre. Du temps de Henri Iᵉ
d'Anjou, c'était le titre d'une espèce de gouverneur ou d'officier municipal dans la ville d'Arles
La coutume de *Soles*, titre 2, donne le nom de
potestats à dix seigneurs, dont elle rapporte la
liste, et qu'elle oblige de venir, au moins de huitaine en huitaine, à la cour de *Leixoure*, pour la
tenir avec le castellan ou capitaine de Mauléon,
ou son lieutenant. Pour les en dédommager, cette
coutume leur accorde le droit de troupeau à part
pour un nombre considérable de bestiaux, et la
juridiction de Faymi-Dret sur leurs tenanciers.
On nommait autrefois, en Espagne, *potestad*,
une dignité qui correspondait à celle de corrégidor
d'une ville. Il est aussi question de *potestats* dans
les usages de Catalogne. — En Italie, c'est le nom
qu'on donnait spécialement aux magistrats de Gênes et de Venise, dont la fonction était d'administrer la justice. Cette charge répondait à celle
de préteur à Rome. Le *podestat* ou *juge criminel* de
Gênes était toujours un étranger. La justice de la
sérénissime république de Lucques était rendue par
cinq auditeurs ; l'un deux, appelé *podestat*, décidait les causes criminelles ; mais ses jugemens devaient être confirmés par le sénat. Chaque ville
d'Italie a son *podestat*, magistrat civil ; il est aussi
chargé de la police municipale.

POÊLE. On lit dans l'*Encyclopédie*, et dans
quelques historiens, que la *poële ardente* était un
supplice en usage chez les Hébreux ; mais on n'y
trouve pas la manière dont elle était employée.
Faria, dans sa relation, dit qu'un vassal du roi

de Siam ayant voulu se révolter, le prince le fit nourrir quelque temps de la chair qu'on arrachait de son corps, et qu'on grillait ensuite dans une poêle.

POÈTE. Les historiens de Rome rapportent que les décemvirs décernèrent la peine capitale contre les poètes.

POIDS FAUX. Pour l'Allemagne, l'Angleterre, l'Egypte et la France, *voy.* MESURES FAUSSES, t. IV, p. 441. Pour la Turquie, *voy.* OREILLES (CLOUÉ PAR LES) t. V, p. 8.

POIDS DE FER ET DE PIERRE. Il existe en Écosse une singulière loi contre les criminels qui ne veulent pas parler en justice. Ce silence fait que si le criminel est condamné à mort, il n'est point exécuté publiquement, et son bien n'est pas confisqué; mais un supplice lent et cruel l'attend. On lui en fait le détail exact à la dernière séance, en ajoutant qu'il serait alors trop tard de se raviser, et qu'il n'en retirerait aucun profit. S'il persiste dans son silence, la loi le condamne au supplice suivant : Après l'avoir conduit dans un souterrain, on le déshabille tout nu, et on l'étend dans une espèce de tombeau, les pieds plus élevés que la tête. Dans cette posture, qu'il ne quitte jamais, on charge diverses parties de son corps avec des poids de fer et des pierres, on lui donne du pain et de l'eau, mais alternativement, de sorte que le jour où il mange, il ne boit pas, et *vice versâ*. On continue ce régime jusqu'à sa mort. On cite des personnes qui ont vécu dans cet état, cinq, six jours, et quelquefois davantage. On en vit, après

la révolte d'Écosse, en 1745, de nombreux exem
ples. Cent quatre-vingt-un malheureux se résignè-
rent à cette mort horrible pour conserver leur
fortune à leurs familles. *Voy.* Boire et manger.

. POIDS AU COU. *Voy.* Pendaison, t. V, p. 45.

POIDS AUX PIEDS. *Voy.* Cheval de bois et
chevalet, t. III, p. 233, Poulie.

POIGNARDER. A *Bantam*, on attache les criminels à un poteau, et on les poignarde. — Dans
le royaume de *Benin*, les seigneurs de la cour qui
surprennent leurs femmes en commerce de galan-
terie, poignardent les deux coupables, et abandon-
nent leurs corps aux bêtes féroces. — Un des derniers empereurs de la *Chine*, Schun-Chi, fit poignarder trente hommes sur la fosse d'une maîtresse
favorite pour apaiser ses mânes. — Clotaire Ier,
roi de *France*, poignarda les deux fils de son frère
Clodomir. — L'*Issinois* qui trouve sa femme en
état d'adultère la tue, et poignarde son complice,
si celui-ci n'a pas assez d'or pour se racheter. Si
un esclave est condamné à mort, un officier du
roi court dans les rues comme un insensé, et fait
pencher de côté et d'autre un fétiche qu'il porte
sur sa tête. Dès qu'il arrive à la place où on a
conduit le criminel, il perce la foule et demande
au fétiche qui doit être l'exécuteur? Le premier
jeune homme qu'il touche de l'épaule est celui
qu'on suppose nommé par le dieu. Il demande
encore si c'est assez d'un exécuteur, et quelquefois
leur nombre va jusqu'à dix. Le premier tire son
poignard et perce la gorge de l'esclave, tandis que
les autres tiennent la victime, dont ils font couler

le sang sur le fétiche. Les exécuteurs sont impurs pendant trois jours, et ils se bâtissent une cabane hors du village; mais, durant cet intervalle, ils ont droit de prendre tout ce qui tombe entre leurs mains. Enfin, après diverses purifications, ils retournent triomphans vers leurs compatriotes. Ils arrachent une dent au criminel qui est mort par leurs mains, et plus ils peuvent en montrer, plus leur réputation est éclatante. Personne ne refuse cet emploi, et les fils du roi ne craignent pas de l'accepter. — Au *Sénégal*, le mari qui surprend sa femme en adultère poignarde son complice; il répudie sa femme, si mieux il n'aime la vendre en esclavage : si elle est enceinte, il doit attendre qu'elle soit délivrée. *Voy.* MEURTRE, t. IV, p. 448.

POING COUPÉ. ACHEM. Le roi fait couper les poings non-seulement à des coupables, mais encore à des innocens, au gré de son caprice, par amusement.

ALLEMAGNE. D'après le code criminel de Charles V, on coupait le poing à ceux qui étaient coupables de viol et de sacrilége; et aux soldats qui se mettaient en état d'insubordination à l'égard de leurs officiers, *quand même ils auraient été frappés et maltraités par lesdits officiers.* Cette mutilation n'était qu'une peine accessoire, car, pour le viol, elle était suivie du bannissement à perpétuité; pour le sacrilége, de la pendaison ou du bûcher, suivant les circonstances; pour l'insubordination, de la pendaison ou de la strangulation.

ANGLETERRE. *Voy.* PARRICIDE, t. V, p. 25.

FRANCE. Avant la révolution, le patient, à ge-

noux; plaçait sa main à plat sur un billot haut
d'un pied environ, et d'un coup de hachette ou
couperet le bourreau lui faisait sauter la main,
et lui mettait sur-le-champ le moignon dans un
sac rempli de son, qu'il liait fortement afin d'arrêter la force de l'hémorrhagie. Cette exécution
avait lieu à la suite de *l'amende honorable*; soit
devant la porte de l'église, soit à l'endroit désigné
pour le supplice. On ne coupe le poing, aujour-
d'hui, que pour le crime de parricide et sur l'é-
chafaud même où est dressée la guillotine : l'exécuteur se sert d'un couperet. — Du temps de
Charlemagne on coupait le poing au duelliste
vaincu. — Voici ce qu'on trouve dans une *histoire
de Ponthieu*, publiée à Londres en 1767, t. 1ᵉʳ,
règne de Jean II, année 1184 : « Il en devait coû-
ter vingt sous, ou vingt-cinq livres d'aujourd'hui,
pour avoir frappé avec colère avec le poing ou la
paume de la main. Il en coûtait neuf livres (225
livres) pour l'avoir blessé avec des armes, et ce
prix équivalait à perdre le poing. Il fallait, en
outre, que la maison du criminel fût abattue.
S'il n'en avait point, ou l'obligeait d'en acheter
une de la valeur de cent sous; on l'abattait ensuite
avec cérémonie. Le poing était encore le paiement des pauvres, faute d'argent ; ils devaient
l'exposer à la miséricorde des échevins.» Il y a lieu
de croire qu'ils devaient souvent être coupés, et
que les *eskevins* n'étaient guère miséricordieux dans
ces jours de férocité. On lit dans la coutume de
Ponthieu, art. 55, que « *quiconque, en la ville et
banlieue d'Abbeville, navre aucun à sang courant,*

et playe ouverte, d'armes ou bâton émoulu, il échet envers lesdits mayeur et eskevins, en amende de quatorze livres ou le poing, en la punition de la miséricorde; pour lesquels payer, il peut être appréhendé au corps, et s'il se rend fugitif, lesdits mayeur et eskevins le peuvent bannir au son de leur cloche jusqu'à ce qu'il aura rempli leurdite loi; desdites quatorze livres. »—Le 24 mars 1549, Geoffroi de Saint-Dizier, chevalier, eut le poing coupé pour avoir maltraité un sergent du roi. — En 1385, Charles VI réhabilite Jean Mauclerc, habitant de Senlis, et lui permet de remplacer le poing qu'on lui a coupé, pour avoir frappé un Flamand nommé Jean Lébrun, par un poing *fait de la manière qu'il voudra.* En 1525, Jean Leclerc, déjà fustigé pour s'être permis d'arracher une bulle sur les indulgences affichée à la porte de l'église de Meaux, est arrêté de nouveau comme auteur d'un renversement de statues de saints : on lui tenaille les bras; on lui coupe le poing; on lui arrache le nez; on le fait brûler à petit feu. — Barrière, qui voulut assassiner Henri IV, fut condamné, en 1593, à avoir le poing coupé, tenant le couteau avec lequel il avait le projet d'exécuter son crime (1).— En 1539, un auditeur au Châtelet de Paris, Jean Frolot, assassin d'un *sergent à verge,* eut le poing coupé, puis la tête tranchée.—En 1712, la dame D. de S. assassina son mari, ayant deux de ses fils pour complices. Un arrêt du parlement d'Aix, rendu en 1714, condamna l'aîné des enfans à

(1) Le 27 mai 1610, Ravaillac subit la même peine.

avoir les deux poings coupés, et l'autre seulement
le poing droit.— Avant 1789, le voleur de vases
sacrés et d'ornemens destinés au service divin,
considéré comme sacrilége, avait le poing coupé.
Voy. AMPUTATION, t. Ier, p. 354; MAIN COUPÉE, t. IV,
p. 355; PARRICIDE, t. V, p. 27.

ISSINI. *Voy.* PARJURE, t. V, p. 24.

LOMBARDIE. *Voy.* PARJURE, t. V, p. 24.

MAROC. Les alchimistes et les faux-monnayeurs
ont les deux poings coupés.

PERSE. On coupe le poignet aux voleurs ordinaires. Séfi II, qui prit le nom de Soliman en
1666, infligeait cette peine par caprice.

POINTES DE VERRE. A l'époque de la persécution des chrétiens, plusieurs martyrs ont été
roulés nus sur des pointes de verre.

POIS. Ayant su que plusieurs femmes anglaises
et écossaises avaient trouvé ridicules quelques
tours qu'elles lui avaient vu faire dans un festin,
le czar Iwan IV les fit venir en sa présence, ordonna qu'elles fussent dépouillées exactement, et,
après avoir fait répandre sur le parquet quelques
boisseaux de pois, il les força de les ramasser un
à un; ensuite ils leur fit distribuer quelques verres
d'eau-de-vie, bien persuadé, assura-t-il, qu'elles
ne tourneraient plus ses actions en ridicule.

POITRINE MARQUÉE. Selon le code des lois
chez les Birmans, l'homme coupable, pour la
première fois, de vol, n'encourt la peine de mort
que lorsque l'objet volé est d'un prix au-dessus de
800 tackals (environ 2,400 fr.). Dans le cas contraire, on lui imprime, avec de la poudre, un cer-

cle sur chaque joue, et on grave de la même manière, sur sa poitrine, le mot de voleur et le nom
de la chose qu'il a prise. S'il récidive, on le prive
d'un bras, et pour le troisième vol on lui tranche
la tête.

POIVRE. Avant le seizième siècle, époque à laquelle on commença à cultiver cette épice avec
succès en Provence, on attachait un grand prix
aux approvisionnemens qu'on pouvait en faire.
Quand Clotaire III fonda le monastère de Corbie,
parmi les différentes denrées qu'il assujettit ses domaines à payer annuellement aux religieux, il y
avait trente livres de poivre. Roger, vicomte de Béziers, ayant été assassiné dans une sédition par
les bourgeois de cette ville, en 1107, une des punitions que son fils imposa, lorsqu'il les eut soumis par les armes, fut un tribut de trois livres de
poivre à prendre annuellement sur chaque famille.
Dans la ville d'Aix, les Juifs étaient obligés d'en
payer de même deux livres par an à l'archevêque.

POIX BOUILLANTE. Les Romains jetaient des
coupables dans des chaudières de poix bouillante.
En France on versait cette matière sur les plaies
vives des grands criminels, comme on le fit à Ravaillac et à Damiens. *Voy.* PLUMES.

POLLUTION. Ce terme de l'ancienne jurisprudence s'employait pour désigner la souillure qu'on
pensait être faite à une église lorsqu'on y com-
mettait quelque profanation, comme quand il y
avait eu effusion de sang considérable. En cas de
pollution d'une église, les évêques avaient coutume
autrefois de la consacrer de nouveau ; mais depuis,

la simple réconciliation parut suffisante. *Voy.* Sacrilége.

POLTRONS. De même que tous les peuples ont
accordé des distinctions honorifiques aux guerriers qui montraient le plus de courage, de même
ils ont. pour la plupart, noté d'infamie ceux à
qui la lâcheté faisait abandonner la défense de leur
patrie.

Germains. On peut voir le traitement que ces
peuples faisaient subir aux poltrons, à l'article
Bourbier, t. III. p. 47.

Grèce. Sparte, cette ville essentiellement guer-
rière, qui n'avait pour murailles que le courage et l'épée de ses citoyens, avait les poltrons
tellement en horreur, qu'il fut fait contre eux
cette loi sévère qui portait que tous ceux qui lâ-
cheraient le pied dans un combat, passeraient pour
infâmes, et qu'il serait honteux de rechercher leur
alliance. Ils étaient astreints à porter des habits
déchirés, d'une certaine couleur, à raser leur barbe
d'un côté et à la laisser croître de l'autre ; enfin,
le premier venu, qui les rencontrait sur la voie
publique, pouvait leur donner un soufflet, sans
qu'ils eussent le droit de dire un seul mot de
plainte. Il y avait plus ; cette même loi déclarait
infâme toute l'armée qui perdait une bataille,
sans égard à aucune circonstance. A la journée de
Leuctres, gagnée par les Thébains, commandés
par Epaminondas, une partie des Lacédémoniens
prit la fuite. Les Éphores n'osèrent punir un si
grand nombre de coupables dans un moment où
l'État était si près de sa perte. Ils en référèrent à

Agésilas, qui ordonna qu'on ne toucherait pas à la loi, mais qu'il serait déclaré qu'elle était endormie ce jour-là. Par cette subtilité, bien digne d'un peuple dont le faux esprit causa depuis la ruine, Agésilas pensa conserver la loi dans sa vigueur tout en faisant grâce aux coupables.

FRANCE. Lors de l'origine ou du commencement de la monarchie, on usa, en France, d'une extrême sévérité pour le maintien de la police militaire. Cette sévérité s'adoucit dans la suite, et l'on se contenta de punir, par la dégradation des armes et de la noblesse, les officiers à qui la crainte ou la lâcheté faisait abandonner leur poste. *Voy.* au surplus les articles DÉSERTEUR, t. III, p. 278, et PLACE ASSIÉGÉE, t. V, p. 79.

KALMOUKS. D'après les lois de ce peuple, recueillies et mises en ordre vers 1620, sous le kan Galdan, ceux qui ne se rendent pas à l'armée lorsqu'il s'agit d'une guerre générale et nationale, sont punis de la perte de leurs biens, ou au moins condamnés à de grosses amendes, proportionnées à la richesse des délinquans. Une autre disposition condamne tout chef ou soldat, convaincu de poltronnerie ou de s'être mal conduit dans une affaire, à une forte amende proportionnée aux biens du coupable; en outre, on lui ôte ses armes, on l'habille en femme, et on le promène ensuite dans le camp.

ROMAINS. La punition ordinaire des poltrons consistait à faire sauter le coupable au-delà d'un retranchement, ce qui était réputé ignominieux. On punissait encore les soldats, convaincus de

poltronnerie, en les exposant en public avec leur
ceinture détachée, et dans une posture molle et
efféminée. Cette exposition se faisait dans la rue
du camp destinée aux exécutions, et que l'on
nommait *Principia*. Enfin, pour comble d'ignominie, on faisait passer les poltrons d'un ordre
supérieur dans un autre fort au-dessous, comme
de triariens dans les piquiers ou dans les vélites.
Les auteurs font encore mention de quelques autres punitions, mais qui étaient peu usitées. *Voy.*
Déserteur, t. III, p. 278; Lacheté, t. IV, p. 297.

POLYGAMIE, mariage d'un homme avec plusieurs femmes, ou d'une femme avec plusieurs
hommes. La pluralité des femmes paraît avoir été
d'un usage général chez les anciens peuples, et
principalement chez les Orientaux, où elle l'est encore ; cependant elle finit par être généralement
regardée comme un crime chez toutes les nations
de l'Europe. On en est même venu à compter la
polygamie dans le cas le plus simple, qui est la
bigamie, avec laquelle elle est confondue dans
toutes les législations actuelles. Bien qu'on ait
prétendu qu'en Angleterre la lettre de la loi ne
punissant que la bigamie, le coupable échappait à
la punition en épousant une troisième femme, cependant le célèbre criminaliste anglais Blakstone
dit que la bigamie et la polygamie sont des termes
synonymes dans l'acception de la loi. Il est singulier de voir la polygamie en usage chez les anciens
Hébreux, et de lire dans le livre de leur loi que
Lamech, qui le premier prit plusieurs femmes,
fut plus criminel aux yeux de Dieu que le fratri-

cide Caïn; car il est dit que son crime serait puni
jusqu'à la soixante-septième génération, au lieu
que le meurtre d'Abel ne devait être vengé que
jusqu'à la septième. — Tacite dit que les Germains
étaient presque les seuls peuples de son temps qui
se contentassent d'une seule femme. — Chez les
Romains, les empereurs Honorius et Arcadius
défendirent la polygamie par une loi expresse,
l'an 393 de notre ère, et Valentin Ier fit un édit
par lequel il la permettait à tous les sujets de l'empire. On avait vu auparavant César porter une
loi qui permettait aux femmes de prendre autant
de maris qu'elles le voudraient, mais cette loi n'eut
point d'effet. — En Lithuanie, les femmes, outre
leurs maris, avaient plusieurs concubins. — Du
temps de César, les femmes, en Angleterre, avaient
jusqu'à dix ou douze maris à la fois. — Charlemagne est le premier, en France, qui ait puni la
polygamie, qu'il regarde comme un véritable adultère. — Les Russes punissent de mort la polygamie. — Elle est encore en usage chez presque tous
les peuples sauvages ou peu civilisés. — Pour les
peines qui sont attachées à cette action, considérée comme criminelle, *voyez* Bigamie, t. II,
p. 435 et suiv.; Mari, Mariage, t. IV, p. 571 et
suiv.

PONTONS, vieux vaisseaux qui, dans certains
pays, ont servi ou servent encore à renfermer les
prisonniers de guerre ou les forçats. Partout,
même à Naples et à Messine, on a supprimé ces
prisons meurtrières, et les forçats y ont, comme
en France, des bagnes spacieux; à plus forte raison

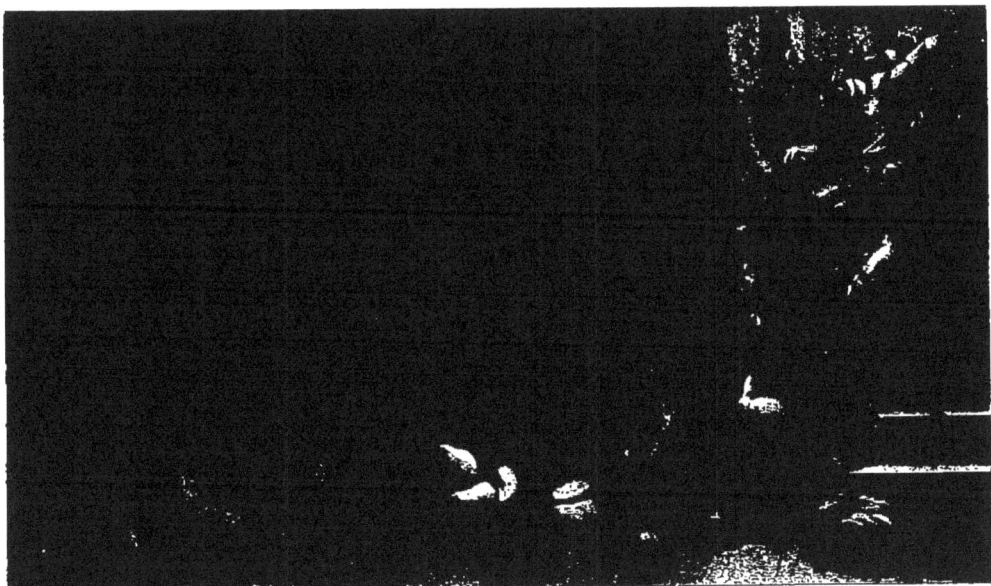

Prisons de Guerre chez les Anglais!

Dict de la Pénalité.

ne les a-t-on pas employés pour les prisonnie
Mais en Angleterre, où le génie de l'oppression e
térieure ne recule devant aucun moyen, quelq
atroce qu'il puisse être, les pontons sont enco
des réceptacles de prisonniers étrangers. Ces po
tons peuvent être considérés comme des étouffoi
dans lesquels tout est calculé pour procurer
mort, dans un temps donné, à quelques milli
d'hommes, dont les souffrances jusqu'à ce ter
ne peuvent être bien comprises que par ceux q
ont eu le rare bonheur d'y survivre. Ce qui va sui
est extrait de l'ouvrage du maréchal-de-camp Pill
sur l'Angleterre, où il a été prisonnier lui-mên
On a taxé, il est vrai, cet auteur de partialité
d'exagération ; mais ces reproches ne sont appu
sur rien, et M. Pillet en appelle aux témoigna
de tous ceux qui ont eu à souffrir comme lui de
barbarie insulaire. Au reste, il s'autorise, au coi
mencement du chapitre qui traite des pontons,
l'aveu d'un anglais, *Howard*, qui, dans son o
vrage sur les prisons, imprimé à Londres, s'e
prime ainsi : « *Hulks ougth to be the punishement oi
fort the most atrocious crimes*; les pontons ne d
vraient être que la punition des crimes les pl
atroces. » Ces pontons, servant de prisons de guen
sont généralement des vaisseaux de soixante-qu
torze. Les prisonniers occupent la batterie ba
et le faux-pont, dont on a retranché, à chaq
extrémité, environ un quart d'étendue; la porti
de la garnison qui n'est pas de service y couc
avec les armes chargées, et la cloison qui les s
parc est mailletée ou renforcée de grosses tê

de clous placées sans intervalles. De distance en distance sont pratiquées des meurtrières, par lesquelles peuvent passer des canons de fusil, à l'effet de tirer, si l'on veut, sur les prisonniers. De nombreux factionnaires sont placés dans une galerie qui règne dans tout le pourtour du bâtiment. Les consignes, qui varient suivant le caprice du commandant, ont donné lieu à beaucoup d'assassinats. Ils ont été d'autant plus fréquens que les soldats de marine sont, pour la plupart, en Angleterre, des hommes chargés de crimes, auxquels le magistrat n'a laissé que l'alternative d'entrer dans ce corps ou d'être pendus. Les pontons étaient, en 1813, au nombre de neuf, dans la seule rade de Chatam, et pouvaient contenir chacun mille hommes environ. Ils étaient placés à des distances qui ne permettaient pas aux prisonniers de pouvoir communiquer de l'un à l'autre par la voix ou par signe. Ils ne changent point de place, mais sont amarrés à demeure, au milieu de vases fétides et stagnantes que chaque marée découvre. Cela seul suffirait pour détruire la santé la plus robuste; mais une foule d'autres causes non moins funestes ont été réunies par les administrateurs dans le but d'obtenir la destruction des prisonniers. La vérité de cette assertion sera démontrée par la description qui va suivre, et par l'augmentation du nombre de ces prisons, malgré la décision d'une société de médecine de Londres, qui, consultée sur leur insalubrité, déclara que des hommes qui auraient survécu pendant six années aux dangers qui les y menaçaient, ne pouvaient que traîner

ensuite une vie languissante. L'emplacement accordé à un prisonnier pour tendre son *hamac* est
de six: pieds anglais de long sur quatorze pouces
de large ; mais ces six pieds se trouvent réduits à
quatre et demi, parce que les mesures sont prises
de manière à ce que les attaches des hamacs se
trouvent rentrées les unes dans les autres; la tête
de chaque homme couché au second rang de la
batterie est, par conséquent, placée entre les
jambes des deux hommes qui sont au premier
rang, et chaque rang s'emboîte ainsi dans le précédent, d'une extrémité de la batterie à l'autre. La
carrure d'un homme ordinaire est, d'un coude à
l'autre, d'environ dix-huit pouces ; et comme on
ne lui accorde sur les pontons que quatorze pouces il serait physiquement impossible de s'y placer, si l'on ne *s'empilait* les uns au-dessus des
autres. Pour cet effet, on attache le numéro pair
ou impair environ dix-huit pouces plus bas que
les deux numéros qui le précèdent et le suivent,
et, de cette manière, on obtient un peu plus de largeur sans diminuer, cependant, les dangers de
l'encombrement pour la santé. Cet encombrement
ne cesse pas, et les pontons sont toujours au com-
plet, c'est-à-dire plus que remplis. Si de nouveaux prisonniers arrivent, on les jette dans les
batteries, quoiqu'elles contiennent déjà plus
d'hommes que n'en comporte la nécessité physique. Ces nouveau-venus, ne trouvant pas de
place pour pendre leurs hamacs, sont réduits,
quel que soit leur rang, à coucher sur la planche
humide et nue. Il ne reste d'autre ressource à l'offi

cier prisonnier, quand il a de l'argent, que d'*acheter*
une place. C'est une misérable spéculation pour un
pauvre prisonnier affamé ; il consent à vendre sa
place afin de se procurer un peu plus de vivres
pendant quelques jours ; et, pour ne pas mourir
de faim, il accélère la destruction de sa santé, et
se réduit, dans cette horrible situation, à coucher
sur un plancher ruisselant d'eau provenant de l'é-
vaporation de transpirations forcées, qui a lieu
dans ce séjour d'angoisses et de mort. On pourra
juger de ce que doit être un pareil encombrement,
par la description du ponton le *Brunswick*, à bord
duquel a été détenu le maréchal-de-camp Pillet.
Les dimensions ou hauteur du faux pont ne présentent exactement que quatre pieds dix pouces ; en sorte que l'homme d'une taille même au-
dessous de la moyenne ne peut jamais s'y tenir
debout. C'est un genre de supplice perpétuel
qu'aucun de ces tyrans, qui ont déshonoré l'espèce humaine, n'avait encore imaginé contre les
plus grands criminels. La plupart des hommes
qui y ont été enfermés sont perclus, et ne se rele-
veront plus. Les ouvertures pour donner de l'air
consistent en quatorze *hubleaux* ou petites fenêtres,
percées à chaque côté de dix-sept pouces carrés,
sans vitres. (1) La chaleur produite par l'entasse-
ment des prisonniers est si grande, qu'on ne pou-

(1) Les prisons de terre et de mer où les Français sont
placés en Angleterre, n'ont jamais de vitres, quoique la
température y soit généralement humide et froide, et les
hivers très-longs.

vait fermer les hubleaux que d'un côté à la fois
celui exposé au vent, et c'est ce qui se pratique
avec de mauvaises guenilles. Ces ouvertures sont
croisées par des grilles de fer fondu, formant une
seule masse; les barres sont épaisses de deux à
trois pouces, et les hubleaux se ferment tous les
soirs par un mantelet en madrier. Les sabords ré
trécis de la batterie basse sont fermés de la même
manière. Il résulte d'un tel état de lieux, et de
semblables précautions, que des hommes entassés
par centaines dans les batteries et faux pont, her
métiquement fermés en hiver pendant un espace
d'au moins seize heures, tombent, pour la plupart
faibles et suffoqués par le défaut absolu d'air
Si l'on essaie alors d'obtenir qu'un des hubleaux
soit ouvert, grâce qui ne s'accorde qu'après de
longues supplications, après avoir long-temps
frappé au mantelet où l'on a porté l'homme mou
rant, les voisins de l'ouverture, complétement
nus parce qu'il est impossible de résister autre
ment aux étouffemens de cette chaleur concentrée
se trouvent saisis par le froid au milieu d'une
transpiration abondante, et ne tardent pas à être
attaqués de maladies inflammatoires. Ce sont les
poumons qui sont d'abord affectés, et la vie des
prisonniers est ainsi successivement compromise
celle des jeunes gens surtout. On ne peut ordinai
rement éviter une pareille fin pendant plus de tro
ans. L'air est tellement chargé de vapeurs humides
et délétères, que les chandelles s'éteignent, ce qui
est le signe le plus évident de l'absence d'air re
pirable. Ces vapeurs, aspirées et expirées tour

tour par des poumons en état de suppuration,
portent bientôt ce même genre de mort dans les
individus qui n'en étaient pas encore atteints ; elles
sont si fétides, si épaisses, si chaudes, qu'on a
vu quelquefois les gardiens crier au secours, à
l'incendie, lorsqu'un des hubleaux ouvert dans un
de ces cas de nécessité dont il a été parlé, portait
jusqu'à eux les exhalaisons brûlantes qui s'échap-
paient de ces cachots infects. Souvent même on
se préparait à faire jouer les pompes dans les batteries, et les prisonniers se voyaient menacés d'un
nouveau fléau, celui de l'inondation. Il n'y a de libre dans toute l'étendue du bâtiment qu'un espace
de quarante pieds de long sur trente-six de large, et
qui sert tout à la fois de promenade et d'étendoir
à mettre au sec les haillons de plus de neuf cents
hommes. La nourriture des prisonniers, distribuée
en faible quantité, est de si mauvaise qualité, que
l'on a eu souvent à craindre des maladies épidé-
miques. La réponse que l'on fait à toutes les plaintes portées à ce sujet est constamment celle-ci :
That is too good for French dogs, cela est trop bon
pour des chiens de Français. Un trait cité par l'auteur dont est extrait cet article, suffit pour donner
une idée de ce qu'était la nourriture des prisonniers. Milord *Cordower*, colonel du régiment de
Carmarthen, de garde à la prison de *Porchester*,
étant entré un jour dans l'intérieur, avec son cheval,
qu'il attacha à une des barrières, en dix minutes
son cheval fut dépecé et mangé. Lorsque milord
vint pour le reprendre, après quelques recherches
on l'informa du fait ; il refusa de le croire, mais

on lui présenta la peau et les entrailles, et un misérable affamé acheva de dévorer, en sa présence, la dernière pièce de viande crue. Tous les chiens qui entraient dans la prison avaient le même sort. Par ce fait, arrivé dans une prison de terre, on peut juger du régime des pontons. Dans la première guerre, on compta trente mille hommes morts, en cinq mois, d'inanition. Il faut joindre à ces deux fléaux du logement et de la nourriture, l'infidélité dans la remise des sommes que les familles des prisonniers leur faisaient passer, et avec lesquelles ils eussent pu alléger le poids de leurs maux ; enfin les mauvais traitemens qu'ils ont tous les jours à subir. Les prisonniers *se comptent* deux fois par jour. Les escaliers par lesquels quatre ou cinq cents hommes doivent déboucher pour se rendre à cet appel, sont raides et étroits, et ne laissent de passage que pour un seul homme à la fois. Au moment où l'on doit *compter*, des soldats descendent pour faire monter les prisonniers, et commettent alors des actes effroyables de brutalité; plusieurs fois des prisonniers ont été percés de baïonnettes ou estropiés à coups de sabre, parce qu'ils ne montaient pas assez vite au gré d'un soldat ivre. M. Pillet déclare qu'il a pleine connaissance que plus de cinq cents Français ont péri de son temps par suite de pareils traitemens, sans qu'il ait été possible d'obtenir justice, et qu'une bien plus grande quantité a dû rester estropiée et hors de service, par les coups de feu, les coups de baïonnette, de sabre, etc. Quand de pareils assassinats ont été suivis d'une mort immé-

diate, ce qui est arrivé souvent, le rapport du
jury a toujours été, *justiffiable homicid*, homicide
justifiable. Lors de l'horrible massacre du ponton
le *Samson* (31 mai 1811), dans lequel huit hommes
furent tués sur la place, entre autres le lieutenant
Dubausset, le jury ne prononça pas d'autre *verdict*
que *justiffiable homicid*. Il n'y avait cependant aucun motif plausible pour ce massacre : on peut
l'appeler un crime prémédité par l'agent, le lieu-
tenant-commandant à bord de ce ponton et leurs
complices. Après avoir subi tant de mauvais traitemens et couru tant de dangers, les prisonniers
de guerre français n'ont pas épuisé tous les maux
qui leur sont réservés, les maladies viennent y
mettre le comble. Chaque année, l'administration
renvoyait une certaine quantité d'hommes qualifiés d'*invalides*, et l'amirauté anglaise se glorifiait
de cette conduite comme d'un acte d'humanité;
elle était le résultat de la perversité la plus ma-
chiavélique, la plus infâme. Ce n'étaient pas des
vieillards dont l'âge a épuisé les forces, ou des soldats mutilés ou estropiés dans les combats que le
cabinet de Londres rendait à leur patrie et à la liberté, c'étaient des jeunes gens, tous d'une constitution originairement robuste, des hommes dans
la force de l'âge, mourans de la poitrine, assas-
sinés par le régime des prisons, et renvoyés au
dernier période de la maladie. On tue les hommes
en état de servir, puis *on les renvoie en France, afin
qu'ils y meurent tout-à-fait.* Plusieurs succombent
dans le passage. Au reste, la maladie pulmonaire
atteint tout homme qui a dépassé deux années

d'emprisonnement, et la rapidité de ses ravages est en proportion de la jeunesse du sujet. Un jeune chirurgien de Turin, nommé *Fontana*, a exposé, dans un mémoire à ce sujet, que la médecine exercée dans les prisons d'Angleterre est un auxiliaire dont on se sert pour tuer et non pour guérir. Si l'on taxait un pareil témoin de calomnie ou de prévention, qu'on se rappelle les procès-verbaux dressés à l'occasion des prisonniers jetés sur diverses plages du continent par les ordres de l'amirauté. Ces procès-verbaux, revêtus d'une authenticité incontestable, démontrent que le gouvernement anglais a fait jeter sur nos côtes des ballots de coton imprégnés de la peste! Que ces hommes, accusés d'une barbarie sans exemple, d'un homicide continuel, dans l'ouvrage d'un autre médecin français, ont fait mâchurer les balles par leurs soldats, afin que les blessures devinssent plus dangereuses, afin que le déchirement des chairs les rendît incurables!... Qu'ils ont vomi plusieurs fois sur les côtes de France des bandes d'assassins!... et que ce sont enfin ces mêmes hommes qui ont fait entendre pendant vingt ans, et renouvelé en 1815, avec une fureur ou plutôt une rage implacable, les cris de partage de la France, et de destruction du dernier de ses habitans!... On a compté cent cinquante mille Français morts au milieu des tourmens sur les pontons d'Angleterre, pendant les deux dernières guerres, et trente mille qui n'ont revu le sol natal que pour y achever de mourir.

PORC. *Voy.* PATURAGE, t. V, p. 57.

PORT D'ARMES. *Voy.* Armes, t. I, p. 419.

PORTE (attacher a une). *Voy.* Débiteur, t. III, p. 325.

PORTRAITS DIFFAMATOIRES. Toutes les lois répressives faites contre la diffamation ont prévu le cas où elle serait commise par le moyen de la peinture ou de la gravure, et l'ont assimilée à celle contenue dans les écrits. *Voy.* Diffamation, t. III, p. 594.

POSTES. *Voy.* Lettres, t. IV, p. 519.

POSTULATION. *Voy.* Avoués, t. II, p. 216.

POT. Lorsqu'un Indien de la côte de Coromandel fait un serment, il est obligé de mettre la main dans un pot, où il y a un serpent, et s'il en est piqué, on le regarde comme un parjure. L'auteur qui rapporte cet usage, ne dit pas qui est chargé de mettre le serpent dans le pot. C'est vraisemblablement un prêtre, comme dans les autres épreuves.

POTEAU, longue pièce de bois que l'on fixe en terre par un des bouts. Il sert le plus ordinairement à attacher le patient pendant le supplice qu'on lui fait subir, quelquefois aussi c'en est le principal instrument.

Allemagne. L'empereur Joseph II, sous le prétexte de ne plus employer la peine de mort dans ses États, y substitua des supplices dont la barbarie surpassait tout ce qui, jusque-là, pouvait avoir été pratiqué. Au nombre de ces supplices était celui du *poteau*, auquel on attachait les assassins pour toute leur vie, sans qu'ils pussent se remuer ni se coucher : du pain, de l'eau, rarement de la soupe, telle était leur nourriture. « Non, dit l'auteur de l'opuscule intitulé *Lettre à l'Empereur*, etc., la roue, l'écartèlement des Damiens et des Ravaillac, le déchirement successif de tous les membres, et tant d'autres cruautés imaginées par le despotisme, n'approchent pas du martyre d'une immobilité perpétuelle. La douleur, dans les premiers, est circonscrite, pour sa durée, dans l'espace de quelques heures au plus ; elle disparaît même bientôt par l'excès de sa violence, qui anéantit le sentiment chez le malheureux qui la souffre. Dans le dernier, au contraire, elle s'étend, se prolonge sur tous les jours, sur toutes les heures, sur tous les instans d'une vie qui ne laisse pas de se prolonger. Le patient n'attend de changement à son état, de sensations nouvelles, que des intempéries de l'air, et ces sensations sont toutes douloureuses. Le soleil le dévore et ne le tue pas ; le froid le paralyse et ne le tue pas ; le malheureux invoque la mort, et elle ne vient point ! et il ne sait quand elle viendra ! Ainsi point d'espoir, pas même celui que lui donnerait la certitude de la mort. De la douleur, toujours de la douleur, voilà sa perspective déchirante. Et c'est un pareil supplice qu'ont subi un soldat qui, par jalousie, avait tué son camarade, et une fille qui avait contribué à la désertion de quelques soldats. »

ANGLETERRE. Suivant un des articles du Code criminel anglais, les ivrognes, les vagabonds, les débauchés, les fainéans devaient être attachés à un poteau ou condamnés à une amende d'un shelling (24 sous).

BANTAM. On y attache les criminels à un poteau et on les poignarde. C'est l'unique supplice qu'on y inflige.

CANADA. Parmi les Indiens, les prisonniers de guerre sont toujours destinés au supplice, et montrent, au moment de l'exécution, un courage et même une sorte de joie affectée dont ils se font le plus haut point d'honneur. Attachés au poteau fatal où ils vont souffrir toutes les tortures que leurs ennemis pourront imaginer, ils chantent avec assurance *l'hymne de mort*, dans lequel ils insultent à leurs bourreaux.

ESPAGNE. *Voy. Garrotte (el)*, t. IV, p. 144.

FRANCE. Le poteau ne figurait guère autrefois que pour le supplice de brûler vif ; on y attachait aussi quelquefois la copie de l'arrêt de condamnation rendu contre ceux qui avaient porté atteinte à l'honneur d'un autre. L'estrapade était encore un supplice dont le principal instrument était un poteau élevé. *Voy. Brûler*, t. III, p. 105 ; *Estrapade*, t. IV, p. 13.

PHILIPPINES (ILES). Dans une de ces îles, on attache à un poteau la femme esclave qui s'enfuit. On lui tourne le visage en face du soleil et on la laisse expirer.

ROME. *Voy. Fumée*, t. IV, p. 135. *Voy.* aussi *Question*.

SUÈDE. Jean Reginold Patkul, général suédois, proscrit dans ce pays pour avoir soutenu les privilèges de la Livonie, où il était né, passa au service d'Auguste, roi de Pologne. Ayant trouvé à cette cour un rival d'ambition encore plus altier et plus

impérieux que lui, et qui jouissait de la plus grande
faveur auprès du roi, il ne put souffrir cette concurrence et se retira auprès du czar Pierre I, qui
l'envoya bientôt en ambassade vers ce même Auguste
qu'il avait quitté, et que le czar soutenait seul contre les entreprises de Charles XII, roi de Suède.
Auguste, voyant le czar occupé à éteindre une rébellion dans Astracan, et comptant moins sur les
secours de son allié, songea à traiter avec Charles
XII; mais Patkul, dont l'esprit pénétrant avait
démêlé ce dessein, forma celui de prévenir Auguste
et de ménager un accommodement entre le czar
et la Suède. Il ne faisait sans doute en cela que
servir les intérêts de son souverain actuel, mais il
eut à la fois deux ennemis dans les deux rois dont
il avait été sujet autrefois. Auguste le fit arrêter, au
mépris du droit des gens et de sa qualité d'ambassadeur : il fut ensuite livré à quatre capitaines
suédois, qui l'emmenèrent d'abord au quartier-gé-
néral d'Altranstad, où il demeura trois mois attaché à un poteau avec une grosse chaîne de fer.
De là il fut conduit à Casimir. Là Charles XII le fit
condamner à être rompu vif et mis en quartiers.
Au moment de l'exécution, un officier suédois lut
à haute voix un papier dans lequel étaient ces paroles : « On fait savoir que l'ordre très-exprès de
sa majesté, notre seigneur *très-clément*, est que cet
homme, qui est traître à la patrie, soit roué et
écartelé pour réparation de ses crimes et pour
l'exemple des autres. Que chacun se donne de
garde de la trahison et serve son roi fidèlement. »
A ces mots de *seigneur très-clément*, « Quelle clé-

mence ! » dit Patkul; et à ceux de *traître à la pa-*
trie, « Hélas! dit-il, je ne l'ai que trop bien servie. »
Il reçut seize coups, et souffrit le supplice le plus
long et le plus affreux que l'on puisse imaginer.
Ses membres, coupés en quartiers, restèrent exposés sur des poteaux jusqu'en 1713, environ
six ans depuis son exécution.

POTENCE, ou GIBET. Instrument ordinaire du
supplice de la pendaison. Il est en bois et composé
d'un montant, à l'extrémité duquel il y a un chevron assemblé horizontalement : ce chevron est
soutenu au-dessous par une pièce de bois, qui
s'emmortaise et avec le montant et avec le chevron. C'est à l'extrémité de celui-ci qu'est attachée
la corde que l'exécuteur passe au cou du patient.
La potence a cessé d'être en usage en France depuis la révolution. Elle sert encore d'instrument
d'exécution dans plusieurs contrées de l'Europe.
La potence notait d'infamie, et les roturiers
seuls y étaient exécutés : les nobles condamnés à
mort subissaient la décapitation. Cette distinction
subsiste encore dans les pays où la potence est en
usage. En Angleterre, pour le crime de haute trahison, le coupable, après avoir été traîné sur la
claie, est suspendu quelque temps à une potence,
d'où on le retire encore vivant pour lui arracher
le cœur et lui en battre les joues. On jette ensuite
ses entrailles au feu, et l'on expose sa tête en quelque lieu apparent. Lors des nombreuses exécutions
qui eurent lieu en ce pays, après la défaite du prétendant Charles-Édouard, à Culloden, on vit figurer à la potence, et en habits pontificaux, un

prêtre anglican, qui avait eu l'imprudence de demander au prince Edouard l'évêché de Carlisle, tandis que ce prince était en possession de cette ville. —On raconte que, pendant que le lord Hold, premier juge d'assises, faisait sa tournée dans la partie occidentale de l'Angleterre, un homme qu'il venait de condamner à être pendu pour vol sur le grand chemin, demanda à avoir une entrevue particulière avec lui. Hold, pensant qu'il avait quelque révélation importante à lui faire, alla le trouver dans sa prison. Là, le condamné, après avoir un peu hésité, lui dit : Mon vrai nom est Smith, et nous avons été au collège ensemble; vous devez vous rappeler telle et telle circonstance. Le juge en effet le reconnut, et s'informa du criminel s'il savait ce qu'étaient devenus leurs autres condisciples. Hélas! dit Smith, ils ont tous été pendus, et il ne reste plus que vous et moi. — En ce cas, reprit Hold, je vais tâcher d'obtenir votre grâce du roi, car je ne veux pas qu'il soit dit que toute notre classe a fini ses jours à la potence. — En France, sous le règne de François II, le cardinal de Lorraine, étant à Fontainebleau, se trouva assailli par une foule d'officiers estropiés et de veuves de gentilshommes tués pendant les guerres, qui lui demandaient quelques faibles pensions pour vivre. Pour se débarrasser de ces solliciteurs, le cardinal fit dresser plusieurs potences dans la cour du château, et ordonna à ces malheureux de sortir dans vingt-quatre heures de la ville, sous peine d'être pendus.—Autrefois, lorsqu'un criminel était condamné pour vol domestique, la potence était

dressée à la porte du maître qu'il avait volé. L'horreur d'un tel spectacle ne contribuait pas peu à
détourner les maîtres de pareilles accusations, et
le plus souvent ce genre de vols demeurait impuni.
Voy. GIBET, t. IV, p. 152; PENDAISON, PENDRE, t. V.

POUCE COUPÉ. *Voy.* VOL, VOLEUR.

POUCE MARQUÉ. En Angleterre, sous Hen-
ri VII et sous Édouard VI, le délit qui entraînait,
pour le laïque, la peine de mort, n'était puni, à
l'égard du *clerc,* que de la marque avec un fer
chaud au pouce de la main gauche.

POUCE MORDU. À Sparte, lorsque les jeunes
gens distribués dans les classes ne répondaient pas
assez promptement aux questions qu'on leur faisait, ou quand la réponse n'était pas laconique, on
les obligeait à se mordre le pouce pendant une,
deux et trois heures de suite, plus ou moins, selon
les circonstances.

POUDRE, composition de soufre, de salpêtre
et de charbon pilé, dont on se sert pour charger
les armes à feu. Une ordonnance de 1629, art. 173,
punissait de mort ceux qui achetaient sans permission plus de poudre, plomb ou mèches qu'il
n'en fallait pour la provision nécessaire de leur
maison. Aujourd'hui, les lois sont muettes à l'é-
gard des individus qui achètent plus de poudre
que leur consommation ne l'exige; mais ceux qui
fabriquent de la poudre de chasse, ou qui vendent
de la poudre de guerre, sont passibles d'amende.

POULIE. On lit dans un ouvrage anglais, publié
à Londres en 1761, et réimprimé en français en
1775, au sujet des tortures de l'inquisition d'Espa-

gue : « Les tortures que l'on emploie sont de différentes espèces, il y en a un très-grand nombre, et
elles peuvent passer pour vraiment infernales. L'une
de ces tortures consiste à lier les mains de l'accusé
derrière le dos ; on lui attache des poids énormes
aux pieds, après quoi on l'élève à l'aide d'une
poulie, à laquelle on fait toucher sa tête ; on le
tient suspendu quelque temps de cette manière
afin de distendre tous ses membres et ses jointures ; alors on le laisse retomber tout d'un coup,
de manière cependant que ses pieds ne touchent
point la terre, et que, par cette secousse subite,
ses bras et ses jambes se trouvent disloqués. On
réitère la même chose deux ou trois fois, suivant
le rapport de Piazza, qui avait été lui-même un
des juges de l'inquisition, et l'on fustige cruellement ces malheureux pendant qu'ils sont ainsi
suspendus. » *Voy.* ESTRAPADE, t. IV, p. 13 ; PAR-
TIES NATURELLES, t. V, p. 30.

POURVOYEUSES. On lit dans le *Voyage a
Espagne*, du marquis de Langle, édition de 1785 :
« On déshabille les pourvoyeuses ; on les frotte de
miel, on les fouette, on les marque, on les gar-
nit de plumes, et le bourreau les promène par la
ville. »

POUST ou PUST. On nomme ainsi, à la cour
du Grand-Mogol, un breuvage qui n'est autre
chose que du jus de pavot, exprimé et infusé
pendant une nuit dans l'eau. C'est ce breuvage
que les souverains, ou plutôt les tyrans de ce
pays, font prendre à leurs frères et aux princes de
leur sang, lorsqu'ils ne veulent pas les faire mou-

rir sur le champ. La première chose qu'on leur apporte le matin est ce poust, et on leur refuse toute autre nourriture jusqu'à ce qu'ils en aient avalé une dose considérable. Cette potion les maigrit insensiblement; elle leur cause un marasme qui finit par les faire mourir, après les avoir rendus stupides, et les avoir mis dans une espèce de léthargie. Aureng-Zeb, sixième empereur du Mogol, jaloux de son fils aîné, le fit mettre en prison, et commanda qu'on lui fît boire le poust.

POUTRE, grosse pièce de charpente carrée. De ceux que Frédégonde condamnait au supplice de la flagellation, quelques-uns demeuraient parfois trois heures entières et plus suspendus en l'air à une poutre, les mains liées sur le dos.

PRÆMUNIRE. Les statuts de *præmunire*, ainsi appelés du *writ* pour les faire exécuter qui commençait par les mots *præmunire* (pour *præmonere*) *facias*, avaient originairement pour objet de s'opposer aux usurpations des papes. Le premier fut passé sous Édouard Ier, et a été suivi de plusieurs autres, qui, même avant la réformation, posèrent des bornes si efficaces, qu'elles attirèrent à l'un d'eux, de la part de Martin V, l'épithète d'*execrabile statutum*. Les délits contre lesquels ces statuts prononçaient furent aussi appelés des *præmunire;* et, sous ce mot on comprenait, en général, toute offense tendante à établir *imperium in imperio,* en prêtant à des procédures papales une obéissance qui appartient au roi seul. La peine portée, dans ces cas, fut encore appelée un *præmunire :* elle s'est depuis étendue à plusieurs

autres, et elle emporte la confiscation des biens
et l'emprisonnement arbitraire, et met le coupable *hors de la protection du roi.*

PRÊCHER. On trouve dans Sauval (*Antiquités
de la ville de Paris*, t. II, p. 605-606). « En 1581,
Hugues Aubriot, prévôt de Paris, accusé de *ju-
daisme* et d'*avoir fait-mille injures à l'université à
l'ordinaire*, une mitre de papier en tête, fit amende
honorable sur un échafaud dressé auprès de la
même échelle, demandant pardon tant au recteur
qu'aux docteurs qui l'accompagnaient. Outre cela,
à la requête de l'inquisiteur de la foi, il fut condamné, par l'évêque revêtu de ses habits pontificaux, à finir ses jours en prison, au pain et à l'eau;
toutes cérémonies en usage alors, *ce qu'on appelait prêcher et mitrer et mettre en oubliettes.* » Jeanne
d'Arc, sur son échafaud, fut *dûment prêchée, caté-
chisée et remontrée. Voy.* MITRER.

PRÉCIPITER, jeter d'un lieu élevé.

FRANCE. « Près du hameau de Changé... se
trouve... une énorme pierre plate, longue de seize
pieds, d'une largeur inégale de cinq, six, et jusqu'à huit pieds. Elle est posée, presque en équilibre, sur deux pierres ordinaires, et forme un
plan incliné et déversé (1). L'un des bouts de cette
pierre repose sur la terre; et l'autre, qui est le plus
large, se trouve en l'air, en porte-à-faux, de manière que plusieurs personnes peuvent aller dessous sans se baisser. Il est probable que cette pierre

(1) Un pareil monument existe encore au village de
Morancez, près de Chartres.

a été ainsi disposée afin que les hommes destinés à servir de victimes pussent facilement monter et gagner la partie élevée, d'où ils se précipitaient sur des épées ou des lances plantées au bas ; genre de supplice fort en usage chez les peuples celtes (1). »

GRÈCE. Ulysse arracha Astyanax du tombeau d'Hector, où Andromaque l'avait caché, et le précipita du haut d'une tour.

HÉBREUX. Ils précipitaient leurs grands criminels, du haut d'une roche escarpée, ou d'un lieu élevé. Jéhu fit précipiter Jésabel par une fenêtre, et la muraille fut teinte de son sang.

ROME. On faisait mourir des criminels en les précipitant du haut du roc Tarpéien, et particulièrement les faux témoins et les esclaves convaincus de larcin. L'usage de ce supplice était pratiqué avant que l'on eût les lois des douze Tables.

SYRIE. On trouve dans Selden, *de Diis syriis*, que les Syriens précipitaient quelquefois leurs enfans du haut d'une montagne escarpée.

TÉNÉRIFFE (ILE DE). « A chaque changement de règne, il se trouvait toujours quelques hommes de la nation, dit Constant Dorville (*Histoire des différens peuples*), qui s'offraient en sacrifice pour la prospérité du nouveau monarque, qui, à cette occasion, donnait une grande fête, pendant laquelle on conduisait ces victimes volontaires au sommet d'un rocher : là, après quelques cérémonies bar-

(1) *Histoire de Chartres,* par Y. Chevard, an IX, tom. I, pag. 97-98.

bares, accompagnées de paroles mystérieuses, elles se précipitaient d'elles-mêmes, et étaient déchirées en pièces avant que leurs corps fussent arrivés au fond de la vallée. Cet hommage sanglant faisait pleuvoir toutes les faveurs du chef sur les parens de ces jeunes enthousiastes. »

PRÉDICANS. En 1724, on renouvela, par un édit ou déclaration (art. 2), quelques édits antérieurs qui condamnaient le prédicant calviniste, surpris à prêcher dans des lieux soumis au papisme, à la peine de mort, et ceux qui lui donnaient à souper et à coucher, aux galères perpétuelles.

PRÉDICTION. Par une loi de Henri VIII, roi d'Angleterre, celui qui prédisait la mort du roi se rendait coupable de haute trahison. Aussi, lorsque ce prince tomba malade, les médecins n'osèrent-ils jamais dire qu'ils reconnaissaient son danger.

PRÉLIBATION, nommé aussi CULAGE et MAR-KETTE, droit que les seigneurs s'arrogèrent, avant et dans le temps des croisades, de coucher la première nuit avec les nouvelles mariées leurs vassales roturières. On nommait aussi populairement ce droit le *droit de cuissage* en France, et de *markette* en Angleterre. Des évêques, des barons s'attribuèrent ce droit, en qualité de hauts barons; et quelques-uns se sont fait payer dans le dernier siècle, par leurs sujets, la renonciation à ce droit étrange, qui eut long-temps cours dans presque toutes les provinces de France et d'Écosse. On lit dans Velly, tom. VI, pag. 228 : « .... Ce fut le roi Évens qui l'introduisit le premier en Écosse, d'où il passa en Angleterre, en Allemagne, en Piémont et dans plusieurs autres parties de l'Europe. Les bonnes mœurs doivent à la sagesse d'une reine, femme de Malcolme III, sinon l'extinction totale de ce droit étrange, du moins l'abolition de ce qu'il avait de plus indécent. Elle obtint du roi qu'on pourrait s'en racheter en payant un demi-marc d'argent. C'est de là, dit-on, qu'il fut appelé droit de *markette*. Le savant Pembrock nous apprend que, de nos jours, les seigneurs l'exigent encore de leurs serfs, dans quelques provinces des Pays-Bas, de la Frise et de la Germanie; on voit, par plusieurs monumens, que cette coutume honteuse fut usitée dans toute sa rigueur, même en France, où la religion semblait anciennement avoir fixé le siége de son empire. On lit dans un titre de 1507 (*Laurière, Glosse du droit français,* au mot *cullage,* ou *culiage*), *article des revenus de la baronnie de Saint-Martin,* que le comte d'Eu a droit de *prélibation* audit lieu quand on se marie. Boëtius raconte, à cette occasion, un fait très-singulier: «J'ai vu, dit-il, à la cour de *Bourges,* devant le métropolitain, un procès par appel, pour un certain curé de paroisse, qui prétendait avoir la première nuit des jeunes épousées, suivant l'usage reçu. La demande fut rejetée avec indignation, la coutume proscrite tout d'une voix, et le prêtre scandaleux condamné à l'amende. »

PRÉSENS. Platon avait décerné des peines contre ceux qui recevaient des présens pour remplir leur devoir; et les lois d'Athènes poursuivaient ceux qui offraient comme ceux qui rece-

vaient des présens. — Une loi romaine, de l'an
594, défendit aux sénateurs de recevoir, à quelque titre que ce fût, ni argent, ni présens, surtout
pour les plaidoyers de la justice. — En Angleterre,
les présens reçus par les officiers inférieurs les
rendent passibles d'amende et d'emprisonnement;
quant aux juges, on les pendait du temps d'É-
douard III. — Dès 1714, Pierre-le-Grand avait
défendu, sous peine d'infamie et de mort, à toute
personne en place, de recevoir des présens. On
accusa, auprès de l'empereur, Balc et sa sœur de
ce délit. L'affaire examinée et l'empereur convaincu, Moens fut condamné à perdre la tête, et
sa sœur à souffrir onze coups de knout. Les deux
fils de cette dame, l'un chambellan, l'autre page,
furent dégradés et envoyés en qualité de simple
soldats dans l'armée de Perse.

PRÉSIDES (les), *el Presirio*, galères d'Espagne. Les galériens sont attachés deux à deux, chargés de lourdes chaînes, et traînant un pesant boulet. Les petits voleurs (*los rateros*) ont deux colliers
de fer rivés au bas des jambes, et joints par un
chaînon : ils balayent les rues et relèvent les immondices de la ville. Les alguazils (*los gatos*) le
surveillent. On a vu un personnage très-riche, condamné à cette peine infamante par l'effet d'une
vengeance atroce, parcourir les rues portant de
chaînes et un boulet d'or. Les meilleures maison
lui étaient ouvertes, et la honte dont on avai
voulu le couvrir rejaillissait sur ses juges. « On
envoie tout le monde, dit le marquis de Langle
les officiers même; pendant qu'ils rament ou qu'il

pêchent, leur service compte : en revenant des *présides*, ils reprennent leur rang. • *Voy.* ANE, tom. I, pag. 331.

PRESSE. Nom d'une espèce de recrutement de la marine en Angleterre. Le général Sarrazin a tracé (*Tableau de la Grande-Bretagne*) la manière dont s'exerce cette violence chez un peuple dont on porte si haut l'amour et le respect pour la liberté individuelle. «Les marins anglais, dit-il, *pressent* en mer, à terre, amis et ennemis. Un capitaine aperçoit une voile, il porte dessus; un canot est mis à la mer sur-le-champ. Dans la visite, on examine avec soin s'il y a quelque matelot vigoureux dans l'équipage. Le visiteur fait son rapport. Il est fort rare que l'homme convoité ne soit pas de bonne prise. Il en est de même dans la *presse* de terre. On voit un jeune homme robuste, on le cerne, on l'arrête, on le conduit à bord, et il n'en est plus question. Les premiers jours de son arrivée à bord du vaisseau, on lui donne des vivres en abondance, et bientôt on le décide à faire de *nécessité vertu.* » « La *presse* se fait par mer, écrit le général Pillet (*l'Angleterre vue à Londres*, etc.), en temps de guerre, *à bord de tous les bâtimens marchands*, par les vaisseaux de l'Etat, qui renforcent ainsi leurs équipages, et qui rendent quelquefois des matelots épuisés ou malades pour des hommes jeunes, forts et robustes. »

PRESSE (LIBERTÉ DE LA). Dans l'ordre politique, la liberté de la presse est pour les nations modernes, le plus puissant et peut-être le seul rempart de toutes les libertés publiques. Elle remplace les assemblées usitées chez les anciens peuples et les remplace avec avantage. Le discours d'un orateur peut n'être pas entendu, et lorsqu'il l'est, sa rapidité ne laisse dans l'auditoire que des impressions irréfléchies et passionnées : un livre, un écrit ne laissent perdre aucune idée, n'en font admettre aucune sans que la réflexion l'accompagne. Mais si l'on publie des principes anti-sociaux, des opinions dangereuses; si l'on sape les fondemens de la morale? D'abord, en politique, les faits seuls peuvent être des crimes, et jamais les opinions; en morale, dire que des écrits peuvent en détruire les fondemens, c'est annoncer hautement que celui qui l'a créée et établie ne peut la défendre et la maintenir. D'ailleurs, en politique comme en morale, la liberté de tout publier aurait toujours plus d'avantages que les fausses restrictions. La raison en est simple. Ce qui est bon, raisonnable et utile, triompherait, par sa force même, des attaques de la méchanceté et des erreurs accréditées : ce qui est mauvais, au contraire, ou faux ou dangereux, trouverait deux empêche-mens bien supérieurs à toutes les mesures de répression; le premier serait l'opposition des publications contraires, et le second, l'affaiblissement de l'intérêt et de la curiosité, que la prohibition augmente toujours, et dont souvent elle est la seule cause. Tout cela s'applique même aux publications injurieuses envers les particuliers, auxquelles il serait facile de faire voir que les condamnations donnent une sorte de sanction, en outre qu'elles ajoutent au mal produit, par une plus grande publicité. On peut dire enfin, avec l'Évangile : *Qui male agit odit lucem;* et la lumière ne plaît guère nulle part.

Voici un aperçu de l'histoire et de l'état actuel de la presse, chez les principales nations qui ont une littérature.

ALLEMAGNE. Bien que l'on doive la découverte de l'imprimerie à deux hommes de cette nation, ce n'est pas là qu'il faut chercher la liberté de la presse. Mais, au contraire, outre les moyens ordinaires de répression employés dans d'autres pays, on y a créé, il y a quelques années, une institution, dont la forme et le but la rendent digne d'être comparée à l'inquisition : c'est la *commission de Mayence*, destinée à découvrir et réprimer les manœuvres *réeslutionnaires*, au nombre desquelles sont placées au premier rang les publications sur les matières politiques, et surtout celles que répandent d'une manière si *dangereuse* les ouvrages et feuilles périodiques. Une loi provisoire sur la presse fut décrétée par la Diète germanique, le 20 septembre 1819, sur la proposition du ministre d'Autriche qui la présidait : cette dernière circonstance fait assez juger des dispositions qu'elle contenait. Cette loi, qui devait expirer le 20 septembre 1824, fut prorogée à cette époque par un nouvel arrêté de la Diète, et maintenue en vigueur jusqu'à ce que les états délibérans se soient réunis d'opinion pour créer une loi définitive à cet égard.

ANGLETERRE. M. Pillet, dans son ouvrage sur l'Angleterre, commence son chapitre relatif à la liberté de la presse par ce paragraphe, tiré en sub-

stance des publicistes anglais eux-mêmes. « Qu'on
nous enlève, s'il est possible, disent ces derniers,
la loi d'*Habeas corpus*, qui met le citoyen à l'abri
des emprisonnemens arbitraires ; qu'on nous retire
la responsabilité des ministres ; qu'on ôte aux communes le droit d'accorder ou de refuser l'impôt ;
qu'on abroge la loi qui déclare chaque année l'ar-
-mée licenciée, si le parlement ne la proroge.......
mais qu'on respecte la liberté de la presse et bientôt tout sera reconquis. » Voilà l'idée qu'ont les
Anglais des avantages de la liberté de la presse.
Cette liberté repose sur l'interdiction faite aux juges de prendre connaissance des choses qu'on imprime, avant qu'elles soient publiées, et à ne pouvoir en punir les auteurs que par le ministère des
jurés. Mais on se tromperait fort si l'on croyait
qu'en Angleterre plus qu'ailleurs cette liberté est
protégée au fond comme elle l'est dans la forme.
Les restrictions qu'on y a apportées, outre qu'elles
ne sont pas énoncées d'une manière fixe et positive
dans la loi, embrassent à peu près les mêmes sujets que ceux prohibés dans les autres pays. Ainsi,
pour ce qui concerne les matières religieuses, bien
que Bolingbrocke et tant d'autres aient attaqué
ouvertement et impunément la vérité du christianisme, le libraire Carlile n'a pas laissé d'être
condamné deux fois, en 1819, pour deux ouvrages
réputés *libelles injurieux envers la religion chrétienne*. Le premier de ces ouvrages, dont Carlile
était à la fois auteur et éditeur, et qui portait pour
titre *Age de la Raison*, était une réfutation de
preuves alléguées dans les écrits publiés en faveu

de la religion ; le second, intitulé *Principe de la Nature*, n'avait été que publié par Carlile : l'auteur était Elihn Palmer, et le livre avait été imprimé originairement aux Etats-Unis. Cette dernière accusation fut intentée au nom de la *Société pour la suppression du vice*, association de particuliers zélés pour le maintien de la religion et des mœurs. Le jury, cette fois, déclara Carlile coupable, sans délibération. Lors de la première accusation, les débats avaient duré deux jours, pendant lesquéls Carlile parla presque sans relâche, pour prouver que plusieurs sectes tolérées en Angleterre ayant sur ce sujet les mêmes opinions que celles émises dans le livre de l'*Age de la Raison*, lui, Carlile, avait le droit de les publier. Enfin, abandonnant son premier argument, il borna ensuite ses efforts à démontrer « que sa condamnation anéantirait la liberté des discussions religieuses reconnues par les lois et l'usage ; qu'elle serait le commencement d'un système d'inquisition contraire à l'esprit même du christianisme, ainsi que l'ont démontré les premiers écrivains ecclésiastiques d'Angleterre, entre autres l'archevêque Tillotson. Carlile fut condamné à trois ans de détention et à une amende de 1000 liv. sterl. (24,000 fr.). Sous le nom de *libelles séditieux*, on peut évidemment attaquer et punir presque toutes les publications politiques. Il est sans doute comme reconnu universellement, en Angleterre, que les actes publics du gouvernement doivent être soumis à un examen public, et qu'on rend service à ses concitoyens en disant son avis avec liberté. Mais comment attaquer les actes du gouvernement sans toucher en rien à ceux qui le composent, sans rien dire qu'on puisse charger de cette accusation vague de sédition, ou de celle de diffamation? Autrefois, on pensait en Angleterre que l'écrivain qui signalait un grand coupable, un criminel que les lois n'avaient pas osé poursuivre, ou qui avait échappé à leur surveillance, on pensait que cet écrivain n'était pas un *libelliste*, s'il prouvait le crime ou l'identité du coupable, et qu'il n'était réputé condamnable que comme calomniateur. Un exemple récent prouve qu'il n'en est plus ainsi. M. Finerty, Irlandais, avait dénoncé dans plusieurs discours prononcés dans des assemblées politiques, milord *Castlereagh*, comme coupable d'affreuses malversations pendant qu'il exerçait en Irlande les fonctions de secrétaire-général de ce royaume avant l'*union*. Finerty accusait formellement le lord Castlereagh de provocations à la révolte, par l'incendie de plusieurs villages catholiques; de meurtres et d'assassinats, commandés par lui dans le même but, et enfin de corruption de juges pour faire condamner de prétendus rebelles qu'il savait être innocens, et répandre ainsi la terreur. A chaque chef d'accusation que le magistrat présentait à Finerty comme constituant le *libelle*, la réponse de celui-ci, était : « J'affirme, milord, et j'offre de prouver. » Sa seigneurie répondait à son tour : « Votre affirmation et votre offre de preuves ne seront pas admises. » Ce procès, d'une espèce nouvelle en Angleterre, fut terminé par la condamnation de Finerty à un long emprisonnement à des dommages-intérêts im-

menses. Nul doute que si une pareille affaire se
représentait entre d'autres personnages, l'ancienne
jurisprudence reprendrait son cours; mais, dans
celle-ci, l'opinion publique, tout en vengeant M. Finerty par d'abondantes souscriptions, se rangea
néanmoins du côté des juges, par des raisons de
politique, auxquelles ce peuple sait toujours faire
céder toutes autres considérations et tous principes
de justice ou d'équité. Les peines répressives des
délits de la presse sont, en Angleterre, la flétrissure
par l'exposition au pilori; l'emprisonnement pour
un temps quelquefois très-long; des amendes, dont
la condamnation dépasserait en France les ressources des fortunes les plus considérables; l'obligation de déposer, pour garantie de bonne conduite,
des sommes excessives, au moment de la mise en
liberté du coupable, sommes qui doivent rester en
dépôt pendant plusieurs années, et qui jamais ne
sont rendues intactes, à cause des frais de condamnation; enfin, des cautions personnelles, pour
lesquelles on n'admet que des personnes riches et
de bonne réputation.

Chine. *Voyez* Imprimeurs, t. IV, p. 192.

Espagne. Dire que l'inquisition est chargée en
ce pays de la surveillance de la presse, cela seul
dispense d'entrer à cet égard dans aucun détail.

Etats-Unis. La liberté de la presse, dit la déclaration américaine sur les droits de l'homme, est
un des plus forts boulevards de la liberté publique,
et ne peut être *restreinte* que dans les gouvernemens despotiques. Mais ce principe si largement
posé est-il ou serait-il toujours suivi dans un pays

où l'on force un habitant à faire une profession de foi religieuse?

FRANCE. La France, après l'Espagne, s'est particulièrement distinguée dans la répression des moyens de publication. On a déjà fait mention dans ce Dictionnaire, de la manière dont les premiers imprimeurs allemands furent reçus à Paris *Voyez* au mot IMPRIMEURS, t. IV, p. 193. C'était là le digne prélude des efforts constans que l'autorité devait employer dans la suite pour proscrire et anéantir en quelque sorte la libre communication des pensées. Sous l'ancienne monarchie, la presse était considérée comme une source empoisonnée dont les plus faibles émanations causaient des convulsions aux gouvernans. Aussi était-elle entourée de toutes les mesures préventives et répressives qu'on avait pu imaginer. Il fallait, *avant d'imprimer* un ouvrage, en présenter le manuscrit, ou l'exemplaire s'il s'agissait de réimpression, au bureau de la chambre syndicale; il passait de là aux mains du *censeur* pour être lu et approuvé, puis à celle du directeur-général de la librairie : celui-ci faisait passer le jugement du censeur et la feuille de permission au garde-des-sceaux, qui accordait ou refusait son autorisation, décision dont il fallait aller prendre communication au premier bureau où l'on s'était d'abord adressé ; puis enfin les pièces étaient envoyées, en dernier lieu, au secrétaire du roi, chargé de l'expédition des permissions. On distinguait quatre espèces de permissions : le privilége général et exclusif, la permission du sceau la permission simple, et la permission de police

Celle-ci était délivrée par le lieutenant-général de police, et exigée pour la publication des affiches, adresses, pièces de théâtre, chansons, relations, et généralement tous les ouvrages qui ne formaient pas plus de deux ou trois feuilles d'impression. Il y avait un censeur particulier de la police, et, pour les pièces de théâtre, le lieutenant-général nommait lui-même un censeur de son choix. La peine pour simple contravention était arbitraire, lorsque les livres et ouvrages n'avaient rien de répréhensible ; dans le cas contraire, les contrevenans étaient destitués de leur profession, leurs boutiques murées, et on les condamnait à une amende de 5,000 liv. ; les presses et ustensiles de l'imprimerie étaient confisqués, et l'emprisonnement arbitraire avait ordinairement lieu par voie de police ou lettre de cachet. Les précautions les plus exactes et en même temps les plus inutiles étaient prises contre l'introduction en France et surtout à Paris, des livres imprimés à l'étranger. Enfin, la condamnation des ouvrages était prononcée, tantôt par la Sorbonne, tantôt par le parlement, tantôt et d'office par les ministres. Nulle loi, nul réglement ne fixait, n'indiquait même la nature des délits de ce genre ; tout était laissé à l'arbitraire, ainsi que la peine réservée aux auteurs. On étendait celle-ci jusque sur les livres mêmes, qui, suivant les arrêts de condamnation, étaient brûlés par la main du bourreau, au bas du grand escalier du palais de justice : on recherchait ensuite, au poids de l'or, les exemplaires qu'on avait pu soustraire au feu. Ainsi furent lacérés et livrés aux flammes les meil-

leurs ouvrages du dernier siècle. Lorsque l'auto
rité parvenait à faire saisir un certain nomb
d'exemplaires de livres condamnés, ils étaient en
voyés au dépôt établi à cet effet au château de l
Bastille, et là, sur un ordre du lieutenant-génér.
de police, et en présence de l'avocat du parlemen
garde des archives de la Bastille et des officiers d
l'état-major du château, les volumes proscri
étaient mis sous *le pilon,* c'est-à-dire lacérés et dé
chirés feuille à feuille. Dans ces sortes d'exécution
des piles énormes d'ouvrages de génie se rédui
saient à trois ou quatre milliers pesans de feuill
mortes qu'emportait le cartonnier, et les plus be
les productions philosophiques allaient, sous un
autre forme, servir de retraite à des chiffons d
femmes. Les ordres d'emprisonnement des auteur
et imprimeurs s'expédiaient de la façon la pl
leste. En voici un échantillon. Le ministre de l
maison du roi, Amelot, fait remettre à M. Le Noi
dans sa loge aux V ariétés amusantes, cette lettre
cachet :

« DE PAR LE ROI.

»Il est ordonné au sieur Henri, inspecteur d
police et de la librairie, d'arrêter le sieur *Pavie,* im
primeur à Angers, ainsi que ceux qui ont pu con
courir à l'impression du supplément aux lettres d
l'*Espion anglais,* et de les conduire à la Bastille. F
à Versailles, le 6 janvier 1782. Signé *Louis,* et plu
bas, *Amelot.* »

En 1789, lorsque l'ancien régime prit f
et qu'on voulut songer à réformer tous l
abus, une des principales améliorations fut l'é

franchissement de la presse, mais l'article 11 de la déclaration des droits de l'homme, tout en la proclamant, annonce un frein à cette liberté. « La libre communication des pensées et des opinions, porte cet article, est un des droits les plus précieux de l'homme ; tout citoyen peut donc parler, écrire, imprimer librement, sauf à répondre de l'abus de cette liberté dans les cas déterminés par la loi. » Ces abus ne furent point déterminés, et l'empire qui succéda aux différens provisoires de la révolution, ne régla point non plus cette matière complétement. Les ministres veillaient à ce qu'aucun écrivain dépravé ne mît au jour un ouvrage attentatoire aux mœurs ou aux droits de l'*autorité suprême*, à ce qu'aucun libraire n'exposât en vente les livres prohibés. Il y avait dans le sénat une commission dite de la *liberté de la presse*, à laquelle avaient recours les auteurs, éditeurs et imprimeurs qui se croyaient mal à propos empêchés dans l'impression ou circulation d'un ouvrage. Cette commission. préjugeait la question de savoir si l'empêchement était justifié par l'*intérêt de l'état*, et, dans le cas où elle décidait le contraire, elle provoquait une assemblée du sénat pour prononcer définitivement. Dans les premières années de ce régime, la censure, proscrite en 1789, était encore une chose odieuse. Sa majesté impériale blâma beaucoup, en 1805, le ministre de la police d'avoir délivré une permission pour l'impression d'une comédie nouvelle de Collin-d'Harleville, attendu que tout citoyen Français pouvait publier tel livre qu'il jugeait convenable, sauf à en répondre. Cependant

il y eut plus tard une censure et une direction de
la librairie. Il fut alors interdit de publier un ouvrage non permis, et, sans renouveler ostensible-
ment les extravagances de l'ancienne monarchie, le
nouveau pouvoir sut mieux se faire obéir : tout le
monde se tut. Enfin, en 1814, la restauration ouvrit une carrière nouvelle, où la liberté de la presse
fut de nouveau appelée, mais toujours avec restriction. La charte, art. 8, porte que « les Français ont le droit de publier et de faire imprimer
leurs opinions, en se conformant aux lois qui doivent réprimer les abus de cette liberté. » Ces lois
se firent attendre jusqu'en 1819. Mais on prit dès
lors des mesures préventives contre les publications clandestines, et de fortes amendes sanction-
nèrent l'observation des formalités imposées aux
imprimeurs et libraires (loi du 21 octobre 1824).
Les écrits de vingt feuilles et au-dessous pouvaient
être soumis à la censure, et les journaux et écrits
périodiques ne purent paraître qu'avec l'autorisation du roi. Les écrits réputés coupables par cette
loi étaient ceux contraires à la charte ou tendans à
troubler la tranquillité publique, ou enfin ceux
qui blessaient les bonnes mœurs. La pénalité, sous
l'empire de cette loi, ne fut pas changée, et le Code
pénal fut seul appliqué. Une loi du 28 février 181
renouvela l'obligation, pour les journaux et écrits
périodiques, d'être autorisés par le roi. Même disposition dans la loi du 30 décembre 1817, pour
durer jusqu'à la fin de la session des chambres de
1818. Telle fut la législation de la presse jusqu'en
1819; depuis lors sont intervenues diverses lois qu

ont considérablement amplifié les moyens de répression jugés jusqu'alors trop insuffisans. Ces
lois qui forment, par leur combinaison, la législation actuelle sur cette matière, sont celles des 17
et 26 mai 1819, 9 juin suivant, 25 mars 1822 et
juillet 1828; cette dernière se référant aux précédentes pour tout ce qui ne serait pas contraire à
ses dispositions. Voici comment la presse se trouve
libre aujourd'hui sous l'empire de ces lois : 1° Les
mesures préventives sont toujours les mêmes, avec
un surcroît de précaution, qui consiste à arréte.·
la publication de tout écrit de vingt feuilles et au-
dessous, pendant les cinq jours qui suivent le dépôt
prescrit par la loi du 21 octobre 1814, et par l'article 29 de celle du 26 mai 1819; 2° la qualification des délits contenue dans la loi du 17 mai 1819
est à la fois très-étendue et très-vague. Cette loi
répute condamnables les écrits ou autres moyens
de publication qui contiendraient une provocation
à commettre une action quelconque réputée
crime ou délit. L'article 4 mentionne particúliè-
rement toute attaque contre l'inviolabilité de la
personne du roi, l'ordre de successibilité au trône,
et l'autorité constitutionnelle du roi et des chambres. L'article 8 prévoit les *outrages à la morale
publique et religieuse* ou aux bonnes mœurs, sans
autre définition ni explication. Le chapitre iii punit les *offenses* publiques envers la personne du roi,
et le chapitre iv, celles envers les membres de la
famille royale, les chambres, les souverains et les
chefs des gouvernemens étrangers. Enfin le chapitre v proscrit la diffamation et l'injure publique,

avec plusieurs distinctions, suivant le rang et la qualité des personnes; 3° la poursuite contre les auteurs de ces délits s'exerçait, d'après la loi du 26 mai 1819, devant les cours d'assises, et, par conséquent, ces causes étaient soumises à la décision du jury. Il n'était excepté de cette disposition que les délits de diffamation verbale contre toute personne, et de diffamation écrite contre des particuliers, lesquels étaient jugés par les tribunaux de police correctionnelle. La loi du 25 mars 1822, réglant en dernier lieu cette poursuite, attribue le jugement des délits de la presse aux tribunaux de police correctionnelle : cette loi n'excepte que les offenses envers les chambres, qui doivent être jugées par les chambres elles-mêmes ; elle attribue aussi aux différens tribunaux le droit de connaître eux-mêmes. du délit d'infidélité dans le compte rendu de leurs audiences ; 4° enfin, relativement à la pénalité, la loi du 17 mars 1827 a renchéri sur l'énormité des peines portées aux lois précédentes, en élevant la quotité des amendes pour tous les cas. Elle dispose de plus (article 19), que les amendes et autres peines correctionnelles auxquelles la publication, vente ou distribution d'un écrit aura donné lieu, ne pourront être moindres du double du *minimum,* si cet écrit est imprimé dans un format au-dessous de l'in-12, ou s'il ne contient pas plus de cinq feuilles, dans quelque format que ce soit. Du reste, elle laisse en vigueur les dispositions des lois précédentes, qui prononcent la peine de l'emprisonnement dans tous les cas prévus; 5° pour les journaux et écrits périodi-

ques, ils sont délivrés de la censure et de l'autorisation, mais assujétis à des cautionnemens, variés
suivant le plus ou le moins d'intervalle de pério-
dicité. Ces cautionnemens, très-élevés, sont de
6,000 francs de rente pour les écrits périodiques
paraissant plus de deux fois par semaine; des trois
quarts de cette somme pour ceux qui ne paraissent
que deux fois par semaine; de la moitié pour paraître une fois par semaine; enfin, du quart, pour
paraître plus d'une fois par mois. Sont exceptés
ceux qui traitent des matières étrangères à la politique, avec cette condition, pour les journaux dits
littéraires, de ne paraître que deux fois la semaine
au plus. Il doit apparaître comme responsable, un
véritable intéressé dans la propriété de l'écrit pé-
riodique, qui possède en son propre et privé nom
le quart au moins du cautionnement, ou justifie
qu'outre sa part dans l'entreprise il est propriétaire d'immeubles payant au moins 500 francs de
contributions directes. Cette dernière disposition,
ainsi que celle de la quotité des cautionnemens, est
modifiée pour les départemens. Cette position des
écrits périodiques, fruit de la loi du 18 juillet 1828,
a été regardée comme un bienfait, après celle où
les avait placés la loi du 17 mars 1827, donnée à
défaut de la fameuse loi de *justice et d'amour* (1),
proposée l'année précédente et rejetée par la
chambre des pairs. Tel est en France l'état de la
liberté de la presse. Il ressemble un peu à celui

(1) Dénomination prise des termes mêmes du discours
de présentation, et que l'indignation publique a consacrée par ironie.

que dépeint le Figaro de Beaumarchais, c'est-à
dire qu'on peut, sans rien craindre, faire des alma-
nachs et des traités de géométrie. Au milieu des
nombreux exemples de condamnations qui ont eu
lieu pour délits de la presse, il y en a un si grand
nombre qui mériteraient une mention particulière,
que les bornes de cet article ne permettent pas de
les citer, mais on peut dire qu'ils prouvent combien
est vague et indécise la législation sur cette matière,
principalement pour la qualification des délits.

.,.¡Italie et Rome. Les écrits les plus licencieux
sous le rapport des mœurs, les plus outrageans
pour la religion, ont paru dans ce pays, où l'inquisition règne, mais d'une autre façon qu'en Espagne.
Les attaques contre l'autorité temporelle et les hérésies, voilà les grands crimes qu'on y punit. Le
livre coupable est exécuté à Rome avec cérémonie,
et les détails de cette exécution sont faits pour en
imposer à un vulgaire imbécile. « On dresse dans
une place publique un échafaud, et à trente pas
un bûcher. Les cardinaux montent sur l'échafaud;
le livre proscrit est présenté lié, garotté de petites
chaînes de fer, au cardinal doyen ; celui-ci le donne
au grand inquisiteur, qui le rend au greffier; le
greffier le donne au prévôt ; le prévôt à l'huissier;
l'huissier à un archer, et l'archer au bourreau. Ce
dernier l'élève en l'air, en se tournant gravement
vers les points cardinaux; ensuite il délie le prisonnier, il le déchire feuille à feuille, et trempe
chaque lambeau dans de la poix bouillante ; enfin
il verse le tout dans un bûcher, et le peuple, à ce
signal, crie anathème aux philosophes.

Suisse. Les habitans des cantons helvétiques se
disent libres. Voici un trait qui peut faire apprécier
l'étendue de la liberté de la presse chez eux. En
1815, un Français se retira en Suisse à l'occasion
d'un jugement correctionnel, relatif à un léger délit politique. Bientôt il reçut l'ordre de quitter,
dans un court délai, la ville où il avait établi son
domicile, pour avoir publié un écrit sous le titre
d'*Introduction à l'Histoire de la Suisse*, dans lequel
il développait des principes qui, dans les circonstances du moment. parurent dangereux. Ils étaient
tels cependant que de cet exemple on pouvait
conclure que si l'immortel historien de la Suisse,
Jean Muller eût vécu au dix-neuvième siècle, il
n'eût obtenu dans aucun des vingt-deux cantons,
la permission de publier son histoire. *Voy.* les
articles *Calomniateur*, t. III, p. 150; *Censeur
royal*, t. III, p. 192; *Diffamation*, t. p. III, 394;
Imprimeur, t. IV, p. 192; *Injure*, t. IV, p. 206;
Journaux, t. IV, p. 243; *Libelle*, t. IV, 322.

PRÊT SUR GAGE. *Voyez* Gage, tom. IV, p. 139.
Ajoutez à ce qui est rapporté dans cet article que
dans le royaume d'*Achem*, où les droits d'un créancier sur la personne de son débiteur sont très-
étendus, les prêts sur gage sont prohibés et punis
sévèrement.

PRÊTRES. D'après la croyance qui revêt les
prêtres d'un caractère sacré et indélébile, il n'est
pas étonnant que les administrateurs de la justice
émanée du souverain, et que, dans le langage des
prêtres, on nomme *séculière*, aient souvent reculé
devant la condamnation des ecclésiastiques cou-

pables, ou que du moins l'exécution des arrêts prononcés contre eux ait été éludée. D'ailleurs, cette même croyance, jointe à l'esprit de corps et à cette tendance de l'Eglise à se créer une puissance indépendante, tout cela pousse les meilleurs prêtres à protéger les mauvais, et ils semblent adopter cette étrange et absurde opinion, que l'exemple du châtiment d'un prêtre, quelque coupable qu'il soit, porterait un plus grand coup à l'honneur du sacerdoce que le scandale de l'impunité. Cette opinion pouvait avoir une ombre de vérité au temps où les faits n'étaient presque jamais connus que dans les lieux circonscrits où ils s'étaient passés. Mais aujourd'hui on peut dire que le plus grand tort que les prêtres pussent faire à leur classe serait la continuation de pareilles manœuvres, dont l'odieux et le criminel retomberaient nécessairement sur tout le corps du clergé. Des exemples récens prouvent que l'autorité civile tient au moins la main plus sévèrement à la juste punition des prêtres criminels. On a vu, il y a peu de mois (octobre 1828), la main du bourreau flétrir d'une marque ignominieuse les prêtres *Contrafatto* et *Molitor*, tous deux coupables d'attentats à la pudeur avec violence. Mais aussi on voit avec douleur échapper au supplice le prêtre *Mingrat*, assassin d'une femme vertueuse dont il n'a pas craint de souiller le corps au milieu même des convulsions de la mort qu'il lui donnait. Le remords ordinaire aux plus grands scélérats n'était point ressenti par cette bête féroce. La seule idée de cacher son crime à la justice donna à Mingrat la force de dépecer sa vic-

time pour en jeter en divers lieux les lambeaux sanglans. Mais Mingrat était prêtre, et un prêtre voisin
du lieu où s'était commis le meurtre l'avertit dit-
on charitablement de fuir, et la force armée ne
put l'atteindre avant qu'il eût passé les frontières ;
et quand les magistrats d'une puissance voisine
(la Sardaigne) sont saisis du monstre, ils se con-
tentent de le confiner dans une prison, malgré un
nouveau crime commis sur leur propre territoire.
L'extradition des déserteurs s'opère et s'est opérée
toujours facilement entre ce pays et la France ;
mais, depuis cinq années, celle de Mingrat n'a
point encore eu lieu. A-t-elle été refusée? N'a-t-elle
pas été demandée? L'une et l'autre de ces questions ne pourrait être répondue d'une manière honorable pour l'autorité de l'un ou de l'autre pays,
et le scandale est toujours vivant. Je terminerai
cet article par un trait dont le ridicule puisse faire
diversion à l'horreur que produisent ceux que je
viens de citer : il fait voir ce qu'étaient anciennement un grand nombre de prêtres au temps où la
religion florissait, dit-on, autant qu'elle a perdu
de nos jours. Le parlement de Paris, ayant, en
1557, à juger un prêtre du Poitou, appelé Jean
Claveau, accusé de fausse monnaie, l'interrogea
en latin et en français sur la définition des mots
prêtre, diacre, sous-diacre; il ne put répondre. On
lui demanda ce que signifiaient les mots *presbyter*
et *salve, sancta parens ;* il ne sut le dire. « Ne pouvant répondre à d'autres interrogations, lit-on dans
les registres criminels du parlement, se serait
trouvé plein d'ignorance et insuffisance; la cour

a ordonné et ordonne que remonstrances très-
humbles seront faites au roi, sur l'ignorance,
mauvaise et scandaleuse vie de plusieurs prêtres
et clercs de ce royaume, qui, sous ombre dudit
titre de *prêtre* et de *clerc*, se veulent soustraire de
son obéissance et jurisdiction, commettant plusieurs grands crimes, sous espérance d'impunité
ou de punition légère, etc., etc. »

PREUVE. Dans le moyen âge les preuves, dans
les affaires douteuses, se faisaient par témoins, par
serment ou par duel : il était alors difficile de faire
le procès à un coupable, vu le grand nombre de
témoins que la loi exigeait pour le condamner. Il
en fallait soixante-douze contre un évêque, quarante contre un prêtre, plus ou moins contre un
laïque, selon l'importance du cas, ou le mérite de
la personne. — Quand on manquait de preuves,
si l'accusation était grave, il fallait en venir au
combat; si elle ne l'était pas, tout accusé était
obligé de se purger, du moins par serment, et il
n'y était reçu qu'en faisant jurer avec lui des gens
de sa profession, de son sexe, du moins de son
voisinage, gens domiciliés, connus de l'accusateur
et sans reproche : le juge en fixait le nombre; il
les pouvait nommer d'office et à son choix. Quelquefois on les tirait au sort. — Ordinairement
l'accusé présentait les témoins, et il était rare qu'on
en laissât le choix à l'accusateur. Le nombre était
plus ou moins grand, suivant l'importance du cas
ou selon les présomptions qu'on avait contre l'accusé. — La preuve par serment se faisait dans une
église, à certains jours, et avant midi, sur une

croix, sur un autel, sur le livre des Évangiles ou le canon de la messe, sur une châsse, un reliquaire ou le tombeau d'un saint. Tandis que les témoins touchaient l'objet sacré sur lequel ils faisaient serment, l'accusé étendait ses mains sur les leurs et protestait à haute voix qu'il n'était point coupable de ce qu'on lui imputait. Moyennant ces cérémonies, qui faisaient des parjures, on était déchargé de l'accusation, pourvu que l'accusateur n'insistât pas de son côté à faire preuve du contraire ; car si les témoins de celui-ci juraient que l'accusé était criminel, la preuve décisive était alors le combat, et le plus fort et le plus adroit, selon cette loi, avait toujours gain de cause. — Cette coutume venait du Nord, où les procès se terminaient par les armes ou à l'amiable ; de là elle passa en Allemagne, en France, en Bourgogne. Si l'on était accusé de meurtre, de vol, de trahison, on ne pouvait laver cette tâche que dans le sang de son ennemi, et l'on choisissait des champions pour soutenir le pour et le contre. — En 1427, Sophie, troisième femme de Jagellon, ou Uladislas V, roi de Pologne, étant accusée d'adultère, il fut décidé qu'elle se purgerait par serment et par le témoignage de quelques femmes d'honneur. Sept dames jurèrent avec la reine, et Jagellon, satisfait, lui rendit sa tendresse. En France, à la mort de Chilpéric, Frédégonde fut obligée de jurer, avec trois évêques et trois seigneurs, que Clotaire était le véritable fils de Chilpéric. On voit que la preuve était alors uniquement administrée par l'accusé. L'accusation était seulement portée

contre lui, et n'avait pas besoin de preuves pour
subsister; mais elle était réputée vraie jusqu'à
preuve contraire. On adopta depuis la méthode
inverse, plus raisonnable, et qui est encore suivie.
Ce fut à l'accusateur à prouver la culpabilité de
l'accusé, qui, jusqu'à cette preuve, fut réputé innocent. Cependant, dans les derniers siècles, deux
causes s'opposèrent à ce que cette direction de
preuve eût un effet conforme aux véritables principes de justice : la première était la question,
absurdité féroce, qui prouvait que l'homme peut
se placer dans certains cas fort au-dessous des
bêtes; la seconde était la légèreté avec laquelle les
juges accueillaient quelquefois les moindres indices
pour en constituer une preuve. On lit dans Beccaria : « Le parlement de Toulouse a un usage bien
singulier dans les preuves par témoins. On admet
ailleurs des demi-preuves, qui au fond ne sont que
des doutes; car on sait qu'il n'y a point de demi-
vérités; mais à Toulouse on admet des quarts et
huitièmes de preuves. On y peut regarder, par
exemple, un ouï-dire comme un quart, un autre
ouï-dire plus vague comme un huitième; de sorte
que huit rumeurs, qui ne sont qu'un écho d'un
bruit mal fondé, peuvent devenir une preuve complète, et c'est à peu près sur ce principe que Jean
Calas fut condamné à la roue. Les lois romaines
exigeaient des preuves *luce meridianâ clariores.* »

Ces vices de la législation criminelle existent
encore dans les pays qui n'ont pas l'institution du
jury. Ce mode de jugement obvie à tous les in-
convéniens qui naîtraient d'une loi fixant le genre

et la forme des preuves à administrer. — Voyez
CHAMPION, t. III, p. 208; DUEL, t. III, p. 424;
JURY, t. IV, p. 264.

PRÉVARICATION. Malversation commise par
un officier public dans l'exercice de ses fonctions
Ce terme s'emploie particulièrement à l'égard des
juges. Si tous les crimes intéressent le public, celui du prévaricateur les passe tous sous ce rapport, puisque l'officier chargé de faire exécuter la
loi, rend en quelque sorte le souverain complice
de son forfait, en employant criminellement la
puissance qu'il tient de lui. Aussi plusieurs nations
ont puni la prévarication des peines les plus sévères.

ANGLETERRE. Le magistrat pervers est effacé de
la liste des citoyens; il perd tous les droits et tous
les avantages de la cité; sa maison est démolie;
ses prés sont sillonnés par la charrue; tous ses
biens deviennent la proie du fisc, et son nom est
voué à l'exécration publique.

EGYPTIENS. Hérodote (liv. V, § 25) attribue à
ce peuple l'usage d'écorcher vif le juge prévaricateur, et de couvrir de sa peau le siége du nouveau
magistrat.

FRANCE. Sous l'empire des anciennes lois, les
peines encourues par les officiers publics qui pré-
variquaient, variaient suivant les circonstances :
quelquefois la peine ne consistait qu'en dommages-intérêts; quelquefois on interdisait l'officier
pour un temps, ou même pour toujours; quelquefois enfin on le condamnait à faire amende honorable, au bannissement, aux galères, et même à

une peine capitale. Mais, comme l'appréciation du
crime était laissée à l'arbitraire des tribunaux, on
ne voit pas toujours la punition des prévaricateurs
en proportion avec leurs forfaits. L'affaire des juges de Mantes, en 1699, en offre un exemple. Ces
juges, dans le dessein de se rendre adjudicataires
des biens d'un gentilhomme nommé Goubert de
Ferrières, le firent accuser de vol par le procureur
du roi de la maréchaussée, et, au mépris d'un arrêt
du parlement de Paris, qui mandait à soi les juges, avec les informations du procès, ils pressèrent
le jugement de l'accusé, et le condamnèrent à être
pendu, ce qui fut promptement exécuté. Cependant, la fille du malheureux gentilhomme réclame contre ce jugement devant le conseil-d'état;
l'affaire est attribuée, par le roi, aux requêtes
de l'hôtel, et le 1er septembre 1699 intervient un
arrêt définitif, qui déclare les juges de Mantes
coupables de prévarication. La peine décernée
fut le bannissement et la condamnation au paiement de la somme de 20,000 livres, pour réparation civile, et la fondation d'un service solennel
pour le repos de l'âme du défunt. La peine du talion paraît juste en cas pareils, et les lois nouvelles
la prononcent. Elle a été aussi appliquée anciennement en France. En 1320, sous le règne de Philippe-le-Long un prévôt de Paris, nommé Henri
Tapperel ou Capperel, tenait en prison un homme
riche, dont les crimes méritaient la mort. Le jour
qu'il devait être pendu, ce prévôt, s'étant laissé
corrompre par de l'argent, substitua au coupable
un pauvre homme innocent, et fit pendre ce der-

nier à la place du riche. Le prévôt, convaincu de
cette iniquité, fut pendu à son tour. J'ai cru devoir rappeler ici exactement ce trait, qui, par erreur a été déjà rapporté dans ce Dictionnaire,
comme s'étant passé en 889. Voyez *Pendaison*, t. V,
p. 51. Aujourd'hui, les prévarications, lorsqu'elles
ne sont pas accompagnées de corruption, donnent
lieu à une action en *prise en partie*, par suite de
laquelle le juge est condamné à des dommages-
intérêts (article 505 et suiv. du Code de procédure). Dans le cas de déni de justice, l'officier
prévaricateur est puni d'une amende de 200
francs au moins et 500 francs au plus, et de
l'interdiction de l'exercice de ses fonctions publiques, depuis cinq ans jusqu'à vingt (art. 185,
Cod. pén.). Si le fonctionnaire public a agréé des
offres ou promesses, ou reçu des dons ou présens
pour faire un acte de sa fonction, même juste,
mais non sujet à salaire, il est puni du carcan et
condamné à une amende double de la valeur des
promesses agréées ou des choses reçues, sans que
ladite amende puisse être inférieure à 200 francs.
Il en est de même pour le fonctionnaire qui s'est
abstenu de faire un acte qui entrait dans l'ordre
de ses devoirs. Dans le cas où la corruption aurait
pour objet un fait criminel, emportant une peine
plus forte que celle du carcan, cette peine plus
forte doit être appliquée aux coupables. Si c'est
un juge prononçant en matière criminelle, ou un
juré qui s'est laissé corrompre, soit en faveur, soit
au préjudice de l'accusé, il est puni de la réclusion, outre l'amende dont il est parlé plus haut.

Enfin si, par l'effet de la corruption, il y a eu condamnation à une peine supérieure, à celle de la réclusion, cette peine, *quelle qu'elle soit*, doit être appliquée au juge ou au juré prévaricateur (art. 177 et suiv., Cod. pén.).

Romains. La loi des douze Tables et toutes les lois postérieures punirent le coupable de ce crime par la mort ou l'exil.

Perse. *Voyez Écorché vif*, t. III, p. 449.

Toscane. Dans ce pays, la peine de la prévarication est d'être déclaré incapable d'exercer jamais aucun pouvoir, et condamné comme atteint de violence publique.

PRÉVOT, anciennement *prévost*. Les auteurs de l'*Encyclopédie* font venir ce mot du latin *præpositus, préposé*. Si cette étymologie n'est pas exacte, au moins la signification des deux mots est-elle réellement identique. On donnait autrefois en France le nom de *prévôt* à plusieurs officiers chargés en chef des diverses fonctions publiques. Il ne peut être ici question que de ceux qui exerçaient une juridiction criminelle. Il y avait un grand prévôt des maréchaux, institué d'abord pour connaître des délits commis par les gens de guerre, suivant l'édit de François Ier du mois de janvier 1514 : en 1536 et 1537 il fut attribué aux prévôts des maréchaux juridiction sur les voleurs et les vagabonds ; ils connaissaient aussi des cas appelés depuis prévôtaux ; mais leur commission n'était que temporaire. On établit ensuite des prévôts généraux des maréchaux dans les généralités, et de prévôts dits provinciaux, attachés à de petites provinces et soumis aux prévôts généraux. Les prévôts des maréchaux jugeaient les vagabonds et gens sans aveu, prévenus de crimes. Ils devaient arrêter les gens de cette qualité, même quand il ne leur était imputé d'autre fait que celui de vagabondage, et leur faire leur procès suivant les ordonnances. Ils devaient aussi arrêter les mendians valides. Ils connaissaient des crimes commis par les individus déjà condamnés à une peine corporelle, au bannissement ou à l'amende honorable. Ils avaient aussi la connaissance de tous excès, crimes ou délits commis par les gens de guerre. Outre ces cas, qu'on nommait prévôtaux à cause de la qualité des coupables, ils étaient encore juges dans ceux qui étaient prévôtaux par la matière du crime ; savoir : le vol sur les grands chemins, ceux commis avec effraction, lorsqu'ils étaient accompagnés de port d'armes ou de violence, ou lorsque l'effraction avait été faite aux murs et clôtures d'une maison ; les sacriléges, accompagnés des mêmes circonstances ; les séditions, émotions populaires, attroupemens et assemblées illicites avec port d'armes ; les levées des gens de guerre sans permission du roi, et enfin la fabrication ou exposition de fausse monnaie. Les prévôts, au surplus, ne pouvaient connaître de ces crimes que lorsqu'ils étaient commis dans le lieu de leur résidence. Les prévôts provinciaux furent supprimés en 1544, et il n'en resta qu'en Bourgogne. — Dans les justices seigneuriales le juge du seigneur prenait en quelques endroits le titre de prévôt, qui équivalait à celui de *châtelain* ou *bailli*.

— Il y avait pour la capitale un prévôt qui prenait le titre de *prévôt de Paris.* — L'origine de cette charge remontait à Hugues Capet, qui l'institua pour tenir lieu de la juridiction et du gouvernement qu'exerçaient auparavant les comtes et vicomtes de Paris. Le prévôt de Paris était un magistrat d'épée, et anciennement le premier juge et le chef du Châtelet; il était le premier dans la ville après le prince, et représentait le roi *au fait de la justice;* il tenait des assises et jugeait les procès civils, criminels et de police, avec les conseillers qu'il choisissait conjointement avec le chancelier et quatre conseillers du parlement; il était le premier juge ordinaire, civil et politique de la ville de Paris. Il avait encore inspection sur les finances. En 1501, sous Louis XII, un arrêt du parlement priva le prévôt de Paris du droit de présider au Châtelet, et depuis cet officier ne fut plus chargé que de la fonction d'exécuter, avec ses archers, les ordres du roi et les arrêts du parlement.

PRINCIPIA, nom de la rue du camp des Romains où avaient lieu les exécutions et châtiments militaires.

PRISE DE CORPS. On appelait autrefois décret de prise de corps ce que nous nommons aujourd'hui mandat d'arrêt. Son effet est de constituer prisonnier le prévenu contre lequel s'élèvent de indices graves.

PRIVILÉGE CLÉRICAL. *Voy.* BÉNÉFICE DE CLERGIE, t. II, p. 404.

PRIVILEGIUM, de *de privata lex.* Loi concernant un particulier. On donnait ce nom, chez les Ro

mains, aux décrets du peuple condamnant un citoyen au bannissement, à l'exil, etc. La loi des douze
Tables exigeait qu'ils fussent rendus dans les assemblées par centuries. Celui du bannissement de
Cicéron était, par cette raison, contre les lois. Cependant cet orateur préféra, comme le parti le
plus sûr, de revenir contre ce décret par la voie
de l'abrogation, au lieu de faire intervenir en sa
faveur un décret du sénat.

PRIX. Caligula, ayant fondé à Lyon une académie, imposa à ceux qui concouraient aux prix
d'éloquence grecque et latine, ces conditions : Les
vaincus devaient fournir à leurs dépens les prix
décernés aux vainqueurs; ils étaient ensuite obligés
d'effacer leurs propres ouvrages avec une éponge;
enfin on les battait de verges, et ceux qui se refusaient à subir ces différentes peines étaient précipités dans le Rhône.

PROCESSION (Peine de la). On lit dans l'Histoire du duché de Valois un exemple de cette
espèce de châtiment, qui consistait à faire trois
fois le tour de la place publique, exposé aux huées.
Voyez pour les détails, à l'article PIERRES, t. V, p. 71.

PROCUREUR. Qui gère l'affaire d'autrui. Ce
nom fut donné à ceux qui agissaient en justice au
nom des plaideurs, que leurs occupations ou leur
incapacité empêchaient d'*ester* eux-mêmes. Cette
fonction devint, par la suite, une sorte d'office :
l'érection de cette profession sous ce titre est de
l'an 1619. Dès le temps de Charles V, en 1378,
l'avidité coupable des procureurs du châtelet, qui
cherchaient plutôt à obscurcir les droits des ci-

toyens qu'à les défendre, et leur extrême ignoranca nécessitèrent une réforme et le retranchement d'ur grand nombre d'entre eux.' Les mesures répres- sives prises depuis à leur égard, tant pour la dis- cipline que pour la fixation de leurs honoraires, n'ont pu empêcher jusqu'à présent leur existence d'être considérée comme un véritable fléau. Ils existent aujourd'hui sous le nom d'avoués. *Voy.* Avoués, t. II, p. 214.

PROCUREUR FISCAL. C'était autrefois un of- ficier établi dans une justice seigneuriale, pour y défendre et soutenir les intérêts du public et du seigneur, et pour y faire les fonctions que rem- plirent ensuite les procureurs du roi dans les jus- tices royales.

PROCUREUR DU ROI. On nommait ainsi, dans l'ancienne organisation de la magistrature judi- ciaire, un officier qui remplissait les fonctions du ministère public dans une justice royale, telle qu'un bailliage, une sénéchaussée, une prévôté, etc. — L'établissement des officiers chargés en justice des intérêts publics est fort ancien. Dès le temps de la deuxième race il y avait des avoués de la partie publique, *advocatus de parte publicâ :* on n'en trouve des traces dans les registres du parle- ment de Paris que depuis le treizième siècle. Voici le résumé des dispositions légales qui concernaient ces officiers relativement aux affaires criminelles. Le procureur du roi ne devait faire aucune pour- suite pour délits ou crimes, qu'il n'y eût informa- tion et sentence de juge. Il ne pouvait assister à la visite ni au jugement d'aucun procès tant criminel que civil, mais il avait le droit d'entrer, quand il le jugeait à propos, à la chambre du conseil, pour y faire les remontrances et réquisitions qu'exigeait son ministère; et, après que ses conclusions étaient prises, il devait se retirer pendant la délibération des juges : il en était de même s'il les faisait à l'audience. L'art. 8 du réglement du 22 juillet 1752 veut que, conformément à l'usage, les gens du roi fassent leurs réquisitions à la chambre du conseil, debout, derrière le barreau, ainsi qu'ils le font à l'audience. L'art. 19 du tit. 25 de l'ordonnance criminelle du mois d'août 1670 enjoint au procureur du roi de poursuivre, sans délai, ceux qui sont prévenus de crimes capitaux, ou qui méritent une peine afflictive. Cette poursuite devait avoir lieu dans le cas même où la partie offensée aurait transigé avec l'auteur du crime. Cette disposition est consacrée par les lois nouvelles, ainsi que la suivante. Lorsqu'il y a une partie civile et que le crime est de nature à mériter une peine afflictive, le procureur du roi doit intervenir et se joindre à la partie civile. Le procureur du roi pouvait autrefois, dans le cas d'une accusation calomnieuse, être condamné aux dépens, dommages et intérêts envers les parties, et même à plus grande peine s'il y échet. Les procureurs du roi veillaient comme aujourd'hui à ce que les officiers ministériels, tels que les procureurs, notaires, greffiers, huissiers et autres, n'abusassent de leurs fonctions ou s'abstinssent de les remplir suivant les réglemens. Dans l'organisation actuelle, les procureurs du roi sont attachés aux tribunaux

de première instance, et se font assister de sub-
stituts, qui portent la parole pour eux aux audiences.
Ils remplissent les mêmes fonctions qu'autrefois,
mais ils ne dirigent la poursuite que des délits passibles de peines correctionnelles. Ils figurent dans
l'instruction comme officiers de police judiciaire.

PROCUREUR-GÉNÉRAL. C'est le titre que
porte un officier principal qui a soin des intérêts
du prince et de ceux du public dans l'étendue du
ressort d'une cour souveraine. Autrefois il avait
pour collaborateurs des avocats-généraux, sur lesquels il n'avait que la priorité de suffrage dans les
délibérations qu'ils tenaient au parquet. Lui seul
donnait des conclusions par écrit dans les affaires
du grand criminel. — Le procureur-général est
actuellement attaché à une cour royale; il a sous
lui des avocats-généraux qui ne sont que des sub-
stituts, et à qui il ne distribue que les affaires qu'il
ne veut pas se réserver à lui-même. Ils sont chargés de soutenir l'accusation dans les affaires qui se
jugent par les cours d'assises.

PROFANATION. Acte injurieux envers un objet
réputé sacré. *Voy.* SACRILÉGE et TOMBEAUX.

PROMENÉ. Dans le royaume de Fez, on promène le criminel, les mains liées derrière le dos,
et il annonce lui-même la cause de son supplice.
Il était autrefois d'usage, en France, de promener
le criminel condamné à mort, autour de la ville
où avait lieu l'exécution : ce préliminaire du supplice était souvent porté dans l'arrêt même de
condamnation.

PROMENÉ NU. Les Lacédémoniens condamnaient

ceux de leurs concitoyens qui avaient trop d'embonpoint, regardant la graisse comme une preuve de paresse et de lâcheté. La peine ordinaire était le fouet; mais ils les obligeaient aussi à se promener tout nus pendant l'hiver, sur la place publique, et à crier tout haut, qu'ils étaient justement punis; ils en usaient de même à l'égard de ceux qui manquaient de respect aux magistrats, ou qui commettaient quelque bassesse. *Voy.* Nu, t. IV, p. 473.

PROMENÉ sur un âne. *Voyez* ANE, t. I, p. 328. On vient de voir récemment encore, dans les rues de Paris, un homme promené sur un âne pour s'être laissé battre par sa femme. On a lieu de s'étonner que la police ait approuvé, ou toléré, ou ignoré cet acte, pour le moins ridicule, et qui ne peut servir qu'à entretenir dans le peuple son penchant à suivre des usages qui l'abrutissent et le dégradent.

PROMESSE. Les promesses sont assimilées aux dons pour le fait de la corruption et provocation à un crime ou délit, et la loi pénale française déclare ceux qui les ont faites complices des criminels qu'elles ont excités ou encouragés. (Code pénal, 60.)

PROMOTEURS. On appelait ainsi les officiers chargés du ministère public dans les tribunaux ecclésiastiques, et dans plusieurs endroits ceux qui exerçaient les mêmes fonctions dans les tribunaux séculiers.

PRONOSTIQUEURS. *Voyez* DEVIN, t. III, p. 392.

PROSCRIPTION. Publication faite par un gouvernement, ou par un chef de parti, par laquelle on décerne une peine contre ceux qui y sont désignés. Cette peine est ordinairement l'exil ou la mort. Le terme de proscription se prend aussi souvent pour ceux de bannissement et d'exil. Il n'y a peut-être pas de pays où il n'y ait eu des proscriptions.

ALLEMAGNE. Les tribunaux secrets appelés *wehmiques*, établis au dix-neuvième siècle dans les provinces saxo-westphaliennes, rendaient moins de condamnations qu'ils ne prononçaient de véritables proscriptions. Cent mille bourreaux invisibles poursuivaient le coupable. Le glaive était incessamment levé sur sa tête, et le cadavre du malheureux était bientôt suspendu aux branches d'un arbre, au bord de la voie publique, afin qu'on le distinguât des coupables ordinaires. Lorsque le proscrit opposait une résistance opiniâtre, ils se servaient du poignard, et, pour s'assurer l'impunité, ils laissaient dans la plaie cette arme, dont la forme n'était que trop connue. Ils pouvaient alors s'éloigner d'un pas tranquille, à la vue de la population en silence. Il est difficile de trouver dans l'histoire un régime de terreur plus fermement établi; le défaut seul de comparution devant ces tribunaux entraînait la proscription. Dans l'ancien empire d'Allemagne, on employait la proscription à l'égard des princes composant le corps germanique. C'est ce qu'on appelait *ban de l'empire. Voyez* au mot *Ban*, t. II, p. 277.

ANGLETERRE. Le jugement portant condamnation au bannissement s'appelle bill de proscription, et celui contre qui il est rendu, *exoil.* C'est proprement une mise hors la loi; personne, cependant n'a le droit de tuer l'*exoil*. L'Angleterre est un des pays où se sont opérées les plus fréquentes révolutions, et ces secousses violentes, et souvent très-prolongées, ont toujours amené entre autres maux un grand nombre de proscriptions qui consistaient à mettre à prix la tête des principaux du parti vaincu. Dans le dernier siècle, celle de Jacques-Edouard Stuart, fils aîné de Jacques II, fut mise au prix de 5,000 livres sterling, par la reine Anne, sa propre sœur, et les communes ajoutèrent à cette somme, celle de 100,000 livres. Son fils Charles-Edouard, si célèbre par ses tentatives infructueuses pour remonter au trône de ses pères, ne cessa de vivre sous le poids d'une proscription dont les effets s'étendaient jusque dans les pays où il s'était réfugié, et notamment en France.

· Espagne. Philippe II, le Néron de l'Espagne, ne se contenta pas de faire combattre, par son duc de Parme, le brave Guillaume, prince d'Orange; il proscrivit sa tête, et provoqua des assassins par l'offre de 25,000 écus. Cet édit de proscription violait ouvertement le serment que Philippe avait fait aux Flamands; mais il prétendit que le pape l'en avait dispensé. Le prince Guillaume, après avoir échappé à plusieurs attentats, fut enfin tué à Delft, sous les yeux de son épouse, par un Franc-Comtois, nommé Balthazar Gérard, qui cependant ne commit point cette action par l'appât du gain des 25,000 écus, mais par zèle religieux, ce qu'il affirma au milieu des tourmens. Philippe, ne pouvant récompenser l'assassin, versa ses dons sur sa famille; il lui accorda des lettres de noblesse,

qui depuis furent annulées quand Louis XII
s'empara de la Franche-Comté.

On sait que les juifs furent plusieurs fois proscrits en masse de ce pays d'inquisition. La réaction
qui vient d'avoir lieu dans ce royaume, à la suite
de la révolution de 1820, a donné lieu à la proscription d'un grand nombre d'individus, dont
quelques-uns ont payé de leur vie les efforts qu'ils
ont faits pour mettre leur patrie sous l'empire des
lois, et la guérir de cette gale honteuse du mona-
chisme.

FRANCE. On ne peut retracer ici avec intérêt les
nombreux exemples de proscription que nous offrent les temps reculés de notre histoire, lorsque
les événemens plus récens du dernier demi-siècle
ont causé tant de persécutions politiques dont les
effets sont encore ressentis. Que les tyrans soupçonneux et cruels, dont les actes ont souillé la
révolution, et qui ne faisaient qu'imiter les exemples donnés depuis long-temps par l'autorité
royale, que le créateur de l'empire, jaloux de l'affer-
missement d'un pouvoir nouveau, aient employé les
proscriptions, moyen toujours odieux, et souvent
nuisible, ce fut peut-être une conséquence de
leur position; mais il est plus difficile d'expliquer
autrement que par le faux zèle de conseillers per-
fides, les mesures prises en dernier lieu par un
gouvernement ayant pour appui la *légitimité*,
c'est-à-dire les lois et l'assentiment du peuple.
Les ordonnances de proscription des 24 juillet
1815 et 27 janvier suivant, et la loi du 12 janvier
1816, sont, en France, les derniers monumens de

cette longue série d'oppressions, don' Philippe-le-
Bel donna le premier exemple, en proscrivant
en masse les Templiers et les juifs. François Ier,
Henri II, Charles IX, Richelieu, Louis XIV et
même l'efféminé Louis XV, suivirent ses traces.
Les hommes de 1792, 93, 94, les copièrent dans
le sens opposé. Napoléon signala son avénement
au gouvernement de l'État par la déportation de
trente-six individus, et le bannissement de vingt.
Mais ce qui distingue la proscription de 1815,
c'est qu'on agit illégalement dans le temps même
où l'on proclamait l'empire de la loi. La proclamation de Cambrai avait annoncé qu'on *ferait
exécuter les lois* contre les coupables, mais non
qu'on les désignerait nominativement à la vindicte
publique, qu'on les traduirait devant des juges
incompétens, ou qu'on les bannirait sans jugement. Deux circonstances sont à remarquer dans
l'émission des deux ordonnances. Le ministre si-
gnataire de celle du 24 juillet (Fouché) était régicide, ministre couvert des faveurs de *l'usurpateur*
et chef du gouvernement provisoire. Il subit depuis la peine du talion : frappé lui-même par la
loi du 12 janvier 1816, il est mort dans l'exil.
L'ordonnance du 27 janvier, qui maintint tous les
inscrits dans la précédente, fut contresignée par
un ministre (Barbé-Marbois), qui, en prenant
les sceaux, avait déclaré qu'il ne les apposerait
jamais à un acte contraire à la Charte : lui-même
avait été, vingt ans auparavant, proscrit et dé-
porté au 18 fructidor.

GRÈCE. Cet antique berceau de la liberté poli-

tique présente les premiers exemples de proscrip
tion tant imités depuis. Les proscriptions, chez les
Grecs, se faisaient avec les plus grandes formalités,
Un héraut publiait qu'on récompenserait d'une
certaine somme quiconque apporterait la tête d'un
proscrit. Pour mieux engager à commettre ce
meurtre, qu'on regardait comme un acte de dévoû
ment, et afin que le vengeur de la patrie sût où
prendre la récompense dès qu'il l'aurait méritée,
on déposait publiquement sur l'autel d'un temple
la somme promise par le héraut. C'est ainsi que
les Athéniens mirent à prix la tête de Xerxès, et
il ne tint pas à eux qu'elle ne leur fût livrée, puis
qu'ils en offrirent la somme énorme de 100 ta
lens d'or.

POLOGNE. La proscription y fait partie des peines
légales. Elle n'a lieu que pour les crimes capitaux
au premier chef, tels que les meurtres, les assas
sinats, et les conjurations contre l'État. Si le cri
minel n'est point arrêté dans l'action, il n'est pas
besoin d'envoyer des soldats pour le saisir. On se
contente de le citer au jugement du roi et du sé
nat. S'il ne comparaît pas, on le déclare infâme
et convaincu; par là, il est proscrit, et tout le
monde peut le tuer impunément. L'ostracisme d'
Athènes était une véritable proscription; les plus
grands hommes en furent frappés. Thrasybule
en chassant les trente tyrans, est le premier qui
ait publié une *amnistie;* il a créé le mot.

ROME. L'ancienne Rome pourrait être appelée
par excellence le pays des proscriptions. Tar
quin, Camille et Coriolan furent proscrits dès le

premiers siècles de sa fondation. Vers la fin de la république, Sylla et Marius organisèrent, pour ainsi dire , un système de proscription. La loi de Sylla faisait mourir celui qui accordait un asile aux proscrits, et même ses enfans étaient exclus de tous les emplois. Il déclara infâmes et déchus du droit de bourgeoisie les fils et petits-fils de proscrits. Ses créatures et ses officiers obtinrent de lui de se venger impunément de leurs ennemis particuliers, en les faisant porter sur les listes fatales. Les grands biens devinrent le plus grand crime. Quintus Aurelius, citoyen paisible, qui avait toujours vécu dans une heureuse obscurité, sans être connu ni de Marius ni de Sylla, ayant aperçu son nom inscrit sur les tables de proscriptions, s'écria avec douleur : *Malheureux que je suis! c'est ma belle maison d'Albe qui est cause de ma perte ;* et à deux pas de là il fut assassiné par un meurtrier. Les triumvirs Lépide, Octave, surnommé depuis Auguste, et Antoine, renouvelèrent les proscriptions. Le premier, après son triomphe d'Espagne, ordonna aux Romains de se réjouir, sous peine d'être proscrits : *Festis et epulis dent Romani hunc diem; qui secùs faxit inter proscriptos esto.* Le prix de chaque tête était de 100,000 sesterces (environ 22,000 francs). Mais le sang des principaux fut mis à un prix plus haut, puisque Popilius Lœnas, assassin de Cicéron, reçut la valeur de 200,000 francs pour sa récompense. L'avarice fut un des premiers motifs de ces proscriptions, même de la part des triumvirs. Ces tyrans, en effet, imposèrent une taxe exorbitante sur les

femmes et les filles des proscrits. Les vengeance
particulières, et la fureur des dépravations, fire
périr beaucoup plus de citoyens que les triumvi
n'en avaient condamné, et tout cela ne manque
pas, comme en France, comme partout où on
proscrit, d'être coloré du prétexte du bien publi
Il y avait à Rome deux sortes de proscription
L'une interdisait aux proscrits le feu et l'eau ju
qu'à une certaine distance de la ville, avec défen
à tout citoyen de lui donner retraite dans tout
cette étendue. On affichait ce décret, où le mo
d'exil n'était pas même exprimé, bien qu'il devi
par le fait absolument nécessaire. L'autre proscri
tion était celle des têtes, ainsi nommée parce qu'el
ordonnait de tuer la personne proscrite partout o
on la rencontrerait. Une récompense était promis
à celui qui exécuterait le meurtre. Le décret, écri
sur des tables, était affiché et lu dans les places p
bliques; il contenait la liste de ceux qui étaie
condamnés à mourir, avec le prix décerné pou
la tête de chacun d'eux.

RUSSIE. L'exil en Sibérie est une véritable pro
scription, qui s'exerce comme une loi pénale o
dinaire. *Voy. Ban*, t. II, p. 276; *Bannissement*, t. II
p. 295; *Exil*, t. IV, p. 47; *Ostracisme*, t. V, p.

PROSTITUÉES, PROSTITUTION. On donne
nom de prostitution à l'abandon qu'une femm
fait d'elle-même à un homme pour un motif
et mercenaire. Cet acte se nomme aussi débauch
On appelle encore plus particulièrement prosti
tution, l'action de prostituer les autres. On la di
tingue du maquerellage, en ce que celui-ci est a

compagné de séduction. La prostitution est aussi ancienne que les sociétés.

Dès que la femme fut protégée par des lois écrites ou tacites, qu'elle connut son empire sur l'homme, et que celui-ci se fut réduit à mendier ses faveurs, la prostitution naquit, et, sous une foule de formes, grossières ou délicates, profanes ou sacrées, elle forma les trois quarts des relations entre les deux sexes. Les plus anciens livres que nous en ayons en font foi. Elle a été condamnée et punie dans certains pays, tolérée dans d'autres, et en honneur dans quelques-uns; on la voit même passer par ces trois degrés chez le même peuple, soit à raison de la différence des époques, soit à cause des formes dont on la revêt, ou des circonstances dans lesquelles elle a lieu. Aujourd'hui, dans tous les pays civilisés, la prostitution, réputée honteuse en général, condamnable même dans certains cas, ne laisse pas d'échapper au blâme, lorsqu'elle est exercée dans une certaine sphère : quant à la prostitution abjecte, c'est-à-dire publiquement avouée comme telle, et qui a surtout le caractère honteux d'être peu rétribuée, celle-là, bien que tolérée, est l'objet du mépris public d'une part, et soumise de l'autre à une surveillance et à des réglemens dont les effets équivalent à une condamnation. On a beaucoup controversé sur la question de savoir si la prostitution devait être permise, par le motif qu'elle empêche de plus grands désordres, et que de deux maux il faut choisir le moindre. Les adversaires de ce principe, aujourd'hui généralement admis, disent qu'il n'est

vrai que dans l'ordre physique, mais qu'en m-
rale il est une monstruosité. Point de ménag-
ment avec le vice, disent-ils ; ne permettez jama-
le crime, pas même celui qu'il serait impossibl-
de prévenir ; il vaut mieux des lois impuissan-
que des lois coupables. Les uns et les autres s'appuient d'un mot de saint Augustin (*lib. de Ordin-*)
qui peut également s'entendre dans les deux sen-
opposés : *Aufer meretrices de rebus humanis, tu-
baveris omnia libidinibus.* Il paraît même plus n-
turel de le traduire ainsi : Ôtez les prostituées d-
commerce du monde, et le déchaînement des pa-
sions troublera l'ordre social. Voici quelques pa-
ticularités relatives à la prostitution dans différen-
pays.

ALLEMAGNE. Le code appelé *Caroline* ne contie-
pas de dispositions pénales contre ceux qui s-
prostituent eux-mêmes ; mais non-seulement cett-
loi sévit contre le maquerellage, elle punit encor-
arbitrairement les parens témoins du libertina-
de leurs enfans, et qui, sans les y exciter, sembl-
y consentir par une coupable indulgence.

ANGLETERRE. Autrefois une courtisane, qu'o-
trouvait pour la troisième fois dans la rue, éta-
punie de cette manière, *amputabatur ei tressor-
et tondebatur*, et à la quatrième fois on lui coupa-
la lèvre supérieure. Dans le dernier siècle, la manière dont on punissait les femmes débauchées-
Londres était assez singulière. On attachait un-
chaise à bras à l'extrémité de deux espèces de s-
lives, longues de douze ou quinze pieds, et paral-
lèles l'une à l'autre. La chaise y était fixée par s-

deux bras de façon qu'elle eût du jeu comme sur
un axe, et qu'elle se trouvât toujours dans l'état
nécessaire pour qu'une personne y restât assise,
soit qu'on élevât ou qu'on abaissât l'appareil des
deux perches. Cela fait, on plaçait un poteau sur
le bord d'un étang ou d'une rivière, et sur ce
poteau on posait, en équilibre, la double pièce
de bois, à une des extrémités de laquelle la chaise
pendait au-dessus de l'eau. On y faisait asseoir la
femme, et on la plongeait autant de fois dans l'eau
qu'il était ordonné par la sentence. Ou cette ancienne législation est abrogée, ou comme tombée
en désuétude, ou complétement négligée, car aujourd'hui il n'y a point de nation où on voie plus
de filles entretenues ou de filles publiques qu'en
Angleterre. Un très-grand nombre en est fourni
par l'abjection et le dénûment du bas-clergé: Les
filles des desservans, ne pouvant se résoudre à travailler, et rougissant de mendier, cherchent dans le
libertinage les ressources pécuniaires qui leur
manquent. — Ce métier est si peu clandestin, que
l'on débite publiquement la liste de celles qui le
font avec quelque sorte de distinction : cette liste,
très-étendue, indique leurs demeures, et offre
les détails les plus précis sur leur figure, leur taille
et les divers talens qui les distinguent. Elle se renouvelle chaque année, et se vend sous le titre
de *Nouvelles Athalantes,* avec le nom de l'auteur
au frontispice.

BABYLONE. Ancienne et célèbre ville d'Asie, qui
n'existe plus depuis le deuxième siècle de notre ère.
Hérodote, dans son premier livre, prétend que

toutes les Babyloniennes étaient obligées, par loi, de se prostituer une fois dans leur vie, a étrangers, dans le temple de *Milita* ou Vénus. très-profonds érudits, accueillant ce rapport d'H rodote, ont prétendu que le marché se faisait bi dans le temple, mais qu'il ne se consommait q dehors. Strabon dit, en effet, qu'après s'être livr à l'étranger, *hors du temple,* la femme retourn chez elle. Voltaire dit à ce sujet : « Est-il possil que (chez un peuple policé) les magistrats aie établi une telle police?... Ce qui n'est pas dans nature n'est jamais vrai. J'aimerais autant croi Dion Cassius, qui assure que les graves sénateu de Rome proposèrent un décret par lequel Césa âgé de cinquante-sept ans, aurait le droit de jou de toutes les femmes qu'il voudrait. »

CEYLAN, île de la mer des Indes orientales, fo mant un petit royaume. Lorsque, pour de gran crimes, le roi condamne au dernier supplice l premiers de la nation, il abandonne leurs femm et leurs filles aux gueux, qui forment une clas séparée parmi les Chingulais. Ces femmes et fill ainsi destinées à la prostitution, ont une telle ho reur de cette punition, qu'elles préfèrent être pr cipitées dans la rivière.

CHINE. La Chine a ses femmes publiques comm la plupart des autres pays du monde ; mais da la crainte qu'elles ne causent du désordre, il r leur est pas permis de demeurer dans l'enceint des villes, ni d'occuper des maisons particulière elles s'associent, pour se loger, plusieurs ensembl ordinairement sous le gouvernement d'un homm qui répond de tout le mal qu'elles peuvent causer. Ces femmes ne sont que tolérées parmi les Chinois, et passent pour infâmes; il se trouve même des gouverneurs qui ne les souffrent point dans l'étendue de leur juridiction.

Côte-d'Or. Vaste étendue de pays sur la côte occidentale d'Afrique, l'une des quatre parties formant la région qu'on nomme Guinée, et comprenant plusieurs petits royaumes. Les femmes de ce pays, y étant beaucoup plus nombreuses que les hommes, n'ont pas toujours l'occasion de se marier. Elles n'en sont pas moins libres dans leur commerce avec les hommes, ce qui ne les déshonore point et ne forme pas obstacle à leur mariage subséquent. Dans les cantons d'Éguira, d'Abroko, d'Ankobar, d'Azim, d'Anta et d'Adam, on voit des femmes qui ne se marient jamais. C'est après avoir pris cette résolution qu'elles commencent à passer pour des femmes publiques; et leur initiation dans cet infâme métier se fait avec les cérémonies suivantes. Lorsque les *manferos*, c'est-à-dire les jeunes seigneurs du pays, manquent de femmes pour leur amusement, ils s'adressent aux *cabochirs*, sorte de magistrats, qui sont obligés de leur acheter quelque belle esclave. On la conduit à la place publique, accompagnée d'une autre femme de la même profession, qui est chargée de l'instruire. Un jeune garçon, au-dessous de l'âge nubile, feint de la caresser aux yeux de toute l'assemblée, pour faire connaître qu'à l'avenir elle est obligée de recevoir indifféremment tous ceux qui se présenteront, sans excepter les enfans. Ensuite

on lui bâtit une petite cabane dans un lieu dé
tourné, où son devoir est de se livrer à tous le
hommes qui la visitent. Après cette épreuve, ell
entre en possession du titre d'*abéléré*, qui signifi
femme publique. On lui choisit un logement dan
quelque rue de la bourgade; et de ce jour elle e
soumise à toutes les volontés des hommes, san
pouvoir exiger d'autre prix que celui qui lui e
offert. Chaque ville a ainsi deux ou trois abéléré
Elles ont un maître particulier, à qui elles remetten
l'or et l'argent qu'elles ont gagné par leur trafic
et qui leur fournit l'habillement et les autres né
cessités. La plus grande affliction qu'une ville puiss
recevoir est la perte ou l'enlèvement de son abé
léré. Les manferos forcent les cabochirs à rachete
leur abéléré lorsque les étrangers l'enlèvent, e
pour cela, ils menacent ces officiers de se venge
sur leurs femmes. Cette menace, ne reste jamai
sans effet.

Espagne. L'inquisition s'y attribue la répressio
des filles publiques. Parmi les personnes frappée
par l'inquisition sous le ministère de l'inquisiteur
général Valdès, on trouve des filles publiques con
damnées pour avoir dit que la fornication n'étai
pas un péché mortel.

Floride. Entre autres pratiques bizarres em
ployées pour la guérison d'un malade, chez le
sauvages de la Floride, on lui prostitue des fill
et des femmes.

France. Les annales et les plus anciennes loi
du royaume prouvent qu'il y a eu de tout temp
des femmes de prostitution, tantôt tolérées e

tantôt proscrites. Un capitulaire de Charlemagne, de l'an 800, enjoint à tous les officiers du palais de faire la recherche des femmes publiques qui pourraient s'y introduire, et de lui en donner avis. Plus loin, il prononce contre elles la peine du bannissement et du fouet, et condamne ceux qui leur donneraient asile, à les porter sur leurs épaules, jusque sur la place du marché, quand elles iraient y subir leur peine. *Similiter de godalibus et mere- tricibus volumus ut apud quemcumque inventæ fue- rint, ab eis portentur usque ad mercatum ubi flagel- landæ sunt.* Si celui qui avait logé la prostituée refusait de la porter ainsi, il était fouetté lui- même. Louis IX, par une ordonnance de 1254, entreprit de chasser les femmes de mauvaise vie de son royaume. Après certains avertissemens don- nés par le magistrat, le bannissement était pro- noncé contre elles, et l'on confisquait non-seule- ment les biens des coupables, mais aussi ceux des personnes chez qui elles étaient logées. *Voyez* aux mots Parties naturelles, t. V, p. 29, le jugement rendu par ce prince contre un chevalier surpris dans un lieu de débauche. Plus tard, Louis IX re- connut l'inefficacité des dispositions pénales sur cette matière, réforma son ordonnance de 1254, et se borna à prescrire certains lieux pour l'habi- tation exclusive des prostituées, afin de les séparer au moins des autres femmes. Dans le siècle suivant on voit les souverains s'appliquer à organiser les lieux de prostitution, les qualifier d'*abbayes,* et en confier le gouvernement à des supérieures qu'ils nommaient *abbesses.* Parmi les statuts sur cette

matière que l'histoire a conservés, celui qu
Jeanne Ire, reine de Naples et comtesse de Pro
vence, publia pour le lieu public de débauch
d'Avignon, est un monument remarquable. Ce sta
tut consacre spécialement à cet usage un lieu situ
près du couvent des Augustins, et le met sous la di
rection d'une *abbesse*, qui devait être nommé
chaque année par les consuls. L'art. 2 porte
« *Item*. Si quelque fille qui a déjà fait faute veu
continuer de se prostituer, le porte-clefs ou capi
taine des sergens, l'ayant prise par le bras, la me
nera par la ville au son du tambour et avec l'ai
guillette rouge sur l'épaule (1), et la placera dan
la maison avec les autres, lui défendant de s
trouver dehors dans la ville, à peine du fouet e
particulier, pour la première fois, et du fouet e
public et du bannissement si elle y retourne. » L
reste du statut règle la discipline intérieure de l'é

(1) L'aiguillette rouge était une marque distinctive que
dans plusieurs provinces de France, les femmes publique
étaient obligées de porter, pour qu'on ne confondît pas ave
elles les femmes honnêtes ; de là venait l'ancien proverbe
cette femme court l'aiguillette, pour dire qu'elle se pros
titue. Cet usage qu'avaient les filles publiques de porte
des aiguillettes, donna sans doute lieu à ce qui se passa
à Beaucaire, à la foire de la *Madeleine*. On y faisait cou
rir en public les prostituées sans aucun vêtement; et celle
qui avaient le mieux couru recevaient pour prix un pa
quet d'*aiguillettes*. Cette fête peut donner une idée de la
décence et des mœurs de ce temps ancien si vanté. La dis
tinction de l'aiguillette fut à peu près de la même inutilité
que celle de la ceinture dorée promise aux seules femme
réputées honnêtes. Voyez *Ceinture*, tom. III, pag. 18.

tablissement, et renferme (art. 4) une disposition
pour le cas où quelqu'une aurait contracté du
mal *provenant de paillardise.* Ce passage ferait
douter de l'authenticité de cette pièce, si l'on admet que le mal vénérien ne date que de la découverte du Nouveau-Monde, qui fut postérieure à
l'année 1347, à laquelle on rapporte ce statut.
Quelques-uns y verront au contraire une preuve
de l'existence plus ancienne de cette maladie con-
tagieuse. Mais on peut ajouter pleine foi aux lettres
que Charles VI accorda, en 1389, aux filles de joie
de la ville de Toulouse, et où il qualifie aussi leur
maison *d'abbaye;* elles sont dans le Recueil des
Ordonnances des rois de la troisième race, t. VII,
p. 327. Par ces lettres, Charles, à l'occasion de
son avénement au trône, d spense ces filles des
ordonnances qui les obligeaient à porter un vêtement particulier, et borne les distinctions de ce
genre à un *jarretier ou lisière de drap* qu'elles demeuraient tenues de porter au bras, et qui devait être d'autre couleur que leur robe. Il leur
affecte aussi pour demeure un lieu appelé le *Castel-*
Vert, ou *Châtel-Vert.* En 1424, Charles VII prit
sous sa protection spéciale le Châtel-Vert de Toulouse, et fit une loi expresse pour régler la discipline de cette maison. Les capitouls sollicitèrent
ces réglemens à cause de l'empêchement que les
désordres fréquens dans ce lieu apportaient à la
perception d'un impôt qu'ils prélevaient sur les
filles et sur ceux qui venaient les visiter. Cette
recette était alors importante, et servait aux dépenses de la ville : *In quo quidem* HOSPITIO *dicti*

domini de capitulo, seu eorum thesaurarius, recipi *bant quolibet anno à dictis mulieribus, seu arrend* *toribus, commodum magnum quod convertebatur a* *utilitatem dictæ villæ.* L'acte des coutumes de Na1 bonne porte également, que le consul et les hab tans avaient l'administration de toutes les affaire de police, et le droit d'avoir, dans la juridictio du comté, une *rue chaude*, c'est-à-dire un lieu d prostitution. Les femmes publiques formaient aus à Paris une espèce de corps : on les appelait *femm(amoureuses, filles folles de leur corps;* mais au quir zième siècle ces dénominations pouvaient s'appli quer sans injustice à la majorité des femmes (des filles des bourgeois de cette ville. Plusieur prédicateurs de cette époque entrent à cet égar dans des détails qui prouvent qu'au bon vieu temps il y avait plus de débauche que de no jours, et qu'on ne cherchait même pas à la dissi muler. Ces sermons accusent les femmes de Pari de soutenir leur luxe en se prostituant à des con seillers du parlement, à des abbés, à des évêques de *vendre leur corps* aux gens de cour, aux prêtres aux moines ; de commettre leurs indécences e1 présence de leurs filles, et de favoriser la prosti tution de celles-ci pour fournir à leur dot : « Mes dames les bourgeoises, leur dit le prédicateur Maillard, n'êtes-vous pas du nombre de celles qui font gagner la dot à leurs filles à la sueur de leu corps? » *Ad sudorem sui corporis.* (Ante Adventum Sermo VI.) Sous Charles IX, Catherine de Médici prostituait *les honnestes dames et damoiselles de l cour*, et les faisait servir à sa politique. Ces fille déshonorées, que depuis on a nommées *filles* ou *dames d'honneur*, étaient au nombre de deux cents. Brantôme a donné la liste de leurs noms, qui appartenaient aux familles les plus illustres de France. Les lieux de débauche étaient alors très-nombreux, et les rues où ils étaient situés portaient des noms obscènes que l'on n'oserait rappeler aujourd'hui : tels étaient ceux de la rue Transnonnain, de la rue Marie-Stuart, qui doit ce dernier nom à l'anecdote qu'on raconte sur cette princesse. Passant un jour dans cette rue, elle en demanda le nom, et quoiqu'elle n'eût pas les oreilles infiniment chastes, elle ne put s'empêcher de rougir à la prononciation de la dernière syllabe, qui fut alors changée. Il était défendu aux femmes publiques de porter certains habillemens réservés aux *demoiselles*. Lamarre rapporte à ce sujet deux ordonnances du prévôt de Paris, des 8 janvier 1415 et 6 mars 1419, et un arrêt du parlement du 17 avril 1426. Lorsqu'elles étaient trouvées en contravention, elles étaient emprisonnées, et leurs habillemens étaient saisis et vendus au profit du roi. On lit dans Sauval, qu'en 1459 on saisit sur une dame noble, appelée demoiselle Laurence de Villars, femme amoureuse, « la ceinture, ferrée de boucles, mordant et clous d'argent doré, pesant deux onces et demie, avec une surceinte aussi ferrée de boucles, mordant et clous d'argent doré; un *pater noster* de corail, tels et quels, à boutons, et un *agnus Dei* d'argent, un collet de satin fourré de menu vair, etc. » Enfin, il fut arrêté aux états d'Orléans que tous les lieux de prostitution

seraient anéantis; et l'art. 101 de l'ordonnance d[
1560, dite l'ordonnance d'Orléans, défendit *tou[
bordeaux*, et enjoignit aux juges de poursuivi[
ceux qui les tiendraient, *et de les punir extraord[
nairement*, à peine de privation de *leurs office[
Cette abolition générale, dit Saint-Foix, fut ex[
cutée avec autant d'exactitude que de vigilance
tous les lieux publics de débauche furent ferm[
dans tout le royaume. Le retour de la prostitutio[
ne tarda pas; il fut rendu un très-grand nombr[
de sentences, réglemens et arrêts, portant de
fenses de loger les filles et les femmes de mauvais
vie. Cependant l'inutilité ou du moins l'insuffi
sance des moyens de répression engagèrent à favo[
riser les établissemens créés depuis long-temp[
pour la conversion et le repentir des prostituée[
Le couvent des Filles-Dieu, fondé par Louis I[
en 1226, et celui des Filles-Pénitentes, institu[
en 1497, par un cordelier, étaient de ce nombr[
Il fut fait, en 1648 et 1684, des réglemens sur l[
police, le traitement, la nourriture, et le vêtemen[
des femmes renfermées à l'Hôpital-Général pou[
cause de débauche. Personne n'ignore que sou[
Louis XIV et Louis XV la prostitution régna presqu[
généralement à la cour. Les prélats et autres gens d[
religion ne furent point les derniers à se faire re[
marquer par leurs débauches *publiques*. Commen[
les mesures répressives auraient-elles eu leur effet[
Par un décret du 24 septembre 1792, la conven[
tion nationale a déclaré « que les lois de polic[
qui autorisent la visite dans les maisons de dé[
bauche, la nuit comme le jour, subsistent dan[

leur intégrité », et qu'il n'est pas besoin, pour les
maintenir. de déroger « au décret de l'assemblée
nationale, qui défend les visites domiciliaires pendant la nuit. » Le 17 nivôse an 4 (7 janvier 1796),
le Directoire exécutif adressa au conseil des Cinq-
Cents un message tendant à faire prendre en considération un projet de loi pour la répression de
la prostitution. « La loi du 19 juillet 1791, est-il
dit dans ce message, a classé au nombre des délits
soumis à la police correctionnelle la corruption
des jeunes gens de l'un et de l'autre sexe, et elle
en a déterminé la peine; mais cette disposition
s'applique proprement au métier infâme de ces
êtres affreux qui débauchent et prostituent la
jeunesse, et non à la *vie licencieuse de ces femmes*, l'opprobre d'un sexe, et le fléau de l'autre. »
Cette indulgence dont se plaignait le Directoire
existe encore. La loi actuelle ne punit point la
prostitution, mais seulement les agens de prostitution.

GRÈCE. On distinguait chez les Grecs quatre
sortes de femmes publiques : 1° les prostituées
communes, logées dans des maisons écartées, et
que les hommes allaient voir secrètement; 2° les
filles dressées à la prostitution par le *mastropos* ou
lénon, qui les avait achetées, dont elles étaient les
esclaves, et qui les louait ou les vendait au public; 3° les prêtresses consacrées au temple de
Vénus, qui offraient chaque jour à la déesse un
sacrifice analogue à son culte; 4° enfin, ces courtisanes dont les noms, devenus célèbres, ont été
transmis jusqu'à nous, telles que les *Laïs*, les

Phryné, etc. C'est encore une tradition commune
que les filles de l'île de Cythère, appel'e aujour-
d'hui *Cérigo*, se prostituaient aux étrangers, sur le
bord de la mer, près du temple de Vénus, et allaient
porter sur l'autel de la déesse le prix de leur com
plaisance. Cette imputation peut être regardée
comme absurde par les mêmes motifs rapportés
plus haut, à l'occasion d'un usage semblable,
attribué aux femmes de Babylone; mais cette opinion fait voir que dans la Grèce la prostitution
était plus que tolérée. Il est possible qu'on y vît
un remède contre la pédérastie, trop commune
chez ce peuple.

Guzarate. Dans cette province de l'empire du
Mongol, il existe une classe de femmes publiques
spécialement consacrées aux plaisirs des prêtres.

Japon. La prostitution y est, pour ainsi dire,
une institution publique et légale. Les lieux de
débauche les plus fameux sont dans l'île de St-
kokf. Il y en a deux; l'un dans la province de
Tsikusen, et l'autre à Nangasaki. Ces lieux sont
appelés par les Japonais *mariam*. Kœmpfer donne
une idée fort singulière du mariam de Nangasaki.
Le quartier de la ville affecté à ces établissemens
est celui qui contient les plus jolies maisons, toutes
habitées par des courtisanes. Il se nomme *kasie-
matz*. Sa situation est sur une éminence, et il se
compose de deux grandes rues. Kœmpfer assure
que les habitans de Nangasaki peuvent placer leurs
filles dans le mariam lorsqu'elles ont quelque
agrémens. Elles y reçoivent une éducation distinguée. Le prix de leurs faveurs est fixé par les lois

et ne passe pas la valeur de la plus petite monnaie
du pays. La plupart de ces filles se marient après
le temps de leur service, qui ne fait rejaillir sur
elles aucun opprobre. Toute la honte et le mépris
se déversent sur les administrateurs des mariams,
auxquels elles ont été vendues. Ces gens, bien
que devenus fort riches, sont comme expulsés de
la société : on leur donne le nom odieux de *kat-*
sava, qui signifie l'ordure du peuple. Ils sont mis
au rang des tanneurs de cuir, c'est-à-dire ce qu'il
y a de plus infâme dans l'idée des Japonais. On
les oblige même à envoyer leurs domestiques pour
aider le bourreau dans les exécutions criminelles.

INDE. La prostitution n'y est pas même un vice.
Qui ne connaît les bayadères et les religieuses du
Sintos?

JUIFS. Il ne faut qu'ouvrir leurs livres sacrés
pour voir à quel point la débauche était portée
chez eux. La supercherie dont usa Thamar pour
séduire Juda, son beau-père, prouve que les Juifs
avaient des femmes publiques, même au temps
des patriarches, et que le déshonneur n'était pas
même alors attaché à cette profession. Moïse défendit depuis la fornication, et ne l'empêcha point;
on ne lit pas dans ses lois de dispositions pénales
particulières contre la prostitution, tandis qu'il
sème largement la peine de mort contre de simples
infractions et des réglemens sanitaires. Qu'étaient
les sept cents femmes du grand roi Salomon, sinon
des prostituées? Vers les derniers temps de Jérusalem, la prostitution était si commune dans cette
ville, et portée à un tel excès, que les prophètes

emploient pour la peindre des expressions dont l'obscénité rend la lecture dégoûtante. Osée ne craint pas de dire que le Seigneur lui a ordonné d'acheter une femme débauchée, et d'avoir d'elle des enfans de fornication ; il pousse l'exactitude des détails jusqu'à noter le prix que cette infamie lui a coûté.

- LOCRIENS, peuple de l'ancienne Grèce, sur les bords du golfe de Corinthe. Les lois que Zaleucus porta contre le luxe des Locriennes font voir qu'une certaine infamie était attachée dans quelques contrées de la Grèce à la profession de courtisane. Ces lois portent « qu'une femme libre ne pourra sortir de la ville, pendant la nuit, que pour un rendez-vous amoureux, et que les courtisanes auront seules le droit de porter des bijoux d'or et des vêtemens de diverses couleurs.

ROMAINS. L'ancienne Rome avait ses lieux de prostitution appelés *lupanaria*. Pétrone, qui sans doute les fréquentait beaucoup, en a laissé une description très-détaillée. Les maisons où logeaient les femmes publiques étaient dans un quartier très éloigné, et qui les séparait en quelque sorte du reste des citoyens : ce quartier touchait les murs de la ville, mais extérieurement. Les courtisanes ne pouvaient porter la robe traînante des dames romaines. La loi Scantinia, que l'on attribue à C. Scantinius, tribun du peuple, fut publiée contre ceux qui se prostituaient publiquement, ou qui débauchaient les autres. La peine de ce crime était d'abord pécuniaire : les empereurs chrétiens prononcèrent ensuite la peine de mort. — Quant à Rome moderne, la dévotion et le libertinage s'y allient comme en Espagne.

NAPLES. Parmi les trente-neuf lois qui forment le code donné à ce pays par Roger, roi de Sicile, figurent des dispositions pénales très-sévères contre les mères qui auraient prostitué leurs enfans, ce qui suppose que ce degré de dépravation existait alors. Il en est de même aujourd'hui qu'à Rome.

PÉROU. Avant la conquête de ce pays par les Européens, on ne souffrait pas de courtisanes dans les villes : celles qui embrassaient cet infâme métier avaient la liberté de se bâtir des cabanes au milieu de la campagne, et, quoique leur commerce fût permis aux hommes, une femme honnête se serait déshonorée si elle avait osé entrer en conversation avec l'une de ces prostituées.

TURQUIE. La demeure du souverain et des grands n'est, dans ce pays comme dans presque tout l'Orient, qu'une ménagerie de femmes vendues et prostituées à leur maître. Les Tartares, principaux approvisionneurs des sérails et harems, abusent souvent des filles qu'ils vendent ensuite aux Turcs

SIAM. Le voyageur Laloubère rapporte que « les seigneurs Siamois vendent celles de leurs filles qui deviennent galantes à un certain homme, qui, moyennant un tribut qu'il paie au roi, a le droit de les prostituer. » On raconte, ajoute le même auteur, qu'il en a eu six cents, toutes filles d'officiers de considération. Il achète aussi les femmes, quand les maris les vendent, après les avoir convaincues d'infidélité. *Voyez* CEINTURE, t. III, p. 183;

PROTES. Une déclaration du 10 mai 1728 étend
aux protes la peine décernée contre les imprimeurs
de libelles. Cette peine était le carcan pour la
première fois, et sur la récidive cinq ans de galères.

PROTESTANS, *voyez* ESTRAPADE, t. IV, p. 15.

PROVOCATION. L'esprit de la loi pénale, en
France, est de considérer comme complices d'un
crime ou d'un délit ceux qui, par un moyen quelconque, ont provoqué à le commettre. La peine
du bannissement et de la déportation est spécialement décernée contre ceux qui, dans des discours
publics ou écrits imprimés, auront provoqué à des
crimes ou complots contre la sûreté intérieure de
l'État, même quand la provocation n'a pas été
suivie d'effet. Dans ce dernier cas, il y a lieu à la
condamnation résultante de la complicité. Dans le
cas de pillage et de dégâts commis en réunion,
ceux qui prouveraient avoir été entraînés par des
provocations ou sollicitations à prendre part à ces
violences, peuvent n'être punis que de la peine de
la réclusion. Les chefs et provocateurs sont alors
seuls passibles de la peine spécialement affectée
aux crimes et délits commis dans ces réunions. La
provocation est une excuse admise par l'art. 321
du Code pénal, en faveur de celui qui, pour repousser des coups ou violences graves, aurai
causé au provocateur des blessures et même la
mort.

PROXENÈTE. On appelait ainsi chez les Grecs ceux qui s'entremettaient pour les mariages ; ce nom fut aussi appliqué aux agens de corruption.. Solon décerna la peine de mort contre le proxenète qui favoriserait la séduction d'une fille ou femme honnête.

PRUD'HOMMES. Autrefois, dans quelques affaires importantes, on nommait des commissaires appelés *prud'hommes*, choisis parmi les principaux et notables bourgeois. Ils furent plusieurs fois chargés du jugement de grands criminels. Sous la régence de Charles V, en l'absence du roi Jean, on élut un conseil de prud'hommes pour instruire le procès des partisans du coupable *Marcel*, prévôt de Paris, que le courageux Jean Maillard tua dans le moment où il allait livrer la porte Saint-Antoine à Charles-le-Mauvais, roi de Navarre, en 1358.

PUDEUR (ATTENTAT A LA), *voyez* OUTRAGE, t. V, pag. 14.

PUISSANCE MARITALE. La loi d'Angleterre regardait la femme comme tellement soumise au mari, que, s'ils commettent ensemble ou de concert quelque délit, la femme n'est enveloppée ni dans la punition, ni même dans l'accusation : la réparation ne s'en poursuit que contre le mari. La loi suppose charitablement que, vu l'autorité de celui-ci sur sa femme, il l'a comme forcée de commettre le larcin ou autre délit. Par le même principe, le mari est responsable des outrages que sa femme a commis de paroles ou de fait. — Une distinction également remarquable en faveur des

personnes du sexe, que les lois anglaises appell
très-décemment *femmes-covert*, est qu'on ne p
les poursuivre pour aucunes dettes contract
par elles, avant ou depuis leur mariage. Le pau
époux répond de tout, et si sa femme achète s
payer, ou emprunte follement de l'argent, le m
seul est responsable; on l'arrête et on le met
prison, où il demeure souvent plusieurs anné
Les lois romaines de Justinien donnaient au m
le droit de correction sur sa femme, c'est-à-d
de la battre à coup de fouet, ce qui eût été u
cause de divorce dans l'ancien droit. Justinien,
créant le nouveau, y mit cette seule conditio
qu'il y eût une juste cause; dans le cas contrai
le mari était obligé de donner dès lors à sa fenn
une somme égale au tiers de la donation à cau
de noces (leg. VIII, cod. *de Repud.*) En Franc
le mari pouvait corriger sa femme modérémer
il pouvait même la faire renfermer dans un co
vent, et, si elle avait une mauvaise conduite,
faire mettre dans une maison de *correction.*
puissance maritale ne s'étend pas aujourd'h
jusqu'à la correction; les droits d'un mari sur
personne de sa femme se bornent a la retenir
à la ramener dans le domicile conjugal. Cepe
dant, malgré le silence, ou plutôt l'improbati
de la loi, le retour aux bons principes a rame
de fait certaines corrections, qui consistent
détentions forcées dans certaines maisons de s
disant religieuses. *Voyez* CORRECTION (maison d
tom. III, pag. 278.

PUISSANCE PATERNELLE. Elle a été illimit

chez les anciens Romains et l'est encore en Chine et au Tunquin.

CHINE. Chez les Chinois, la puissance paternelle est portée au plus haut degré, et ce despotisme privé peut être considéré comme une des causes principales de la soumission basse et servile de ce peuple pour ceux qui le gouvernent. En Chine, un père peut vendre son fils, et le réduire même à l'esclavage pour toute sa vie, et il n'est pas rare de voir des pères user de ce pouvoir, soit par caprice, soit par nécessité ou par correction. L'horrible pratique de l'infanticide est un de ces faits qui prouvent à la fois l'égoïsme, la cruauté des Chinois, et le vice de cet excès d'autorité paternelle. Lorsqu'un Chinois ne peut nourrir son enfant, il l'abandonne sur un grand chemin ou dans les rues de la ville qu'il habite; quelquefois l'enfant est offert en sacrifice au génie d'un fleuve, et jeté dans l'eau avec une calebasse attachée au cou, afin qu'il ne se noie pas immédiatement. Tous les matins, la police fait enlever les enfans jetés dans les rues pendant la nuit, et les entasse pêle-mêle dans une voirie située hors la ville, où ils deviennent la proie des porcs et des chiens. Aucune recherche n'est faite contre les auteurs de ces cruelles expositions.

JAPON. Voyez *Droit de vie et de mort*, t. III, p. 424.

FRANCE. Les Gaulois, qui avaient reçu des Romains leurs lois sur cette matière, ne les abandonnèrent point après la conquête des barbares. Il paraît même qu'à cet égard les conquérans admirent, pour eux comme pour les vaincus, les effets

de la puissance paternelle. On lit dans le *Gloss*
du droit français que, même sous la seconde r
des rois de France, il était permis aux pères
vendre leurs enfans pour subvenir à leurs néc
sités. Les notes de Baluze sur Salvien (*Adv*
avarit., *lib.* 2, § 4) prouvent qu'on maintenait
core au treizième siècle l'ancien usage par leq
les pères étaient autorisés à consacrer irrévocal
ment leurs enfans, même avant leur naissance,
profession ecclésiastique ou monacale. On suiv
relativement aux biens, les maximes du dr
romain, qui ne considérait point l'enfant min
comme ayant des droits personnels du vivant
son père, mais le confondait entièrement dans
personne de ce dernier, ou le mettait au noml
de ses *choses*, c'est-à-dire de ses biens. Un gra
nombre de coutumes consacraient également
puissance paternelle. Pour ce qui est du droit
correction que les anciennes lois romaines éte
daient jusqu'à autoriser les pères à disposer de
vie de leurs enfans, la jurisprudence française
l'a point adopté à ce degré excessif. Les tribuna
ont plusieurs fois accueilli les plaintes d'enfa
maltraités de coups par leurs pères. La voie légal
ouverte à ceux-ci pour réprimer les désordres
leurs enfans, était et est encore la détention da
une maison de correction, détention qui doit êt
autorisée par le juge, autrefois d'après un avis
parens, aujourd'hui sur la simple requête du pèr
Mais on connaît les abus qui se commettaient da
ces derniers siècles au moyen des ordres arbitrai
délivrés par l'autorité supérieure, sous le nom d

lettres de cachet. La loi actuelle limite à cet égard
l'exercice de l'autorité paternelle suivant l'âge de
l'enfant mineur, et la fait cesser entièrement à la
majorité. Jusqu'à l'âge de seize ans, un fils peut
être arrêté et détenu sur la simple demande que
son père en fait au président du tribunal de première instance, qui est tenu d'en délivrer l'ordre :
si le mineur a plus de seize ans, le président peut,
suivant les cas, refuser l'ordre d'arrestation ; enfin,
le père remarié perd l'autorité de faire enfermer
de droit son fils âgé de moins de seize ans; il en est,
pour ce cas, de même que si cet âge était passé,
et l'enfant détenu peut adresser un mémoire jus-
tificatif au procureur général en la cour d'appel,
par suite duquel ce magistrat peut révoquer ou
modifier l'ordre délivré par le président. Ce qui
vient d'être dit pour la France peut servir par
analogie pour les différens pays de l'Europe, les
différences seraient peu intéressantes.

Romains. Ce peuple regardait la puissance paternelle, moins comme une institution, que comme
un droit qui lui était particulier. C'est ainsi que
l'empereur Justinien en parle dans ses *Institutes*,
§ 2, *de patriâ Potestate.* « Il n'y a point de nation,
dit-il, où cette puissance ait les mêmes effets que
chez nous. » Ces effets, dans les premiers temps de
la fondation de Rome, étaient les mêmes que ceux
du droit de propriété, qui consistait à pouvoir *user*
et *abuser* : or, les enfans étant considérés comme
appartenant à leur père et faisant partie de ses
biens, celui-ci pouvait en disposer à sa volonté de

toute manière et même les faire mourir. La loi
Romulus, qui consacrait ce principe atroce, d
être réformée lorsque les mœurs des Romains
furent adoucies : on en recule cependant l'entiè
abrogation jusqu'à Dioclétien. La loi *Julia* (
maintint le droit de vie et de mort dans un t
particulier : elle permit au père de l'exercer s
sa fille, lorsqu'il la surprendrait commettant
adultère, pourvu qu'il le fît sur-le-champ et qu
tuât en même temps le complice de son crin
Une autre loi (2), contenue au Digeste, seml
insinuer que le fils pouvait être traité de mê
lorsqu'il souillait la couche nuptiale de son p
remarié. Un rescrit de l'empereur Constant
placé sous le titre de *patriâ Potestate* au Code, atte
que les mêmes lois qui donnaient aux pères le dr
de vie et de mort, leur interdisaient celui de
vendre et de leur faire perdre la liberté, plus p
cieuse que la vie aux yeux des Romains. Mai
faut sans doute ne rapporter ce que dit ce resc
qu'au moyen âge de la république romaine; (
il est formellement contredit par deux textes
Code papyrien, dont l'un porte « qu'un pèr
droit de vie et de mort sur ses enfans, et qu'il p
les vendre quand il veut »; l'autre, que, « si
-père a permis à son fils de contracter un mari
solennel, alors le père ne pourra plus vendre
fils marié suivant les lois. » D'ailleurs, un au

---

(1) Lois 20, 21, 23 et 52, *D.*, *ad leg. Jul. de Adulu*
(2) L. 5, *D.*, *leg. Pomp. de Parricidiis.*

rescrit de Constantin (1) permet au père dénué de toute ressource de vendre ses enfans au moment de leur naissance ; mais il ajoute que c'est le seul cas où la vente puisse être de quelque effet, et que si, dans la suite, le père offre à l'acquéreur, soit la valeur de l'enfant qu'il lui a vendu, soit un autre esclave de la même qualité, l'acquéreur ne pourra se dispenser de rendre l'enfant.

TUNQUIN, royaume formant comme un gouvernement sous la dépendance et à la nomination de la Chine. On a dit au commencement de cet article que le Tunquin avait, comme la Chine, l'institution de la puissance paternelle : elle y est un peu moins étendue que dans ce dernier pays. Un Tunquinois peut vendre son fils, non comme esclave, mais comme domestique à temps. Cette puissance paternelle cesse lorsque l'enfant atteint l'âge de dix-huit ans, époque où les jeunes gens sont assujettis au service militaire, et ont le droit de suffrage aux assemblées communales.

Chez tous les peuples où la puissance paternelle est établie, elle s'étend sur les biens des enfans ; mais l'esprit de cet ouvrage devait borner cet article à ce qui concernait le droit sur leurs personnes. — Voyez *Correction* (maison de), t. III, p. 278.

PUITS. Les Romains, après avoir fait subir aux criminels le dernier supplice, et traîné leur corps dans la ville avec des crochets, les jetaient dans le

---

(1) Dont on a formé la loi 2, *C. de Patribus qui filios*, etc.

Tibre ou dans des puits appelés *gemoniæ*. Voyez Gé-
MONIES, t. IV, p. 145. ?

On a plusieurs exemples en France de malheureux précipités vivans dans des puits. Mais
ce genre de supplice, employé par des tyrans ou
souverains ou subalternes, n'a jamais été établi
légalement. Clotilde, après la mort de Clovis Ier
son époux, arma les fils de ce prince contre
ceux de Gondebaut, roi d'une partie de la Bourgogne, pour se venger des cruautés que ce dernier avait exercées sur plusieurs membres de sa
famille. Les princes français marchèrent aussitôt contre les ennemis qu'on leur désignait et tail-
lèrent leurs troupes en pièces. L'un d'eux, Gon-
demar, se sauva; l'autre, Sigismond, qui depuis
fut mis au rang des saints et des martyrs, tomba
au pouvoir des fils de Clotilde. On le conduisit d'a-
bord à Orléans, et il fut jeté dans une prison dont
il ne sortit que pour subir son supplice. L'exécution s'en fit le premier mai 524, à Saint-Père-Aux-
la-Colombe, près d'Orléans. Sigismond y fut pré-
cipité dans un puits dont l'ouverture fut aussitôt
comblée. Avant de lui ôter la vie d'une manière
si barbare, on égorgea à ses yeux, sa femme et
ses enfans. *Voyez* OUBLIETTES, tom. V, pag. 12.

PURGATION CANONIQUE. On appelait ainsi
dans le moyen âge, ce genre d'épreuve, qui consistait à se purger d'une accusation par le serment. L'accusé, obligé de le prêter, se nommait
jurator ou *sacramentalis*. Dans les premiers temps
la cérémonie de la purgation consistait à prendre
une poignée d'épis, que l'on jetait en l'air, en atten-

tant le ciel de son innocence ; quelquefois l'accusé, une lance à la main, déclarait qu'il était prêt à soutenir par le fer ce qu'il affirmait par serment. On voit par les lois de Childebert, par celles des Bourguignons et des Frisons, que l'accusé était admis à faire jurer avec lui douze témoins, qu'on appelait *conjuratores* ou *compurgatores*. Voy. PREUVE, tom. V, pag. 138, et SERMENT.

PURGATION VULGAIRE, nom latin de l'épreuve par les élémens, qui se pratiquait, dans le moyen âge, pour repousser une accusation ; on l'appelait aussi le *jugement de Dieu*. Les Saxons la nommaient *ordalie*, ou *ordéal*, comme les Anglais l'ont écrit. *Voyez* EAU (épreuve par l'), tom. III, pag. 434 ; FEU (épreuve par le), tom. IV, pag. 77 ; ORDALIE, tom. IV, pag. 478.

PURIFICATION, cérémonie introduite dans les religions par la plus absurde superstition. Les personnes et les choses étaient réputées souillées en certains cas, et leur purification devenait nécessaire, sous peine, pour celui qui ne s'y serait pas soumis, de devenir un objet d'horreur pour ses semblables. Les coupables pouvaient aussi, chez quelques peuples, expier leurs crimes en se purifiant ; le feu et l'eau effaçaient les souillures morales, aussi-bien que celles du corps ou des vêtemens. Les Grecs et les Romains ont spécialement admis les purifications, qu'ils nommaient *lustrations*. Il y en avait de publiques et de particulières. Les premières, par lesquelles on purifiait une ville, un champ, une armée, un peuple entier, se faisaient par le ministère des premiers magis-

trats, par celui des généraux ou par celui des prê
tres. Elles se pratiquaient par les victimes, pa
l'eau ou par le feu. Pour purifier une armée pa
un sacrifice, on partageait la victime en deux par
ties, entre lesquelles on faisait défiler les troupes
La lustration avec l'eau se pratiquait dans les fu
nérailles, après lesquelles le prêtre, prenant su
l'autel un tison allumé, le plongeait dans un vas
plein d'eau ; puis avec un rameau d'olivier ou d
romarin, il répandait sur les assistans cette ea
appelée *lustrale*, en tournant trois fois autour d
l'assemblée. Les lustrations par le feu consistaie
à faire tourner trois fois le peuple autour d'u
bûcher, ou autour des autels chargés de brasie
ardens. Les lustrations particulières étaient aus
de trois sortes ; les unes par l'air, les autres pa
l'eau, et les troisièmes par le feu et par le soufr
Celles par l'air se faisaient en l'agitant autour de
personnes ; celles par l'eau consistaient à s'y plon
ger ou à répandre sur soi de l'eau lustrale ; enfin
celles par le feu et le soufre, qui étaient fort e
usage parmi le peuple, se faisaient en brûlant au
tour de la personne du soufre mêlé de bitume
auquel on mettait le feu avec un petit bâton d
sapin appelé *tada*. Les Juifs avaient des purifica
tions pour un grand nombre de cas, où on recon
naît presque toujours l'intention de leur législa
teur de transformer en obligation religieuse d
simples réglemens sanitaires, la plupart erro
nés. On retrouve parmi les chrétiens des traces d
cette coutume religieuse des anciens dans les cé
rémonies où l'eau est employée. Il paraît qu'an

ciennement, en France, on a cru aux souillures
et aux purifications par les élémens ; on en voit
un exemple dans la manière dont les domestiques
du roi Robert servaient ce prince lors de son excommunication, qui fera à jamais la honte du
siècle qui en fut témoin. Ces serviteurs, partageant
l'absurde crédulité et les craintes superstitieuses
de cette époque, faisaient passer par le feu, pour
les purifier, les plats où il avait mangé, et les
vases où il avait bu. *Voyez* EXPIATION, tom. IV,
pag. 52; IMPURETÉ, tom, IV, pag. 194.

PURIFICATIONS CIVILES ET POLITIQUES.
Parmi les tribus du Malabar, la dernière, celle des
Pouliats, est regardée par les autres comme la plus
méprisable partie de l'humanité, et presque comme
indigne du jour. Les pouliats n'ont pas de maison
stable ; ils vont errans dans les campagnes ; ils se
retirent sous des arbres, dans des cavernes, ou sous
des huttes de feuilles de palmier. Leur unique
fonction est de garder les bestiaux et les terres. On
devient infâme en les fréquentant, et souillé pour
s'être approché d'eux à la distance de vingt pas :
les purifications sont indispensables pour ceux qui
leur parlent de plus près.

Après l'avortement de la liberté constitutionnelle en Espagne, Ferdinand VII ordonna la purification (*purificacion*) de tous les officiers civils
ou militaires autres que ceux qui avaient servi
dans l'armée dite *de la Foi*, ou qui seraient de-
meurés constamment près de sa royale personne
ou de celles des membres de sa famille, et rendit, le 19 août 1824, une ordonnance digne de

l'opinion qui l'a provoquée. L'article 1er de cet ordonnance porte que « tous les militaires en a tivité ou en retraite, depuis le sous-lieutenant ju qu'au capitaine-général, seront soumis à la p rification (*purificacion*). » L'article 2 attribue droit de prononcer cette purification à une con mission prise dans le conseil suprême de la guerr et composée de cinq membres déjà purifiés, tro militaires, un officier civil et un jurisconsulte. D juntes de province devaient nommer de pareill commissions. Cette purification consistait dans justification faite devant des commissions partic lières nommées à cet effet, qu'ils n'avaient p aucune part au mouvement de la révolution et a gouvernement constitutionnel du roi. On leur fa sait, à cet égard, une série de questions auxquell ils étaient tenus de répondre dans un délai don et sans restrictions, sous peine d'être déclarés *in purifiables*, et, comme tels, jugés, condamnés exécutés. « Les conditions nécessaires à la purif cation, porte l'ordonnance royale, sont : l'amou pour ma personne royale, pour mes droits et pou mon gouvernement, la conduite politique du po tulant et *la consideration dont il jouira dans le pu blic*. Celles pour l'impurification sont : le dévoue ment au gouvernement constitutionnel et *l'opinio générale sur les mauvais principes* du postulant. Or, tout cela pouvait se constater par des infor mations secrètes d'après la même ordonnance. D pareilles dispositions indiquent assez l'influenc qui règne dans ce pays, que tout autre qu'un moi regardera, sous le rapport du sens commun poli tique, comme à jamais impurifiable.

Q.

QUADRUPÈDE. Sous le nom général de quadrupède (animal à quatre pieds), la loi romaine, entendant tout animal au service de l'homme, ordonne que, pour remédier au dommage causé par un animal de cette espèce, si le maître refuse de s'en tenir à l'estime du dommage, il ait à livrer l'animal à la personne lésée. Les principes de cette loi se trouvent dans celle de Solon, au sujet d'un chien qui aurait mordu. Ce législateur veut qu'on le livre à l'offensé, *lié d'une chaîne de quatre coudées.* Il y a lieu de présumer que les autres lois concernant les dommages faits par les bêtes, passèrent du droit athénien dans le droit romain. Cette présomption est principalement fondée sur ce que la loi romaine touchant cet article s'accorde fort avec celle de Platon, lequel, selon toute apparence, a emprunté la sienne de celle d'Athènes. Démocrite voulait que l'on mît à mort la bête qui avait nui. Cette loi de Démocrite et celle de Solon font peu d'honneur à la sagesse des anciens. Quel étrange moyen de réparer un dommage ou de donner un exemple utile, que d'ordonner qu'un chien soit chargé de chaînes, un animal, quel qu'il soit, mis à mort, ou qu'un porc ait les dents arrachées comme le voulait la loi des Salaminiens. *Voyez* PATURAGE, t. V. p. 56.

QUADRUPLATOR, mot latin que Cicéron emploie pour signifier un *délateur* qui dénonçait des crimes ou complots contre la république. Ce nom

de *quadruplator* était pris de ce que le délateu
recevait la quatrième partie des biens confisqué
sur ceux qu'il avait dénoncés. Plaute se sert du te
me *quadruplari*, pour signifier : faire la professio
de délateur. On trouve aujourd'hui de pareille
gens à bien meilleur marché, encore que la scieno
de l'observation se soit extrêmement perfectionné

QUAKER. Avant l'affranchissement des coloui
anglaises du nord de l'Amérique, les lois qui régi
saient la Nouvelle-Angléterre renfermaient d
dispositions sévères contre l'introduction de o
sectaires appelés *quakers* (trembleurs), qui affe
taient de pratiquer dans toute leur simplicité rigi
les préceptes et les conseils du christianisme pu
mitif. Celui qui introduisait un quaker qui n'av
pas auparavant habité la province, était condam
au bannissement; la récidive était punie de mor
Le quaker étranger, qui mettait le pied sur le te
ritoire, était fouetté, marqué de la lettre Q s
l'épaule, et banni; s'il revenait, sa mort était pr
noncée.

QUARANTAINE, *quadragena*, sous-entend
percussio, supplice de quarante coups de fou
usité chez les Hébreux. Ce nombre de quara
coups était fixé par la loi de Moïse comme u
limite rigoureuse qu'il était expressément inter
de passer. Aussi les Juifs, scrupuleux observateu
de leur loi, avaient coutume, par crainte d'erre
de n'en compter que trente-neuf, même pour l
fautes les plus graves. Cet usage explique ce q
dit saint Paul, dans sa 2ᵉ ép. aux Corinthie
h. XI, v. 24: « J'ai reçu des Juifs, à cinq différen

fois, quarante coups de fouet moins un. » On se servait pour cette exécution de lanières de cuir ou de nerfs de bœuf.

QUARANTAINE. On appelle ainsi le séjour que ceux qui viennent du Levant ou de tout autre pays infecté ou soupçonné de contagion, sont obligés de faire dans un lieu séparé de la ville où ils arrivent. L'on a donné à cette épreuve le nom de *quarantaine*, parce que les anciens réglemens à ce sujet la fixaient à quarante jours. Cependant, lorsqu'on est sûr que les marchandises et les passagers ne viennent point de lieux suspects, ou infectés de contagion, on abrége ce terme et l'on permet le débarquement tant des personnes que des marchandises ; mais on dépose les unes et les autres dans un *lazaret* où elles sont parfumées. Le temps qu'elles y demeurent se nomme toujours *quarantaine*, quoiqu'il ne soit souvent que de huit ou quinze jours, et quelquefois de moins encore. Toutes les anciennes déclarations et ordonnances, dont la principale était la déclaration du 26 novembre 1729, ont été maintenues par toutes les législations qui se sont succédé jusqu'à l'année 1821. La crainte que l'on eût, à cette époque de l'invasion en France, de la *fièvre jaune*, qui faisait en Catalogne et dans d'autres provinces de l'Espagne des progrès alarmans, détermina le roi à rendre une ordonnance (27 septembre 1821) qui prescrivit provisoirement, et d'après l'esprit des lois existantes, les mesures que le péril commandait. Mais bientôt ces mesures étant jugées insuffisantes, il fut rendu, le 3 mars 1822, une loi qui, en remettant au roi le soin de régler les mesures, prendre pour prévenir le danger des communica-tions avec les pays infectés ou suspects, et celui de l'introduction des provenances de ces pays, fixe, détermine les délits et contraventions aux régle-mens en matière sanitaire, et décerne des peines proportionnées à leur gravité. Le principal fonde-ment des dispositions pénales de cette loi est pris dans le plus ou moins de présomption du danger. Pour cela, les provenances de pays étrangers sont rangées, relativement à leur état sanitaire, sous trois régimes : celui de *patente brute*, lorsque le pays d'où elles viennent ou ceux avec lesquels elles peuvent avoir communiqué sont certainement in-fectés de contagion; celui de *patente suspecte*, lors-que l'état sanitaire du pays étranger n'est que soupçonné; enfin de *patente nette*, lorsqu'aucune circonstance ne fait suspecter les provenances d'a-voir eu communication avec des lieux ou des per-sonnes infectées. Le titre 2 contient les peines les plus fortes contre ceux qui, contrevenant aux réglemens, auraient introduit ou risqué d'intro-duire la contagion, et contre les fonctionnaires, officiers, médecins ou chirurgiens et soldats qui, chacun dans l'ordre de ses fonctions, n'aurait pas empêché une communication interdite. Ces peines sont : la mort, la réclusion avec amende, qui peut aller à 20,000 fr., les travaux forcés à temps avec la même amende, et la dégradation civique, aussi accompagnée d'une amende dont le maximum est de 10,000 fr. La loi prévoit également et punit de l'emprisonnement et de l'amende, variés suivant les cas, tous ceux qui, légalement requis pour un service sanitaire, auraient refusé d'obéir, ou éludé les ordres reçus, ou rempli infidèlement ces ordres. Enfin elle atteint ceux qui, ayant connaissance d'un symptôme de maladie pestilentielle, auraient négligé d'en donner avis; si le prévenu de l'un de ces délits est médecin, il doit être en outre puni d'une interdiction d'un an à cinq ans. L'article 15 de ce même titre porte : que les infractions en matière sanitaire pourront n'être passibles d'aucune peine lorsqu'elles n'ont été commises que par force majeure ou pour porter secours en cas de danger, pourvu que la déclaration en ait été faite immédiatement à qui de droit.

QUARANTAINE-LE-ROI. Les injures et offenses personnelles n'étaient pas autrefois uniquement réprimées par l'autorité appliquant les lois pénales; mais il était d'usage que la personne offensée, ou, à son défaut, ses parens ou amis, poursuivissent le fer à la main l'agresseur ou sa famille. Il arrivait ainsi, entre autres abus, que des haines et des vengeances s'exerçaient aveuglément et à la première nouvelle de l'offense prétendue, sans qu'on ait eu le temps de reconnaître les vraies circonstances du fait, qui, souvent, auraient atténué l'offense ou eussent suffi pour l'excuser entièrement. Pour obvier à cet inconvénient, Philippe-Auguste, ou, selon d'autres, Philippe-le-Hardi, établit, pour ce cas, une trève de quarante jours, qui fut renouvelée par Louis IX en 1245. L'ordonnance rendue à ce sujet par ce dernier prince, fut appelée la *quarantaine-le-roi*. Elle porte que,

depuis les meurtres commis, ou les injures fait
jusqu'à quarante jours révolus, il y aura de pl
droit une trêve de par le roi, dans laquelle
parens des deux parties seront compris; que
pendant le meurtrier ou l'agresseur sera arr
et puni, et que si, dans les quarante jours ma
qués, quelqu'un de ses parens se trouve av
été tué, celui qui aura commis ce crime se
réputé traître et, comme tel, puni de mort.

QUARANTIE (la), tribunal composé de *quara*
juges, établi à Venise pour le jugement de tout
les affaires civiles et criminelles. Parmi ces de
nières étaient uniquement exceptées celles re
tives aux crimes d'État, dont la connaissan
appartenait au conseil des Dix, seul compétent
cette matière.

QUARTIERS (mis en). *Voyez* ÉCARTELER, t. II
p. 442.

QUATRE-TEMPS, jeûnes ordonnés par l'égli
romaine dans les quatre saisons de l'année, pe
dant trois jours d'une semaine, en chaque saiso
savoir : le mercredi, le vendredi et le same
L'inobservation du jeûne prescrit a été long-tem
réputé délit et puni comme tel, dans un tem
où l'ignorance et l'absurdité outrageaient la re
gion sous prétexte de la défendre. *Voyez* JEUN
t. IV, p. 242.

QUEMADERO, nom d'un échafaud où l'o
brûlait, en Espagne, les victimes de l'inquis
tion. Dans le xive siècle, une horrible persécutio
s'étant élevée contre les juifs, dont presque tou
les chrétiens étaient devenus les débiteurs, u

grand nombre des premiers se vit contraint d'abjurer la loi de Moïse, au moins en apparence. Ces abjurations augmentèrent considérablement pendant les premières années du siècle suivant; mais ces nouveaux chrétiens, qu'on nommait *marranos*, retournèrent pour la plupart au judaïsme, dont ils observaient secrètement les rites et les préceptes. Ce fut là le prétexte du premier établissement de l'inquisition en Espagne, sous Ferdinand V, à l'instigation de Sixte IV. Ce nouveau tribunal rechercha les apostats; il employa les moyens les plus odieux, et ne tarda pas à donner le spectacle de ces horribles exécutions, qui seront la honte éternelle des pays où elles ont eu lieu. Celles qui furent faites à Séville vers la fin du xv⁰ siècle, étaient si nombreuses, et se succédaient avec une telle rapidité, que le premier magistrat de cette ville se vit dans la nécessité de faire construire, hors des murs, un échafaud permanent, en pierre, sur lequel on éleva quatre grandes statues de plâtre; ces statues étaient creuses : on y enfermait les nouveaux chrétiens relaps, pour les y faire périr lentement en chauffant ces statues. Cet échafaud, qu'on appela *quemadero* (*brûloir*), n'a été détruit qu'à l'époque de la révolution de 1820.

QUENOUILLES. *Voyez* BIGAMIE, t. II, p. 441.

QUERELLES. *Voyez* COUPS, t. III, p. 301, et INJURES, t. IV, p. 206.

QUÉRIMONIE, du latin *querimonia*, plainte. Ce terme était usité autrefois dans les tribunaux ecclésiastiques, pour exprimer la plainte portée au .

juge d'église, afin d'en obtenir la permission d
publier un monitoire, ou censure ecclésiastiqu

QUESTAUX. Au temps où la naissance était e
France un privilége ou un crime, c'est-à-dire ju
que dans le dernier siècle, il y eut des serfs d
glèbe; c'étaient des cultivateurs attachés à la ter
qu'ils travaillaient, et qu'ils ne pouvaient aban
donner sans le consentement du seigneur. Les pe
sonnes de cette condition étaient nommées *que*
taux dans la coutume de Bordeaux.

QUESTEURS, magistrats romains. On enten
ordinairement par ce terme ceux qui étaient pr
posés à la direction et au recouvrement des de
niers publics, et connaissaient des malversation
commises, en cette partie, par les agens suba
ternes. Leur nom *quæsitores* veut dire chercheur
demandeurs, quêteurs. Mais il y avait encore
Rome des magistrats nommés aussi *quæsitor*
parricidii, questeurs du parricide, chargés de l
recherche des crimes et des instructions en ma
tière criminelle, instructions auxquelles on donn
dans la suite le nom de *questions* perpétuelles. *V*
plus bas ce mot.

QUESTION ou TORTURE, tourmens gradu
qu'on faisait souffrir à un accusé fortement soup
çonné, pour en arracher l'aveu de son crime, e
le nom de ses complices. Ce genre de tourme
était appelé *question*, parce qu'à mesure que l'ac
cusé l'éprouvait, il était interrogé sur les circon
tances du délit dont il était prévenu. On donna
aussi la question pour purger l'infamie, c'est-à
dire qu'un homme déclaré infâme par les lo

était réhabilité après avoir souffert la torture. Il serait inutile aujourd'hui de chercher à démontrer combien une pareille institution était à la fois tyrannique et absurde. Tous les écrivains recommandables des derniers siècles l'ont attaquée avec les armes de la raison et de l'éloquence, et leur force, puisée à la seule source du vrai et du juste, a détruit enfin une des erreurs les plus funestes du temps passé. La question est maintenant abolie chez presque tous les peuples. Mais le fût-elle partout, il faudrait encore en rappeler au souvenir l'odieuse existence, afin de prouver à quel point tous les peuples peuvent se tromper à la fois.

Cette confiance aveugle dans l'assentiment général des peuples appuie encore une foule d'erreurs, qui feront un jour la honte du siècle présent. On s'est demandé quelle a pu être l'origine d'un usage aussi barbare. Voltaire, mu sans doute par son indignation, répète en plusieurs endroits de ses ouvrages qu'il n'y a qu'un voleur féroce qui ait pu imaginer ce moyen d'obtenir de sa victime la révélation d'un trésor caché. Beccaria regarde la question comme une suite de l'ancienne superstition des épreuves auxquelles on donnait le nom de *jugemens de Dieu.* Mais l'usage si général des tortures doit provenir de motifs plus généraux. Un condamné, au milieu des longues angoisses des anciens supplices, aura constamment protesté de son innocence. Cette fermeté, dans un moment où il n'était plus intéressé à cacher son crime, dut plaider éloquemment en sa faveur. On pensa donc que le supplice pouvait servir de jugement; de l'idée que l'innocent devait persister, malgré les tourmens, à se déclarer tel, il n'y eut qu'un pas à s'imaginer l'inverse, et l'on chercha dans les tortures une voie pour découvrir le crime et le constater par les aveux de l'accusé. Le tableau général des tortures usitées chez les différens peuples serait trop vaste pour l'étendue de cet ouvrage, on se bornera aux traits principaux.

ACHEM. Ce qui a été dit dans plusieurs articles précédens, des exécutions usitées dans ce royaume, peut faire pressentir les tortures qu'on y emploie. *Voy. Main coupée*, tom. IV, pag. 355.

ALLEMAGNE. La torture s'introduisit en Allemagne quelques siècles après l'établissement du christianisme, et presque en même temps que l'institution inquisitoriale des tribunaux secrets appelés *wehmiques*. Ce fut sans doute cette nouvelle procédure qui occasiona la création de l'emploi de bourreau qui eut lieu à cette époque. Jusque-là c'étaient les juges eux-mêmes ou le plus jeune des assesseurs et quelquefois l'accusateur qui remplissaient cet office. Presque tous les genres de questions étaient usités en Allemagne (1); les décrire serait répéter d'avance ce que plusieurs autres pays offrent de particulier, notamment le Pays-Bas et la Frise. Quant à la détermination des cas où l'on pouvait donner la question, la la Caroline en traite fort au long, et fait une ample énumération des *indices suffisans* pour chaque cas,

(1) Augeras, *Tract. de Question. seu Torm.*, chap. n° 6.

pèce de crime ; les cas qu'elle indique sont très-
nombreux, et souvent un seul indice suffit. L'article 61 de cette loi prévoit le cas où un prisonnier, ayant été mis à la question sur des indices
suffisans, ne serait pas trouvé coupable ; il est
alors décidé que, chacun étant obligé, suivant les
lois, d'éviter non-seulement le crime, mais même
les *apparences* du crime, l'accusé renvoyé absous
n'en est pas moins chargé du tiers des frais de la
procédure. La torture a été abolie en Allemagne
vers le milieu du dernier siècle. Lorsque l'impératrice reine demanda, sur cet objet, l'avis des jurisconsultes les plus éclairés de ses États, celui qui
proposa d'abolir la torture crut devoir soutenir
que le seul cas pour lequel elle devait être conservée, était le crime de lèse-majesté. L'impératrice lut son livre et abolit la torture sans aucune
réserve. Une souveraine, dit Voltaire, a osé faire
plus qu'un philosophe n'avait osé dire.

ANGLETERRE. « Dans les cas de félonie, dit Blackstone, celui de la petite trahison, par exemple, l'accusé qui s'obstine à se taire reçoit la terrible sentence
de la peine *forte* et *dure*. Avant de prononcer cette
peine, on doit faire trois monitions au prisonnier,
lui accorder même un répit de quelques heures,
et lui lire sa sentence posément et distinctement,
afin de lui donner une idée nette et frappante du
danger où il se met ; après cela, quand même il
s'obstinerait encore au silence, si son crime est
susceptible du privilége clérical, il faut le lui accorder, poussât-il l'obstination jusqu'à ne pas le

demander; mais enfin, s'il n'y a pas moyen de le
sauver, on lui prononce le jugement de la peine
forte et dure sans distinction de sexe ou de condition. » Cette peine forte et dure, au dire même
de Blackstone, est d'une *sévérité recherchée;* et me-
nacer d'une pareille peine pour faire parler un accusé, c'est infliger la question, au moins morale-
ment; un pareil mode d'investigation n'en produisait pas moins des aveux *nécessaires ,* mais
nuls aux yeux de la raison. Cependant le criminaliste anglais se hâte d'ajouter : « La torture ou
question, pour extorquer la confession d'un criminel, est une pratique d'une nature tout-à-fait différente. La peine forte et dure n'est établie que
pour obliger le criminel à se mettre en état d'être
jugé. La question est une espèce de jugement en
elle-même; or, juger par la question est une barbarie entièrement inconnue à la loi anglaise. » Il
est certain qu'anciennement on employait en Angleterre comme en Allemagne divers genres de tortures pour arracher des aveux de la bouche d'un
criminel. Depuis on essaya de renouveler cette
institution sous le règne d'Henri IV. Lorsque les
ducs d'Exeter et de Suffolk, ministres de ce prince,
formèrent le projet d'introduire le droit civil dans
ce royaume comme règle de gouvernement, ils
firent élever une machine destinée à donner la
question. Cette machine, qu'on appela par déri-
sion *la fille du duc d'Exeter*, fut reléguée dans la
tour de Londres. On ne s'en servit qu'une seule
fois comme d'un instrument d'*état* et non de *loi*,

sous le règne d'Élisabeth. Le juge Foster rapporte, d'après Whitlock, que l'évêque de Londres Laud, ayant dit à Felton, assassin du duc de Buckingham sous Charles Ier, que, s'il ne voulait pas accuser ses complices, il n'avait qu'à se préparer à la torture, Felton répondit : « Si cela est ainsi, je ne sais qui je pourrai accuser au milieu des tourmens, peut-être l'évêque Laud ou quelque autre personne de ce tribunal. » Sur cette réponse, les juges, auxquels l'avis de donner la question avait été proposé, déclarèrent que les lois d'Angleterre ne permettaient pas d'employer la torture.

CHINE. Deux sortes de questions sont usitées à la Chine. La torture dont on fait le plus souvent usage est très-douloureuse; elle se donne aux pieds ou aux mains. On se sert, pour les pieds, d'un instrument qui consiste en trois pièces de bois croisées, dont celle du milieu est fixe et les deux autres mobiles; on met les pieds du patient dans cette machine, et on les y serre avec tant de violence, que la cheville du pied en est aplatie. Quand on donne la question aux mains, on emploie de petits morceaux de bois qu'on place entre les doigts de l'accusé; puis on les lie étroitement avec des cordes, et cette gêne cruelle est prolongée arbitrairement, suivant la gravité des cas ou la résistance du patient. La question extraordinaire, à laquelle on n'applique que pour les grands crimes, comme celui de lèse-majesté, consiste à faire de légères entailles sur le corps du criminel, et à lui enlever la peau par bandes en forme d'aiguillettes.

ÉCOSSE. On donnait autrefois la question dans

ce royaume. L'exécution en était atroce, et se faisait au moyen de l'eau. *Voy. Eau* (question par l'),
t. III, p. 441. Voici à quelle occasion elle y fu
abolie. Un jeune homme de Glascow, ne pouvant
à raison de certaines circonstances, recherche
ouvertement une jeune fille qu'il aimait, et don
il avait gagné l'affection, se rendait secrètement
chez elle chaque nuit. Il fut aperçu un matin, se
retirant avec mystère de la maison de sa maîtresse,
et le hasard ayant fait qu'à quelques jours de là
un vol considérable se commît dans cette maison,
les voisins, craignant d'en être eux-mêmes soupçonnés, dénoncèrent le fait dont ils avaient été
témoins. Sur cet indice, et le désaveu formel de
l'accusé, la question fut ordonnée. En vain la jeune
fille s'empressa-t-elle de déclarer aux juges qu'elle
l'avait elle-même introduit, comme elle en avait
l'habitude; cette déclaration fut regardée comme
un artifice de l'amour, et la sentence n'en fut pas
moins exécutée. Le jeune homme, jaloux de ménager l'honneur de sa maîtresse, ne balança pas
préférer la mort au fruit qu'il pourrait retirer de
sa constance à souffrir les tourmens de la question
Il n'essuya que la première épreuve, et avoua son
crime en demandant pour unique grâce que sa
mort ne fût pas différée de long-temps. Cependant
les exécutions publiques n'ayant lieu, dans l'usage
qu'à certains intervalles, on renferma le condamné
dans une étroite prison pour y attendre le jour où
il subirait son supplice. Presque au même temps
deux voleurs, arrêtés pour plusieurs crimes et
condamnés à mort, furent mis dans le même ca-

chot que le jeune homme innocent. Ces hommes, ayant appris le fait pour lequel celui-ci devait partager leur sort, ne purent s'empêcher d'en avoir pitié, et, n'ayant d'ailleurs rien de plus à craindre pour eux-mêmes, ils donnèrent aux juges des explications et des preuves qui ne laissèrent aucun doute sur l'innocence du jeune homme, qui, sur-le-champ, fut mis en liberté. Les magistrats de Glascow, convaincus par cet exemple des dangers et de l'inutilité de la question, profitèrent de cette occasion pour la proscrire.

Espagne. Le nom de ce pays rappelle toujours celui de l'odieuse inquisition, et ce dernier est devenu synonyme de tout ce qu'il peut y avoir d'atroce et de tyrannique dans les jugemens humains. Les deux sortes de questions le plus généralement employées consistent à mettre des mèches allumées entre les doigts du patient, ou bien à lui appliquer, sur toutes les jointures, une espèce de presse que l'on serre en présence du juge, suivant les ordres qu'il donne. On emploie aussi la question par l'eau. Voici un exemple, entre autres, de la barbarie des inquisiteurs d'Espagne; il est tiré d'un ouvrage publié en Angleterre en 1761, sous le titre de *Considérations sur la guerre, la cruauté en général, et la cruauté religieuse en particulier.* « M. William Lithgow, Écossais. voyageant pour satisfaire sa curiosité, eut le malheur d'être déféré au tribunal infâme de l'inquisition. Après avoir enduré des tourmens inouïs. on le condamna à être brûlé vif comme hérétique; mais les inquisiteurs, peu contens de le livrer à une mort si ri-

goureuse, voulurent encore lui faire éprouver
onze tortures : en voici une qu'il rapporte lui-
même, car il eut le bonheur d'échapper. On
commença par le dépouiller nu ; on le fit mettre à
genoux, tandis que ses bras étaient tenus en l'air;
on lui ouvrit la bouche avec des outils de fer, et
on lui fit avaler de l'eau jusqu'à ce qu'elle décou-
lât de sa bouche; alors on lui passa une corde au
cou, et on le fit rouler sept fois la longueur de la
chambre, ce qui faillit l'étrangler. On lui attacha
ensuite une corde mince autour des deux gros
doigts des pieds; on le suspendit la tête en bas
puis on coupa la corde qu'il avait passée autour
du cou. Il fut laissé dans cet état jusqu'à ce qu'il
eût dégorgé toute l'eau qu'il avait bue ; puis on le
laissa retomber à terre, où il demeura long-temps
comme mort. Ce fut alors que, par un bonheur
imprévu, il fut délivré de prison, et revint dans
son pays. » Le même auteur raconte qu'à Séville
une dame très-pieuse, ses deux filles et sa nièce
furent torturées de différentes manières pour arracher d'elles un aveu du crime d'hérésie dont
elles étaient accusées. L'inquisiteur, les trouvant
obstinées, fit venir devant lui, et en particulier
l'une des filles. Après lui avoir dit qu'il prenait
beaucoup de part à ses peines, le traître l'excita à
déclarer tout ce qui la regardait elle-même, et ce
qu'elle savait sur sa mère, ses sœurs, sa tante et
quelques autres personnes qui n'avaient point
encore été arrêtées, promettant *avec serment* que
si elle lui parlait avec franchise, il trouverait moyen
de faire cesser leurs infortunes et de les remettre

en liberté. Ces promesses, appuyées des sermens de l'inquisiteur, tirèrent de cette fille des aveux que les tourmens n'avaient pu lui arracher; il découvrit tout ce qu'il voulait savoir. Mais, une fois parvenu à ses fins, le monstre reprit sa rage : la jeune fille fut de nouveau appliquée à la question la plus cruelle, et l'infortunée chargea alors sa mère et ses sœurs, qui, après avoir été également torturées, furent, ainsi qu'elle, brûlées vives. *Voyez Automate*, t. I, p. 110; *Chambre du tourment*, t. III, p. 208; *Eau* (question par l'), t. III, p. 44o, et *Poulie*, t. V, p. 112.

FRANCE. Si l'usage de la question n'a été généralement adopté dans ce pays que vers le moyen âge, il n'y était pas une chose nouvelle. Soit que les Romains l'aient importé lors de la conquête, ou qu'ils l'aient trouvé établi avant eux, César témoigne, dans son livre *de Bello gallico*, que, lorsqu'un Gaulois de haute distinction mourait d'une mort qu'on croyait violente, le soupçon tombait sur ses femmes comme sur les domestiques, et on les mettait tous à la torture. La question n'a jamais été admise en France en matière civile, comme dans quelques autres pays; elle était uniquement employée en matière criminelle. On la donnait de plusieurs manières, et on en distinguait de plusieurs sortes. La loi criminelle en admettait deux : la *question préparatoire* et la *question définitive* ou *préalable*, qui se divisaient encore l'une et l'autre en *question ordinaire* et *extraordinaire*. Par la question préparatoire, on cherchait à obtenir de l'accusé l'aveu de son crime ; la question préalable se donnait au

criminel condamné pour lui faire révéler les nom
de ses complices. Les tourmens portés jusqu'à u
certain degré constituaient la question ordinair
on les doublait dans la question extraordinaire,
laquelle on n'appliquait que les grands coupable
La manière de donner la question était différent
dans presque tous les parlemens du royaume, e
les juges ne pouvaient employer que celle qui éta
usitée dans le ressort du parlement où leur tr
bunal était situé. L'usage du parlement de Par
n'admettait que deux genres de torture, par l'ca
et par les brodequins. *Voyez Brodequins*, t. III
p. 98, et *Eau* (question par l'), t. III, p. 439.—
fut ordonné, le 18 janvier 1697, aux juges du ba
liage d'Orléans, de ne plus donner celle de l'*estr*
pade, qui était en usage dans leur tribunal, et d
n'employer que celle qu'on pratiquait à Par
Dans le ressort du parlement de Bretagne, on att
chait le patient sur une chaise de fer, puis on pr
sentait ses jambes au feu dont on les approch
par degré. Dans celui de Rouen, on serrait le pou
ou un autre doigt, ou une jambe de l'accusé, av
une machine de fer, pour la question ordinair
on lui comprimait les deux pouces pour la que
tion extraordinaire. Au parlement de Besançon
on la donnait à l'estrapade. Pour cela, on liait l
bras du patient derrière le dos avec une cord
laissée d'une longueur suffisante pour passer da
une poulie fixée au haut d'un poteau, et se roul
ensuite sur un tour au moyen duquel on enlev
le malheureux qu'on laissait ensuite retomber
pour la question extraordinaire; on lui attachait

plus un gros poids de fer à chaque pied, et ces poids, suspendus au corps de l'accusé qu'on enlevait, lui disloquaient les membres. A Autun, la question se donnait en versant de l'huile bouillante sur les pieds de l'accusé. Il y avait des justices où, pour rendre l'homme plus faible contre les efforts de la question, on la faisait subir à jeun à l'accusé : certains criminalistes n'ont pas craint de mettre en principe *qu'il fallait laisser ces misérables un jour sans manger.* Les premiers adoucissemens portés en France à l'usage de la question le furent par l'ordonnance de 1670, qui cependant consacra de nouveau le principe de cette abominable institution. Les restrictions qu'elle mit à l'emploi'des tortures laissèrent moins à l'arbitraire des juges, qui, jusque-là, s'en étaient servis avec une effrayante latitude. L'art. 11 du titre 19 de cette ordonnance veut « qu'après que l'accusé aura été tiré de la question, il soit sur-le-champ et de rechef interrogé sur les déclarations et sur les faits confessés ou déniés.» L'intention du législateur était que les faits avoués ou niés par l'accusé ne fussent réputés vrais ou faux qu'autant qu'après avoir été remis en liberté, il persisterait dans les déclarations faites dans l'égarement de la douleur. Ainsi ces dernières ne suffirent plus pour nuire à l'accusé ni à ceux qu'il aurait désignés comme ses complices. — Le même article portait encore que, lorsqu'une fois l'accusé aurait été délivré des entraves de la question, il ne pourrait, sous quelque prétexte que ce fût, y être exposé de nouveau. Cette faible amélioration était tout ce que pouvait produire le siècle

de Louis XIV, plus remarquable par la bravou
que par l'humanité, plus célèbre par les progrè
des arts que par celui de la philosophie. Depui
lors un cri universel s'est élevé contre un usag
qui exposait l'innocence aux plus affreux tour
mens, et les juges à de fatales erreurs. L'éloquenc
vint mêler sa voix imposante à cette réclamatio
générale; et dans l'enceinte même où siégeaient l
ministres de la justice, l'avocat-général Serva
s'écriait avec une généreuse franchise : « Est-c
dans le trouble de la douleur que nous espérou
trouver la vérité?..... L'homme qui souffre ne re
semble plus à lui-même..... Ramassez, si vous
voulez, tous les crimes, et poursuivez un homm
par la douleur, il va s'en couvrir, s'il croit trouve
un asile. Le plus grand crime pour notre natur
c'est de souffrir, et la mort même ne serait rien
la douleur ne la précédait..... Je me défierais d
mon jugement incertain si je ne voyais les meil
leurs gouvernemens et les plus sages proscrire av
horreur la question, et l'insulter chez nous comm
dans son dernier refuge. » La France a été en eff
la dernière à abolir la question. Tous les efforts d
plus grands hommes et des premiers génies n
parvinrent qu'à faire opérer, fort tard, une dem
réforme. Une déclaration du 24 août 1780, enre
gistrée au parlement de Paris le 5 septembr
suivant, abolit la question *préparatoire*, mais lais
subsister celle qu'on nommait *préalable*, et qui
été définie plus haut. Ce ne fut que neuf ans plu
tard, lors de la régénération opérée par les lumièr
et la fermeté de l'Assemblée constituante, .que

question prit fin avec tant d'autres abus. L'art. 24 de la loi du 9 octobre 1789 en abolit entièrement l'usage *dans tous les cas.* Il est à remarquer que les anciennes ordonnances des rois de France, qui consacraient l'emploi de la question, avaient excepté de cette terrible épreuve les nobles de Champagne et les capitouls de Toulouse. Ces exceptions ne furent point maintenues dans la suite. Les recueils de la jurisprudence criminelle sont remplis d'une foule d'exemples où l'on voit que les grandeurs et les dignités ne sauvaient pas de la question ceux qui en étaient revêtus. On n'épargnait à cet égard que les adolescens, les vieillards décrépits, les valétudinaires, les femmes enceintes, les sourds, les muets et les insensés. Non-seulement il serait impossible de rappeler ici les exemples trop nombreux que fournit l'histoire, d'accusés ou de criminels fameux appliqués, en France, à la torture, mais même un choix des plus remarquables passerait les bornes d'un article de ce dictionnaire. La plupart se trouvent d'ailleurs rapportés aux lieux où les différens supplices sont décrits.

Grèce. L'usage de la question était établi chez les Grecs : on la donnait au criminel trente jours après sa condamnation; elle avait pour unique but la découverte de ses complices. Les citoyens d'Athènes ne pouvaient y être appliqués que pour les crimes qui intéressaient l'État. L'histoire en a conservé un trait remarquable. *Léène* ou *Leœna*, courtisane d'Athènes, qui vivait sous la LXVI° olympiade (513 ans env. avant J. C.), avait pris part à la conspiration qu'Harmodius et Aristogiton,

de la famille d'Alcméon, avaient formée contre[
tyran Hypparque, fils de Pisistrate. Hyppias, frèn
d'Hypparque, ayant fait arrêter Leæna, la fit mettr
à la question afin de tirer d'elle les noms des con
jurés; mais cette femme courageuse refusa con
stamment de trahir le secret qu'on lui avait confié
Craignant que la douleur des supplices ne lui fi
enfin avouer ce qu'elle avait eu jusqu'alors le cou
rage de taire, elle se coupa la langue avec les denti
Une action si généreuse remplit d'admiration la
Athéniens, qui, après avoir recouvré leur liberté
élevèrent en l'honneur de cette héroïne une statu
représentant une lionne sans langue. Cette figun
rappelait le nom de *Leæna*, qui signifie en gra
une lionne.

INDE. L'usage de la torture est très-commu
dans l'Inde. Les souverains et plus souvent leur
fermiers, qui ont des concessions temporaires, (
leurs intendans, font donner, sans aucune form
de procès, la question qu'on appelle *la culotte (
peau*. Cette culotte serre tellement les cuisses di
patient, que le malheureux ne peut satisfaire le
besoins les plus pressans de la nature. On le gan
nuit et jour, afin qu'il ne puisse se procurer au
cun soulagement.

ITALIE. On ne donnait la question, à Rome (
dans la plupart des villes de l'Italie moderne, qu
lorsqu'il s'agissait de crimes atroces, et lorsqu
y avait dans la procédure des preuves assez con-
dérables pour former une preuve complète. Quan
les juges avaient condamné un criminel à la que
tion, on l'avertissait que, s'il ne confessait pas s

crime, il serait appliqué à la torture. Alors, s'il persistait à nier, on le faisait visiter par un médecin et un chirurgien, pour reconnaître si quelque maladie ou quelque imperfection ne le mettaient pas dans l'impuissance de supporter la torture. On condamnait d'abord à la question *de la corde*, c'est la même que celle qui a été décrite plus haut dans ce même article, et qui était employée en France sous le nom d'*estrapade*. (*Voyez* ce mot), t. IV, p. 15. Elle ne pouvait durer plus de trois quarts d'heure. Dans l'intervalle, le juge, assisté d'un greffier, interrogeait le patient et le sommait d'avouer son crime; s'il confesse on suspend le supplice; l'ayant mis en liberté, on lui demande s'il persiste dans son aveu; dans ce dernier cas, il est reconduit dans sa prison, et le lendemain on l'interroge de nouveau; s'il rétracte sa confession du jour précédent, on l'avertit qu'il sera appliqué à la question appelée la *veglia*. Cette torture étrange, raffinement de barbarie et de cruauté, est décrite au mot *Chambre chauffée*, t. III, de ce Dict., p. 204. Enfin, il y avait encore une autre sorte de question, qui consistait à faire tomber des gouttes d'eau sur le creux de l'estomac du patient. *Voyez Eau* (question par l'). t. III, p. 441. Les hérésies et les conspirations, seuls vrais crimes que l'on connût en Italie, ont donné lieu à de nombreuses applications de la torture. Parmi ce grand nombre il en est deux dont l'un prouve qu'on réitérait la question sur le même individu, et l'autre, que les plus hautes dignités n'en garantissaient pas. En 1498, Jérôme Savonarole, dominicain, de prédicateur devenu prophète et chef de parti, alluma contre lui la haine du pape Alexandre VI, contre laquelle il déclamait ouvertement. Le pape et les Médicis, que ce moine avait également offensés, soulevèrent d'abord contre lui un autre moine de l'ordre de saint François, ordre constamment jaloux et ennemi des dominicains. Dans cette ignoble querelle, les deux partis s'accordèrent à faire l'épreuve du bùcher, qui consistait à traverser, sans dommage, un énorme tas de bois enflammé. Mais pendant que cette plate comédie se préparait, le peuple alors soulevé par le parti des cordeliers voulut saisir Savonarole. Les magistrats ordonnèrent à ce moine de sortir de Florence; mais quoiqu'il eût contre lui le pape, la faction des Médicis et le peuple, il refusa d'obéir. Il fut pris et appliqué *sept fois* à la question. On le condamna ensuite, avec deux autres dominicains, à mourir dans les flammes qu'ils s'étaient vantés d'affronter. Le pape Urbain VI, dont l'élection s'était faite avec violence, et que son caractère féroce rendait indigne du siége qu'il occupait, vit la plupart des cardinaux, qui l'avaient nommé, et les Italiens même, déclarer nulle sa nomination, et procéder à l'élection d'un autre pape qui prit le nom de Clément VII. Pendant ce schisme, Urbain s'était ligué avec Charles Durazzo, usurpateur du trône de Naples, et assassin de la reine Jeanne. Charles avait promis de partager avec le pape le fruit de son crime, mais lorsque celui-ci se fut réfugié auprès *de lui,* il le retint prisonnier. Quelque temps après, Urbain, après avoir inutilement employé

envers son *vassal* les plus humbles soumissions
pour obtenir sa liberté, trouva les moyens de fuir
de sa prison, et se retira dans la petite ville de
Nocera. Là il assembla bientôt les débris de sa
cour. Ses cardinaux et quelques évêques, lassés de
son humeur farouche, et plus encore de ses infortunes, prirent dans Nocera des mesures pour
le quitter, et pour élire à Rome un pape plus digne de l'être. Urbain, informé de leur dessein, les
fit tous appliquer en sa présence à la torture.
Cette exécution eut lieu en 1380. Ce pape, obligé
ensuite de se retirer à Gênes, traîna à sa suite ses
cardinaux blessés ou estropiés, et se défit par
plusieurs moyens de la plupart d'entre eux. La
question a été abolie avant la fin du dernier siècle
dans plusieurs provinces de l'Italie. (*Voyez Toscane.*)

JAPON. Pour obtenir l'aveu d'un criminel suspect, on emploie une espèce de question, qui consiste à forcer les jambes du patient entre deux
pièces de bois.

MALABAR et COROMANDEL (côtes de). On met entre
les doigts des pieds et des mains des accusés des
mèches soufrées qu'on allume; on met aussi deux
bâtons croisés entre leurs jambes, et des deux
côtés de chaque jambe on attache à l'extrémité
de chaque bâton une corde double, telle que celle
qui sert à tendre les bras d'une scie; au milieu
de cette corde, il y a une petite cheville de bois
pour rapprocher les deux bâtons, de manière que
le devant et le côté de la jambe sont serrés avec
violence, et causent les douleurs les plus aiguës.

Maroc. La question la plus cruelle paraît à peine une chose digne d'attention dans un pays où les plus horribles supplices se renouvellent presque à chaque instant. Parmi les différentes sortes de tortures qu'on y emploie, il en est une que l'on nomme du *sabat*. C'est un cercle de fer garni intérieurement de fortes pointes, et qui s'ouvre et se serre par le moyen d'une double vis. On applique cette machine sur la tête du patient, et par une forte contraction on détermine de nombreuses blessures. En 1704, un des fils du roi Muley-Ismaël, qui gouvernait à Miquenez pendant que le roi son père combattait contre les Algériens, profita du pouvoir absolu que cette circonstance lui donnait pour forcer un alcaïde (gouverneur), nommé Benache, à lui livrer une partie des trésors qu'on supposait que cet officier avait rapportés de France, où il avait été précédemment envoyé en ambassade. Benache souffrit le *sabat* et se laissa tourmenter jusqu'à s'évanouir plusieurs fois, sans consentir à faire à son persécuteur un présent digne de lui, comme le lui conseillaient sa femme et ses amis, témoins de ses souffrances. Enfin, près d'expirer par la violence de la douleur, il offrit cinq quintaux d'argent et fut relâché. Il y a dans le palais du roi de Maroc une garde uniquement composée de femmes, dont les commandantes se nomment *harrifa*. On les expédie dans les provinces pour mettre à la torture les femmes des grands qui ont été arrêtés, et les obliger à déclarer le lieu où leurs maris ont caché les trésors qu'ils possédaient. Elles mettent dans l'exécution de ces ordres une rigueur et une cruauté excessives.

PAYS-BAS. La torture était affreuse dans ces contrées : on la donnait de plusieurs manières. On y brûlait par degrés la plante des pieds de l'accusé; on lui mettait des bougies allumées entre les doigts; on l'attachait nu sur une chaise de fer pour l'approcher ensuite par degrés d'un brasier ardent; enfin, on se servait de tourniquets pour serrer avec la plus grande violence les membres de l'accusé. *Voy.* aux mots *Brodequins*, t. III, p. 98, et *Feu* (question par le), t. IV, p. 77.

. ROMAINS. Ils avaient sans doute reçu des Grecs l'usage de la question. Chez eux, on ne la donnait guère qu'aux esclaves : la naissance, la dignité et la profession des armes en garantissaient ; mais on exceptait, comme à Athènes, le crime de lèse-majesté. Ce qu'il y a d'étrange, c'est qu'on la donnait quelquefois à des tiers, quoique non accusés, sous prétexte d'acquérir des preuves du crime, et de découvrir les coupables. Si un citoyen était tué dans sa maison, on mettait tous ses esclaves à la question : on se servait du même moyen dans les causes d'adultère. Les Romains employaient plusieurs sortes de tortures. La plus ordinaire était le *Chevalet. Voy.* ce mot, t. III, p. 233. Mais, s'il en faut croire les auteurs de cette nation, il y en avait de bien plus terribles. C'est ce qui a fait dire à Cicéron : *Dolorem fugientes multi in tormentis ementiti persæpè sunt, morique maluerunt falsum fatendo quàm inficiando dolore.* « La douleur a souvent forcé des malheureux torturés à s'accuser eux-

mêmes faussement, préférant un, mensonge qui
ne les exposait qu'à la mort, à une constance qui
les retenait dans des supplices insupportables. »
Les nombreuses guerres civiles qui divisèrent les
Romains, principalement après la translation du
siége de l'empire, donnèrent lieu à de fréquentes
applications de cet usage barbare. Elles furent employées surtout contre les premiers chrétiens, puis
par les chrétiens entre eux et contre leurs ennemis,
principalement contre les hérétiques. ',. .

Russie. Suivant l'ancienne législation de ce pays,
quel que fût le nombre des témoins qui déposaient
contre un meurtrier et la clarté des preuves de,
son crime, on ne pouvait le condamner qu'il ne
s'avouât lui-même coupable du fait, Pour obtenir
cet aveu, on lui faisait subir la question la plus
rude, et, lorsqu'il résistait pendant trois fois à
l'horreur des tourmens, on était obligé de lui
laisser la vie. Les Kamtchadales s'étant révoltés en
1731, les Russes portèrent leurs armes chez ce
peuple tributaire, et réprimèrent bientôt cette
insurrection. Les plus coupables d'entre les rebelles
furent condamnés à la mort; mais avant de la subir,
on leur infligea les plus affreuses tortures. Quelque
cruels que fussent les tourmens qu'on leur fit
souffrir, ils ne laissaient échapper que ces mots:
« ni, ni. » C'est le cri des filles kamtchadales que
l'amour livre pour la première fois aux douces
atteintes de la volupté. Encore ces malheureux,
dit-on, ne criaient-ils ainsi qu'au premier coup;
car, serrant ensuite leur langue entre les dents, ils
gardaient un silence obstiné, comme s'ils eussent

été privés de tout sentiment. Les tortures les plus usitées en Russie étaient le *knout ; voy.* ce mot, t. IV, p. 293, et l'*estrapade*, déjà indiqués dans cet article. En 1769, l'impératrice Catherine II abolit la question dans tous les pays de sa domination.

SARDAIGNE. On y appliquait à la question, non-seulement ceux qui étaient accusés d'un crime emportant la peine de mort, mais même ceux qui ne devaient être punis que par les galères. Les lois criminelles de ce pays contenaient à cet égard cette disposition remarquable, que, lorsque plusieurs personnes seraient condamnées à être appliquées à la question, on commencerait par la plus faible. Ces mêmes lois, *rendues en* 1770, voulaient que dans les cas indiqués on ne manquât jamais à faire précéder le supplice par la torture. On s'y servait de la question de *la corde*, dont il a été parlé plus haut.

SIAM. La question qu'on y emploie ordinairement est celle du feu. *Voy. Feu* (question par le), t. IV, p. 77. Mais ce n'est pas la seule. Dans une conspiration formée contre le roi de Siam par des Macassars qu'il avait pris à son service, les coupables, avant d'être mis à mort, eurent à subir la plus affreuse torture : on les accabla de coups de bâton ; on leur enfonça des chevilles sous les ongles, leurs doigts furent ensuite écrasés, et on continua de les tourmenter en leur appliquant du feu aux bras, et en leur serrant les tempes entre deux ais.

SUÈDE. Le roi Gustave III abolit la question dans

ce pays vers la fin du dernier siècle. Avant cette réforme, on y donnait la torture de plusieurs manières. Aux coupables de crimes ordinaires. on la donnait avec la corde; mais les grands criminels en subissaient une particulière. Voici en quoi elle consistait : On faisait descendre le coupable dans un caveau souterrain, sous lequel passait un bras de rivière. Ce souterrain avait, au lieu de sol, une grille en fer qui le séparait, seule, de l'eau qui coulait au-dessous. Le patient était mis dans ce caveau les jambes et les pieds nus, n'ayant d'autre appui que cette grille, sur laquelle on l'obligeait à marcher jusqu'à ce qu'il eût avoué son crime. On prétend qu'aucun tourment n'est plus insupportable que celui que cette espèce de question fait éprouver. L'histoire de ce pays a conservé le trait suivant, qui confirme ce que l'on connaît de l'odieux caractère du fameux archevêque d'Upsal. Ce prélat, traître envers son souverain, se voyant accablé du mépris des seigneurs suédois, résolut de se venger. Pour cela, il mit en avant un imposteur qui révéla à Christiern, roi de Danemarck, qu'une conjuration était formée par ces seigneurs pour replacer sur le trône Charles Knutson, ancien monarque de Suède. Christiern, alarmé, fit aussitôt arrêter les prévenus, et, afin de les obliger à une confession sincère, il les fit tous appliquer à la torture. On leur fit souffrir de si rudes tourments que plusieurs d'entre eux en moururent; les autres menèrent toujours une vie languissante et ne se rétablirent jamais.

TOSCANE. C'est une des premières provinces d'I

talie où l'usage de la question fut aboli. On la donnait avec la corde. *Voy.* plus haut, *Italie.*

Turquie. Les mœurs connues de ce pays feront regarder sans étonnement la diversité et l'atrocité des questions qui y sont usitées. L'une d'elles consiste à faire entrer, à coups de marteau, de gros clous dans les genoux du patient. Plus communément, on lui passe, sous les ongles, des éclats de cannes ou de roseaux qu'on enfonce fort avant dans les chairs. A d'autres on frotte le ventre avec de l'huile; on les étend ensuite sur une flamme ardente, et l'on recommence plusieurs fois de suite cette opération. Quelque douloureux que paraissent ces supplices, ils le sont moins peut-être que la question aux *pastèques* ou melons d'eau. Après avoir fait manger à l'accusé une certaine quantité de ce fruit, on lui ôte la faculté d'uriner. Il souffre, dans cet état violent, des douleurs inconcevables, jusqu'à ce qu'il ait tout avoué. Ceux qui y résistent en demeurent fort incommodés le reste de leurs jours. Il n'en est pas de même d'une autre sorte de torture dont tous les juges font usage : ceux qu'on y condamne ont les pieds enfermés dans une grosse pièce de bois entaillé, ce qui les oblige de rester toujours dans une même posture; et si, vaincus par la fatigue, ils veulent s'appuyer sur le dos de la jambe, ils sont aussitôt contraints, par la douleur, de reprendre leur première situation.

Venise. On y donnait encore la question de la corde à la fin du dernier siècle.

Visigoths. De tous les peuples barbares du

moyen âge, les Visigoths furent les premiers qui mirent des restrictions à l'usage de la torture. Leur loi, ainsi que celle des Saliens, ne permettaient de la donner qu'aux esclaves. Les Français, jusqu'à la révolution, ont été plus barbares que les Visigoths. *Voyez* les articles *Brodequins*, t. III, p. 98, *Chambre chauffée*, t. III, p. 204; *Chambre de la question*, t. III, p. 208; *Chambre du tourment*, t. III, p. 208; *Chevalet*, t. III, p. 233; *Doigt*, t. III, p. 418; *Eau* (question par l'), t. III, p.439, *Feu* (question par le), t. IV, p. 77.

QUESTIONNAIRE. On donnait ce nom à un exécuteur particulier qui appliquait les accusés à la question. On se servait aussi du *questionnaire* pour faire fustiger ceux qui étaient condamnés à être fouettés sous la custode, et auxquels on ne voulait pas imprimer de note d'infamie. Dans les endroits où il n'y avait pas de questionnaire en titre, c'était l'exécuteur de la haute justice qui donnait la question.

QUESTIONS PERPÉTUELLES. C'est ainsi qu'on appelait, chez les Romains, les matières criminelles dont le jugement était commis à des magistrats particuliers, que le peuple créait à cet effet, et qui furent nommés *quæsitores parricidii*, questeurs du parricide. Ce fut seulement l'an de Rome 604, que quelques-unes de ces commissions furent rendues permanentes. On divisa peu à peu toutes les matières criminelles en diverses parties qu'on appela des *questions* perpétuelles, *quæstiones perpetuæ*, c'est-à-dire des recherches perpétuelles. On créa divers préteurs pour faire ces recherches, et on en attribua un certain nombre à chacun d'eux suivant les conjonctures. On leur donna pour un an la puissance de juger les criminels compris dans leurs divisions respectives, et c'est après s'être acquittés de ces fonctions, qu'ils allaient prendre le gouvernement des provinces.

QUEUE DE CHEVAL. Attacher un criminel à la queue d'un cheval qui l'entraîne et déchire son corps sur un chemin raboteux, est un supplice usité chez les Cosaques donskiens. Cette exécution, digne d'une horde barbare, a été employée autrefois en France, et l'histoire de ce pays en offre plusieurs exemples. On en peut voir deux cités dans ce dictionnaire, au mot CHEVAL, t. III, p. 232.

QUIAY, nom générique que l'on donne aux idoles ou pagodes dans la péninsule ultérieure de l'Inde, c'est-à-dire au Pégu, dans les royaumes d'Arrakan, de Siam, etc. *Quiay-Poragray* est la grande divinité d'Arrakan, dont les prêtres se nomment *raulins*. Dans certaines solennités, ce dieu est porté en procession sur un char pesant, dont les roues épaisses sont garnies de crochets de fer. Les dévots d'Arrakan se font écraser sous le poids de ces roues, ou accrocher aux crampons de fer dont elles sont armées; ou bien ils se font eux-mêmes des incisions, et arrosent l'idole de leur sang. Ces martyrs de la superstition sont des objets de la vénération pour le peuple, et les prêtres conservent dans leurs temples les instrumens de ces supplices volontaires.

QUIDAM, mot latin qui répond au mot indéfini *quelqu'un*. On désigne ainsi, en termes de palais, une personne inconnue et que l'on ne peut nommer. Dans l'ancienne jurisprudence, on instruisait contre les *quidams* sur leur simple signalement, comme contre les contumaces connus; et de même que ces derniers, ils étaient jugés, condamnes et exécutés en effigie. Cette procédure n'aurait pas lieu aujourd'hui. Un arrêt de la cour de cassation du 9 pluviôse an 10 (29 janvier 1802), a jugé que, lorsque les informations n'apprennent rien sur le nom ou la qualité distinctive d'un prévenu, on ne pouvait le mettre en accusation sous le nom de *quidam*, ni poursuivre contre lui un jugement de contumace.

QUIOCO. Les sauvages de la Virginie, province de l'Amérique septentrionale, et qui fait aujourd'hui partie des Etats-Unis, adoraient le principe du mal sous le nom de *quioco*. Quelques voyageurs ont prétendu que les Virginiens sacrifiaient à cette divinité de jeunes garçons de douze ou quinze ans qu'ils avaient soin de peindre en blanc. Ils consommaient le sacrifice en assommant à coups de bâtons ces jeunes victimes, malgré les pleurs et les gémissemens de leurs mères, qu'on forçait à assister à cette barbare cérémonie.

QUITZALCOAT, divinité des Mexicains, qui suivant l'opinion de ce peuple, présidait au commerce. Le culte qu'on lui rendait était cruel et sanguinaire comme celui de la plupart des divinités mexicaines. Outre le grand nombre de victimes humaines qu'on immolait en son honneur, les dévots, pour lui plaire, se faisaient, en sa présence, des incisions dans quelque partie du corps tant ils croyaient ce dieu avide de sang. Mais chaque année sa fête était célébrée par les négocians d'une manière assez bizarre, terminée aussi par un sacrifice humain. Ils choisissaient un esclave des mieux faits, qu'ils faisaient laver dans un lac appelé le *lac des dieux*. On le revêtait ensuite de tous les ornemens dont on avait coutume de parer Quitzalcoat; et, pendant les quarante jours qui précédaient la fête, cet esclave, ainsi habillé, représentait le dieu. On lui rendait les mêmes honneurs qu'à Quitzalcoat lui-même. On lui procurait sans cesse de nouveaux plaisirs; on lui donnait des festins continuels; en un mot, on n'oubliait rien pour lui faire passer agréablement cette heureuse quarantaine, qui devait avoir pour lui une fin bien funeste. Neuf jours avant la fête, deux prêtres venaient se prosterner à ses pieds, et lui disaient : « Seigneur, vos plaisirs ne doivent plus durer que neuf jours. » Il était d'usage que l'esclave leur répondît, d'un ton gai et résolu : « A la bonne heure »; et que, sans marquer la moindre tristesse, il continuât à se divertir et à s'étourdir sur son sort. Si l'on s'apercevait que le courage lui manquât, et qu'il prît un air rêveur, on lui faisait prendre une certaine liqueur qui, en lui troublant la raison, lui rendait sa belle humeur. Cependant l'instant fatal arrivait, auquel le dieu prétendu devait servir de victime. Quelques instans avant de l'égorger, on lui rendait encore des honneurs qui n'étaient alors qu'autant d'insultes. On l'immolait enfin à l'heure de minuit, et on lui arrachait le cœur que l'on jetait devant le dieu Quit-

zalcoat, après l'avoir offert à la lune. Son cadavre
était jeté du haut du temple sur le parvis, et l'on
finissait la cérémonie par des danses religieuses.

R.

RABBATH-MOAB. *Voy.* Sacrifices humains.

RACA, terme de mépris usité chez les Juifs, et
que leurs lois punissaient. Il signifiait un homme
vain, un imbécile, un sot. La peine contre celui
qui se rendait coupable d'avoir proféré cette injure
était décernée par le grand conseil. On ne sait point
en quoi elle consistait.

RACAXIPE-VELITZI, nom que des Mexicains
donnaient à des sacrifices affreux qu'ils faisaient à
leurs dieux, dans certaines fêtes : ils consistaient à
écorcher plusieurs captifs. Cette cérémonie était
faite par des prêtres qui se revêtaient de la peau
des victimes, et couraient de cette manière dans
les rues de la ville pour obtenir des libéralités du
peuple. Ces prêtres, afin de mieux assurer le revenu qu'ils tiraient à cette occasion, frappaient
impunément ceux qui refusaient de leur donner la
récompense de leur sacrifice infâme.

RAFAXIS, mot turc qui signifie infidèle. Les
Persans sont ainsi désignés par les Turcs, parce
qu'ils suivent une interprétation de l'Alcoran autre
que la leur. Les Turcs ont, pour les *rafaxis*, plus
de haine encore que contre les juifs et les chrétiens,
parce qu'ils supposent que la clémence de Dieu
peut s'étendre sur ceux-ci, tandis qu'ils regardent
les autres comme entièrement réprouvés ; aussi

ne leur épargnent-ils aucun genre de persécution.

RAMER. Chez les Romains, on condamnait quelquefois les malfaiteurs à ramer sur les vaisseaux, genre de service auquel on n'employait que les esclaves. Cette peine répondait jusqu'à un certain point à celle qu'on a depuis appelée des *galères.* Il paraît que les condamnés étaient placés sur des vaisseaux à trois rangs de rames; car tous les auteurs latins se servent de l'expression *damnare ad triremes.* Ce genre de travail fait aujourd'hui partie de ceux imposés aux criminels condamnés aux *travaux forcés. Voyez* BAGNE, t. II, p. 228; FORÇATS, t. IV, p. 90.

RAPPEL DE BAN. *Voyez* BAN, t. II, p. 276.

RAPT. C'est le crime que commet celui qui enlève une femme ou une fille du lieu où elle réside, pour la conduire dans un autre endroit, soit pour la corrompre ou la violer, soit pour l'épouser. C'est aussi un rapt que d'enlever un mineur ou un fils de famille pour lui faire contracter un mariage sans le consentement de son père ou de sa mère, ou de son tuteur. On a distingué deux sortes de rapt : l'un se fait par violence et malgré la personne ravie; c'est le rapt proprement dit : l'autre, qu'on a nommé *rapt de séduction,* est celui qui a lieu sans aucune résistance de la personne enlevée, lorsqu'on la détermine, par artifice, promesse ou autrement, à quitter le lieu de sa résidence. Toutes les anciennes législations criminelles punissaient le

rapt du dernier supplice. Justinien ordonna (
que tous les ravisseurs de vierges, fiancées ou no
et de femmes veuves, seraient, ainsi que leu
complices, punis de mort, et leurs biens con
qués si les personnes ravies étaient de conditi
libre; et que, si le ravisseur était de conditiou se
vile, il subiroit la peine du feu. Il déclara en mên
temps que ni le consentement de la personne ravi
ni celui de ses parens, donnés depuis l'enlèvemen
ne pourraient empêcher le ravisseur d'être pun
et que les pères ou les mères qui, en pareil ca
garderaient le silence ou s'accommoderaient
prix d'argent, seraient eux-mêmes condamnés à l
peine de la déportation. Ce prince législateur pe
mit d'ailleurs aux pères, aux tuteurs, maîtres
parens de la personne ravie, de tuer le ravisse
et ses complices, s'ils venaient à les surprendr
dans l'acte même de l'enlèvement ou dans le
fuite. Enfin, il régla que le ravisseur ne pourra
jamais prescrire sa peine, et lui interdit d
pouser la personne ravie, quand même elle
consentirait, ainsi que ses parens. — L'enlèveme
des religieuses donnait lieu à l'application des m
mes dispositions pénales. L'ancien droit de la p
part des pays de l'Europe était à cet égard pris d
lois romaines. — La loi des Francs punissait
crime, comme tous les autres, par une simp
amende plus ou moins forte; mais, bientôt apr
les ordonnances et déclarations des rois de Fran
décernèrent la peine de mort contre les ravisseu

(1) Leg 1, C. *De Raptu Virgin. et Viduarum.*

même pour le rapt de séduction. La déclaration du 26 novembre 1639 porte les mêmes dispositions, et veut en outre que les veuves ou filles ravies, mineures de vingt-cinq ans, ne pussent dans la suite se marier contre la teneur des ordonnances, et notamment de celle de Blois, sous peine d'être, par ce seul fait, elles et leurs enfans, privés de toutes successions et biens qui pourraient leur échoir à l'avenir.—La coutume de Bretagne étendait la condamnation à la peine capitale, non-seulement au rapt de séduction, mais même à tout commerce illicite avec des filles ou veuves mineures; et tel était l'avantage qu'on y donnait à un sexe sur l'autre, que la seule plainte de la fille et la preuve d'une simple fréquentation y étaient regardées comme suffisantes pour faire condamner au dernier supplice. Mais aussi les auteurs de cette loi pensèrent avoir mis le remède à côté du mal, en donnant au ravisseur l'option entre son exécution et son mariage avec la personne ravie, lorsque, toutefois, celle-ci demandait à l'épouser. On pense bien qu'un pareil choix n'était jamais douteux : aussitôt que le condamné avait consenti, un commissaire du parlement le conduisait à l'église les fers aux mains, et le mariage se célébrait à l'instant sans aucune formalité ni publication. Cette disposition, qui donnait souvent lieu à punir un prétendu séducteur, séduit plutôt lui-même, fut abrogée par la déclaration du 22 novembre 1730, enregistrée au parlement de Rennes le 9 avril 1731. L'article 3 de cette déclaration interdit l'application de la peine de mort pour le simple commerce illicite, sauf les cas où le crime paraî trait la mériter par l'atrocité des circonstances, qualité ou l'indignité des coupables ; mais cet peine est de nouveau décernée contre le rapt p violence et le rapt de séduction. Dans un tel é de législation, on a vu plusieurs accusés payer leur vie un enlèvement auquel la personne rav avait elle-même consenti. En 1738, le marquis Tavanne - Mirebel fut condamné à avoir la tê tranchée pour avoir enlevé la demoiselle de Bru sa cousine, quoiqu'elle y eût consenti, et l'av ensuite emmenée hors du royaume. Un arrêt du par lement de Paris du 20 avril 1758 condamna Lou la Bruyère de Maillac, dit Dubois, à être pendu étranglé pour crime de rapt de séduction comm envers une fille mineure. Cependant le rapt séduction était rarement jugé digne d'une tel peine, qui, au contraire, ne manquait jamais d'êtr appliquée au rapt de violence. La loi pénale ac tuelle, négligeant la qualification du rapt, dispo plus généralement sur l'enlèvement des mineur sans égard pour les motifs, et le punit de la récl sion. Elle ajoute : « Si la personne enlevée ou dé tournée est une fille au-dessous de seize ans accom plis, la peine sera celle des travaux forcés à temps Quand la fille au - dessous de seize ans a con senti à son enlèvement, si le ravisseur est maje de vingt-un ans et au-dessus, il est également pa sible de la peine des travaux forcés à temps. Au dessous de cet âge, le ravisseur dans le même ca n'est puni que d'un emprisonnement.—En Angle terre, le rapt, même avec violence, était considér

comme un acte de cupidité, et on le qualifiait vulgairement de *vol d'héritière*. C'est sous ce point de
vue que le statut 3 de Henri VIII, ch. 2, le répute félonie. (*Voyez* ce mot, t. IV, p. 65.) Le coupable de ce crime n'avait point droit au privilége
clérical, non plus que ses complices. Le statut 39
d'Elisabeth, chap. 9, confirme ces dispositions.
L'esprit de la loi pénale anglaise est si bien de punir
le rapt, par considération de l'usurpation des biens
qui suivrait un mariage forcé, que le bill d'accusation doit assurer que l'enlèvement a été fait par
amour du lucre, et pour parvenir à cette conclusion,
plusieurs circonstances doivent être produites et
prouvées. Le rapt non accompagné de la force est
prévu et puni, comme simple délit, par les statuts 4 et 5 de Philippe et Marie, ch. 8, qui déclare
que, si quelqu'un au-dessus de quatorze ans enlève une fille au-dessous de seize, par séduction,
contre la volonté de son père, de sa mère, ou des
personnes qui l'ont sous leur garde, il doit être
puni d'un emprisonnement de deux ans et d'une
amende arbitraire. L'emprisonnement est de cinq
ans si la fille a été abusée ou qu'un mariage clandestin ait eu lieu; et comme la loi prévoit encore
ici le motif d'intérêt pécuniaire, elle attribue l'u-
sufruit des biens de la personne ravie à son plus
proche parent. La loi criminelle, en Allemagne,
punissait de mort l'enlèvement d'une *honnête fille*,
lors même qu'elle y avait consenti. *Voyez* SÉDUC-
TION, VIOL.

RASER. L'opération de raser la tête a été autrefois, en différens lieux, une marque d'infamie. Sous

la première race des rois de France, on voit plusieurs exemples de princes rasés par leurs concur-
rens au trône, en signe de déchéance. Dans l'ancienne législation française, les femmes convaincues d'adultère étaient rasées et enfermées dans
un couvent : les femmes des trois fils de Philippe-le-Bel furent à la fois condamnées pour
ce crime. Plusieurs arrêts rendus dans le dernier
siècle contre des femmes adultères portent
qu'elles seront rasées et détenues dans une maison
religieuse ou dans une prison publique. On rase
encore aujourd'hui la tête des forçats pendant tout
le temps de leur séjour au bagne. Cet esprit de
vengeance, qui se liait autrefois à l'administration
de la justice criminelle, étendait souvent la punition du coupable, non-seulement sur sa famille,
mais même sur les objets qui lui avaient appar-
tenu ou servi. Cette exécution était ordinaire pour
les crimes de lèse-majesté. Ainsi, lorsque Jean
Châtel eut assassiné Henri IV, on rasa la maison
du père de ce fanatique, et l'on éleva sur son emplacement une pyramide qui rappelait le souvenir
de ce crime et la proscription des jésuites. — Les
Romains employaient souvent ce genre d'exécution
contre ceux qui aspiraient à la tyrannie. Sp. Cassius, convaincu d'avoir tenté de se rendre maître
de la république, fut condamné à la mort, dont
trois consulats et un glorieux triomphe ne purent
le garantir. Le peuple n'étant point encore satisfait, on abattit sa maison pour augmenter son supplice par la destruction de ses dieux domestiques,
Ut penatium quoque strage puniretur. En Port-

gal, l'assassinat du roi Joseph fut suivi du bannissement de l'ordre entier des jésuites et de la
démolition de toutes leurs maisons. *Voyez* Adultère, t. I, p. 102; Maison rasée, t. IV, p. 363.

RASOIR. Contant Dorville, dans son *Histoire
des différens peuples*, rapporte, d'après les historiens
grecs, qu'en Perse on tranchait la tête aux nobles
avec un rasoir. Cet instrument était sans doute
autre que celui que l'on nomme ainsi aujourd'hui,
pour pouvoir servir à une décapitation complète,
ou, s'il y ressemblait, ce supplice devait offrir le
hideux spectacle d'une exécution lente et douloureuse.

RASP-HUIS. C'est le nom qu'on donne à Ams-
terdam et dans quelques autres villes de la Hollande aux maisons de correction dans lesquelles
on enferme les mauvais sujets, les vagabonds et les
gens sans aveu, qui ont commis des crimes pour
lesquels les lois n'ont pas décerné la peine de
mort. On y occupe les prisonniers à des travaux
pénibles, au profit du gouvernement. A Amster-
dam, le principal de ces travaux consiste à râper
des bois des Indes forts durs qui servent dans
les teintures; c'est ce genre de travail qui a fait
appeler ces sortes de maisons de force *rasp-huis*,
terme qui signifie, maison où l'on râpe.

RASSEMBLEMENT. Le peuple rassemblé en
masse est si peu maître de ses mouvemens, et si
peu propre à les raisonner et à les coordonner, que
presque toujours ils dégénèrent en véritables désordres et permettent même aux malintentionnés de
commettre, dans ces occasions, des forfaits qui

donnent une couleur de culpabilité à l'assemblé
elle-même. Voilà le défaut, peut-être incurable
qui sert de motif apparent ou réel à tous les gou
vernemens pour empêcher les attroupemens, oule
dissiper aussitôt qu'ils sont formés. Lors même qu
les assemblées ont lieu en vertu de la loi, la sur
veillance sous laquelle on les tient ressemble plutô
à l'inquiétude d'un maître soupçonneux qu'à c
qu'elle devrait être réellement, je veux dire, l'em
ploi des moyens de protection et de sûreté que le
administrateurs doivent au peuple. Mais le genr
de rassemblemens qui en tout temps éveilla, ou pou
mieux dire irrita ce que le gouvernement appell
sa sollicitude, ce sont ceux auxquels le peuple es
poussé par le sentiment des vexations qu'il éprouv
ou de la violation de ses droits. Ces réclamation
collectives, exprimées ordinairement par des crise
quelquefois suivies de voies de fait, ont paru de
voir mettre *la tranquillité publique en péril*, et né
cessiter par conséquent le déploiement de la forc
armée. Les scènes fréquentes et scandaleuses qu
ont eu lieu récemment, notamment à Paris, fon
voir qu'à cet égard les principes de police et d
sûreté sont aussi-bien entendus et mis plus acti
vement en pratique qu'ils ne l'ont jamais été. Au
commencement de la révolution, la loi du 2
octobre 1789, si connue sous le nom de *loi mar
tiale*, régla que, dans tous les cas où la tranquil
lité publique serait en péril, les municipalité
seraient obligées de déployer la force militaire. I
devait être porté dans tous les lieux nécessaires u
drapeau rouge, et les rassemblemens ne devenaien

criminels qu'après la troisième sommation faite à ceux qui les composaient, de se retirer. Il était permis au peuple de nommer six personnes, faisant partie du rassemblement, chargées d'exposer les réclamations contre les griefs qui y avaient donné lieu, et l'officier municipal était tenu d'en faire la demande. Il n'est pas d'usage aujourd'hui que les agens du pouvoir emploient toutes ces formalités exigées par une loi non abrogée. Les pelotons de gendarmerie, les régimens entiers au besoin, tombent presque à l'improviste sur des écoliers, sur des convois funèbres, sur la foule parcourant des rues populeuses que la joie publique a fait illuminer : la société paraît alors en un si *grand péril* qu'un ministre, sur la réquisition d'un chef de police, ou celui-ci, de son autorité privée, ordonnent des charges, des fusillades et des arrestations. Ces fonctionnaires n'ont pas eu à subir la plus légère réprimande de la part du pouvoir, bien qu'ils aièbt agi illégalement. C'est un désordre inverse de celui qui, dans le temps, coûta la vie au maire Bailly, qui avait le premier mis à exécution la loi martiale avec toutes ses formalités. Une loi du 7 août 1693 portait la disposition suivante : Tout homme qui sera surpris dans un rassemblement, déguisé en femme, sera puni de mort. *Voyez* ASSEMBLÉES, t. II, p. 1; ATTROUPEMENS, t. II, p. 45.

RATEAUX DE FER. Dans les descriptions recherchées dont on a cru devoir orner les récits des supplices qu'ont soufferts les premiers chrétiens persécutés, figurent, comme intrumens, des rateaux de fer, garnis de dents aiguës courtes et épaisses,

avec lesquels on déchirait la peau des patiens atta
chés à des pieux ou sur des chevalets. Ces rateaux
sont sans doute le même instrument que quelques
auteurs nomment *ongles de fer*. *Voyez* ce mot
t. IV, p. 477.

RAVISSEUR. *Voyez* RAPT.

RÉAGGRAVATION ou REAGGRAVE, *iterata*
aggravatio, terme de droit canon. C'était la troi
sième des monitions canoniques que l'on employait
pour contraindre quelqu'un à faire une chose or
donnée par le juge ecclésiastique ; par exemple, à
révéler des faits dont on voulait avoir la preuve. La
première monition gardait ce nom ou s'appelait
monitoire. Ce monitoire prononçait la peine de
l'excommunication ; le second, qu'on appelait *ag*
grave, privait de tout usage de la société civile
celui qui s'était montré réfractaire au premier ;
enfin le troisième, qu'on nommait réaggrave, dé
fendait publiquement à tous les fidèles d'avoir au
cune sorte de commerce avec l'excommunié, qui
était désigné comme un objet d'horreur et d'abo
mination. Les aggraves et réaggraves se publiaient
autrefois au son des cloches, et à la lueur de
flambleaux qu'on éteignait ensuite et qu'on jetait
à terre. *Voyez* Excommunication, t. III, p. 22.

REATUS, mot latin qui signifie état de celui
qui est coupable ou réputé coupable de quelque
crime. Etre *in reatu* se disait, dans le langage de
pratique criminelle, pour exprimer l'état du
prévenu frappé d'un décret de prise de corps
parce qu'on le réputait coupable jusqu'à ce qu'il
se fût justifié, d'après la maxime barbare *scele*

est accusari, c'est un crime que d'être accusé. Anciennement, on présumait la culpabilité; la loi actuelle présume au contraire l'innocence; mais les effets de l'*in reatu* subsistent toujours, lorsque l'arrêt d'accusation est rendu; c'est-à-dire que la détention a lieu, et que les dispositions de biens, faites par le prévenu, ne peuvent soustraire ceux-ci à l'action en paiement des amendes et réparations civiles auxquelles l'accusé aurait été condamné.

REBELLE, RÉBELLION. Le nom de rébellion se donne également à deux sortes d'actes prévus et punis par les lois. Il y a la rébellion considérée comme attentatoire à la *sûreté générale de l'État,* c'est-à-dire très-souvent à la domination particulière de tels ou tels gouvernans. Ce qui concerne ce genre de rébellion sera traité au mot révolte, qui paraît mieux lui convenir, et cet article ne renfermera que ce qui est relatif à la rébellion contre les actes de l'autorité publique. Sous ce dernier point de vue elle était désignée dans l'ancienne législation française sous le nom de *rébellion à justice.* L'ordonnance du mois d'août 1670 mettait ce crime au nombre des *cas royaux.* Un grand nombre d'actes constituaient le crime de rébellion. C'était, en général, tout empêchement apporté par violence ou voie de fait à l'exécution des arrêts ou jugemens, ou aux mesures légales, comme les saisies, établissemens de séquestres, etc., le bris des scellés et celui des murs de prison, le refus d'ouvrir les portes aux agens de justice, la complicité dans le fait de l'évasion d'un prisonnier, la retraite donnée à celui que la justice poursuivait, etc.

Tous ces faits étaient punis de l'amende, et même des peines afflictives ou infamantes pouvaient être prononcées contre les coupables, suivant la gravité des circonstances, laissée à l'appréciation des juges. Lorsque la rébellion avait été portée au point d'excéder ou outrager les magistrats ou officiers ministériels exerçant leurs fonctions, le coupable était puni de mort sans espérance de grâce. L'article 1er du titre 22 de l'ordonnance du mois d'août 1670 veut que, s'il arrive que le coupable soit tué en faisant rébellion à la justice, à force ouverte, le procès soit fait à son cadavre ou à sa mémoire. C'était le lieutenant-criminel qui connaissait de la rébellion à justice, même quand elle avait lieu relativement à l'exécution d'un jugement rendu en matière civile. Les commis des fermes du roi étaient autorisés à emprisonner, *sans permission de justice,* les contrevenans qui leur faisaient rébellion; et plusieurs arrêts, tant du conseil que de la cour des aides de Paris, ont condamné à l'amende honorable, aux galères et à d'autres peines afflictives des particuliers qui avaient fait rébellion et usé de voies de fait contre les commis dans le cours de leurs exercices. La loi pénale de 1791 exigeait pour que la résistance à un agent de l'autorité publique constituât une rébellion, que celui-ci eût prononcé cette formule : *obéissance à la loi.* Une loi du 22 floréal an 2 supprima la formule et maintint les dispositions pénales de celle de 1791. Cette dernière considérait, comme aggravant le crime, la circonstance de la réunion de plusieurs personnes et celle du **port d'armes** par les coupables

Dans ce dernier cas elle prononçait la peine de
six années de fers : pour celui où des individus
faisant partie d'un rassemblement contre lequel
la loi martiale aurait été mise à exécution et qui
n'auraient pas obéi à la troisième sommation, ils
devaient être punis de mort. Le Code pénal actuel,
ainsi que les lois intermédiaires que nous venons
de citer, considèrent comme rébellion la résistance
opposée, non-seulement aux magistrats et officiers
ministériels exerçant des fonctions judiciaires ou de
police, mais encore aux agens de l'autorité administrative et à ses préposés, ainsi qu'aux commandans de la force publique, porteurs d'ordres émanés
de l'autorité. La rébellion, commise par plus de
vingt personnes armées, est punie des travaux forcés à temps, et de la réclusion s'il n'y pas eu port
d'armes. (Code pén., 210.) Si les coupables ne
sont qu'au nombre de trois à vingt, la peine est la
réclusion s'ils étaient armés, et une amende avec
emprisonnement s'ils étaient sans armes. Enfin
l'emprisonnement seul est encouru par les rebelles
avec ou sans armes, qui ne sont réunis qu'au
nombre de deux ou trois. Ils peuvent être en outre
condamnés à une amende de seize francs à deux
cents francs. Les outrages et voies de fait commis
envers les magistrats dans l'exercice de leurs fonctions sont punis de l'emprisonnement, avec réparation et bannissement du lieu où siége le magistrat offensé. Les violences exercées contre les fonctionnaires et agens, lorsqu'elles ont été la cause
d'effusion de sang, blessures ou maladies, rendent
les coupables passibles de la réclusion, et, si la

mort s'en est suivie dans les quarante jours, de
peine capitale (Code pén., 231.) La réclusion e
également prononcée lorsque ces violences, mêm
sans suites, auront été faites avec préméditatie
et guet-apens. (Code pén., 232.) Si les blessur
sont du nombre de celles qui portent le caracle
de meurtre, le coupable doit être puni de mor
(*Id.*, 233.) Le même Code considère comme co
pables du crime de rébellion ceux qui font par
de certaines réunions. *Voyez* ce mot; *voyez* au
les articles AMENER A LOI, t. I, p. 291 ; RÉVOLTE
SÉDITION.

RECÉLÉ, RECÈLEMENT. Ces deux mots, q
paraissent avoir la même signification, ont cepe
dant entre eux quelque différence. Le *recélé* s'e
tend toujours des choses et s'applique uniquema
au détournement des effets qui font partie d'u
succession ou d'une communauté : le terme
recèlement s'emploie pour l'action de cacher
soustraire les personnes ou les choses volées.

RECÉLÉ. Chez les Romains, celui qui détour
quelques effets d'une succession, pouvait être po
suivi par une action analogue à celle de vol, et q
l'on nommait *expilatæ hereditatis*. La femme
défunt en était seule exempte. Autrefois, en Fran
la voie criminelle était ouverte seulement con
les étrangers coupables de recélé ; elle ne l'était
ordinairement contre l'époux survivant ou les
ritiers du défunt. Cependant on pouvait procé
extraordinairement contre ces derniers eux-mêm
lorsque la soustraction était considérable ou qu'
avait été commise depuis la renonciation à la s

cession ou à la communauté. Au reste, dans la juridiction du Châtelet de Paris, il était d'usage de poursuivre extraordinairement l'époux et les héritiers coupables de recelé, et la connaissance de ces sortes d'affaires appartenait également au lieutenant-civil et au lieutenant-criminel, par concurrence et prévention entre eux. Cet usage a été condamné par un décret de la Convention nationale du 3 messidor an II (21 juin 1794), qui, cependant, a maintenu l'action criminelle pour le cas où l'État était intéressé par suite de confiscation. La loi actuelle (Cod. pén., art. 380 et 381) excepte de l'action criminelle que l'époux survivant et les héritiers *ascendans* ou *descendans* du défunt. Tous les autres sont réputés coupables de vol. *Voyez* ce mot.

Recèlement. Dans l'ancienne législation française, celui qui recélait la personne d'un accusé, c'est-à-dire qui lui donnait retraite et le cachait pour le soustraire aux poursuites de la justice, était passible de la même peine que l'accusé lui-même; telle est la disposition de l'art. 193 de l'ordonnance de Blois; mais depuis on modérait cette peine suivant les circonstances. Lorsque François Ier ordonna, en 1534, la plus horrible persécution contre les protestans, dont il fit mourir un grand nombre dans des supplices affreux, il défendit en même temps de donner asile aux persécutés, sous peine d'être brûlés vivans. Cette loi eut, contre toutes les règles de la justice et du droit, un effet rétroactif, c'est-à-dire qu'elle fut déclarée applicable, non-seulement à ceux qui recélaient , mais

encore à ceux qui auraient recélé. Aujourd'hui
recèlement d'un coupable n'est puni que dans
cas de désertion, et parce qu'alors le recèlem
est regardé comme une sorte de complicité. *Vo*
DÉSERTEUR, t. III, p. 382. Le recèlement de gr
sesse n'est par lui-même criminel qu'autant q
tend à la *suppression de part. Voyez* ce mot. En
l'action de recéler les choses volées est considé
dans tous les pays comme une véritable com
cité du vol, lorsque celui qui a recélé ces ob
en a connu ou dû connaître l'origine. *Voyez* p
bas à l'article *Vol,* où les différentes peines co
les recéleurs seront indiquées avec celles que
bissent dans les différens pays les voleurs e
mêmes.

RECÉLEUR. On nomme ordinairement a
celui qui se rend coupable de recéler sciemm
des objets volés. *Voyez* VOL.

RÉCIDIVE se dit, en matière criminelle, de l
tion de commettre un crime ou délit du m
genre qu'un précédent pour lequel on aurait
déjà condamné. Pour les peines ou aggrava
de peines attachées à la récidive dans chaque ge
de crimes ou de délits, *voyez* les noms parti
liers de ceux-ci.

RECHERCHES PERPÉTUELLES. On a vu
l'article questions perpétuelles, ce que les Rom
entendaient par ces termes, qui ont la même s
fication que ceux placés en tête de cet article.
recherches perpétuelles faites d'abord par les é
entrèrent par la suite dans les fonctions des prête
Leur objet fut dabord la connaissance et la p

suite des concussions, des crimes d'État et du péculat. Sylla y joignit le crime de faux, ce qui renfermait celui de fabrication de fausse-monnaie ; le parricide, l'assassinat, l'empoisonnement y furent compris ; on y ajouta encore la prévarication des juges et les violences publiques ou particulières. Cependant le peuple et même le sénat connaissaient quelquefois, par extraordinaire, de ces crimes et nommaient des commissaires pour en informer ; c'est ce qui arriva dans la cause de Silanus, accusé de concussion, et de Clodius qui avait profané le culte de la *bonne déesse*, ens'introduisant, déguisé en femme, parmi les dames romaines qui célébraient les mystères sacrés.

RÉCLAMATION, demande tendante à être relevé d'une obligation ordinairement imposée par la loi. Autrefois, il était défendu, sous peine de mort, aux personnes de l'un et de l'autre sexe qui avaient intenté leur action en réclamation, ou obtenu des rescrits (décision du pape) pour être relevées de leurs vœux religieux, de se marier avant que le rescrit eût été fulminé ou le procès jugé. La même peine était décernée contre ceux où celles qui épousaient sciemment de telles personnes.

RECLUS, RECLUSES. Ces mots désignaient autrefois les personnes qui se résignaient a vivre religieusement dans une clôture étroite et hors de toute communication avec la société. On appelait aussi *recluses* les femmes qui, à raison de leur mauvaise conduite, étaient, sur la demande de leur mari, ou par suite de condamnations, renfermées dans un couvent pour y garder une prison

perpétuelle. Si ces mots étaient employés aujou
d'hui, ils ne pourraient convenir qu'aux individ
condamnés à la peine de la *réclusion*, mais la l
pénale actuelle qui établit cette peine ne se se
point du terme de reclus.

RÉCLUSION. Dans la plupart des législatio
et dans les écrits des criminalistes, ce terme e
pris comme synonyme d'emprisonnement. Il n'e
est point ainsi dans les lois françaises. Autrefo
on nommait spécialement réclusion la détention
dans un couvent, des femmes qui avaient mené un
mauvaise conduite. *Voyez* l'article précédent. Au
jourd'hui encore le Code civil qualifie de réclusio
la peine correctionnelle à laquelle doit être con
damnée la femme contre laquelle la séparation d
corps a été prononcée pour cause d'adultère. Ma
la loi pénale, depuis la révolution, a nommé re
clusion un emprisonnement accompagné de circo
stances qui le rendent peine afflictive et infamant
Ce terme a eu deux acceptions différentes. Le Cod
pénal du 25 septembre 1791 appelait *réclusio*
une peine afflictive qui remplaçait pour les fem
mes celle des fers, à laquelle les hommes seuls pou
vaient être condamnés. Le Code pénal de 1810
actuellement en vigueur, qualifie de *réclusion* l
peine que celui de 1791 appelait détention. L'ar
ticle 7 de cette dernière loi porte que « la réclu
sion est une peine afflictive, infamante. » Cette lo
dispose que cette peine consiste en un emprison
nement dans une maison de force ; que sa durée
sera de cinq ans au moins et de dix ans au plus
que le condamné à la réclusion , avant de subir s

peine, sera attaché au carcan sur la place publique; qu'il sera exclus pour toujours des fonctions
de juré ou d'expert; qu'il ne pourra être employé
comme témoin : elle le déclare incapable de tutelle et de curatelle, si ce n'est de ses enfans, et
sur l'avis seulement de sa famille; il est en outre
déchu du droit de port d'armes et de celui de servir dans les armées du roi; enfin, il demeure, pendant la durée de sa peine, en état d'interdiction
légale, et après l'avoir subie il est placé pour toute
sa vie sous la surveillance de la haute-police. Telle
est la réclusion qu'établit et décerne la loi actuelle.
Voici les différens cas où l'application en est prononcée. Les peines des travaux forcés à perpétuité
ou à temps, encourues par des individus âgés de
soixante-dix ans accomplis, sont remplacées par
celle de la réclusion. La peine de la réclusion est
encourue : par l'auteur de toute proposition, quoique non agréée, tendante à former un complot contre la vie ou la personne du chef de l'État ; pour
non-révélation du crime de lèse-majesté ; pour
l'usage préjudiciable aux intérêts de l'État de vrais
timbres, marteaux ou poinçons publics ; par
ceux qui ont contrefait les marques du gouvernement, le sceau, timbre ou marque d'une autorité, ou d'un établissement particulier de banque
ou de commerce, ou qui ont fait usage d'objets
de cette nature contrefaits ; par les faussaires, en
écritures privées, autres que les actes de commerce
ou de banque; par ceux qui ont falsifié une feuille de
route ou fait usage d'une pareille pièce fausse. si la
somme perçue par le porteur excède cent francs ; et

par l'officier public qui l'a délivrée sciemment, quoique la somme perçue n'excède pas cent francs; par les fonctionnaires coupables de concussion; par tout juge ou juré prévaricateur, sauf le cas de l'application d'une peine égale à celle de l'accusé. Voyez *Prévarication*, t. V, p. 145; par tout fonctionnaire, agent ou préposé qui a requis l'action de la force publique contre l'exécution d'une loi, d'une ordonnance ou mandat de justice, d'un ordre émané de l'autorité légitime, ou contre la perception d'une contribution légale; pour crime de rebellion par plus de vingt personnes non armées, ou par une réunion armée de trois à vingt personnes ; pour violence contre les magistrats, les officiers ministériels, ou agens de la force publique. *Voyez* plus haut *Rebellion ;* pour l'évasion des prévenus dans les cas déterminés par les articles 239, 241, 242 du Code pénal ; pour bris de scellés dans le cas de l'article 251 du même Code; pour soustraction, enlèvement et destruction de pièces dans les dépôts publics ; pour association de malfaiteurs ; par tout mendiant ou vagabond qui a exercé quelque violence que ce soit envers les personnes; pour blessures ou violences dans les cas des articles 509 et 312 du Code pénal ; pour avortement provoqué ; pour crime de viol et attentat à la pudeur avec violence; pour enlèvement, recélé, suppression, substitution d'enfant ou de mineur; pour faux témoignage en matière civile de police simple et correctionnelle ; pour certains vols. *Voyez* ce mot. pour communication du secret des fabriques à des étrangers, faite par des directeurs, commis ou ouvriers ; par les fournisseurs qui ont fait manquer le service des armées ; pour destruction d'édifices, ponts, digues, etc., dont on n'est pas propriétaire ; pour brûlement ou destruction d'actes de l'autorité publique, effets de commerce ou de banque ; enfin pour participation aux pillages et dégâts par bandes auxquels on a été entraîné par suite de menaces ou provocations.

RÉCOLEMENT de témoins. C'était, en matière criminelle, une formalité qui consistait dans une seconde lecture que le juge faisait faire au témoin de ce qu'il avait déposé dans l'information, pour savoir de lui s'il persistait dans sa déposition, ou s'il voulait y changer ou y ajouter quelque chose. Cette formalité est abolie.

RECOMMANDATION. En matière criminelle, on appelle ainsi une opposition faite à l'élargissement du prisonnier, pour quelque autre cause que celle pour laquelle il a été constitué prisonnier. Les formalités de la recommandation sont les mêmes que celles de l'écrou. Un prisonnier détenu pour crime peut être recommandé pour d'autres crimes, et, dans ce cas, on préfère la recommandation qui est faite pour le crime le plus grave. Les décrets de prise de corps qu'on peut décerner contre un accusé déjà constitué prisonnier deviennent des recommandations. La recommandation peut aussi être faite sur un homme emprisonné pour dette. Dans l'ancienne jurisprudence, lorsque l'emprisonnement était déclaré nul, les recom-

mandations survenues depuis, quoique faites
vertu des titres légitimes, n'empêchaient pas l'éla
gissement du prisonnier. L'article 796 du Code
procédure civile porte, que la nullité de l'empi
sonnement, pour quelque cause qu'elle soit pr
noncée, n'entraîne point la nullité des recomman
tions. Quoiqu'il n'y ait que les gardes du commer
qui puissent emprisonner à Paris pour dettes c
viles, les recommandations peuvent être faites p
toutes sortes d'huissiers.

RÉCONCILIATION. Anciennement la récon
liation d'une église était comptée comme un point
jurisprudence. C'était une bénédiction nouve
qu'une église recevait lorsqu'elle avait été profan
par quelque effusion de sang ou partout autre sca
dale. *Voyez* POLLUTION, t. V, p. 21. Le régime inqui
torial admettait, sous le nom de *réconciliation,* d
pénitences publiques très-sévères imposées aux h
rétiques. M. Gallois, dans son *Histoire abrégée*
l'Inquisition, cite un acte qui date des premie
temps de l'établissement de ce tribunal. On peu
voir en quoi consistait à cette époque une réconcili
tion. Voici le contenu de cet acte émané du grai
saint Dominique, comme disent les Espagnols;
prouve assez que si ce saint n'a pas eu la *gloire* d'ê
le fondateur de l'inquisition, ainsi que l'ont assu
plusieurs écrivains, son zèle l'en rendait bien digi

« A tous les fidèles chrétiens qui auront co
naissance des présentes lettres, Fr. Dominiqu
chanoine d'Osma, le moindre des prêcheurs : s
lut en Jésus-Christ.

» En vertu de l'autorité du seigneur abbé (

Citeaux, légat du saint-siége apostolique (que
nous sommes chargé de représenter), nous avons
réconcilié le porteur de ces lettres, Ponce Robert.
qui a quitté, par la grâce de Dieu, la secte des
hérétiques ; et lui avons ordonné (après qu'il nous
a promis avec serment d'exécuter nos ordres) de
se laisser conduire, trois dimanches de suite, dépouillé de ses habits, par un prêtre qui le frappera
de verges, depuis la porte de la ville jusqu'à celle
de l'église. Nous lui imposons également pour pénitence de ne manger ni viande, ni œufs, ni fromage, ni aucun autre aliment tiré du règne animal ; et
cela *pendant sa vie entière*, excepté les jours de
Pâques, de la Pentecôte et de la Nativité de Notre-
Seigneur, auxquels jours nous lui ordonnons d'en
manger, en signe d'aversion pour son ancienne hérésie; de faire trois carêmes par an sans manger de poisson pendant ce temps-là; de jeûner trois jours par
semaine *pendant toute sa vie,* en s'abstenant de poisson, d'huile et de vin, si ce n'est pour cause de maladie ou des travaux forcés de la saison : de porter
un habit religieux, tant pour la forme que pour la
couleur, avec deux petites croix, cousues de chaque côté de la poitrine ; d'entendre la messe tous
les jours s'il en a la facilité, et d'assister aux vê-
pres les dimanches et les fêtes ; de réciter exactement l'office du jour et de la nuit, et le *pater* sept
fois dans le jour, dix fois le soir et vingt fois à minuit ; de vivre chastement et de faire voir la présente lettre une fois par mois au curé du lieu de
Cercri, sa paroisse, auquel nous ordonnons qu'il
soit regardé comme parjure, hérétique et excom-

munié, et qu'il soit éloigné de la société des fidèles, etc.»

·· RÉCUSATION. C'est une exception par laquelle
on refuse de reconnaître un juge, ou autre officier.
ou un expert, ou un témoin. La récusation d'un
témoin se nomme ordinairement *reproche*. Voyez
Témoin. — En matière criminelle, il peut y avoir
lieu à deux sortes de récusations : à celle des jurés,
dans les pays qui jouissent de l'institution du jury,
et à celle des juges chez toutes les nations qui ont
une jurisprudence. Quant à la première, voyez
à l'article Jury, t. IV. p. 275 et 283. La récusation
des juges s'opère en France soit en exposant des
motifs personnels que la loi permet d'alléguer
pour écarter un ou plusieurs juges pris individuellement, soit en produisant une cause de suspicion
légitime pour être renvoyé d'un tribunal à un autre : la loi pénale ne s'étant point occupée de la
récusation des juges en matière criminelle, correctionnelle et de simple police, on applique, en
ces matières, les dispositions du Code de procédure civile relatives à la récusation. Les articles
44 et 378 de ce Code exigent que la récusation soit
motivée sur certains faits qu'ils déterminent, et
auxquels ils attachent le caractère de faire présumer l'intérêt personnel du juge dans la cause qui
lui est soumise. Ces faits assez nombreux peuvent
se résumer en deux classes : ceux qui paraissent
capables de faire craindre la partialité du juge
en faveur de l'une des parties, comme la parenté
ou certaines alliances, les services pécuniaires ou
présens reçus, etc.; et ceux qui peuvent être re-

gardés comme des motifs d'appréhender que la
haine personnelle n'influe sur la décision à rendre;
tels sont les procès existans ou nouvellement termi-
nés entre le juge et l'une des parties, ou les parens
et alliés de celle-ci; les inimitiés, agressions, injures ou menaces, etc. La récusation d'un juge-de-
paix est portée devant le tribunal civil, et celle du
juge ordinaire devant celui dont il fait partie; avec
cette restriction que le juge récusé ne peut prendre
part au jugement qui prononce sur la récusation qui
le concerne. Tout juge qui *sait* cause de récusation
en sa personne est tenu de la déclarer à la chambre, qui décide s'il doit s'abstenir (Cod. de proc.
civ., article 380). Les causes de récusation relatives
aux juges sont applicables au ministère public,
lorsqu'il est partie jointe; mais il n'est pas récusa-
ble lorsqu'il est partie principale (id. 381). Celui
dont la récusation est rejetée est passible d'une
amende dont la quotité est laissée à l'arbitraire
du tribunal, mais qui ne peut être moindre de
cent francs. La récusation d'un tribunal entier
n'est autre chose que la demande en renvoi devant
un autre tribunal pour cause de suspicion légitime.
Cette suspicion a lieu, lorsqu'une partie a deux
parens ou alliés jusqu'au degré de cousin, issu de
germain inclusivement, parmi les juges; alliés au
même degré, dans une cour royale; ou lorsqu'elle
a un parent audit degré parmi les juges d'un tribunal de première instance, ou deux parens dans la
cour royale, ou enfin lorsqu'elle-même est membre du tribunal ou de la cour saisie de l'affaire. La
demande en renvoi, pour cette cause, doit, en

matière criminelle, correctionnelle ou de polic
être portée devant la Cour de cassation. Telles so
les dispositions légales qui écartent le danger d
jugemens dictés par la partialité. Elles sont fo
dées sur ce principe général, qu'on ne peut ê
juge et partie dans sa propre cause. Ces dispos
tions ont été, quant au fond, les mêmes sous l'a
cienne jurisprudence française. On·les retrou
dans les législations des pays où la science du dr
est connue.

REDDE (la). Dans le ressort du parlement (
Toulouse, on appelait *redde*, ce qui, dans d'autr
endroits, se nommait *séance aux·prisons*. ou a
dience *de misericordiâ*. C'était un élargisseme
accordé aux prisonniers détenus pour des faut
ou délits peu graves : il avait lieu à l'occasion (
certaines fêtes solennelles; les prisonniers, ain
élargis, étaient tenus de se représenter à la pr
mière sommation qui leur en était faite, et aus
souvent qu'on la leur faisait. Le parlement de T
louse s'appuyait, pour prononcer la *redde*, sur u
ordonnance de Henri II, de l'année 1549. Cependa
ce mode de libération était assez généralemer
regardé comme ·un abus. *Voyez* . SÉANCE A
PRISONS.

REDEMPTEUR DU SANG, (*goel haddam*), ter
employé dans la loi hébraïque pour désigner cel
à qui elle donnait le droit de poursuivre la vengeanc
de la mort d'un parent. Le législateur qui av
ainsi consacré un des usages les plus barbares ·
les plus contraires à l'ordre social, en reconnut lu
même le danger dans une loi subséquente, et, po

obvier aux effets funestes du ressentiment de ces
vengeurs ou *rédempteurs*, il créa une institution
plus vicieuse encore ; ce fut l'établissement de villes de refuge où les meurtriers trouvaient un asile
assuré contre la poursuite de ceux auxquels la loi
avait donné le droit de les punir. Un pareil désordre était la suite de ce défaut, commun à toutes les
législations anciennes, d'admettre la vengeance dans
la répression des crimes.

RÉFRACTAIRE. Ce mot sert à désigner celui qui
refuse un service dû légalement, mais il s'applique plus spécialement aux jeunes gens appelés
pour le service militaire, et qui cherchent à s'y
soustraire autrement qu'en invoquant les exceptions admises par la loi. La pénalité pour ce genre
de délit est loin d'être aujourd'hui clairement établie. L'article 25 du titre V de la loi du 10 mars
1818, sur le recrutement, porte, sous la rubrique
Dispositions pénales, que « toutes les dispositions
des lois, ordonnances, réglemens ou instructions
relatives aux anciens modes de recrutement de
l'armée, sont et demeurent abrogés. » Le même article ajoute : « Les tribunaux civils et militaires,
dans les limites de leur compétence, appliqueront
les lois pénales ordinaires aux délits auxquels pourra donner lieu l'exécution du mode de recrutement déterminé par la présente loi. » Mais le Code
pénal, qui est bien la loi pénale ordinaire, ne prononce pas sur le refus de service, et renvoie (art.
255) aux lois et réglemens qui lui sont antérieurs,
en sorte que la loi de 1814 se trouve ainsi prendre
indirectement sa sanction pénale dans les lois et

réglemens qu'elle vient elle-même d'abroger.
est vrai que le même article attribue aussi la con
naissance des délits sur cette matière aux tribu
naux militaires dans les limites de leur compé
tence. Mais ces tribunaux ne sont autres que les
conseils de guerre, et depuis la paix générale on
doute qu'ils aient une existence légale. Ainsi rien
autre chose que la moralité du gouvernement
actuel ne garantit l'impossibilité du retour des
vexations exercées contre les réfractaires et leurs
parens, sous un régime qui semblait calqué sur
celui qui avait précédé la révolution.

REFUGE (DROIT, VILLES, LIEUX DE.) *Voyez* Asile
tom. I, pag. 449.

REGARDS. On lit dans la relation qu'a donné
le père Busnot de sa mission dans les états de Ma
roc, que, lorsque le roi de ce pays sort avec ses
femmes dans ses jardins, des eunuques courent
devant le cortége, et tirent plusieurs coups de fu
sils afin que tout le monde se retire. Si quelqu'un
par inattention ou empêchement quelconque, est
surpris de sorte qu'il ne puisse s'enfuir à l'in
stant, il n'a d'autre moyen de salut que de se cou
cher le visage contre terre, car le moindre regard
jeté sur les femmes du roi lui coûterait aussitôt
la vie. Le même sort atteindrait ces femmes elles
mêmes si elles se permettaient de regarder l'étran
ger, bien qu'il soit ainsi prosterné.

RÉGICIDE, coupable du meurtre d'un roi; on
désigne aussi par ce mot le meurtre lui-même.
Sans rechercher par quels motifs réels le meurtre
d'un roi est jugé plus condamnable que celui

commis sur la personne d'un simple particulier, il faut reconnaître qu'en effet il a toujours été regardé comme tel dans les États monarchiques, et qu'on y a vu à la fois l'acte le plus dangereux pour la société, et le plus horrible en lui-même par la fiction qui fait d'un roi le père de son peuple. Aussi le coupable d'un tel crime est-il assimilé au parricide, et jugé même plus criminel encore. L'histoire ancienne et moderne offre un très-grand nombre de rois tués par leurs sujets, le plus souvent à l'instigation des nobles et des grands, quelquefois même directement par eux. Dans les temps modernes, la religion a servi de prétexte à l'assassinat et au meurtre de plusieurs rois; des membres du clergé y ont coopéré, non-seulement par leur approbation, mais même en encourageant les fanatiques qui méditaient un pareil attentat. Le régicide, considéré comme sortant de la classe des crimes ordinaires, n'a point été puni d'après les lois ordinaires. La vengeance presque toujours eu part au jugement des coupables ou au choix du supplice auquel ils ont été condamnés. Souvent les véritables auteurs n'ont point été frappés, où ceux qui avaient commis le crime, s'étant emparés du pouvoir, ont joui de l'impunité. Je me contenterai de citer quelques traits de l'histoire moderne, dans lesquels la manière dont ce crime a été exécuté ou puni offre un intérêt plus particulier.

ALLEMAGNE. Albert, duc d'Autriche et empereur d'Allemagne, ayant refusé de mettre Jean, son neveu et son pupille, en possession de l'héritage

qui lui revenait, plusieurs nobles prirent pa[r]
pour le prince dépouillé, et poussèrent le ress[e]
timent jusqu'à se résoudre à attenter aux jo[u]
de l'empereur. Ces rebelles étaient Walter d'E[s]
chembach, gouverneur du jeune prince, Rodol[p]
de Balm, Conrad de Tegelfield et plusieurs au[t]
barons. Jean, reculant devant l'attentat qu'on m[é]
ditait, voulut tenter une dernière démarche a[u]
près d'Albert, et, se jetant à ses pieds, lui deman[d]
de nouveau son héritage; mais il n'en obtint qu[']
nouveau refus accompagné de railleries am[è]
sur son âge et sa faiblesse. La mort de l'emper[e]
fut alors décidée, et le crime exécuté (en 13o[8]
au pied même de la colline où était situé le ch[â]
teau de Hapsbourg, berceau de la puissance [de]
la maison d'Autriche. Jean terrassa son tuteu[r]
Balm lui passa son épée au travers du corps, [e]
le gouverneur Eschembach lui fendit la tête d'[un]
coup de sabre. Cela fait, ils poussèrent le ca[da]
vre dans une ornière, et se réfugièrent dans [les]
montagnes de l'Helvétie. Cependant les fils [de]
l'empereur, instruits par un officier qui avait su[ivi]
Albert, et que les assassins avaient épargné, pou[r]
suivirent la vengeance du meurtre de leur pèr[e]
Ils y furent encore excités par ceux des nob[les]
qui n'avaient pas trempé dans la conspiration, [et]
qui voyaient une occasion de se livrer au pilla[ge]
des biens des proscrits. On attaqua, en effet, l[e]
prit et l'on rasa tous les châteaux des conspirateu[rs]
mais quand on eut terminé cette expédition, [on]
en commença une autre qui s'étendit sur leu[r]
parens, leurs amis et leurs vassaux, et quelq[ue]

barons, qui avaient été vengeurs lors de la première, furent victimes de la seconde : les officiers
domestiques furent massacrés indistinctement, les
biens confisqués, les familles réduites à l'indigence.
Soixante-trois vassaux de Rodolphe de Balm furent, quoique innocens, décapités en un seul jour
en présence de deux enfans d'Albert, Rodolphe
et sa sœur Agnès. Cette princesse, dont on vantait
la dévotion, voulut étrangler elle-même un fils du
comte d'Eschembach, et ce ne fut pas sans beaucoup de peine que les soldats, touchés des larmes
de cet enfant, parvinrent à le lui arracher des
mains.

ANGLETERRE. Ce pays qui, avec la Russie, fut
autrefois la terre privilégiée du régicide, en offre
l'exemple le plus atroce dans celui qui fut commis,
au quatorzième siècle, sur la personne d'Édouard II.
Voyez au mot *Fer rouge*, t. IV, p. 74. Ceux qui,
par ordre de la reine, exécutèrent le crime, furent
sir *Jean de Gurney*, sir *Jean de Montravers* et le
vénérable évêque d'Hereford. Mais le véritable auteur de la mort d'Édouard, l'infâme Isabelle,
sœur de Charles-le-Bel, roi de France, fit enterrer le corps sans ordonner de recherches, et les
régicides ne souffrirent d'autre punition que celle
d'être en horreur à tous leurs compatriotes. Ce
pays a offert le premier l'exemple d'un roi accusé,
jugé et condamné par ses sujets. Il n'est ni dans les
bornes ni dans l'objet de cet ouvrage, de traiter la
question de savoir si un prince peut être justicia-
ble d'une assemblée quelconque, et s'il peut être
condamné pour les actes dépendans de l'exercice

de son pouvoir. En admettant le principe que
pouvoir vient de la nation elle-même, on peut,
est vrai, l'ôter à celui qui en a été revêtu; ma
dans ce principe même, discuter judiciairem
les actes du prince qui représente la nation,
serait-ce pas juger la nation elle-même dans
représentant. Celui-ci pouvait faire tout ce que
mandataires eussent fait s'ils eussent pu agir
médiatement, et nul juge, dans ce dernier
n'eût été compétent. Quoi qu'il en soit, l'Eur
étonnée vit, en 1649, tomber la tête de Charles
sur un échafaud populaire. Les détails du supp
de ce prince offrent des particularités remarq
bles et d'un intérêt tel que je crois devoir les r
peler ici. Le 30 Janvier, au matin, trois jours ap
sa condamnation, Charles sortit de son palais
Saint-James, où il avait passé la dernière nu
pour retourner à celui de White-Hall, où s
sommeil n'avait point été troublé, pendant
deux nuits précédentes, par le bruit des ouvri
qui construisaient son échafaud sous ses fenêtre
Sur les dix heures, après avoir reçu la commun
des mains de l'évêque, il se mit en marche, à pi
pour White-Hall. Deux files de soldats l'esc
taient les drapeaux baissés, les tambours murm
rant des sons lugubres. Immédiatement dev
lui marchaient, la tête nue, ses principaux sa
lites. Le roi, seul couvert, vêtu de deuil, le coll
de Saint-Georges sur sa poitrine, et un panad
noir flottant sur son front, s'avançait ayant à
droite l'évêque Juxon, à sa gauche le colo
Thomlison à qui sa garde était confiée. A la sor

du parc de Saint-James, en face de White-Hall, Charles vit, contre les murs de son palais et au niveau des croisées de son appartement, un écha-faud tendu de noir, le bloc où il allait poser sa tête et le glaive qui devait la trancher. Sa démar-che, dit-on, n'en fut point affaiblie; il entra dans l'intérieur du palais, y prit une légère réfection de pain et de vin. A deux heures et demie les croisées fatales furent ouvertes et Charles s'avança sur le théâtre de son supplice. Deux bourreaux masqués l'y attendaient. Il y prit plusieurs fois la parole, exprima sa résignation, et dit entre autres choses : « J'ai permis qu'un jugement inique ôtât la vie au vice-roi d'Irlande, et je la perds aujour-d'hui par une sentence non moins injuste que la sienne. ». Après quelques autres mots adressés à Juxon, Charles s'occupa de plusieurs détails rela-tifs à son exécution et à la remise de divers objets qu'il laissait en souvenir, puis il se dépouilla de son habit, remit sur ses épaules le manteau qu'il en avait ôté un instant auparavant, et posant sa tête sur le billot, il *ordonna* qu'on le laissât encore adresser une prière à Dieu, et qu'on attendît, pour le frapper, qu'il en donnât le signal en élevant les bras vers le ciel. Son ordre fut respecté; ses bras s'élevèrent; un des exécuteurs masqués tran-cha sa tête d'un seul coup; l'autre la montra au peuple toute sanglante et cria : « C'est la tête d'un traître ! » Il fut permis aux quatre seigneurs qui s'étaient offerts en otages pour Charles, de rendre à ce prince les derniers devoirs, et son

corps fut déposé dans le tombeau de son ancêtre
Henri VIII. Onze ans après, le fils de Charles Ier
ayant été rappelé en Angleterre et placé sur le
trône, borna les effets de sa vengeance à faire périr sept des juges qui avaient conduit son père
sur l'échafaud. On sait que le principal auteur de
cette condamnation, Olivier Cromwel, était mort
tranquillement dans son lit trois ans auparavant,
revêtu du pouvoir dont Charles Ier avait été dépouillé. Ce même Cromwel fut recherché, pen-
dant son protectorat, par toutes les puissances de
l'Europe, et on se souviendra qu'après sa mort,
toute la cour de Louis XIV, excepté une seule
princesse, porta le deuil du régicide puissant et
redouté.

FRANCE. Il serait inutile de rappeler les attentats contre la vie de Henri III, de Henri IV et de
Louis XV. Les noms de Châtel, de Ravaillac, de
Damiens, préconisés, lors de leur crime, par une
secte impie et sacrilége, serviront à jamais d'obstacles au retour d'une influence qu'elle ne laisse
pas d'espérer encore. On peut voir le détail du
supplice infligé à ces assassins, au mot ÉCARTELÉ,
t. III, p. 442. Vers la fin du dernier siècle le besoin, senti depuis long-temps, de réformer d'anciens abus devenus intolérables, amena une révolution que plusieurs partis cherchèrent à diriger
en même temps, les uns pour le bien du pays, les
autres pour des intérêts personnels. Ces derniers
l'emportèrent. Le roi Louis XVI, doué de qualités
et de vertus éminentes, mais dénué de celles qui
eussent été nécessaires à un monarque placé dans

des circonstances aussi critiques, devint la victime des ennemis de la royauté et de ses ennemis personnels, parmi lesquels on a compté des personnages de sa famille, dont l'ambition avait étouffé jusqu'aux sentimens nés des liens du sang. Sa condamnation à mort fut prononcée par la Convention, dans la nuit du 19 au 20 janvier 1793, et la France vit se renouveler chez elle le tragique spectacle dont l'Angleterre avait donné le premier exemple. Louis XVI subit, le 21 janvier, à dix heures et demie du matin, le supplice de la *guillotine*. Voyez ce mot, t. IV, p. 163. Ce prince, plus malheureux que Charles Ier, s'était vu, presque depuis le commencement de la révolution, violenté et outragé; déchu de son rang au 10 août 1792, on l'avait confiné dans la tour du Temple, reste d'une antique forteresse dont on fit une prison où Louis vécut cinq mois privé de toute communication, et dans un état qui devait paraître un dénûment absolu à celui qui avait joui du luxe qui environnait son trône. Enfin son corps, après l'exécution, fut porté à l'instant dans un cimetière obscur et jeté sans honneur dans une fosse profonde garnie et recouverte de chaux vive. Ceux qui appuyèrent par leur vote cette condamnation, se trouvèrent recherchés en janvier 1816. Une loi du 12 de ce mois, qualifiée *loi d'amnistie*, porte (art. 7) : « Ceux des régicides qui, au mépris d'une clémence presque sans bornes, ont voté pour l'acte additionnel, ou accepté des fonctions ou emplois de l'*usurpateur*, et qui, par là, se sont déclarés ennemis irréconciliables de la

France et du gouvernement légitime, sont excl
• à perpétuité du royaume, et sont tenus d'en so
tir dans le délai d'un mois, sous la peine port
par l'article 83 du code pénal (la déportation); i
ne pourront y jouir d'aucun droit civil, y poss
der aucun bien, titre, ni pensions à eux conc
dés à titre gratuit. » Ainsi ceux qui lors du pr
mier retour de la dynastie royale, en 1814, avaie
été oubliés suivant le vœu exprimé au testament
Louis XVI; ceux qui avaient échappé à l'ordo
nance extra-légale du 24 juillet 1815, se tro
vèrent compris dans une proscription postérieu
pour laquelle on s'appuya, afin de les atteind
d'une reprise de fonctions qui n'avait avec le f
réel aucune espèce de connexité. Je connais un
ces déportés qui se trouve ainsi puni pour av
repris, en 1815, une direction des eaux et for
qu'il avait eue pendant dix-sept ans. Au reste,
grand nombre de ces *rotans* a péri dans le m
heur ou dans l'exil. Parmi ces derniers on p
compter Fouché, duc d'Otrante, qui, ministre
Napoléon dans les cent jours, le fut également
Louis XVIII en 1815, et contresigna la fameu
ordonnance de proscription du 24 juillet. Il
trouva lui-même dans la catégorie des proscr
désignés par la loi du 12 janvier. L'article 86
code pénal assimile au parricide l'attentat ou
complot contre la vie ou la personne du roi.

PORTUGAL. Joseph Mascarenas, duc d'*Avein*
l'un des plus grands seigneurs de Portugal, e
marquise dona *Éléonore de Tavora*, sa belle-sœ
ourdirent, dans le siècle dernier, une conspirat

contre le roi Joseph. Le duc d'Aveiro espérait s'emparer du trône, et se vantait de n'avoir qu'un pas à franchir pour y monter. La marquise avait à venger son amour-propre du refus qu'avait essuyé son époux, qui sollicitait le titre de duc. Pour se concilier un plus grand nombre de partisans, elle pratiquait des exercices de religion sous la direction du jésuite *Malagrida*, un des hommes les plus fanatiques qui aient jamais paru. La conjuration éclata le 3 septembre 1758, à onze heures du soir. Au moment où le roi de Portugal, revenant de son château de Bélem, sortait de la porte appelée *la Guenta*, trois des principaux conjurés, à cheval, tirèrent sur le derrière du carrosse deux coups de carabines qui ne firent que blesser légèrement le prince. Des propos imprudens tenus par le duc d'Aveiro ayant fait planer sur lui des soupçons, on l'arrêta avec ses autres complices. Leur procès fut instruit, et, le 13 janvier 1759, le duc d'Aveiro et la marquise de Tavora furent rompus vifs, leurs corps brûlés et leurs cendres jetées au vent. La marquise de Tavora eut préalablement la tête tranchée. Les autres coupables périrent par divers supplices. Quant au jésuite Malagrida, le roi, ne pouvant, à cause de l'opposition du pape, lui faire son procès pour ce fait, se vit obligé de le livrer à l'inquisition comme coupable d'hérésie. Il fut brûlé pour ce dernier *crime* le 21 septembre 1761, mais il ne fut pas question de la part qu'il avait pu prendre à l'attentat contre la vie du roi.

RUSSIE. Les meurtres de souverains sont aussi

fréquens dans l'histoire de ce pays que dans celle de l'empire romain. Commis par ceux à qui valurent le sceptre, il ne saurait être question de pénalité à leur égard. Elle se réduit au blâme de la postérité, qui n'a jamais été un frein bien puissant pour les têtes couronnées.

Et Suède. En 1148, le roi Suercher régnait paisiblement; il rendait le peuple heureux et se faisait respecter des grands; souvent même il se montrait sévère à leur égard, et s'opposait à leurs brigandages : ils résolurent de s'en venger. Le roi avait un fils qui faisait l'espérance de sa vieillesse; les nobles le corrompirent, lui inspirèrent un goût effréné pour les plaisirs et l'amenèrent à manquer de respect à son père. Suercher, désespéré, voulut connaître ceux qui avaient corrompu son fils: c'étaient ses propres ministres; il les envoya au supplice. Les nobles n'oublièrent pas cet affront ils le lavèrent dans le sang de leur roi. Suercher fut assassiné dans son traîneau en se rendant à la messe de minuit. Son fils s'était fait massacrer par le peuple peu de temps auparavant, en voulant enlever la fille d'un bourgeois de Tobstedh. La mort tragique du père et du fils fut ainsi l'ouvrage de la noblesse. Cette même noblesse se révolta encore en 1154, contre le roi Eric, auquel la Suède doit le recueil de lois connu sous le nom de *Saint Eric-Lag* (lois de Saint-Eric). Ce prince avait fait des réglemens sévères pour réprimer tous les abus dont le peuple accusait les grands. Ceux-ci, en effet, regardaient comme un droit le pillage qu'il exerçaient sur les paysans et sur les marchands. Mécontens du monarque qui sévissait contre eux, ils offrirent la couronne, sous condition d'impunité, à Magnus, fils du roi de Danemarck, et s'armèrent contre Eric. Après une vaine résistance, ce dernier fut vaincu et pris : on lui coupa la tête, et les révoltés la portèrent au haut d'une pique. Le peuple retomba alors sous le joug de la noblesse ; mais bientôt il s'en indigna, se souleva contre ses oppresseurs et vengea la mort d'Eric. Aucun de ceux qui avaient détrôné ce prince ne fut épargné ; ils périrent tous, ou les armes à la main ou livrés à divers supplices. On peut remarquer en général que ce sont les meilleurs rois ou du moins les plus vertueux, qui ont succombé sous le poignard des assassins ou sous le glaive de. leurs sujets rebelles, tandis qu'à la honte des peuples, les plus odieux tyrans ont presque toujours terminé paisiblement leur vie.

RÉHABILITATION. La loi pénale française, en attachant l'infamie à certaines peines, a ouvert néanmoins une voie de retour au criminel repentant : l'article 619 du code d'instruction criminelle porte que « Tout condamné à une peine afflictive ou infamante, qui aura subi sa peine pourra être *réhabilité*. » Ce même article et les suivans jusqu'au 632, règlent les conditions et les formes de la réhabilitation. Les conditions sont un délai de cinq ans révolus, depuis l'expiration de la peine ou depuis l'exécution, lorsqu'il ne s'agit que d'une simple exposition au car-

can. Le condamné doit, pendant le même temp
avoir séjourné dans le même arrondissement com
munal, et justifier de bonne vie et de bonnes mœur
par des certificats des diverses autorités locals
Sa demande en réhabilitation est formée devant l
Cour royale, dans le ressort de laquelle réside l
condamné : elle ne peut être admise qu'après u
délai de trois mois, pendant lesquels la public
tion en est faite par la voie des journaux. L'arre
d'admission de cette demande est transmis au mi
nistre de la justice, qui peut consulter le tribu
nal qui a prononcé la condamnation. Enfin l
rapport en est fait au roi dans un conseil priv
La réhabilitation fait cesser, dans la person
du condamné, toutes les incapacités qui résul
taient de la condamnation (art. 633 du mêm
Code). Le condamné pour récidive ne peut jama
être admis à la réhabilitation (article 634). Tou
les criminalistes insistent sur la nécessité de ram
ner sur la personne du criminel l'influence mo
rale de l'estime publique. Une des sources les plu
fécondes de la multiplicité des crimes, est sans dou
le préjugé qui attache un mépris et un éloignemc
perpétuels au condamné qui a subi sa peine : il
trouve ainsi dans une position qui le force, pot
ainsi dire, à recommencer sa carrière infâme.

RÉINTÉGRANDE, action en justice pour
faire remettre et réintégrer en possession d'un im
meuble dont on a été spolié ou évincé. Si le dol o
la violence ont été employés pour priver de la joui
sance d'un immeuble celui qui y avait droit, il c

évident que la voie criminelle doit être ouverte contre le spoliateur ; cependant la loi pénale ne qualifie pas ce genre d'atteinte à la propriété. Il paraît au moins difficile de le reconnaître dans la définition qu'elle donne du vol. Anciennement, on pouvait se pourvoir criminellement en réintégrande en demandant la permission de faire informer. Celui qui avait intenté cette action au civil ne pouvait plus prendre la voie extraordinaire ; mais l'inverse pouvait avoir lieu.

RELAPS, du latin *relapsus*, retombé. On nommait ainsi, en droit ecclésiastique, un hérétique qui retournait à une erreur qu'il avait déjà abjurée. Dans les pays d'inquisition, les *relaps* étaient toujours condamnés au feu. *Voyez* APOSTAT, t. 1, p. 354.

RELAXATION, délivrance d'un prisonnier : on la nomme aujourd'hui *élargissement*. Cette délivrance peut avoir lieu d'après la loi, dans les cas qu'elle a déterminés, comme à l'expiration des délais fixés par elle ou par les jugemens de condamnation ; elle peut aussi résulter du consentement de celui qui a provoqué l'écrou, lorsqu'il s'agit d'un emprisonnement pour dettes. *Voyez* DÉBITEUR, t. III, pag. 352.

La cruauté hypocrite et raffinée de l'Inquisition d'Espagne nommait *relaxation*, la sentence par laquelle les inquisiteurs livraient le condamné au bras séculier en *priant* le juge de ne point appliquer au coupable la peine capitale. Cette prière ne fut jamais qu'une formalité dictée par l'hypocrisie, car il est prouvé par plusieurs exemples

que, si, pour se conformer à cette prière, le jug
n'envoyait pas le coupable au supplice, il était lui
même poursuivi par l'inquisition et mis en juge
ment comme suspect d'hérésie, attendu que la
négligence du juge à faire exécuter les lois civiles
contre les hérétiques, faisait planer sur sa tête des
soupçons suffisans pour attirer les recherches du
saint-office. La dernière sentence de relaxation
prononcée par l'inquisition, le fut en 1805, à
Sarragosse. Les inquisiteurs de cette ville, ayant
mis en jugement un curé qui avait avancé et sou
tenu des propositions condamnées par l'église, les
charges devinrent si graves par l'obstination de
l'accusé, que les inquisiteurs ne crurent pas pou
voir se dispenser de le condamner à la relaxation. Ce curé tomba dangereusement malade et
mourut dans les prisons. Le conseil de la suprême défendit de continuer la procédure contre le mort, afin d'empêcher qu'il ne fût brûlé en
effigie. On reconnaît là l'esprit de corps, qui a été
signalé à l'article *Prêtres*.

RELÉGATION. C'était l'envoi d'un sujet dans un
lieu désigné par le prince pour y rester jusqu'à nouvel ordre. On appelait *relégation*, chez les Romains,
ce que l'on nomme communément *exil*. Dans l'ancienne législation française on distinguait la relégation de la *déportation*, en ce que la première
n'ôtait pas les droits de cité et n'emportait pas confiscation; il y avait aussi la même différence entre
la relégation et le bannissement à perpétuité hors
du royaume. C'était ordinairement par une lettre
de cachet que le roi reléguait ceux qu'il voulait

éloigner de quelque lieu ; quelquefois il était délivré pour cela un simple ordre intitulé *de par le roi.*
Plusieurs édits et déclarations faisaient défenses à
ceux qui étaient relégués, de sortir sans permission du lieu de leur exil ; la déclaration du 24
juillet 1705 prononçait dans ce cas la peine de
confiscation de corps et de biens. Le terme de
relégation ne se retrouve pas dans la loi nouvelle,
qui ne prononce que le bannissement ou la déportation. Cependant on peut reconnaître une véritable relégation dans l'obligation imposée au condamné qui a subi sa peine, de fixer son séjour
dans tel lieu qui lui est désigné, ou de se tenir
éloigné de tel autre, à raison de la surveillance de
la haute police sous laquelle il est placé (art. 44,
code pénal). Dans un sens plus étendu, le mot
relégation pouvant être pris pour déportation,
exil, etc., *voyez* BANNISSEMENT, t. II, pag. 295 ;
BOTANY-BAY, t. III, pag. 23 ; DÉPORTATION, t. III,
pag. 362 ; EXIL, t. IV, pag. 47.

RELIGION. *Voyez* HÉRÉTIQUES, t. IV, p. 174 ;
INQUISITION, t. IV, p. 210 ; et PRESSE (liberté de
la), t. V, p. 122, 131.

REMÈDES SECRETS. L'exposition et la vente des
remèdes secrets non autorisés, sont prohibés par
la loi du 21 germinal an XI (11 avril 1803), dont
l'article 36 prononce l'application des peines portées contre ce délit par le Code des délits et des
peines. Mais ce Code ayant été remplacé par celui
de 1810, et ce dernier ne prévoyant pas ce genre de
délit, il faut penser que ceux qui s'en rendraient
coupables, ne seraient passibles que de peines de

simple police, à moins que les remèdes débités ne fussent nuisibles à la santé, et ne pussent donner lieu à l'application de la peine de l'amende de 16 fr. à 200 fr., et d'un emprisonnement de six jours à deux ans (article 318, code pén.).

· RÉMISSION. On appelait autrefois lettres de rémission, l'acte par lequel le prince remettait à un criminel la peine à laquelle il avait été condamné; cette dénomination s'appliquait plus particulièrement aux lettres de grâce accordées à ceux qui avaient mérité la mort. Ces lettres étaient différentes des lettres d'abolition et de pardon. *Voyez* ABOLITION, t. I, p. 45; GRACE, t. IV, p. 155; PARDON, t. V, p. 22.

, REMONTRÉ. Au temps où le clergé jugeait les citoyens, les recherchait pour leurs opinions religieuses et les envoyait à la mort, en leur supposant des crimes imaginaires d'erreurs et d'hérésie, on exposait quelquefois l'accusé sur un échafaud dressé dans un lieu public, et là, il était prêché catéchisé et *remontré*. Dieu sait quel sermon, quel catéchisme, quelle remontrance on lui faisait! C'était une sorte d'interrogatoire captieux par lequel on s'efforçait, avec des dehors d'indulgence, de tirer du malheureux une abjuration, c'est-à-dire un aveu des torts qu'on lui imputait : on le condamnait ensuite à la prison, et, plus tard, une accusation nouvelle pesait sur lui sous le moindre prétexte. Cette fois, il ne s'agissait plus d'une prétendue indulgence : on établissait que le prévenu avait feint de revenir à la vérité pour s'en écarter de nouveau; on le déclarait relaps, et la condam-

nation au feu s'en suivait. Telle fut la marche suivie dans le procès de notre héroïne Jeanne-d'Arc.
À son jugement opinèrent les évêques de Coutan-
ces et de Lizieux, le chapitre entier de l'église ca-
thédrale de Rouen, seize docteurs en théologie,
six licenciés ou bacheliers de la même faculté, et
onze avocats de Rouen!

REMORDS. Le criminel que la justice n'a point
atteint, n'échappe pas entièrement à la peine que
son crime lui a méritée. Il en est une que la nature elle-même attache à toute action coupable,
c'est le remords. On a vu souvent le cri de la conscience révéler, après plusieurs années, des crimes
impunis jusque-là, et appeler ainsi le glaive de
la loi sur la tête de leurs auteurs. Mais ni les lois
ni les remords n'atteignent ceux qui, profitant de
certains préjugés sociaux, ruinent ou font périr
leurs semblables en vertu de ce qu'ils appellent
leurs droits.

RÉPARATION. Outre la peine infligée à celui
qui se rendait coupable d'injure ou d'offense, et
sa condamnation à des dommages-intérêts envers
l'offensé, l'ancienne jurisprudence admettait encore
les *réparations*, qui consistaient en une rétractation verbale ou écrite de l'injure faite et des propos ou écrits offensans pour lesquels la condamnation avait eu lieu. Quelquefois la réparation se
faisait par un simple acte remis au greffe. Mais
souvent, pour la rendre plus authentique, on ordonnait qu'elle serait faite en présence de certaines
personnes, ou devant un juge commis à cet effet,
ou même en pleine audience. La loi nouvelle ne

prononce rien de semblable, et se borne, quand l'injure a été faite par écrit, à la suppression du libelle injurieux. *Voyez* AMENDE HONORABLE, t. I. p. 299; DIFFAMATION, t. III. p. 294.

. RÉPARATIONS D'ÉDIFICES. Une amende de un franc à cinq francs est prononcée, d'après l'art. 471 du Code pénal, contre ceux qui ont négligé ou refusé de faire, aux édifices menaçant ruines, les réparations ordonnées par l'autorité. Si le défaut de réparations, même non ordonnées, a causé la mort d'animaux appartenant à autrui, le coupable de cette négligence est puni d'une amende de onze francs à quinze francs.

· REPAS. *Voyez* AMENDE, t. I, p. 264; VIVRES ET REPAS.

· REPETUNDARUM CRIMEN, ou *Crimen de repetundis*, noms que les Romains donnaient aux crimes de concussion et de péculat. *Voyez* CONCUSSION t. III, p. 258; et PÉCULAT, t. V, p. 58.

REPRÉSAILLES. Actes d'hostilités qui consistent à venger sur les personnes ou les biens de quelques particuliers d'un pays, les torts faits par le prince ou d'autres particuliers à des étrangers qui en ont vainement demandé la réparation. Ce que l'on nomme le droit des gens, c'est-à-dire la loi du plus fort, consacre et justifie les représailles, et fait ainsi porter à l'innocent la peine due au crime d'un autre. La raison qu'on en donne est que le citoyen qui appartient à une société répond, en compensation des avantages qu'il en retire, des pertes que peuvent lui faire éprouver les actes généraux de cette société. Ce droit fictif de société qui autorise un ennemi à sacrifier aux horreurs de l'exécution militaire, des villes innocentes du délit prétendu qu'on impute à leur souverain, est un droit de politique barbare digne à peine; quoi qu'en dise Grotius, de ces hordes sauvages dont la raison ne s'éloigne guère de l'instinct féroce des brutes. Pour le fait des représailles, les souverains des nations civilisées accordaient des lettres de marque à leurs sujets lésés, pour reprendre sur les biens de quelqu'un du parti ennemi, l'équivalent du dommage qui leur avait été causé et dont ils n'avaient pu avoir justice. J'ose croire que de pareilles autorisations ne se donneraient plus aujourd'hui, si ce n'est peut-être pour les courses en mer, espèce de piraterie légale, mais qu'on peut ne pas regarder comme simple représaille puisqu'elle n'est approuvée qn'en cas de guerre déclarée. L'article 85 du Code pénal français prévient la justice à rendre aux étrangers lésés, en décernant, la peine du bannissement contre quiconque aura par des actes non approuvés par le gouvernement, exposé des Français à éprouver des représailles.

RÉPRIMANDER, châtier par des paroles celui qui a commis une action répréhensible. La réprimande était autrefois au nombre des peines qu'infligeait la justice; elle emportait une certaine flétrissure. Il y avait une réprimande d'un autre genre, que les cours et les tribunaux adressaient aux officiers ministériels qui encouraient le blâme des magistrats. On la nommait *animadversion*. *Voyez* ce mot, t. 1, pag. 335. Les tribunaux peu-

vent encore aujourd'hui réprimander dans ce dernier cas. Les conseils et chambres de disciplin:
de certains ordres ou professions ont le droit d'es
réprimander les membres pour des faits déterminés. *Voyez* AVOCATS, t. II, p. 159, et AVOUÉS, t. I
p. 212.

RÉPUDIATION. Il ne faut pas confondre la répudiation avec le divorce : ce dernier terme es
d'une acception plus étendue et signifie en général la rupture des liens du mariage. La répudiation est un mode particulier d'opérer le divorce
elle consiste dans un simple acte de la volonté d
l'un des deux époux qui renvoie et qui répud
l'autre. Cette faculté, dans les pays où elle a é
admise, n'a été accordée qu'aux hommes : le m
tif de cette préférence serait difficile à assigner,
moins que l'on n'y voie une application du dro
de la force. Quoi qu'il en soit, la répudiation
pratiquait chez les peuples les plus anciens (
principalement en Orient.

JUIFS. La loi de Moïse permettait au mari de r
pudier sa femme quand il lui plaisait, en lui e
voyant seulement l'acte ou la lettre de répudiation, *libellus repudii.* Voici le passage de cette loi
« Si un homme épouse une femme, et qu'ensui
elle ne trouve pas grâce à ses yeux à cause de que
que chose de honteux, il lui écrira une *lettre*
répudiation, la lui remettra en main, et la renven
hors de son logis. » (*Deutér.,* ch.. XXIV, v. 1.) 0
attribue pour motif, à cette disposition si favor
ble à l'arbitraire des maris, la connaissance qu'a
vait Moïse du penchant invincible de son peup

à la luxure, et du danger inévitable d'une révolte si la loi leur eût imposé un joug particulier que les autres nations n'avaient point ; car la répudiation était reçue non-seulement chez les Égyptiens, mais encore chez les autres nations qui environnaient la Palestine. La loi judaïque n'accordait le privilége de donner la *lettre de répudiation* qu'au mari à l'égard de sa femme ; mais Salomé, sœur du roi Hérode, soutenue de la puissance de ce prince, et prétendant avoir à se plaindre de Costabare Iduméen, son second mari, lui envoya, contre l'usage et la loi, la lettre de divorce, et ne s'autorisa ainsi que de sa propre volonté, à laquelle Costabare fut obligé de se soumettre.

ROMAINS. Les fiançailles chez les Romains pouvaient être rompues par la *répudiation*. Le billet qu'envoyait celui qui répudiait était conçu en ces termes : « Je rejette la promesse que vous m'avez faite ; ou, Je renonce à la promesse que je vous avais faite. » L'homme était alors condamné à payer le gage qu'il avait reçu de la femme, et celle-ci était condamnée au double ; mais lorsque ni l'un ni l'autre n'avait donné sujet à la répudiation, il n'y avait point d'amende. Le mot de répudiation s'entendait principalement de la renonciation que faisait l'époux répudiateur, aux avantages qui lui avaient été constitués par l'autre : aussi la formule de divorce était : *res tuas tibi habeto*, dont un auteur comique a rendu heureusement le sens dans ces deux vers :

Nous ne sommes pas faits, je le vois, l'un pour l'autre ;
Mon bien se monte à tant, tenez, voilà le vôtre.

Bien qu'il paraisse que le divorce des Romains
devait être motivé, et que le sujet en était exa-
miné dans une assemblée des parens et amis du
mari, on ne peut y méconnaître le caractère de
la répudiation telle qu'elle vient d'être définie. Le
trait suivant, rapporté par Plutarque, dans la vie
de Paul Émile, en est une preuve. Un Romain
ayant répudié sa femme, ses amis lui en faisaient
des reproches et lui demandaient : « Votre femme
n'est-elle pas sage? n'est-elle pas belle? ne vous
a-t-elle pas donné de beaux enfans? » Pour toute
réponse, il leur montra son soulier, les question-
nant à son tour : « Ce soulier, leur dit-il, n'est-il
pas beau? n'est-il pas neuf? n'est-il pas bien fait?
Cependant aucun de vous ne sait où il me blesse. »
On voit par là que le mari était seul juge des véritables motifs de sa séparation d'avec sa femme,
et des secrets dégoûts qui le portaient à la répudier. Les Romains avaient reçu des Grecs l'usage
de la répudiation, et la transmirent à plusieurs
des peuples dont ils firent la conquête. Il subsis-
tait sous les premiers rois de France ; la première
et la seconde race en offrent de nombreux exemples. On en voit encore des traces jusque dans le
treizième siècle. Le contrat de mariage de Pierre,
roi d'Arragon, avec Marie de Montpellier, en 120.,
contient cette clause remarquable : Le prince promet solennellement de ne jamais *répudier* Marie, et

qui plus est, de n'en épouser jamais aucune autre pendant sa vie.

Tonquin. On retrouve encore aujourd'hui la répudiation usitée chez les peuples dont la civilisation n'est pas assez avancée pour avoir créé de nouveaux devoirs plus stricts que ceux qu'impose la nature. Les nations orientales ont particulièrement conservé cet usage. Un Tonquinois qui veut répudier sa femme lui donne un billet signé de sa main et marqué de son sceau, par lequel il reconnaît qu'il abandonne tous ses droits, et qu'il lui rend la liberté de disposer d'elle-même. Sans cette espèce de certificat, elle ne trouverait jamais l'occasion de se remarier ; mais lorsqu'elle y est autorisée par l'acte de sa séparation, ce n'est point pour elle une tâche d'avoir été au pouvoir d'un homme et d'en avoir été abandonnée. Elle emporte, avec ce qu'elle a mis dans la société du mariage, tout ce que son mari lui a donné en l'épousant. Ainsi, sa disgrâce n'ayant fait qu'augmenter son bien, elle n'en a que plus de facilité à former un nouvel engagement. Les enfans qu'elle peut avoir eus demeurent au mari. Cette compensation d'avantages rend les répudiations très-rares. *Voyez* Divorce, t. III, p. 413 et suiv.

REQUÊTES DE L'HOTEL, juridiction qui tirait son origine des *plaids de la porte.* Anciennement, la justice se rendait aux portes des villes, des temples, des palais des rois et de ceux des seigneurs, par des commissaires nommés à cet effet. Ces plaids de la porte furent remplacés par les *requêtes de l'hôtel,* c'est-à-dire les requêtes que

ceux de l'hôtel du roi présentaient pour obten.
justice. Cette juridiction était d'abord ambulatoi
à la suite du roi, et se tenait dans les différens pa
lais ou châteaux dans lesquels le roi faisait son sé
jour. Vers l'année 1544, son siége fut fixé dans k
palais du roi à Paris, où est maintenant le Pala
de Justice.   '

RÉQUISITION, demande faite aux particulie
par l'autorité, d'objets ou de denrées pour le ser
vice public. La loi du 19 brumaire an 3 prononce
en cas de refus, la confiscation des objets requis
elle punit de six ans de fers les agens ou adm
nistrateurs qui détournent à leur profit les ré
quisitions (article 15). La même peine est en
courue par ceux qui font des réquisitions san
y être autorisés, ou qui excèdent celles qu'ils son
chargés de faire (article 16). Les réquisition
sont de véritables marchés forcés dont le pri
n'est ni promptement ni régulièrement payé pa
l'acquéreur : heureux le propriétaire requis quan
il est indemnisé intégralement.

RÉQUISITOIRE, acte que fait par écrit le ma
gistrat chargé des fonctions du ministère public
et par lequel il *requiert* l'instruction et la pour
suite d'un crime, d'un délit ou d'une contraven
tion. On confond vulgairement le réquisitoire ave
les conclusions motivées prises à l'audience. Ce
deux actes diffèrent dans la forme et dans le fond
Le premier est écrit, le second verbal. Le réquisi
toire a pour objet la poursuite fondée sur des in
dices ; les conclusions provoquent directement la

condamnation, et s'appuient sur les preuves fournies par l'instruction et les débats.

RÉSISTANCE. *Voyez* RÉBELLION.

RESPECT (manque de). La Chine est le pays du monde où la majesté du souverain est l'objet (forcé il est vrai) de la plus grande vénération. Le simple manque de respect y est puni de mort. Le dernier empereur du sang chinois Hoait-Sang, après avoir laissé ses États en proie à la double usurpation des Tartares et du mandarin Listching, sans quitter son palais où il s'était enfermé avec ses femmes et ses eunuques, reçut de son officier rebelle une lettre fort courte par laquelle Listching l'exhortait à abdiquer l'empire. L'empereur ordonna que l'on coupât la tête aux deux eunuques, pour lui avoir apporté une lettre dans laquelle on lui manquait de respect. Le roi tributaire de Corée, Li-toun, ayant fait présenter à l'empereur Khang-hi, en 1695, une requête dans laquelle l'étiquette était blessée en quelques points, le tribunal des cérémonies, auquel ce mémoire fut renvoyé, condamna le prince suppliant à payer une amende de dix mille onces chinoises d'argent, et à être privé, pendant trois ans, des rétributions qui lui étaient accordées en indemnité du tribut annuel auquel il était assujetti. En Suède, la constitution portait que celui qui manquerait de respect à la personne du roi de vive voix ou par écrit encourrait la peine de mort. *Voyez* LÈSE-MAJESTÉ, t IV, p. 313.

RESTES (crime des). C'est le nom que don-

nait la loi romaine dite *Julia* à une sorte de péculat dont se rendait coupable celui qui n'avait
pas employé l'argent du public à l'usage pour lequel il lui avait été confié, et celui qui avait négligé de déclarer ou de porter sur les registres de
l'État l'argent qui lui restait d'une administration, d'un achat ou d'un bail ; ou qui, après l'a-
voir inscrit sur les registres, le gardait chez lui
plus d'un an. Toutes ces personnes étaient obligées à rendre ce qu'elles avaient détourné, et, selon quelques jurisconsultes, à rendre, beaucoup
plus. La poursuite avait aussi lieu contre leurs
héritiers. Si le crime était commis depuis cinq
ans, il n'était plus recherché.   :

RESTITUTIONS. Si la société se trouve intéressée à la répression des crimes et des délits,
c'est pour le dommage qu'ils causent aux individus envers qui ces crimes ou délits sont
commis ; car il est absurde de dire qu'il y ait une
action mauvaise en soi. Un des principaux objets
du législateur a donc dû être de réparer le mal
causé. Au nombre des moyens de réparation sont
les restitutions de biens enlevés, que l'on évalue
en argent quand elles ne peuvent être effectuées
en nature. Les dispositions de la loi française mettent les restitutions avant les amendes ; elles ou-
vrent à la partie lésée pour parvenir au paiement
des sommes ou à la remise des objets à restituer
la voie de la contrainte par corps ; enfin elles affectent par privilége et préférence au recouvrement
des restitutions, les sommes versées dans les caisses
publiques à titre de cautionnement. (Code pénal

art. 46, 54, 467 et 468.) La loi Caroline plaçait également la restitution avant l'amende. Cette loi qui, à l'imitation de celle des Romains, punissait le vol de peu de conséquence de la restitution du double de la valeur de la chose enlevée, ne donnait cependant de privilége que jusqu'à concurrence de la valeur simple. *Voyez* VOL.

RETENTUM, terme latin que l'on avait conservé dans l'usage du palais, sous l'empire de l'ancienne législation; il exprimait ce qui était retenu *in mente judicis* (dans l'intention du juge), et qui n'était pas exprimé ou prononcé dans le jugement. Ces sortes de réticences n'étaient guère usitées qu'en matière criminelle; par exemple, lorsqu'un homme était condamné au supplice de la roue, la cour mettait quelquefois en *retentum* que le criminel serait étranglé au premier, second ou troisième coup. L'usage de ces *retentum* était fort ancien ; on en retrouve un exemple dans les registres *olim*, en 1310, où il est dit que le parlement condamna un particulier en l'amende de deux mille livres au profit du roi, mais qu'il fut arrêté *in mente curiæ* (dans l'intention de la cour) que le condamné n'en paierait que mille (1). Loyseau dit, dans son *Traité des Offices*, que les cours souveraines pouvaient seules mettre des *retentum* à leurs jugemens ; cette opinion est confirmée par la disposition de l'article 7, titre 10 de l'ordonnance de 1670. — Un

(1) Voici les termes de ce retentum : *Sed intentio curiæ est quòd non leventur nisi mille libræ et quòd rex quittet residuum.*

retentum, outre qu'il ne serait pas exécuté, sera
aujourd'hui une véritable prévarication.

RÉTRACTATION. La conscience, cette faculté
de l'homme par laquelle il se juge lui-même, est
malheureusement bien molle et bien complaisante
chez la plupart de ceux même qui font profession
d'en avoir le plus ; aussi est-il bien peu d'exemple
à citer où elle ait, comme dans celui que je vais
rapporter. donné la force de braver les supplices.
— Le célèbre Jérôme de Prague, disciple de Jean
Hus, mais bien supérieur à son maître en esprit,
en éloquence, avait d'abord souscrit à la condamnation de cet hérésiarque; mais ayant appris avec
quelle grandeur d'âme Jean Hus était mort, il se
rétracta publiquement, et fut envoyé au bûcher.
Son supplice est de l'année 1416.

RÉUNION. *Voyez* Assemblees, t. II, p. 9 et suiv
Association, t. II, p. 23; Attroupemens, t. II, p. 45;
Bandes armées, t. II, p. 291 ; Rassemblement, t. l,
p. 231; Sédition ; Sociétés secrètes.

RÊVE PUNI. *Voyez* Lèse-majesté (crime de)
t. IV, p. 314, note 1.

RÉVÉLATION. Ce terme, dans l'usage, n'est
point accompagné de l'idée odieuse qu'on attache
à ceux de délation et de dénonciation, bien qu'il
leur soit synonyme. Il semble que la révélation d'un
crime ou d'un délit dangereux pour la société soit
un devoir pour le citoyen ; mais, d'une part, des
motifs puissans, comme la parenté qui lierait la
personne du coupable à celle du témoin de son
crime, l'asile demandé à ce dernier, etc., peuvent
faire que la conscience répugne à sacrifier une per-

sonne que sa position rend pour ainsi dire sacrée ;
d'un autre côté, une cause plus générale s'oppose
à ce qu'un homme honnête se porte facilement à
une révélation ; c'est la crainte d'être assimilé aux
véritables délateurs, à ces gens pris dans les rangs
même des malfaiteurs et soudoyés pour la recherche secrète et la dénonciation des actes condamnés par les lois. — Celles-ci en France admettent
seulement l'excuse de la parenté (Code pén., 107,
137); hors de là elles exigent dans certains cas
la révélation du crime, dont on a connaissance
avant ou après son exécution. Les peines attachées
au défaut de révélation varient suivant l'importance que le législateur a cru voir dans la découverte du crime, et de ceux qui l'ont commis ou
ont projeté de le commettre. La non-révélation du
crime de lèse-majesté emporte la peine de la réclusion, et quand il s'agit d'un complot contre la sûreté intérieure ou extérieure de l'État, on prononce
une amende de cinq cents à deux mille francs et
un emprisonnement de deux à cinq ans, avec surveillance à l'expiration de la peine. A l'égard de ce
genre de crime, la loi, pour en favoriser la révélation, accorde l'exemption de toutes peines aux
coupables qui donnent connaissance du complot
avant son exécution et toutes poursuites. (Code
pénal, 105, 106 et 108.) Un emprisonnement
d'un mois à deux ans est encouru par ceux qui
ne révèlent pas le crime de fausse monnaie, ou
celui de contre-façon du sceau de l'État, des
effets émis par le trésor public et des billets de
banque. — La révélation était également ordonnée

par les lois anciennes et favorisée par elles, surtout pour le crime de lèse-majesté. En France,
Louis XI, contre lequel on conspirait souvent,
porta cette loi terrible. Tous les peuples ont en
de pareilles dispositions législatives ; et souvent
même elles ont été poussées jusqu'au degré le plus
odieux. Une loi des Bourguignons (1) réduisait en
esclavage la femme ou le fils qui ne révélait pas
le vol de son mari ou de son père. — Les lois actuelles de l'Angleterre ne regardent pas comme
criminels d'une conspiration ceux qui en sont
instruits et qui ne la révèlent pas : elles ont supposé que le délateur est aussi infâme que le cons-
pirateur est coupable. *Voyez* COFFRE, t. III, p. 245;
DÉLATEUR, t. III, p. 350; DÉNONCIATEUR, t. III,
p. 558; et LÈSE-MAJESTÉ, t. IV, p. 316. Ce qu'on
appelait autrefois la question préalable n'était
qu'une révélation forcée. *Voyez* QUESTION, t. V,
p. 176. Il est une certaine classe de gens à qui la
révélation loin d'être ordonnée est au contraire défendue; ce sont les médecins, chirurgiens, et autres
officiers de santé, les pharmaciens, les sages-femmes, et *toutes autres personnes* dépositaires par état
ou profession des secrets qu'on leur confie. L'article 378 du Code pénal prononce contre eux, dans
le cas où ils auraient révélé ces secrets, la peine
d'un emprisonnement d'un mois à six mois, et
d'une amende de cent francs à cinq cents francs.
Les confesseurs doivent être spécialement compris
dans cette catégorie; mais le mal qu'ils peuvent

(1) *Lex Burgundiorum*, tit. 41.

causer par leurs révélations semble trop légèrement puni. On tombait autrefois à cet égard dans
l'excès opposé. Nicolas Bouchol, confesseur des
religieuses de l'abbaye de la Saussaie, convaincu
d'avoir abusé du secret de ces religieuses, fut condamné, par arrêt du 22 juin 1673, à être pendu et
brûlé, et ses cendres jetées au vent. Il est douteux
qu'on eût sévi si rigoureusement contre lui, s'il
n'eût pas offensé des personnes de cette classe. La
peine canonique de cette espèce de prévarication
était la déposition du confesseur et sa détention à
perpétuité dans un monastère.

RÉVOLTE, soulèvement du peuple, de l'armée,
d'un corps, contre le chef chargé de les commander, ou contre le prince. La révolte est le fait même
d'un attentat contre l'autorité, ou d'une résistance
à ses ordres, exécuté en masse et provoqué par des
injustices ou des vexations réelles ou supposées.
Elle peut être le résultat d'une conspiration ou
d'un mouvement spontané. — Le terme de révolte
ne s'appliquerait pas exactement à l'attentat exécuté par suite d'un complot tramé par un certain
nombre d'individus qui ne forment pas un corps,
et ne s'insurgent pas directement contre le chef
qui les commande, à raison du corps auquel ils
appartiennent. Les mouvemens, de quelque nature
qu'ils soient, contre les ordres de l'autorité ou tendant à son renversement, sont plutôt compris sous
le terme plus général de *sédition*. *Voyez* ce mot.

RHINOCOLURE ou RHINCOLURE. *Voyez* Nez
coupé, t. IV, p. 468.

RIBAUDS (Roi des). Philippe-Auguste, pour

la sûreté de sa vie, créa une milice qu'on appela *les Ribauds,* et qui plus tard prit le nom d'*Enfant perdus.* Ces Ribauds, armés de massues, veillaient jour et nuit auprès de la personne du Roi, et, au premier signal, ils assommaient les gens suspects, sur l'ordre de leur chef qui prenait le titre de *roi des Ribauds.* Fauchet compte le *roi des Ribauds* au nombre des officiers de la maison du Roi, et dit qu'une de ses principales fonctions était de visiter le soir toutes les chambres, une torche à la main et de s'assurer qu'il n'y avait ni étrangers, ni larrons, ni débauchées, ni officiers avec elles. Le Feron, en lui assignant le même emploi. ajoute qu'il était sergent des premiers maîtres d'hôtel ; qu'il e avait deux ou trois sous lui avec un prévôt, pour garder les prisonniers ; enfin qu'il avait inspection sur les femmes publiques de la Cour, qui ne pouvaient loger autre part que chez lui. Mais le roi des Ribauds avait encore d'autres emplois et prérogatives. A Paris, il se tenait à la porte du Palais, n'y laissait entrer que ceux qui en avaient le droit il jugeait les prévenus de crimes commis dans l'enceinte du séjour du Roi, et pour l'ordinaire il mettait ses propres jugemens à exécution. Dans la suite son emploi se borna à celui de bourreau ; il exécutait les sentences du prévôt du Palais. — Voici ce qu'on trouve dans la *Somme rurale,* sur les attributions de ce Roi. L'auteur, après avoir dit que le prévôt doit juger de tous les délits qui se commettent dans le camp du Roi, ajoute : « Et le roi *des Ribauds* en a l'exécution, et s'il advenait que aucun forfacce, qui soit mis à exécution criminelle

le prévôt de son droit, a l'or et l'argent de la ceinture au malfaiteur, et les maréchaux ont le cheval
et les harnois et tous autres hostils, se il y sont ;
réservé les draps et les habits quel qu'ils soient,
dont ils soient vêtus, qui sont au *roi des Ribauds*
qui en a fait l'exécution. Le *roi des Ribauds*, si se
fait, toutefois que le Roi va en ost (armée) ou en
chevauchée, appeler l'*exécuteur des sentences* et com-
mandements des maréchaux et de leurs prévots. Le *roi
des Ribauds* a, de son droit a cause de son office,
connaissance sur tous jeux de dez, berlens et d'autres qu'il se font en ost et chevauchée du Roi; *item*
sur tous les logis des bourdeaux et des femmes
bourdelières, doit avoir deux sols la semaine; *item*
l'exécution des crimes, de son droit, les vestemens
des exécutés par justice criminelle. » Ainsi le *roi
du Ribauds*, dit M. Dulaure, gardait les portes du
Palais, était bourreau, partageait avec le prévôt
les dépouilles des condamnés, et avait l'inspection
de la police des jeux de hasard, des maisons de
prostitution, ainsi que des femmes publiques qui
suivaient ordinairement la Cour. Il percevait, suivant Ducange, une contribution de cinq sous sur
toutes les femmes adultères. — Du Tillet prétend
que le roi des Ribauds était le grand-prévôt de
l'hôtel lui-même, auquel il appartenait de juger
des dissolutions et des crimes qui se commettaient
à la suite de la Cour, hors de la maison du Roi. —
On trouve dans les comptes publiés par Sauval, que
ce titre existait encore en 1448, et qu'un nommé
Étienne Musteau en était alors revêtu. Si la charge
ne fut pas alors supprimée, on cessa du moins,

vers cette époque, d'y attacher la dénomination
roi des Ribauds. Il est probable que les fonctions
furent depuis attribuées au *grand-prévôt de l'hôt.*

RIPUAIRE (loi). *Voyez* AMENDE, t. I, p. 2
et 279.

RIVIÈRE (jeter dans la). Lorsqu'après l'assas
nat du prévôt des marchands Marcel, le dauphi
depuis Charles V, fut entré dans Paris, il don
des lettres d'abolition pour tous les délits comm
contre l'autorité royale. Mais le lendemain il f
décapiter, sur la place de Grève, un échevi
le chancelier et le trésorier du roi de Navar
Leurs corps et ceux des victimes de la porte Sai
Antoine furent exposés nus, pendant plusieu
jours, dans la cour de l'église de Sainte-Catheri
et ensuite *jetés dans la Seine.* — Au royaume d
Benin en Afrique, il y a, entre autres manièr
de se purger d'un crime, une *sorte d'épreuve q*
consiste à se jeter dans une certaine rivière qu
suivant les naturels du pays, a la propriété d'e
gloutir les coupables, et de rejeter doucement s
les bords les innocens. même ne sachant pas n
ger. Cette épreuve n'est autre chose que l'établi
sement d'une véritable impunité, les nègres éta
tous d'habiles nageurs; peut-être aussi les ju
ont-ils quelques moyens secrets d'empêcher ce
qu'ils jugent criminels de se sauver des eaux,
cachent-ils ainsi une condamnation qui les re
drait odieux s'ils la faisaient connaître. — L
trait rapporté par Duhalde montre ce que peu
vent faire chez un peuple peu éclairé les gr
qui, sous le manteau de la religion, travaillent à d

blir les croyances superstitieuses. — Il y a peu d'années, dit cet auteur cité par La Harpe, qu'en Chine le gouverneur d'une ville, voyant une foule assemblée sur un grand chemin, s'informa de l'objet d'une pareille réunion. On lui répondit que les bonzes célébraient une fête extraordinaire. Ils avaient placé sur un théâtre une machine terminée par une petite cage de fer, au-dessus de laquelle passait la tête d'un jeune homme dont on ne voyait distinctement que les yeux roulant dans leur orbite d'une manière effrayante. Un bonze avait annoncé au peuple que ce jeune homme allait se sacrifier *volontairement*, en se précipitant dans une rivière profonde qui coulait près du grand chemin; « cependant, avait ajouté le bonze, il n'en mourra point: au fond de la rivière il sera reçu par des esprits charitables qui lui feront un accueil aussi favorable qu'il puisse le désirer... » Le gouverneur déclara qu'il admirait le courage du jeune homme, mais qu'il était surpris que ce ne fût pas la victime elle-même qui eût annoncé sa résolution au peuple. Il ordonna qu'on le fît sortir de la cage où il était enfermé afin de pouvoir l'interroger. Les bonzes ne manquèrent pas de se récrier et de protester que le sacrifice serait profané si l'on agissait ainsi; mais le gouverneur réitéra ses ordres que ses gardes se mirent en devoir d'exécuter; ils trouvèrent le malheureux jeune homme, non-seulement lié par les pieds et les mains, mais à demi suffoqué par un bâillon qui lui remplissait la bouche. Dès qu'il fut délivré, il s'écria: « Vengez-moi de ces assassins qui veulent me

noyer. Je suis un bachelier dans les arts ; j'a
à Pékin subir l'examen. Hier une troupe de bon
m'enleva violemment ; ils m'ont attaché ce ma
à cette machine pour me noyer ce soir. » Les ga
des se saisirent alors des bonzes qui cherchaien
s'éloigner. Le supérieur, celui qui avait harang
le peuple, fut envoyé au fond de la rivière che
cher les esprits charitables qu'il avait annonc
et les autres, resserrés dans une étroite priso
reçurent diverses punitions. *Voy.* BLASPHÉMATEU
t. II, p. 455; COFFRE, t. III, p. 245; NOYER, t. I
p. 470.

ROCHE, ROCHER. *Voy.* PRÉCIPITER, t. V, p.
ROI DES RIBAUDS. *Voyez* RIBAUDS.

ROMPRE VIF. Ce supplice affreux, nomm
aussi supplice de la roue, n'est plus en usa
Quelques auteurs prétendent qu'il était de la pl
haute antiquité. Josèphe, dans son récit du ma
tyre des Machabées, dit que le troisième des frè
fut appliqué sur un instrument en forme de c
cle, sur lequel on lui brisa les membres. Cepe
dant on a pensé que ce genre d'exécution a p
son origine en Allemagne dans les temps d'ana
chie. On en verra plus bas la description au p
ragraphe FRANCE.

ALLEMAGNE. S'il est vrai que le supplice de
roue ait été employé chez les peuples anciens,
est certain que son renouvellement, dans les tem
modernes, a eu lieu d'abord dans ce pays. Ce r
nouvellement est postérieur à l'année 1532, pui
que l'article 126 du Code criminel de Charles
que ce prince promulgua vers cette époque,

dique la peine du glaive contre les voleurs de grand chemin. Plus tard cette punition fut aggravée dans tous les États, et, pour inspirer plus de terreur aux criminels, ils furent condamnés à être rompus vifs, et à expirer sur la roue, surtout lorsqu'ils avaient tué ou blessé la personne volée. Cette peine devait toujours être prononcée par les tribunaux subalternes, qui en Allemagne étaient tenus de rendre leurs décisions dans toute la rigueur de l'usage. C'était au tribunal supérieur à modérer le supplice suivant les circonstances, par un *retentum*. *Voyez* ce mot.

ANGLETERRE. On ne peut douter que le supplice de la roue n'ait été anciennement en usage dans ce pays, où les exécutions des criminels ont été autrefois si atroces, qu'elles ont donné lieu de comparer les Anglais aux habitans du Japon, pour leur férocité. Si les lois pénales actuelles d'Angleterre, ou plutôt la jurisprudence, vont jusqu'à consacrer l'impunité des grands crimes en les couvrant de l'excuse de l'aliénation mentale, on en conclurait à tort l'excellence de ce peuple, démentie par les vexations et l'arbitraire qui y règnent encore, et l'atrocité des supplices infligés aux esclaves de leurs colonies. *Voyez* MOULIN A SUCRE, t. IV, pag. 463.

FRANCE. On rompait en France les grands criminels, dès les premiers temps de la monarchie, et ce supplice était même employé contre les femmes, ce que des motifs de décence publique firent plus tard interdire. Frédégonde, épouse de Chilpéric, attribuant à des maléfices la mort du jeune

prince Thierry, fils de Childebert II, roi d'Aus-
trasie, fit, sur ce prétexte, brûler plusieurs femmes de Paris, et attacher d'autres sur la roue
après qu'on leur eut rompu les os. Les exemples
de ce genre de supplice furent cependant rares en
France jusqu'au règne de François Ier. Ce prince,
par son édit de l'année 1538, ordonna d'infliger
le supplice de la roue à tous les voleurs de grands
chemins, et depuis on étendit cette disposition
pénale à plusieurs crimes également odieux, tels
que l'assassinat, le meurtre d'un maître par son
domestique, le parricide, le viol, le crime de lèse-
majesté, etc. — Voici les détails de cette horrible
exécution. Au milieu d'un échafaud ou planche
élevé était attachée à plat une croix de Saint-An-
dré, faite avec deux solives assemblées dans leur
milieu et se croisant obliquement. On pratiquait
dans chacune des quatre branches deux entailles,
à environ un pied l'une de l'autre. Le criminel,
nu, en chemise, était étendu sur cette croix,
la face tournée vers le ciel. On relevait la chemise
aux bras et aux cuisses, et on attachait le patient
à la croix, avec des cordes, à toutes les jointures
du corps; on faisait, en outre, porter la tête sur
une pierre, afin que le cou fût libre et que l'é-
tranglement pût avoir lieu quand il était ordonné.
En cet état, le bourreau s'avançait armé d'une
barre de fer carrée, large d'un pouce et demi,
arrondie à la poignée, qui se terminait par un
bouton : il donnait un coup violent de cet instrument dans la partie des membres comprise entre
les jointures, en ayant soin d'asséner le coup pré-

cisément à l'endroit qui portait à faux sur chaque entaille pratiquée à la croix ; il brisait ainsi les os du criminel deux fois à chaque membre, et terminait cette affreuse opération par deux ou trois coups sur l'estomac. — Lorsque le patient ne devait pas être rompu vif, on avait précédemment disposé sous l'échafaud, à l'endroit où devait être posée sa tête, un moulinet composé de deux montans, arrêtés en haut sous l'échafaud et en bas dans la terre. Deux traverses les assemblaient : au milieu se trouvait un moulinet rond percé de trous. Une corde passée en cravate au cou du criminel communiquait par un trou à ce moulinet, et, se roulant autour par le moyen de leviers que deux hommes abaissaient l'un après l'autre, elle serrait vigoureusement le cou du patient et l'étranglait. — A un coin de l'échafaud était placée horizontalement sur un pivot une petite roue de carrosse dont on avait scié la partie saillante du moyeu. Aussitôt que l'exécution était achevée, on détachait le corps du supplicié, on lui ployait les cuisses en dessous, de façon que les talons touchassent au derrière de sa tête ; puis on le plaçait dans cette situation sur la petite roue, où il demeurait exposé au public plus ou moins de temps. Quelquefois cette exposition était faite sur un grand chemin, et le cadavre y restait abandonné. — Le tableau des nombreux exemples de condamnations à la roue que nous offrent les annales de la jurisprudence et les registres des tribunaux passerait les bornes d'un article de ce dictionnaire. Il suffira de rappeler que plusieurs

innocens furent ainsi martyrisés avec une barba
rie qu'on retrouve à peine chez les nations les plu
sauvages. Qui ne connaît l'histoire du malheureu
Calas, dont la mémoire fut réhabilitée et le nom
immortalisé par les efforts et l'éloquence du plu
illustre de nos écrivains? — Je crois devoir cepen
dant rapporter ici un trait qui démontre jusqu'o
allait la facilité avec laquelle on condamnait à c
cruel supplice. Le 11 octobre 1629, Louis XII
sortant de son carrosse pour aller à la chasse,
Fontainebleau, on entend un bruit de voix qu
annonçait qu'un accident venait d'arriver. S
l'ordre de sa majesté, le prévôt de l'hôtel et le ch
valier du guet s'informent de la cause du bru
et leurs perquisitions les amènent à trouver, pr
de la chambre de la princesse de Conti, un homm
tout ensanglanté, qui leur dit qu'un quidam
dont le dessein était d'attenter à la personne d
roi, s'étant fait connaître à lui, et craignant d'ê
dénoncé, lui avait tiré un coup de pistolet, lo
qu'il s'efforçait de l'arrêter. Ce fourbe fut inte
rogé et convaincu de s'être blessé lui-mêm
dans l'espérance de quelque récompense; on
condamna à être rompu vif et à mourir sur
roue! — Ce genre d'exécution ne fut supprimé
France qu'à la révolution, lorsqu'en 1790 il
décrété que la guillotine serait désormais le s
instrument pour la peine capitale.

ROMAINS. Il est incontestable que certains cri
nels étaient rompus vifs chez les Romains : c
exécution faisait ordinairement partie du suppl
de la croix ; mais on ne voit pas qu'on exposât

uite le corps du supplicié sur une roue, ni qu'un instrument pareil servît à rompre. Il est parlé cependant de roue dans plusieurs auteurs, mais les effets en étaient différens. *Voyez* ROUE.

RUSSIE. Comme tous les peuples de l'Europe, la Russie, pays d'oppression et de servitude, avait adopté le supplice de la roue; il fut aboli par l'impératrice Élisabeth, qui remplaça en général la peine de mort par l'exil.

ROSEAU (POINTES DE). *Voyez* QUESTION, t. V, pag. 219.

ROTANG. *Voyez* BATON, t. II, pag. 590.

ROTE, nom générique, dont le sens propre est *roue*, et qui sert dans plusieurs villes d'Italie, et principalement à Rome, à désigner une cour de justice. Cette dénomination paraît être prise de ce que les juges qui la composent siégent en rond, comme le Conseil d'État en Turquie prend le nom de divan du nom du siége sur lequel les membres de ce conseil prennent place. — Le tribunal de la *Rote*, à Rome, n'a point de juridiction criminelle et ne s'occupe spécialement que des matières béuéficiales. — Il y avait à Gênes une *rote criminelle* établie en 1576, présidée par quatre juges tirés de l'étranger. Les sentences de ce tribunal se portaient par appel à la seigneurie et au collége des procurateurs.

ROTIR. *Voyez* ADULTÈRE, t. I, p. 115, 116. BRULER, t. III. p. 100.

ROTURE, ROTURIER. La culture de la terre, que dans la basse latinité on nommait *ruptura*, a donné naissance aux mots *roture* et *roturier* pris

pour désigner ceux qui n'appartenaient pas à l
caste nobiliaire. Ainsi l'agriculture était ancienne
ment le cachet de l'esclavage. Le roturier étai
asservi dans sa personne et dans ses biens. L
cens tombait sur lui seul; les corvées les plu
humiliantes lui étaient imposées: les emplois pu
blics lui étaient interdits. On l'eût, au besoin, dé
claré ne pas faire partie de l'espèce humaine; au
moins, sans le dire, le traitait-on ainsi dans l'ordre
politique. Lors même que le crime qui semble,
comme la mort, rapprocher tous les rangs, livrait
ensemble un noble et un roturier au glaive de la
loi, celle-ci distinguait le noble par le genre de
la peine, et la décapitation réservée à cette classe
privilégiée marquait l'excellence qu'on lui attri-
buait. Et comment cette prédominance s'était-elle
établie? Par l'usurpation, le brigandage, et d'autres voies encore plus basses et plus honteuses.—
La roture n'est plus, aujourd'hui que la noblesse
ne consiste que dans les titres et ne donne point
de droits. La révolution a détruit cette sorte de
proscription qui pesait sur la majeure partie de la
population de la France. Après la répartition égale
de l'impôt et l'abolition des droits féodaux, la
cause la plus puissante de l'établissement d'une
sage égalité entre les citoyens est la loi sur les successions qui a détruit le droit d'aînesse. Le partage
forcé des biens est le plus grand obstacle au retour de la servitude; aussi des ministres qui, par
leurs actes déplorables, ont attiré sur eux le blâme
et l'animadversion publics, avaient-ils récemment
tenté de changer cette loi protectrice et de réta

blir ainsi le régime funeste de l'oppression et de l'esclavage, suite nécessaire du monopole des propriétés. *Voyez* Décapitation, t. III, p. 532. Péculat, t. V, p. 58.

ROUE, instrument de supplice dont la forme a déterminé le nom. —Pour ce qui regarde ce qu'on appelle vulgairement supplice de la roue, *voy.* plus haut, *Rompre vif.*—Les anciens historiens parlent d'un supplice de la roue qui n'aurait pas consisté dans la rupture des membres. La fable a aussi placé un tourment de ce genre dans son enfer : les poètes ne parlent jamais de ce lieu de punition sans peindre la roue tournant sans cesse, sur laquelle Ixion est attaché. Virgile, au livre IV de ses *Géorgiques*, décrit le supplice de la roue.

Joseph et Pindare s'expliquent plus clairement. Suivant ces auteurs, on plaçait un patient sur une roue que l'on tournait long-temps et avec promptitude dans un même sens, puis on la retournait brusquement dans le sens contraire, ce qui, disent-ils, déchirait les entrailles. — Dans une de ces fêtes horribles célébrées par les Mexicains en l'honneur de divinités qu'ils supposaient toujours altérées de sang humain, il se faisait un défi entre le sacrificateur et la victime. Le captif, attaché par un pied à une espèce de *roue de pierre*, parait, avec une épée et une rondache, tous les coups que tâchait de lui porter son bourreau. Si le captif demeurait vainqueur, non-seulement il échappait à la mort, mais il recevait les honneurs accordés aux plus illustres guerriers, et le vaincu servait de victime. — On ne trouverait

Exécution de Damiens.

guère de bourreaux à ce prix chez les nations ci
vilisées.,

RUES (traîné par les). Dans l'année 1258 de
l'ère chrétienne, le dernier calife Mostasem, attaqué dans Bagdad, siége du califat, fut pris avec
un de ses fils par le khan *Hulagu*, frère de Mengko-
khan, quatrième fils du fameux Gengis-khan. Après
avoir délibéré sur ce qu'on ferait du vaincu, on
l'empaqueta dans un feutre, puis on le traîna dans
toutes les rues de Bagdad. Mostasem expira dans
ce supplice; on fit mourir également son fils et
toute sa famille, et par-là fut éteinte la dynastie
des califes, qui avait régné cinq cent vingt ans.
L'usage de traîner ainsi les vaincus ou les criminels a été commun à plusieurs peuples. *Voyez*
CLAIE, t. III, p. 242.

S.

SABAT, sorte de supplice usité dans le royaume
de Maroc pour donner la question. *Voyez* QUES-
TION, t. V, p. 196.

SABOT. Au royaume d'Achem, lorsque l'amputation des pieds et des mains (supplice le plus ordinairement employé) ne fait pas mourir les coupables, on lie leurs bras à des béquilles ; on met
leurs jambes dans des *sabots*, et on les renvoie ainsi
pour servir d'exemple.

SABRE. Cette arme est un des plus puissants
moyens que les hommes aient trouvés pour opérer
leur destruction réciproque. Dans les mains d'un
soldat ou d'un bourreau, le sabre, construit

manière à former une sorte de levier, peut être assené assez violemment pour enlever une tête ou fendre un corps en deux parts. C'était autrefois en France l'instrument dont on se servait pour la décapitation. Il est encore, dans plusieurs pays, employé au même usage. *Voyez* DÉCAPITATION, t. III, p. 352. —À Siam, on coupe en deux, d'un coup de sabre, le corps du criminel, et ce genre de supplice est ordinairement infligé à la femme adultère. Il en est de même dans l'empire du Mogol. — Les anciens Celtes plaçaient sur un bloc l'homme qu'ils voulaient sacrifier à leurs divinités, et lui enfonçaient un sabre dans le *sternum*. — On sait qu'avant la révolution les troupes françaises participaient jusqu'à un certain point à la honte des soldats étrangers : ceux-ci étaient menés et le sont encore à coups de bâton; les Français recevaient de leurs chefs des coups de plat de sabre. Une ordonnance du Roi du 14 juillet 1789 porte : « Sa Majesté ayant été à portée de juger de l'effet qu'a produit dans ses troupes la punition des *coups de plat de sabre*, établie par son ordonnance du 25 mars 1776, supprime ladite punition, voulant Sa Majesté que cette peine soit remplacée par celle de la prison, etc. »

SAC. Dans les malheurs publics ou lorsqu'un événement funeste frappait une famille, les Hébreux ceignaient leurs reins d'une sorte de vêtement, sans doute incommode ou au moins grossier, auquel ils donnaient le nom de sac, qui paraît avoir été pris dans leur langue. Il est douteux cependant que le vêtement de pénitence des Juifs eût la forme

de l'objet que l'on désigne aujourd'hui par ce te
me. Ce peuple, qui croyait rendre la Divinité fav
rable par la soumission et la pénitence, usait sou
vent de ce moyen, et la pratique la plus ordinai
était de se ceindre d'un sac et de répandre de
cendre sur leur coiffure. — On voyait ancienn
ment un sac figurer parmi les instrumens d
épreuves par le fer et par l'eau : il servait à er
fermer la main de l'accusé après qu'il avait su
l'épreuve ; ce sac était scellé, et on ne l'ouvrait qu
pour vérifier après un certain intervalle l'effet pr
duit sur le membre soumis à l'épreuve. *Voy.* E
(épreuve par l'), t. III, p. 436. FER ARDENT (épreu
du), t. III, p. 70. — Autrefois le sac était em
ployé pour enfermer les victimes ou les crimin
destinés à être noyés. L'usage en était commun e
France au xvᵉ siècle. Louis XI, après le traité d
Conflans, au mépris de ses sermens, fit jeter dan
la Seine, liés deux à deux dans un sac, plusieu
bourgeois de Paris, soupçonnés d'être partisan
de son ennemi. On trouve ce fait rapporté dan
la chronique de Saint-Denis. *Voyez* NOYER, t. I
p. 470. — Chez les Romains, jusqu'au temps d'
drien, les parricides furent condamnés à un su
plice particulier qu'on pourrait appeler le suppli
du *Sac. Voyez* PARRICIDE, t. V, p. 27. — En Tu
quie, les femmes qui font trafic de leurs charm
sont, à la récidive, enfermées dans un sac et jeté
à la mer.

SACREMENS (PROFANATION DES). *Voyez* S
CRILÉGE.

SACREMENS (REFUS DES). *Voyez* SÉPULTO

SACRIFICES HUMAINS. Quoi qu'en ait dit J.-J. Rousseau, les peuples les moins civilisés et les plus ignorans ont été et sont encore les plus cruels. Je ne voudrais pour preuve de cette assertion, entre tant d'autres, que l'usage universel des sacrifices humains dans l'antiquité et chez les nations sauvages. A la honte de notre espèce, le tableau en est aussi étendu qu'épouvantable. Il semble que la vue du sang ait été le premier spectacle agréable aux hommes : aussi l'ont-ils offert à la Divinité, qu'ils se figuraient semblable à eux; et, lorsqu'ils n'ont point versé celui de leurs semblables, ils ont cherché quelque chose d'analogue dans le sacrifice des animaux. A la dédicace du temple de Salomon, on égorgea, disent les livres juifs, vingt-deux mille bœufs et cent vingt mille brebis. Le peuple de Rome, pour marquer sa joie, dans les premiers mois du règne de Caligula, fit immoler, au rapport de Suétone, cent soixante mille victimes. On peut, il est vrai, ne voir, dans l'immolation des bêtes, qu'un effet de l'avidité des prêtres qui profitaient de leur chair et de leurs dépouilles; mais rien ne peut motiver les sacrifices humains, si ce n'est la crainte superstitieuse inspirée par des dieux imaginaires et des tyrans oppresseurs. Le grand nombre des peuples qui offrent les exemples de cette barbarie sera compris ici sous deux divisions : les peuples anciens et les hordes sauvages.

ANTIQUITÉ. *Albaniens.* Ils sacrifiaient un homme à la lune : pour le rendre digne du sacrifice, on le nourrissait bien pendant un an, et,

au bout de ce temps, on le perçait à coups de
flèches.

Carthaginois. Ce peuple fut un de ceux chez
qui l'usage des sacrifices humains fut le plus long-
temps établi. Ils immolaient à Saturne leurs propres enfans. Dans une occasion où Carthage était
menacée par l'ennemi, deux cents enfans de la
première noblesse furent égorgés avec trois cents
personnes qui se dévouèrent volontairement. La
superstition, dit Plutarque, armait chez eux le
père contre son fils, et lui mettait en main le couteau dont il devait l'égorger. Ceux qui n'avaient
pas d'enfans en achetaient des mères pauvres et
dénaturées. Ces mères indignes ne profitaient pas
toujours de leur honteux trafic : il fallait qu'elles
fussent présentes à la mort des jeunes victimes et
soutinssent la vue du sacrifice sans verser des larmes. Le moindre témoignage de douleur leur faisait
perdre le prix dont ou était convenu, et l'enfant
n'en était pas moins sacrifié. —Gélon, roi de Syracuse, ayant défait les Carthaginois en Sicile, ne
leur accorda la paix qu'à condition qu'ils renon-
ceraient à cette coutume odieuse. On voit encore
ce peuple conserver l'usage de ces barbares cérémonies jusque sous le règne de Tibère, qui, tout
Tibère qu'il était, en condamna plusieurs pour ce
crime.

Celtes. Voyez au mot *Sabre.*

Cimbres, anciens peuples des bords de la mer
de Germanie (Baltique). Ils immolaient des victimes humaines en leur fendant le ventre, et tiraient des présages de l'écoulement des intestins

Égyptiens. De temps immémorial on noyait, tous les ans, dans le Nil, une jeune fille, pour obtenir de la Divinité la crue du fleuve et la fertilité des champs qui en est la suite. Les Égyptiens observaient encore cette coutume dans les derniers temps. Un pacha turc voulut l'abolir; mais comme, au premier essai qu'il en fit, le Nil ne monta point à sa hauteur ordinaire, il y eut une révolte sanglante.

Gaulois et Germains. Les témoignages de plusieurs écrivains exacts ne permettent pas de douter que ces peuples n'aient immolé des victimes humaines, non-seulement dans des sacrifices publics, mais encore dans ceux qui s'offraient pour la guérison des particuliers. Ces sacrifices se consommaient sur des espèces d'autels formés d'une seule pierre d'une énorme dimension, et taillée en cube, un peu creusée sur sa face supérieure, afin de recevoir le sang des victimes.

Il y avait au-dessous d'un de ces autels un passage obscur et étroit qu'ils faisaient traverser aux étrangers qu'on destinait à être immolés. Ce passage fut appelé *Cunnus dæmonis*, l'antre du démon. On a retrouvé quelques-unes de ces pierres en divers lieux de la France, et principalement dans le pays chartrain, où, comme on sait, se tenaient les chefs des Druides. Ces prêtres-bourreaux donnaient la mort aux malheureux qu'ils avaient dévoués, en leur brisant les reins à coups de hache. Les Gaulois assistaient aux sacrifices, armés de pied en cap. Après la cérémonie, ils se retiraient, en tenant, ou dans la bouche ou dans leurs mains,

quelque chose appartenant à la victime. La nécessité de ces sacrifices était un des dogmes établis
par les Druïdes, d'après le principe qu'on ne pouvait satisfaire les dieux que par un échange, et que
la vie d'un homme était le seul prix capable de racheter celle d'un autre. Dans les sacrifices publics,
à défaut de malfaiteurs, on immolait des innocens;
dans les sacrifices particuliers, on égorgeait souvent des hommes qui volontairement s'étaient dévoués à la mort. — Les Druïdes de Marseille choisissaient, en temps de peste, un pauvre qu'on
nourrissait pendant un mois des mets les plus ex-
quis; on le chargeait ensuite des malédictions du
peuple, et on l'assommait. Les Gaulois et les Germains ne renoncèrent à cet usage que plusieurs
siècles après avoir embrassé le christianisme.

Grecs. Les faits racontés par les poètes de cette
nation ne doivent pas être pris pour fabuleux, lorsque d'autres du même genre sont attestés par des
historiens. Le sacrifice d'Iphigénie, l'impôt sanglant que payaient les Crétois et tant d'autres exemples peuvent être regardés comme vrais lorsqu'on
lit dans Pausanias que les habitans de Péluse offraient, tous les ans, en sacrifice, une jeune fille
vierge au génie d'un des compagnons d'Ulysse
qu'ils avaient immolé; lorsque Théophraste assure
que les Arcadiens immolaient de son temps des
victimes humaines dans les fêtes nommées *Lycæa.*
Les victimes étaient presque toujours des enfans.
Cependant cet usage fut moins répandu et dura
moins long-temps chez les Grecs que chez d'autres peuples anciens. Plutarque raconte que, sous

Pélopidas, chef des Thébains, un pareil sacrifice ayant été proposé, l'armée en eut horreur, et que l'on substitua une jeune cavale à la fille vierge qui devait être immolée. Voyez *Peripsema*, t. V, p. 64.

Hébreux. Ce peuple, aussi cruel qu'ignorant et superstitieux, partagea avec les nations voisines l'abominable usage des sacrifices humains. Leurs livres font mention de deux sacrifices où des pères immolent leurs enfans de leurs propres mains. Isaïe reproche aux femmes juives d'offrir leurs enfans à Moloch, en les écrasant sous des pierres près des torrens. La statue de Moloch, divinité des Moabites, contenait, disent les Rabbins, sept fourneaux, dans lesquels on jetait les offrandes et les victimes, suivant leur rang : le sixième fourneau était réservé pour le bœuf, et le septième pour les victimes humaines.

Massagètes, ancien peuple d'Asie. Chez cette nation, quand un homme était parvenu à un certain âge, tous ses parens s'assemblaient et l'immolaient en l'honneur de leurs dieux, avec plusieurs animaux de différentes espèces. Ils faisaient bouillir ensemble les chairs de toutes ces victimes et en faisaient un grand festin.

Romains. Dans les occasions extraordinaires, on pratiquait à Rome une sorte d'expiation publique qui consistait à immoler des étrangers à certaines divinités, à Bellone, par exemple, ou au génie de la ville. Après la défaite de Cannes, les décemvirs ayant consulté les livres sibyllins y trouvèrent que les Gaulois et les Grecs devaient s'emparer de Rome. Pour détourner l'effet de cette prédiction, et par une sorte de fiction admise par la superstition de ces temps-là, on imagina d'enterrer vivans dans la place publique un homme et une femme de chacune de ces deux nations, et de leur faire prendre ainsi *possession de la ville*, afin de satisfaire à l'oracle. Tite-Live, qui rapporte ce fait, après avoir dit qu'on immola les victimes *prescrites en pareil cas*, ne laisse pas d'appeler ce sacrifice *peu romain*, *sacrum minimè romanum ;* cependant il se répéta souvent dans la suite. Pline assure que l'usage d'immoler des victimes humaines au nom du public subsista jusqu'à l'année 95 de J.-C., dans laquelle il fut aboli par un sénatus-consulte (an 857 de Rome). Ni cet acte du sénat, ni les édits rendus plus tard par les empereurs ne purent mettre un frein à cette fureur superstitieuse ; et à l'égard des sacrifices humains prescrits par les vers sibyllins, Pline avoue qu'on les pratiquait toujours et même de son temps.

Perses. Vossius, dans son Traité des *Idoles*, dit que les Perses élisaient un captif pour roi de la fève au commencement de l'année, et qu'après l'avoir traité en monarque, on le pendait.

Syriens. Pour honorer certaines divinités, ces peuples précipitaient des enfans du haut d'une montagne.

NATIONS SAUVAGES. *Nord de l'Europe.* Tous les peuples de cette contrée, égorgeaient autrefois des hommes sur les autels de leurs dieux. Les Islandais les écrasaient sur la pierre, les Norwégiens leur enfonçaient le crâne avec un joug de bœuf. Adam de Brême dit qu'on respectait tant les arbres de la forêt d'Upsal, parce qu'ils étaient tous teints de sang, et Dithmar de Mersbourg assure qu'à Ledur, en Zélande, on immolait chaque année quatre-vingt-dix-neuf hommes au dieu, Swantowite.

AFRIQUE. *Biafara.* Les habitans de cette contrée, qui s'étend sur la côte occidentale d'Afrique, sacrifient leurs propres enfans à leurs fétiches.

Dahomès, autre peuple voisin de la Guinée. Quand leur roi est malade, ils immolent de jeunes enfans pour obtenir le rétablissement de cette santé privilégiée : l'exécution horrible de ce sacrifice consiste à lier, sur la poitrine des victimes, un coq vivant qui déchiquète leur chair. Le sacrifice des prisonniers de guerre est chez eux d'un usage commun. Voici comment il se pratique : le prisonnier est amené les mains liées derrière le dos ; le sacrificateur lui met la main sur la tête, et prononce une espèce de formule de consécration. Derrière le prisonnier se tient debout un homme armé d'un sabre, qui, au premier signal du prêtre, fait voler la tête du malheureux captif. Les assistans jettent aussitôt un cri d'admiration. On laisse égoutter tout le sang du corps, après quoi on l'emporte : la tête est réservée pour grossir les trophées dressés en mémoire des succès de la nation. On lit dans la relation de Snelgrave que ce voyageur vit deux échafauds sur lesquels les habitans du Dahomès avaient assemblé quatre mille têtes de prisonniers sacrifiés.

JAGAS. Avant de commencer la moisson, cette nation barbare immole à ses divinités des victimes humaines; les prêtres, nommés Gangas, mangent leur chair, et leur sang sert à arroser les prémices des fruits de la terre. .

Loango, royaume voisin du Congo, sur la côte orientale d'Afrique. A Arébo, village de ce pays, s'il arrive qu'une femme accouche de deux ju- meaux, on immole les enfans et la mère à une certaine divinité qu'on croit faire son séjour ordi- naire dans un village voisin. Le mari peut rache- ter sa femme, s'il veut, et faire égorger un esclave à sa place; mais rien ne peut soustraire les enfans à la mort.

AMÉRIQUE. *Brésil.* Les anciens habitans de ce pays avaient le plus grand soin de leurs prison- niers, et les nourrissaient de manière à les engrais- ser pour en rendre le sacrifice plus agréable à leurs dieux. Le jour destiné à l'exécution, on les régalait pour la dernière fois en leur fournissant les mets les plus abondans et les plus recherchés, et surtout les liqueurs enivrantes. Sur la fin du repas, la victime était garrottée de plusieurs cordes et promenée dans tout le canton, puis amenée au lieu du sacrifice. Là chacun des assistans saisissait le bout d'une des cordes qui retenaient le patient, et s'en éloignait à une certaine distance. On ap- portait ensuite au prisonnier des pierres qu'il pouvait lancer contre ceux qui étaient autour de lui. Lorsqu'il n'avait plus de pierres à jeter, le Brésilien, armé d'une massue, venait lui signifier l'arrêt de sa mort, et l'assommait en même temps. On observait avec soin la manière dont le prison- nier tombait; si c'était sur le dos, on en concluait

que celui qui l'avait frappé ne vivrait pas long-
temps.

Canada. On peut mettre au rang des sacrifices
les supplices affreux que les peuples de cette contrée faisaient souffrir à leurs prisonniers. Les femmes ou les filles qui avaient perdu leurs maris ou
leurs pères en étaient les exécuteurs. Au jour marqué, le prisonnier, qu'elles avaient eu soin d'engrais-
ser pour cette cérémonie, était attaché à un poteau
où on le laissait le temps nécessaire pour chanter la
chanson de mort, espèce d'hymne dans lequel il in-
sultait à ses bourreaux ; après leur avoir rappelé
les maux qu'il avait causés à leurs parens, il dé-
fiait leur cruauté de pouvoir ébranler son courage.
Pendant qu'il chantait encore, des fers rougis au
feu lui brûlaient toutes les parties du corps ; puis
on lui arrachait les cheveux et la peau de la tête
que l'on couvrait aussitôt d'une écuelle pleine de
sable brûlant. Alors, après l'avoir détaché du poteau, on le menait vers l'occident, et. pour l'achever, on lui déchirait tout le corps et l'on faisait tomber sa chair par lambeaux : il expirait enfin en
vomissant de nouvelles injures contre ses bourreaux et en riant de leurs barbares efforts.

Grenade (Nouvelle-). Les habitans de cette contrée de l'Amérique méridionale avaient coutume
de retrancher les parties naturelles aux jeunes
guerriers qu'ils faisaient prisonniers ; ils les nourrissaient ensuite le mieux qu'il leur était possible,
et quand ils étaient bien gras, ils les immolaient à
leurs dieux. Lorsque ces peuples marchaient contre leurs ennemis, une idole précédait l'armée, et,

au moment du combat, on faisait à cette idole un sacrifice de plusieurs prisonniers afin d'obtenir la victoire.

Floride (Amérique septentrionale). Adorateurs du soleil, les naturels de la Floride avaient la coutume barbare de sacrifier en l'honneur de cet astre leurs enfans premiers-nés du sexe masculin. La mère de la victime était forcée de se rendre au lieu de l'exécution, et de se placer devant le bloc sur lequel son fils devait être écrasé par le paraousti ou prêtre, pendant que les autres femmes formaient des danses religieuses.

Mexicains. De nombreuses idoles recevaient chez ce peuple inhumain l'hommage sanglant de victimes humaines. Les détails d'une partie de ces exécutions ont été donnés précédemment, et le reste se verra dans un article plus avancé. Il faut observer, relativement aux cruautés inouïes dont les Mexicains sont chargés, qu'il y a lieu de soupçonner les Espagnols de les avoir exagérées pour affaiblir le blâme et l'exécration qu'ont attirés sur cette nation, qui se disait chrétienne, le massacre presque total des malheureux Indiens. Voyez *Quitzalcoat*, tom. V, pag. 222 ; *Racaxipe Velitzy*, tom. V, pag. 224, et *Vitzliputzli*.

Pérou, royaume de l'Amérique sud, partie occidentale. Les Antis, un des peuples de ce royaume, immolaient leurs prisonniers avec un raffinement de barbarie que l'imagination ne saurait atteindre. Ils déchiquetaient la victime, en observant avec le plus grand soin de ne pas offenser quelque partie noble : ils dévoraient ensuite ces lambeaux de chair, et faisaient ruisseler sur leur corps le sang du supplicié. Les femmes prenaient part à cette horrible scène, et celles qui avaient des enfans à la mamelle en frottaient l'extrémité avec le sang du prisonnier, comme pour faire sucer à ces enfans la cruauté avec le lait. Si le patient avait supporté les tourmens avec courage, on l'honorait comme une divinité; mais le cadavre de celui qui témoignait quelque faiblesse restait exposé dans la campagne.

- ASIE. Les voyageurs assurent que les sacrifices humains étaient encore pratiqués, dans le dernier siècle, chez quelques peuples de ce vaste continent. Il y a des insulaires dans la mer orientale, dit le père Duhalde, qui vont tous les ans, pendant la septième lune, noyer une jeune vierge en l'honneur de leur principale idole. *Voyez* au mot *Poignarder*, tom. V, pag. 86, un fait récent de ce genre arrivé en Chine.

Ne doit-on pas considérer comme des sacrifices humains les odieuses exécutions ordonnées par l'inquisition? Quel plus grand crime a-t-il pu y avoir aux yeux du vrai Dieu que d'avoir cherché à l'honorer, comme on eût pu le faire à l'égard de l'esprit du mal, par l'effusion du sang des hommes ou par l'horrible tourment du feu, dernier degré de la férocité que les sauvages eux-mêmes n'ont pas surpassé?

SACRILÉGE, profanation des choses sacrées. Dans cette acception générale, le mot *sacrilége* comprend plusieurs actes qui forment des catégories distinctes, et qui ont été ou seront plus tard traitées dans des articles particuliers. Tels sont le *blasphème ; le manque de respect à l'égard des ministres du culte,* restreint aujourd'hui au cas où ils sont en fonctions ; la *violation des sépultures ;* la *révélation de la confession ;* l'*inobservation du jeûne ;* *celle du repos du dimanche ;* le *sortilége ;* l'*hérésie ;* la *profanation des sacremens,* et le crime de *lèse-majesté.* Je me bornerai ici à ce qu'on appelle le sacrilége proprement dit, c'est-à-dire la profanation des objets sacrés servant aux cérémonies d'un culte, le trouble volontaire apporté à ces cérémonies, la mutilation des images vénérées et les actes irrévérencieux commis dans les temples ou autres lieux consacrés au culte. Chacun de ces faits constitue le *sacrilége ;* mais si l'on s'en tenait à l'étymologie du mot, on ne pourrait l'appliquer qu'au vol des choses saintes, *sacra legere,* c'est là son sens le plus restreint. Combien ne l'a-t-on pas étendu ! Où peut-on dire que s'arrêtera la folie de l'homme, lorsqu'il attache un caractère sacré à l'œuvre de ses propres mains, *opera manuum hominum?* Le Nègre et l'Indien sont bien moins absurdes, lorsqu'une crainte vague et superstitieuse leur fait honorer des objets que la nature elle-même semble avoir créés pour nous imprimer la terreur : un rocher noir et anfractueux qui s'avance au dessus des flots paraît, aux yeux de l'homme, demander une victime. S'il a monté sur le sommet du roc, il a senti une sorte de mouvement instinctif qui l'appelait à se précipiter, il a pensé que la divinité du lieu voulait un sacrifice ; la moindre offense au fétiche est digne de mort. Tout cela est

erreur, mais tout cela est excusable en l'absence
d'une raison développée. Doit-on s'attendre à trouver pis que cela dans l'homme civilisé, dans
l'homme qui a conçu la véritable idée de la Divinité, à qui Dieu lui-même l'a révélée? C'est pourtant ce qui a eu lieu, ce qu'on peut voir se renouveler encore si le législateur admet de nouveau le
faux principe qu'il faut venger la Divinité. Faites-
la honorer, dit Montesquieu, ne la vengez jamais.
Tous les peuples ont voulu venger Dieu, ou les
dieux qu'ils avaient adoptés.

ALLEMAGNE. La loi pénale de cet empire graduait
ainsi la punition du sacrilége proprement dit. Un
voleur qui enlevait les ornemens d'une église et
ceux qui servent aux cérémonies religieuses devait
être pendu. A l'égard du vol des vases sacrés, le
coupable était condamné à faire amende honorable, à avoir le poing coupé, enfin à être pendu ;
on jetait ensuite son corps au feu. Le troisième
degré de châtiment était employé dans les cas où
la profanation était jointe au vol, c'est-à-dire lorsque les vases contenaient, au moment du vol, des
hosties consacrées; la peine était alors celle du
feu. Quant au vol des choses consacrées de peu
d'importance, il était assimilé au vol ordinaire,
mais la loi voulait cependant qu'il fût puni avec
plus de sévérité. — Le sacrilége était, dans cette
législation, au nombre des grands crimes qu'on
réputait commis lorsque la seule volonté de les
commettre était prouvée.

ATHÉNIENS. Ce peuple punissait de mort le sacrilége, et privait le coupable des honneurs de la

sépulture. Des citoyens étaient condamnés à périr pour avoir fait tomber un gland de la forêt des héros, ou pour avoir tué un oiseau consacré à Esculape. Une feuille d'or était tombée de la couronne de Diane, un enfant la ramassa; il était si jeune qu'il fallut mettre son discernement à l'épreuve; on lui présenta de nouveau la feuille d'or avec des dés, des hochets et une grosse pièce d'argent. L'enfant s'étant jeté sur cette pièce, les juges déclarèrent qu'il avait assez de raison pour être coupable, et le firent mourir.

BABYLONE. Dans cette ancienne ville d'Asie si connue par ses abominations, le coupable de sacrilége était puni par les plus affreux tourmens. Parfois on le précipitait dans une fournaise embrasée ou on le jetait dans une poêle ardente, tantôt on avait recours à des chaudières bouillantes, à des bûchers et au plomb fondu versé dans le corps du criminel; pour parvenir à cette dernière exécution, on faisait ouvrir la bouche au patient par un bâillement forcé, en entourant son cou d'un linge qu'on serrait des deux côtés.

BRÉSIL. Les Manacicas, l'un des peuples de cette contrée, adoraient trois divinités appelées *Tinimaacas*. Selon leur croyance, ces divinités habitaient un sanctuaire qui n'était accessible qu'au principal *Mapono*, ou prêtre; tout autre, assez audacieux pour y pénétrer, aurait été regardé comme coupable de profanation et de sacrilége, et puni de mort.

ÉGYPTE. Celui qui tuait par mégarde un des animaux vénérés dans ce pays, comme un chat ou

un ichneumon, attirait sur lui le courroux de
tout le peuple; le meurtrier était poursuivi, soumis aux plus cr iels tourmens , et enfin massacré
sans aucune forme de procès. Diodore cite plusieurs de ces exemples, et un, entre autres, dont
il fut témoin pendant son séjour en Égypte.

Espagne et Portugal. L'inquisition y connaît du
sacrilége....!

Guèbres. Ces infortunés descendans des sectateurs de Zoroastre·punissaient de mort le profa-
nateur qui soufflait le feu sacré avec la bouche ou
un soufflet.

Hébreux. D'après les livres sacrés des Juifs, que
nous appelons l'Ancien Testament, un homme
coupable de sacrilége devait être lapidé et brûlé.
Les mêmes livres entendent par sacrilége non-
seulement le vol des choses sacrées (Machab., II,
iv, 39), mais encore la profanation d'une chose ou
d'un lieu sacré en y commettant une idolâtrie
(Nombres, xxv, 18). Moïse ordonna plusieurs fois
le massacre de plusieurs milliers d'Hébreux pour
le fait d'idolâtrie ou même de commerce avec les
idolâtres.

Juida, royaume d'Afrique. Le plus grand crime
chez cette nation est d'avoir outragé volontairement le serpent sacré. Un nègre ou un blanc qui
aurait la témérité de présenter son bâton pour le
frapper serait mis en pièces par les habitans du
pays. Les bêtes ne sont pas moins comprises dans
la défense que les hommes, et si quelqu'une
d'entre elles venait à tuer un serpent, le roi ne
manquerait pas aussitôt de rendre un arrêt fou-

droyant qui ordonnerait la destruction entière de
l'espèce. En 1697, un porc tourmenté par un de
ces dieux se jeta dessus et le dévora. Les prêtres
ayant porté leurs plaintes au roi contre le sacrilége,
ce prince ordonna aussitôt d'exterminer tous les
porcs du pays, et cet ordre sanglant fut exécuté
malgré les plaintes des particuliers. Cet édit de
proscription est encore renouvelé tous les ans à
l'époque où les serpens font leurs petits.

FRANCE. Autrefois il y avait sacrilége toutes les
fois que l'on profanait les choses saintes ou consacrées à Dieu, soit qu'on les dérobât ou non. Ainsi
c'était un sacrilége de profaner la sainte Eucha-
ristie, les vases sacrés, les saintes huiles, les fonts
baptismaux; de contrefaire, dans les débauches,
les mystères de la religion; de mutiler, d'abattre
les images consacrées à Dieu, à la sainte Vierge et
aux saints; de commettre des impiétés dans une
église, dans un cimetière ou tout autre lieu bénit;
en un mot, de faire à dessein tout ce qui peut tourner au mépris de la religion. — On brûlait ceux
qui avaient manqué de respect à la statue d'un
saint; on fouettait ceux qui ne vénéraient pas les
reliques. — On était sacrilége lorsqu'on touchait
les vases sacrés et les châsses sans être prêtre. La
dissection du corps humain fut même long-temps
regardée comme un sacrilége. — C'était encore un
sacrilége de fabriquer ou falsifier des lettres de
prêtrise et de célébrer la messe sans être revêtu
d'un caractère sacré. — On regardait comme coupables de sacrilége ceux qui commettaient des
excès contre les personnes consacrées à Dieu. —

La peine du sacrilége dépendait des circonstances
du crime, du lieu, du temps et de la qualité de
l'accusé. La profanation des hosties et vases sacrés
était ordinairement punie de la peine du feu, avec
l'amende honorable et le poing coupé. — Celle des
sacremens était aussi punie du feu ; les prêtres qui
s'en·rendaient·coupables étaient *quelquefois* condamnés à la potence et ensuite brûlés. — La peine
de la profanation des images et reliques des saints
et des églises était considérée comme moins grave ;
cependant elle était punie aussi de mort et même
du feu suivant les circonstances. L'édit du mois
de juillet 1682 est la première loi française sur cette
matière. Avant cet édit, on se réglait sur une tradition et une jurisprudence qui s'appuyaient sur
les dispositions du droit romain.—Les accusations
de sacrilége furent long-temps une arme dont se
servit la politique : c'était le crime de tous ceux
à qui on ne pouvait en reprocher d'autres. Le mot
de sacrilége servait d'argument à la haine ou à
l'ambition. Les rois de France juraient, à leur sacre,
de ne jamais accorder de pardon aux coupables
de lèse-majesté divine , c'est-à-dire aux blasphémateurs et aux sacriléges. — Les Juifs, livrés anciennement à tous les genres de persécution, furent
souvent accusés de sacrilége. On connaît l'histoire
deux fois renouvelée d'une hostie percée par un
Juif, et dont il coula, dit-on, des gouttes de sang :
la seule chose avérée dans les récits qu'on en fait
est le supplice subi par les accusés. Le premier
eut lieu à Paris en 1290 : un Juif nommé Jonathas,
accusé d'une pareille profanation , fut arrêté d'a-

près les ordres de l'évêque, et avoua, dit-on, le
fait : le prélat voulut le convertir, le Juif s'y refusa et fut brûlé vif. Le second exemple à peu près
semblable est rapporté dans l'ouvrage intitulé
Délices des Pays-Bas. Deux Juifs, dont l'un nommé
Jonathas, habitant d'Enghien, et l'autre Jean de
Louvain, furent avec plusieurs autres brûlés vifs,
en 1370, à Bruxelles, après avoir été tenaillés à
tous les carrefours de la ville. Le duc de Venceslas,
qui ordonna ce supplice, voulant éterniser la mémoire du miracle opéré à cette occasion, institua
à cet effet une procession annuelle où l'on portait
trois des hosties profanées dont il était sorti, disait-
on, du sang en abondance. L'église de Sainte-
Gudule était dépositaire de ces hosties miraculeuses. — En 1400, un Juif fut aussi condamné à
être brûlé pour avoir craché sur une image de la
Vierge. — Un historien de Provence (le père Bou-
gerel) rapporte un fait qui peint très-bien ce que
peut produire sur des esprits faibles l'idée de venger la Divinité. Voyez *Écorché vif*, t. III, p. 451.
— On multiplierait à l'infini les citations si l'on voulait rapporter toutes les condamnations de sacriléges que l'histoire a conservées, et qui attestent
jusqu'où peut aller le faux zèle religieux. Je me
contenterai d'en rapporter quelques-uns, où l'on
verra pour quels minces sujets ou sur quelles faibles preuves on a fait subir à des malheureux les
plus horribles supplices. — Le 3 juillet 1418, un
soldat suisse pris de vin frappa une image de la
Vierge placée au coin de la rue aux Ours et de celle
Salle-au-Comte, à Paris. Le coup fit, suivant la

tradition, jaillir de cette statue de pierre un ruisseau de sang. Le soldat fut pris, attaché à un poteau en face de la Vierge qu'il avait blessée, et frappé, depuis six heures du matin jusqu'au soir, avec une telle barbarie, que ses entrailles lui sortaient du corps. On lui perça la langue avec un fer chaud, et ensuite on le jeta au feu. C'est, dit-on, en mémoire de ce crime et de l'épouvantable supplice du criminel, que les habitans de la rue aux Ours promenaient autrefois un mannequin qu'ils jetaient ensuite au feu. — Un ancien historien rapporte « qu'au bourg de Saint-Seurin (Severin), près de Bordeaux, en 1559, on trouva une croix rompue, ce qui se trouva, quelque temps après, avoir été fait par quelques mariniers anglais; il en survint grande rumeur, et fut le lendemain réparée cette croix, avec procession générale ; de quoi non content encore, un nommé Delanta, abbé de Sainte-Croix, attira par trahison, en sa maison, un riche marchand de Bordeaux, nommé Feugères, feignant de le vouloir advertir, par amitié, qu'on le soupçonnait du brisement de cette croix; sur quoi ayant répondu le marchand quelques paroles sur l'idolâtrie de la croix, le bon abbé fit en sorte que le président Ruffignac, qui ne se souciait de la croix ni du crucifix, mais qui haïssait autant l'Évangile qu'il était adonné à toute vilenie, le fit saisir au lit le lendemain, et ayant éu sa confession, le fit brûler, non sans être bâillonné de peur qu'il ne parlât. » — Voyez à l'article *Blasphémateur*, t. II, p. 461, ce qui est relatif à l'exécution du chevalier de La Barre. — Toute la légis-

lation du sacrilége fut anéantie à l'époque de la
révolution. Le Code pénal de 1810 se borne à protéger l'exercice des cultes autorisés , et à punir les
outrages faits aux objets de ces cultes dans les lieux
destinés à leur exercice ou aux ministres dans
leurs fonctions : les deux premiers délits sont punis de l'amende et de l'emprisonnement, et le dernier du carcan , lorsque le ministre a été frappé.
(Art. 260 à 263.) Ainsi les objets de la vénération
religieuse étaient spécialement protégés, sans que
la pénalité attachée aux délits contraires blessât
l'esprit de modération qui doit être l'essence de
toute religion', et principalement du christianisme.
Mais ce Code ne statuant pas d'une manière spéciale sur les vols commis dans les églises, et ne
prononçant pas les peines les plus sévères contre
les profanations, les évêques, qui déjà depuis 1806
réclamaient la puissance du glaive pour soutenir la
religion , renouvelèrent leurs réclamations ; elles
furent prises en considération vers la fin de 1813,
et le chef de l'empire ordonna qu'un projet de loi
fût préparé sur cette matière. Il ne lui fut pas
donné de la rendre. Depuis cette époque jusqu'en 1824 , rien ne fut changé, pour cet objet,
dans la législation, si l'on excepte la loi du 18 novembre 1814 qui , par des dispositions coërcitives,
assura la célébration des jours de fêtes , et celle
du 25 mars 1822 , qui punit les outrages verbaux
ou par écrit contre la religion de l'État, ou l'un
des cultes légalement établis ; ou les ministres de
cette religion et de ces cultes, à raison de leurs
qualités ou à l'occasion de l'exercice de leurs fonc-

tiens. Toutes ces dispositions se rapportaient en effet à des infractions ou délits compris autrefois sous la dénomination générale de *sacrilége* et de *profanation*. En outre, la Cour de cassation jugea que les vols faits dans les églises entraient dans la classe de ceux qu'aggravait la circonstance d'avoir été commis dans un lieu habité, attendu que le Code pénal de 1810 ne définissant pas l'habitation, on devait recourir à celui de 1791 qui considérait tous les édifices publics comme habités. Mais plusieurs Cours royales adoptèrent néanmoins une jurisprudence contraire. — En 1824, le 5 avril, il fut proposé à la Chambre des Pairs un projet de loi sur la répression des délits qui se commettent dans les églises et autres édifices consacrés au culte. Ce projet, où le mot *sacrilége* ne se trouvait pas, portait des peines très-graves contre les vols, les attentats à la pudeur commis dans les temples, et la mutilation ou dégradation des monumens, statues et autres objets destinés au culte : il ne satisfit personne, et déplut surtout à ceux qui, voulant mettre absolument le culte entier dans la loi, n'y voyaient pas figurer la simple profanation. Aussi, ce projet, adopté avec quelques amendemens par la Chambre des Pairs, ne fut présenté que ministériellement à celle des Députés, et retirée presque furtivement sans qu'on puisse dire comment ni quel jour. — Enfin les partisans de l'intolérance religieuse triomphèrent, la loi du 20 avril 1825 consacra formellement des dispositions sur lesquelles la législation ancienne elle-même n'avait parlé qu'en termes

vagues et généraux. Le titre Ier de cette loi qui
nous régit encore répute sacrilége la profanation
des vases sacrés et des hosties consacrées ; elle punit le coupable de MORT, dans le cas de réunion
des deux circonstances suivantes : 1° si les vases
sacrés renfermaient, au moment du crime, des
hosties consacrées ; 2° si la profanation a été commise publiquement. — Dans le cas où une seule
de ces conditions a lieu, la peine est celle des *tra-*
vaux forcés à perpétuité. L'article 6 de ce titre rétablit l'amende honorable abolie par l'article 35 du
titre Ier du Code pénal de 1791. Elle la prononce
pour la profanation publique des hosties consacrées. Le titre II traite du *vol sacrilége.* La mort,
les travaux forcés perpétuels, les travaux forcés
à temps, la réclusion, telles sont les peines décernées contre les coupables. La dernière atteint ceux
qui auront volé dans un édifice consacré à l'exercice d'un culte des objets non sacrés, mais seulement destinés à la célébration des cérémonies de
ce culte, et sans que le crime soit accompagné
d'aucune circonstance aggravante (1). — Le titre III
de la loi du sacrilége prévoit l'outrage à la pudeur
commis dans un édifice consacré au culte : il

(1) Depuis que cette loi est rendue, deux affaires se
sont présentées dans lesquelles un vol de cette nature était
non-seulement prouvé, mais avoué : le jury a déclaré l'individu non coupable. La conscience et la loi se trouvaient
sans doute en contradiction dans l'esprit de ceux qui
étaient appelés à juger cette culpabilité. Sous l'empire
des dispositions du Code pénal, le vol eût au moins été
puni.

punit ce délit d'un emprisonnement de trois à cinq ans et d'une amende de 500 à 10,000 fr. La mutilation ou la destruction des monumens, statues ou autres objets consacrés au culte, est punie d'un emprisonnement de six mois à deux ans et d'une amende de 200 à 2,000 fr. Lorsque le délit a lieu dans l'intérieur d'un temple, l'amende et la durée de l'emprisonnement sont augmentées au-delà du double. A côté de ces peines infligées aux profanateurs des images, figure celle décernée pour le trouble apporté à l'exercice du culte, et celle-ci est bornée à une amende de 16 à 300 fr. et à un emprisonnement de six jours à trois mois. Telle est la loi du sacrilége. En la comparant au Code, qu'elle modifie, on voit que la simple protection du culte, comme faisant partie de l'ordre public, n'est pas son but; mais qu'elle tend à imprimer le respect par la terreur. Elle semble appuyée sur ce motif qu'il est nécessaire à la société qu'une croyance religieuse, quelle qu'elle soit, trouve dans le prince, non-seulement un protecteur, mais un vengeur, et le vengeur le plus sévère. C'était ainsi que raisonnait l'inquisition. J'ai démontré (1) que la législation du sacrilége, ouvrage des cultes païens et barbares, avait d'abord été repoussée par la loi de l'Évangile; que les mœurs altérées par une longue habitude de superstitions cruelles et persécutrices, en faussant le christianisme, l'avaient forcé d'accepter, avec l'empire, les lois sanguinaires des anciens peuples. Celui qui enseigne le pardon des

(1) *Législation historique du Sacrilége*, Paris, 1823.

injures a-t-il jamais ordonné de venger les siennes?
Usurpant la puissance divine, l'homme voudrait
punir l'homme au nom d'un Dieu miséricordieux
et clément ! — La théologie avait cessé de faire
partie de la législation : devait-elle y rentrer pour
l'avantage de la société? Qu'est-ce d'ailleurs que
des dispositions de peine de *mort* pour une profanation qui ne peut être supposée dans les mœurs
actuelles ? Il est impossible de ne pas voir dans
cette proclamation, d'une rigueur, j'ose le dire,
inutile, l'influence d'un parti exigeant et farouche,
qui ne craint rien tant que le repos et la paix de
la société dans lesquels il serait oublié.

FRISE. La loi des Frisiens considérait les vols faits
dans les temples comme des sacriléges, qu'elle punissait de la manière suivante : *Qu'on conduise les
voleurs sur le bord de la mer, qu'on les châtre, et qu'ils
soient immolés aux dieux dont ils ont violé les temples.*

LAPONIE. Les Lapons regardent comme un sacrilége de toucher aux restes des offrandes offertes à
leurs dieux.

MALABAR. L'Indien du Malabar qui répand, par
mégarde ou à dessein, du sang sur les terres sacrées, ne peut éviter la mort. La sévérité va si loin
que, s'il prend la fuite, on exécute à sa place son
plus proche parent.

NATCHEZ, peuple de l'Amérique septentrionale.
Le prêtre qui laissait éteindre le feu sacré était puni
de mort.

PERSES. Chez ces anciens sectateurs de Zoroastre,
il n'était pas permis de frapper les chiens, dont
l'approche, disaient-ils, chassait le diable rôdant

sur la terre après minuit. Quiconque en tuait un
devait donner aux trois ordres de la nation, le
prêtre, le soldat et le laboureur, les instrumens
de sa profession. Celui qui ne pouvait faire ce don
devait creuser des rigoles propres à abreuver les
pâturages voisins et fermer ces pâturages de haies,
ou donner sa fille ou sa sœur en mariage à un saint
homme. Il est rigoureusement prescrit, dans le
Zenda-Vesta, d'essayer plusieurs remèdes sur les
infidèles adorant les esprits créés par Arimane; il
prononce la peine de mort contre ceux qui y man-
queraient.

Romains. Dans l'ancien droit de ce peuple dont
presque toutes les nations chrétiennes adoptèrent
les lois, on appelait sacrilége (suivant l'étymologie
que j'ai donnée de ce mot) le vol ou larcin des
choses sacrées, et l'on entendait par là tout ce qui
appartenait au public. Un rescrit d'Antonin veut
que celui qui enlève dans un lieu sacré une chose
appartenant à un particulier, soit poursuivi comme
voleur et non comme sacrilége. Les empereurs Gra-
tien et Valentinien étendirent beaucoup la législation du sacrilége, ils comprirent sous ce nom tout
crime commis contre la loi de Dieu, soit *par ignorance*, soit par mépris. Ces princes, jaloux de leur
autorité, réputèrent sacrilége tout ce qui pouvait
leur donner de l'ombrage, jusque-là qu'ils condamnaient, comme coupables de ce crime, ceux
qui révoquaient en doute le mérite des généraux ou
fonctionnaires de leur choix (1). Dans les derniers

(1) *Sacrilegii instar est dubitare an is dignus sit*

temps ce fut un sacrilége que de demander l'administration d'une province dont on tirait son origine, ainsi que d'arracher de force d'une église celui qui s'y était réfugié. Le sacrilége était puni de
mort, ou par le feu ou par l'exposition aux bêtes.

Siam. Chez les Siamois, on fait subir un supplice horrible aux personnes convaincues d'irréligion et de profanation. Voyez plus bas *Tête brûlée*
et *Tête coupée*. Voyez aussi *Eau* (*épreuve par l'*),
t. III, p. 435, et *Feu* (*épreuve par le*), t. IV, p. 77.

Sibérie. Les Ostiacs, peuple de cette contrée,
adorent des idoles placées au milieu d'une certaine
étendue de terrain qui leur est consacrée. L'Ostiac
croirait commettre un sacrilége s'il portait une
main profane sur les végétaux qui y croissent, s'il
y chassait ou s'il y pêchait, et il endurerait plutôt
les tourmens de la soif que de boire de l'eau des
ruisseaux qui l'arrosent. Ces violations, surtout de
la part d'un étranger, attireraient la vengeance de
toute la peuplade.

Voyez *Blasphémateur*, t. II, p. 459; *Dimanches et
Fêtes*, t. III, p. 398; *Hérétiques*, t. IV, p. 174;
Jeûne, t. IV, p. 242; *Outrage*, t. V, p. 14; *Révé-
lation*, *Sortilége* et *Tombeaux*.

SAGE-FEMME. Cette profession, assimilée, quant
à la pénalité, à celles des médecins et pharmaciens,
ne peut être exercée sans une autorisation spéciale.
Tout ce qui est relatif à leur instruction et à leur
réception est réglé par la loi du 19 ventôse an II.

---

quem elegerit imperator. (Code de Crim. sacril.) Quel
bon temps pour les ministres!

L'art. 33 de cette loi dispose ainsi : « Les sages-femmes ne pourront employer les instrumens, dans les cas d'accouchemens laborieux, sans appeler un docteur, ou un médecin, ou chirurgien anciennement reçu. » *Voyez* ACCOUCHEMENT, t. I, p. 69; CHIRURGIEN, t. III, p. 241; MÉDECIN, t. IV, p. 431, et RÉVÉLATION, t. V, p. 282.

SAIGNER. Les Romains, qui recherchaient dans leurs châtimens militaires le genre de peines qui affectaient le plus l'amour-propre des soldats, les faisaient quelquefois saigner : c'était, disait Montesquieu, une sorte de dégradation, à cause de la perte des forces que cette opération occasionnait.

SAISIE, acte par lequel on met sous la main de la Justice des objets appartenant à un débiteur ou à un accusé. La saisie des objets qui ont servi au délit ou l'ont occasionné en accompagne ou précède souvent la condamnation. Voyez CHASSE, t. III, p. 227; CONFISCATION, t. III, p. 263; CONTREBANDE, t. III, p. 266; CONTREFACTEUR, t. III, p. 270; PÊCHE, t. V. p. 38.

SALIQUE (loi). *Voyez* AMENDE, t. 1, p. 277 et 278.

SAMEDI. Les lois pénales de la Nouvelle-Angleterre, dans le siècle dernier, punissaient d'une amende de cinq schellings ou du fouet ceux qui étaient convaincus d'avoir dansé le samedi, après le coucher du soleil.

SANCTION, du mot latin *sanctus*, saint. On nomme sanction ce qui rend un ordre, une loi, pour ainsi dire sacrés, en revêtant ces actes du sceau de l'autorité; mais comme cette marque n'eût pas suffi, et qu'il fallut y joindre des dispositions pénales pour en assurer l'exécution, ces dispositions ont aussi reçu le nom de sanction. Ainsi l'on dit : Ce projet a reçu la sanction royale, et cette loi a pour sanction telle peine.

SAN-BENITO ou SACO-BENEDITO, sorte d'habillement de toile jaune que l'on fait porter, en Espagne et en Portugal, à ceux que la *sainte* inquisition a condamnés, comme une marque de leur condamnation. Le *san-benito*, fait en forme de scapulaire, est composé d'une large pièce qui pend par devant et d'une autre qui pend par derrière; il y a sur chacune de ces pièces une croix de St.-André : cet habit est de couleur jaune et tout rempli de diables et de flammes qui y sont peints. Il est regardé comme une imitation de l'ancien vêtement, en forme de sac, que portaient les pénitens dans la primitive Église. Voyez *Auto-da-fé*, t. II, p. 103.

SANCTUAIRE. *Voyez* ASILE, t. I, p. 449.

SANG. *Voy.* BLESSÉS et BLESSURES, t. II, p. 468.

SANG (CONSEIL DE). On appela ainsi, dans les Pays-Bas, un tribunal établi en 1567 par le duc d'Albe, pour la condamnation ou la justification de ceux qui étaient soupçonnés de s'opposer aux volontés de Philippe II, roi d'Espagne. C'était à peu près ce qu'on a nommé récemment dans ce dernier pays Commission de *purification*. *Voyez* ce mot, t. V, p. 187.

SANHÉDRIN, grand conseil où se décidaient les affaires publiques chez les Hébreux. Il y avait plusieurs sanhédrins inférieurs qui servaient à la fois de conseil d'administration locale et de tribunaux; aussi sont-ils appelés dans l'Évangile *jugemens* ou *tribunaux de jugement*. Ils étaient composés de vingt-trois personnes; et chaque ville en avait un. Jérusalem seule en avait deux à cause de son étendue. Après la conquête des Romains, le proconsul Gabinius cassa tous ces tribunaux et en recréa cinq seulement qu'il plaça dans les principales villes. Ces nouvelles cours ou sanhédrins prononçaient sans appel dans toutes les affaires de la province qui formaient la circonscription de leur ressort.

SARMENT DE VIGNE. *Voyez* Baton, t. II, p. 391.

SATISFACTION. *Voy.* Réparation, t. V, p. 269.

SAUF-CONDUIT. En droit politique, le sauf-conduit est un privilége accordé à quelqu'un des ennemis sans qu'il y ait cessation d'hostilités; il consiste en ce que l'on autorise celui à qui on l'accorde à aller et venir en sûreté. En droit privé, le sauf-conduit s'entend de la mise en liberté sous caution d'une personne qu'une prévention place sous la main de la Justice. Cette mise en liberté a lieu pour le failli à qui le tribunal juge à propos de l'accorder avec ou sans caution : le débiteur contraignable par corps ne peut être arrêté, lorsqu'appelé comme témoin devant un tribunal, il est porteur d'un sauf-conduit; dans ce dernier cas la délivrance du sauf-conduit ne peut être faite par les juges de paix ni les tribunaux de commerce. Enfin, le prévenu d'un fait qui n'emporte qu'une peine correctionnelle peut (article

114 du Cod. d'Inst. crim.) obtenir sa mise en liberté provisoire, moyennant caution solvable de se représenter aussitôt qu'il en sera requis. Cette mise en liberté peut être demandée et accordée en tout état de cause. — Dans l'ancienne législation, on appelait sauf-conduit certaine protection particulière accordée à une personne craignant pour sa sûreté. *Voyez* ASSUREMENT, t. II, p. 27, — et plus bas, au mot SAUVEGARDE.

SAUT, *Voyez* LEUCADE (saut de), t. IV, p. 521, et PRÉCIPITER, t. V, p. 114.

SAUVEGARDE. On obtenait anciennement des lettres de *sauvegarde* ou protection contre toutes entreprises de ceux qu'on regardait comme ses ennemis, ou dont les menaces faisaient craindre de leur part quelque danger. La sauvegarde pouvait être accordée par le roi ou par les juges, soit royaux, soit des seigneurs. *L'infraction de sauvegarde et d'assurance,* dit Loisel, *jurée par la coutume de France, mérite la mort. Sauvegarde n'est pas enfreinte par parole, mais par faits.* Presque toutes les coutumes, notamment celle de Chaumont, ordonnaient au juge de l'accorder sur le serment de la partie qui la demandait. Cet usage, né dans les temps affreux où la féodalité engendrait des guerres privées continuelles, se perpétua jusqu'au dernier siècle. On commença pourtant, à cette époque, à regarder les dispositions coutumières comme tombées en désuétude et ayant cessé à ce sujet d'être obligatoires ; on trouve même des arrêts de Cours de parlement, qui cassent des sentences de bailliages qui avaient accordé des sauvegardes suivant les coutumes. — On appelait aussi sauvegarde une plaque de fer apposée sur la porte d'une maison, et sur laquelle étaient les armes du roi ou de quelque seigneur, avec ce mot *sauvegarde*; ce panonceau servait de signe extérieur pour annoncer la protection dont jouissait le maître de la maison. *Voyez* ASSUREMENT, t. II, p. 27. — C'est une coutume en Écosse, autorisée par les lois, que les particuliers qui ont quelque raison de se défier de la mauvaise volonté d'un voisin, demandent et obtiennent du magistrat un acte de sauvegarde nommé *sentence de sûreté*. L'effet de cet acte est tel, que ce voisin suspect est responsable, pour lui et les siens, de tout le mal qu'on pourrait faire au plaignant, de façon qu'il est obligé de lui donner caution. Il faut ajouter cependant que cet usage n'est en vigueur que parmi le bas peuple. — Aujourd'hui la sauvegarde en France se réduit à obtenir de l'autorité de porter des pistolets et armes blanches pour sa défense personnelle. On l'obtient sur des motifs plausibles et un certificat de moralité et de domicile.

SAUVETAGE, recueillement du corps et des agrès d'un bâtiment naufragé et des objets composant sa cargaison. Il s'était établi anciennement, sur toutes les côtes de la mer, un droit barbare qu'on appelait *droit de naufrage*, en vertu duquel on s'emparait des effets de ceux qui avaient le malheur de faire naufrage sur des côtes étrangères. Les peuples du Nord surtout, resserrés dans des bornes étroites et livrés à tous les besoins, mirent particulièrement en usage ce genre de spo-

liation qui était pour eux une source de richesse.
Il est constant qu'il fut pratiqué par les Romains
eux-mêmes, qui plus tard reconnurent l'iniquité
de pareils actes, et rendirent à ce sujet des lois
répressives. Jusqu'au seizième siècle, les rois de
France, trop peu puissans pour faire respecter leur
autorité, voulurent en vain détruire ce brigandage. Louis IX, au lieu de punir le duc de Bretagne, qui exerçait à la rigueur le *droit de naufrage,*
traita avec lui en 1231, pour l'engager à y renoncer. Vers ce temps-là parurent les réglemens fameux, connus sous le nom de *Jugemens d'Oléron,*
qui, faits pour certains parages, furent ensuite généralement adoptés. Ils consacrèrent le droit des
naufragés sur leurs effets, et ordonnèrent qu'ils fussent rendus. La première loi que nous ayons sur
cette matière est l'ordonnance de François Ier, du
mois de février 1543. Par l'art. 1er du titre 9 du
liv. 4 de cette loi, ce prince déclare qu'il met sous
sa protection et sauvegarde « les vaisseaux, leurs
équipages et chargemens qui auront été jetés par
la tempête sur les côtes du royaume, ou autrement y auront échoué, et en général tout ce qui
sera échappé du naufrage. » La réclamation des
effets devait être faite dans l'an et jour. — Plusieurs ordonnances subséquentes apportèrent
quelques variations dans cette partie, mais toutes
confirmèrent les défenses de piller les effets naufragés. L'art. 6 de l'ordonnance de 1681 portait
que, dans le cas de pillage des effets naufragés, les
officiers de l'amirauté devaient procéder par voie
d'information et faire le procès aux coupables.

à peine d'interdiction de leurs charges, et de répondre en leurs noms des pertes et dommages envers les intéressés. L'article 16 défend aux mêmes officiers de se rendre adjudicataires directement ou indirectement des effets naufragés, à peine de restitution du quadruple et de privation de leurs charges. La loi de François Ier voulait (art. 2) que ceux qui attentent à la vie et aux biens des naufragés fussent punis de mort, sans qu'il pût leur être accordé aucune grâce. — Le 10 janvier 1770, Louis XV donna une déclaration dans le but de rendre uniforme la manière de procéder en cas de naufrage. Elle n'innove en rien de ce qui regarde la pénalité, et s'en réfère, pour cette partie, à l'ordonnance du mois d'août 1681. Il est à remarquer que cette déclaration de 1770 reconnaît encore, par son dernier article, les droits des seigneurs; ces droits ne furent abolis complétement que par la loi du 4 août 1789, et celles qui la suivirent. — Le titre 7 de la loi du 22 août 1791, relative aux douanes, soumettant aux droits qui portent ce nom les marchandises provenant de bris et naufrages, s'occupe de leur conservation, et porte (art. 7) : Ceux qui seront trouvés par les préposés de la régie, saisis de marchandises naufragées enlevées sans être porteurs d'une permission, seront par eux arrêtés et conduits à la maison d'arrestation... Le procès-verbal sera remis, dans le jour, au juge de paix le plus prochain. Cette loi répartit entre les tribunaux de commerce et les juges de paix les fonctions qui étaient ci-devant attribuées aux officiers de l'amirauté. Un ar-

rété du gouvernement, du 17 floréal an 9, borna
les fonctions des juges de paix à la poursuite des
crimes et délits en concurrence avec les autres
officiers de police judiciaire. — Les peines afflictives prononcées par l'ordonnance de 1681 ont
été abrogées par les dispositions du dernier article du Code des délits et des peines, du 25 septembre 1791, auquel se réfère l'arrêté du Directoire
exécutif, du 27 thermidor an 7, qui, bien que mo-
difié par celui du 17 floréal an IX, ne laisse pas
d'être obligatoire au fond, et principalement pour
les dispositions pénales. Les voici : le défaut d'avis
donné par l'individu témoin d'un naufrage ou
échouement est une présomption de complicité,
dans le cas où il y aurait eu pillage ou enlèvement
furtif d'effets naufragés. — Les coupables de délits seront arrêtés sur-le-champ, d'après l'ordre
du juge de paix qui est tenu de se transporter, au
premier avis, avec la force publique, sur le lieu du
naufrage. Ils seront livrés ensuite aux tribunaux
pour y être jugés suivant la rigueur des lois. —
Dans le cas d'enlèvement furtif, le juge de paix,
ou le fonctionnaire qui le supplée, commence immédiatement l'instruction et procède aux visites
domiciliaires propres à constater la soustraction
ou le recèlement des objets. — Si le pillage se fait
à force et par attroupement, l'art. 7 de l'arrêté en
rend la commune responsable, en rappelant la loi
de l'an 4 sur les communes, et pour la répression
du crime, il applique l'art. 39, 2ᵉ sect., t. I,
2ᵉ partie du Code de 1791. Cet article est remplacé
aujourd'hui par l'art. 440 du Code pénal, de 1810,

qui prononce la peine des travaux forcés à temps, et porte en outre que chacun des coupables sera condamné à une amende de deux cents francs à cinq mille francs.

SCALPAGE, genre de supplice particulier aux Indiens de l'Amérique septentrionale. *Voyez* CHE-VEUX, t. III, p. 256.

SCANDALE (peines de). *Voyez* BANQUEROUTE, t. II, p. 315, et PIERRE DE SCANDALE, t. V, p. 72.

SCAPHISME, supplice en usage chez les anciens Perses. C'est le même que Rollin (dans son *Hist. anc.*) appelle le supplice des *auges*. Le mot *scaphisme* signifie en grec un vaisseau creux, et, par similitude, une *auge*. Voyez AUGES (supplice des), t. II, p. 84.

SCEAU. La contrefaçon du sceau de l'État et l'usage de ce sceau contrefait sont punis de mort par l'art. 159 du Code pénal. — S'il s'agit du sceau, timbre ou marque d'une autorité quelconque, ou d'un établissement particulier de banque ou de commerce, la peine est la réclusion (142), accompagnée de l'amende et de la marque (164, 165). — Le carcan et l'amende sont prononcés contre ceux qui, s'étant indûment procuré de vrais sceaux, timbres ou marques, en auraient fait un usage contraire aux intérêts de l'État, d'une autorité quelconque ou d'un établissement particulier (143, 164). *Voyez* RÉVÉLATION, t. V, p. 281.

SCELLÉ. *Voyez* BRIS DE SCELLÉ, t. III, p. 94.

SCHLAG (la), sorte de flagellation fort en usage en Allemagne comme châtiment militaire. En 1827, un déserteur autrichien, au moment d'être pendu, à Gratz, se débattit violemment en proférant des injures atroces contre d'augustes personnages; on le fit alors descendre de l'échafaud, et, après lui avoir administré cinquante coups de *schlag*, on acheva l'opération que cet incident avait interrompue.

SCIER. Le supplice de la scie, qui consiste à partager le corps d'un criminel au moyen de l'instrument auquel on donne ce nom, paraît avoir été en usage chez plusieurs peuples et même jusque dans les temps modernes. — On lit dans les livres des Juifs, que David fit condamner à ce supplice les Ammonites de Rebbath qui avaient maltraité ses envoyés. Les mêmes livres rapportent que le prophète Isaïe fut, par ordre du roi Manassé, scié par le milieu du corps depuis la tête jusqu'au bas du tronc : on ajoute que ce fut avec une scie de bois. Quelques-uns pensent que ce prophète fut déchiré avec certains rouleaux de bois armés de pointes de fer, et que l'on a improprement appelés *scies*. Cependant saint Paul, dans un passage de ses épîtres, rappelant ce fait, s'explique de façon à désigner clairement une scie telle que celles dont on se sert pour scier le bois. — Ce supplice est ordinairement infligé, en Perse, aux empoisonneurs. L'histoire a conservé la mémoire d'un tyran de ce royaume, nommé Giemsched, qu'un prince arabe détrôna et fit scier en deux. — Le même usage est pratiqué à Siam, et l'on prétend qu'il l'était encore en Suisse dans le dernier siècle. — On ne sera pas étonné qu'il ait été employé à Maroc. En 1705, un alcayd, nommé Mélec, accusé de complicité dans la révolte de Muley-Mahamet', mais dont le vrai crime était d'avoir tranché la tête à un parent de la reine, fut condamné à être scié en deux. Mélec marcha au supplice la pipe à la bouche avec un courage qui ne se démentit pas au milieu des tourmens et des douleurs qu'il dut ressentir lorsque le fatal instrument lui eut partagé le corps depuis le bas jusqu'au dessus du nombril: il demanda alors un peu d'eau qui lui fut refusée, et l'exécuteur continua son affreux ministère jusqu'à ce que la scie eût divisé totalement en deux parts le corps du patient et la planche sur laquelle il était fixé.

SCRIBES, mot qui répond à celui d'écrivains. Chez les Juifs on donnait ce nom à des espèces de docteurs qui se divisaient en trois classes : les *scribes du sanhédrin*, qui n'étaient que des greffiers de ce tribunal; les *scribes de la loi*, dont les décisions étaient exécutées à l'égal de la loi elle-même, et les *scribes du peuple*, véritables magistrats prononçant des sentences dans les affaires privées et contre les coupables de délits.

SCULPTEUR. *Voyez* PEINTRES, t. V, p. 44.

SÉANCE aux prisons. On nommait ainsi les visites que le parlement de Paris faisait à la Conciergerie et aux autres prisons pour vider les demandes en liberté. Ces visites avaient lieu quatre fois l'année, la veille des principales fêtes. *Voyez* REDDE.

SECOURS. L'art. 475 du Code pénal, n° 12, punit d'une amende de six à dix francs ceux qui, le pouvant, ont refusé ou négligé de faire les tra-

vaux, le service ou de prêter le secours dont ils
ont été requis, dans les accidens tels que tumulte,
naufrage, inondation, incendie, etc.

SECRET. *Voyez* RÉVÉLATION, t. V, p. 280.

SECRET (mettre au). Que l'inquisition ait employé cet usage barbare de séquestrer entièrement
un prévenu, sans permettre aucune communication avec lui, et de le laisser ainsi souffrir le plus
cruel abandon dans un cachot obscur, humide et
infect, un pareil acte est conséquent aux principes
de cruauté réfléchie qui ont constamment guidé
les membres de ce prétendu tribunal. On ne s'é-
tonnera pas que récemment encore il en ait donné
un exemple dans la personne de don Louis Urquijo, premier ministre de ce pays, qui joignait à
un grand savoir l'indépendance des idées et le goût
de la philosophie. Appelé par Charles IV à la tête
des affaires, Urquijo employa tous ses efforts à ex-
tirper les abus et à détruire tout ce qui s'opposait au progrès des lumières. A la mort de Pie VI,
il fit rendre un décret qui, restituant aux évêques
d'Espagne les droits usurpés sur eux par la cour
de Rome, affranchissait ainsi la Péninsule de la dépendance du Vatican. Un pas aussi hardi fit craindre à l'inquisition sa destruction prochaine; le
décret en était dressé. Le génie de l'intrigue en
empêcha la publication et obtint la disgrâce du
ministre. Urquijo fut enfermé dans des cachots
humides et tenu au secret le plus rigoureux jusqu'au moment de l'abdication de Charles IV : il
est mort à Paris en 1817. — Mais, s'il est pour
ainsi dire convenable qu'un tribunal de persécu-

tion ordonne de pareils traitemens, ou que l'arbitraire établi par l'ancienne législation de France les comportât, devrait-on les voir également employés au XIX⁰ siècle? Rien cependant n'est plus certain que cet abus, et rien n'est plus illégal. L'article LXXXII de l'acte constitutionnel du 13 décembre 1799 (22 frimaire an 8) porte : «Toutes les rigueurs employées dans les arrestations, détentions ou exécutions, autres que celles autorisées par les lois, sont des crimes.» Cette disposition n'est point abrogée, et le Code d'instruction criminelle ne permet (art. 614) de resserrer plus étroitement le prisonnier et de l'enfermer seul que lorsqu'il use de menaces, injures et violence envers les gardiens ou les autres prisonniers. — Voici cependant ce qu'on nomme le secret, espèce de torture donnée arbitrairement et pour laquelle on ménage des cachots particuliers dans les constructions nouvelles de prisons (1829) : je tire cette description de l'ouvrage de M. Berenger, *De la justice criminelle en France, etc.*, titre II, ch. 1ᵉʳ, § 9. — «L'homme soumis à ce genre de torture est ordinairement jeté dans un cachot étroit, qui le plus souvent est humide, pavé en pierres, et dont l'air ne se renouvelle qu'avec une extrême difficulté. Ce cachot ne reçoit un faible rayon de lumière qu'au moyen d'un soufflet de bois adapté à une fenêtre grillée. — On y place pour tout meuble un méchant garde-paille; on n'y trouve nulle table, nulle chaise, en sorte que le prisonnier est obligé d'être constamment ou couché ou debout. On ne lui permet la lecture d'aucun livre. La faible con-

solation d'écrire ses pensées lui est même refusée.
Seul avec ses sombres réflexions, et le plus souvent au milieu d'une obscurité profonde, il ne
trouve rien qui puisse le distraire de ses anxiétés.
Un baquet placé auprès de lui sert au soulagement des besoins de la nature, et contribue, par
l'odeur infecte qu'il exhale, à rendre ce séjour insupportable. — A toutes les heures du jour et de
la nuit, on est réveillé par la bruyante vigilance
d'un guichetier, qui, privé de toute sensibilité,
ne respecte ni repos, ni douleur, agite avec fracas
ses clefs et ses verroux....... — Du pain, souvent
en petite quantité, est toute la nourriture de ce
malheureux; et il n'est pas rare que, dans certaines occasions, on oublie à dessein de la lui donner, afin de diminuer ses forces. On ne lui laisse
ni couteau ni instrument quelconque; et c'est le
guichetier qui prend le soin de diviser ses alimens.
De temps en temps on le sort de cet horrible lieu,
pour le conduire devant un juge interrogateur;
mais ses souvenirs sont confus, il se soutient à
peine, et après plusieurs interrogatoires, c'est un
miracle si l'incohérence de ses réponses ne forme
pas des contradictions, dont on fait ensuite contre lui de nouveaux chefs d'accusation. — Rentré
dans la prison, et s'il n'a pas rempli l'attente du
juge, le concierge a ordre de redoubler de rigueurs. Ainsi quelquefois, lorsque l'horreur de la
solitude n'a rien pu sur une ame fortement trem-
pée, on substitue à ce traitement un autre genre
de supplice. La lumière éblouissante d'un réver-
bère remplace l'obscurité; la lueur est tournée

sur le grabat du prisonnier, lequel, pour éviter son éclat incommode, est obligé de tenir ses yeux affaiblis constamment fermés. — Pendant ce temps, un agent de police, placé à l'autre extrémité du cachot et assis devant une table, l'observe en silence; il épie ses mouvemens; il ne laisse échapper aucun de ses soupirs sans en prendre note; il recueille les paroles et les plaintes que la douleur lui arrache; il lui ôte la dernière consolation qu'on ne peut refuser à un infortuné, celle de gémir seul. — Heureux le prisonnier si ces agens mercenaires. qui se succèdent pour le surveiller, ne mentent jamais à leur conscience et à la vérité!— Le temps pendant lequel on est soumis à ce régime n'a point de mesure; il est à l'arbitraire du magistrat. Tel y a été laissé *cinq cent cinquante-deux jours*, tel autre *trois cent soixante-douze*, tel autre *cent un.* Après ce traitement, ce n'est plus un homme, c'est un spectre, c'est un cadavre, qui a souvent perdu jusqu'au sentiment de la douleur. — Enfin lorsqu'un accusé est condamné à la peine capitale, si on espère en obtenir quelque révélation, on le soumet à de nouveaux tourmens qui doivent toujours produire leur effet, puisqu'ils sont exercés sur un corps qui n'a presque plus de vie. » '— N'est-ce pas là en réalité le rétablissement de la question préparatoire et de la question préalable? Il faut espérer que la société royale des prisons, que préside le Dauphin, pourra, avec un tel appui', faire cesser un abus aussi criant et aussi déshonorant pour notre siècle. '

SÉDITION, révolte, soulèvement des sujets ou

subordonnés contre le prince ou chef, soit pour résister à ses ordres, crus injustes, soit pour obtenir le redressement de griefs et de vexations exorbitans. Les causes les plus ordinaires de séditions ont toujours été la tyrannie, les innovations en matière de religion et les persécutions contre les novateurs, la pesanteur des impôts, le mépris des droits de la nation, et la création de priviléges en faveur de quelques-uns au préjudice du grand nombre, le mauvais choix des ministres, la cherté des vivres, etc. Dans tout gouvernement où les sujets manquent d'un moyen légal pour présenter utilement les plaintes qu'ils ont à faire contre l'administration, la sédition, dans certains cas, loin d'être un crime, devient un droit et un devoir comme celui de la défense personnelle. Il est donc du plus grand intérêt et pour les souverains et pour ceux qui, placés aux sommités sociales, ont tout à perdre dans les séditions, que la constitution du gouvernement prête autant que possible à ce que les sujets de mécontentement se résolvent en explications et en concessions pacifiques; c'est là qu'après trois ou quatre mille ans d'erreurs on en est enfin venu dans quelques pays. On a lieu de s'étonner que, dans plusieurs autres, la plus forte opposition à l'établissement d'un pareil système vienne précisément de ceux qui en retireraient le plus grand avantage : cela ne s'explique que par l'influence des castes qui cherchent leur honteux profit dans le malheur commun, et leur élévation dans l'affaiblissement et la servitude des souverains et des peuples. — La sé-

dition réputée crime est le seul entre tous dont le
succès change la nature et assure l'impunité ; mais
ce succès toujours imparfait livre bientôt les rebelles à la vengeance de ceux qu'ils ont bravés.
Les faux traités, les fausses amnisties, la séduction des chefs, etc., désarment les masses, et tout
le sang versé n'est qu'un nouveau motif d'en verser encore.— La rébellion n'a eu de véritable succès que lorsqu'une nation entière a fortement
voulu se soustraire au joug d'une autre, comme la
Hollande et les États-Unis d'Amérique. Alors,
comme l'écrivait Franklin, ceux qu'on nommait
rebelles, au premier pas, ne sont plus tard que des
indépendans, et enfin, un nouveau peuple à qui
il serait ridicule de reprocher le crime de sédition.
—Il n'en est pas de même des révoltes partielles
ou de celles qui ont mal réussi : celles-ci amènent
les massacres, les proscriptions, les décimations,
les supplices. — L'histoire des séditions et des
maux qui les ont suivies est presque toute celle
que nous ayons. Je n'entreprendrai pas de la retracer. — Quant à la peine attachée à ce crime,
elle a toujours été capitale, au moins pour les
chefs; la confiscation des biens l'accompagnait, et
dans plusieurs pays on rasait les maisons des coupables. — Dans quelques États despotiques, les
rebelles étaient punis par des supplices recherchés
qui se trouvent rapportés dans cet ouvrage aux
mots qui les désignent. *Voyez* ALARME (fausse),
t. I, p. 234 et la note; COMPLOT, t. III, p. 249;
COUPÉ EN MORCEAUX, t. III, p. 298; DÉCIMATION, t.

III, p. 356; Proscription, t. V, p. 151; Révolte, t. V, p. 283; Scier, t. V, p. 334.

SÉDUCTION (crime de). Les lois pénales le considèrent dans trois cas, suivant la qualité des personnes envers lesquelles la séduction est employée. —La séduction d'une fille ou d'un fils de famille était regardée, sous l'ancienne législation, comme un *rapt*. *Voyez* ce mot, t. V, p. 225, et *Pendaison*, t. V, p. 50, 56. La séduction simple sans violence, ou abus d'autorité, et hors le cas d'attentat public à la pudeur, n'est point punie par la loi française actuellement en vigueur. Elle ne prononce que dans le cas d'enlèvement. —La séduction d'un fonctionnaire public a été traitée aux mots *Corruption* et *Prévarication*. *Voyez* le premier, t. III, p. 295, et le second, t. V, p. 141. —Enfin une troisième espèce de séduction est celle des témoins : on la nomme *subornation*. *Voy.* au mot *Témoin*.

SEIGNEUR. La moindre injure, la plus légère offense dont un vassal se rendait coupable envers son seigneur, était autrefois sévèrement punie. De grosses amendes et la perte totale des biens mouvans étaient la suite ordinaire des procès intentés à ce sujet. Un arrêt du 31 décembre 1556 confisque le fief d'un particulier pendant sa vie, pour avoir donné un *démenti* à son seigneur, et le condamne de plus à l'amende honorable. On retrouve plusieurs arrêts du même genre. Quant aux derniers outrages, la peine allait jusqu'à être tenaillé vif. *Voyez* Félonie, t. IV, p. 63; Roturier et Serf.

SEIN TORDU. J'ai plus d'une fois remarqué cette bizarrerie des hommes de s'infliger des peines volontaires et de se martyriser eux-mêmes. La superstition est la source ordinaire de ce genre de folie. On a vu, en 1731, lors des ridicules momeries faites au cimetière de Saint-Médard sur le tombeau du diacre Paris, l'atrocité la plus révoltante se joindre aux *convulsions* ou gambades par lesquelles avait commencé ce pélcrinage. De jeunes filles, entre autres supplices qu'elles subissaient volontairement, se faisaient tordre les mamelles avec des pinces de fer, jusqu'au point de fausser les branches de cet instrument.

SEIN ÉCRASÉ. *Voyez* Coffre, t. III, p. 245.

SEL. La peine de mort était autrefois prononcée par les ordonnances contre les voituriers qui volaient le sel dont on leur avait confié la conduite pour la fourniture des gabelles.

SELLE DE CHEVAL (Porter une). *Voyez* Parties naturelles, t. V, p. 29.

SÉMINAIRES (petits). Napoléon, en rétablissant le culte catholique en France, autorisa les évêques à former non-seulement des séminaires ou colléges de jeunes gens destinés à la prêtrise et étudiant à cet effet la théologie, mais encore d'y adjoindre dans les grandes villes des colléges accessoires où l'on enseignait les *humanités* et dirigeait l'esprit des élèves vers le sacerdoce. Deux ordonnances récentes du 16 juin 1828 les ont mis sous la dépendance immédiate de l'Université, en laissant la nomination des directeurs aux évêques; mais sous l'obligation expresse que ces directeurs fourniront une déclaration authentique qu'ils adhèrent aux fameux articles de la déclaration du clergé de 1682, et qu'ils ne font pas partie d'une société religieuse non autorisée par les lois. On a dit que plusieurs de ces écoles sont restées fermées pour non-exécution de ces ordonnances. Mais il paraît que le ministère n'y a pas tenu la main aussi rigoureusement qu'on s'y attendait.

SELLETTE, petit siége de bois, sur lequel autrefois l'accusé était assis, lorsqu'il subissait le dernier interrogatoire dans une affaire où les conclusions du ministère public tendaient à une peine afflictive. Cela se pratiquait ainsi tant en première instance que sur l'appel, au lieu que dans les premiers interrogatoires, l'accusé devait être seulement debout et tête nue. Quand les conclusions ne tendaient pas à une peine afflictive, l'accusé subissait le dernier interrogatoire debout derrière le barreau et non sur la sellette. — On ne dit plus aujourd'hui la *sellette*, mais le *banc des accusés;* la distinction faite anciennement a lieu encore jusqu'à un certain point, c'est-à-dire que, lorsque l'accusé est libre sous caution, ou placé seulement sous le poids d'un mandat de comparution, il est assis à l'audience sur un banc particulier et hors de la compagnie d'un gendarme; mais non derrière le barreau comme autrefois.

SÉNÉCHAL. L'autorité de cet officier pouvait être comparée à celle du bailli ou juge royal. *Voyez* BAILLI, t. II, p. 248. — Le sénéchal connaissait des appellations des jugemens des prévôts royaux et des hauts justiciers, des cas royaux, etc. Les

appels de leurs sentences se relevaient aux parlemens. Les sentences, proclamations et actes de
justice étaient intitulés du nom de cet officier, et
c'est lui qui était spécialement chargé de l'exécution des ordonnances du roi dans l'étendue de la
juridiction qu'on nommait sénéchaussée.

.SENTENCE. On nommait ainsi anciennement
les décisions des juges et tribunaux inférieurs :
elles portent aujourd'hui le nom de *Jugemens.*
Voyez JUGEMENT, t, IV, p. 254.

SENTENCE DE SURETÉ. *Voyez* SAUVEGARDE.

SENTENCES contre les animaux. *Voyez* ANI-
MAUX, t. I, pag. 538 et suiv. ; BESTIALITÉ, t. II,
p. 420.

SÉPARATION. *Voyez* DIVORCE, t. III, p. 415 ;
RÉPUDIATION, t. V, p. 272.

SÉPULTURE (PRIVATION ET REFUS DE). La privation de la sépulture a été considérée chez plusieurs peuples comme une infamie et décernée
comme peine. — En Chine, où la décapitation est
la peine la plus infamante, par la haute idée que
les Chinois ont de la conservation du corps dans
son entier, les criminels qui ont subi cette exécution demeurent privés de la sépulture : leurs parens n'ont d'autre ressource que d'acheter, à
grand prix, les restes du supplicié, et de recoudre le plus proprement possible la tête au tronc
dont elle a été détachée. — Les Spartiates blessés
par derrière étaient déclarés infâmes par les lois
de Lycurgue et privés de la sépulture. C'était aux
mères elles-mêmes que ce sévère législateur avait
donné la charge de reconnaître les blessures de

leurs enfans, et de juger si elles étaient de nature
à mériter au mort l'infamie ou les honneurs funèbres. — Chez les Juifs ni chez les Romains, personne, pas même les criminels, ne pouvait être
privé de la sépulture. Les derniers l'interdisaient
seulement dans l'intérieur de la ville, usage qui
avait existé au commencement de la république.
— Le privilége de l'inhumation intérieure fut accordé à la seule famille des Claudius et à celle de
Publicola. Un édit d'Adrien, à ce sujet, veut que
les contrevenans et les magistrats qui n'y auraient
pas porté empêchement, fussent condamnés à une
amende de quatre pièces d'or, que le lieu de la
sépulture fût confisqué et profané, et qu'on exhu-
mât le corps ou les cendres de celui qu'on y aurait
enseveli. Cette ordonnance fut renouvelée par Dioclétien et Maximien, l'an 290 de l'ère chrétienne.
— On trouve la privation de sépulture prononcée
dans les anciennes lois de France, en certains cas.
Henri IV, au commencement de 1609, *admonété*,
dit Bassompierre, par les prédicateurs, rendit
contre les duellistes un édit sévère, dont une des
dispositions privait les coupables de la sépulture.
— Le fanatisme religieux a donné de nombreux
exemples de cette barbarie honteuse et absurde
à la fois. Le plus remarquable, sans doute, est
celui que nous offre l'histoire de l'empire d'Allemagne. L'empereur Henri IV, après avoir étonné
l'Europe par ses victoires et sa magnificence,
mourut à Liége, en 1106, victime de l'ambition
des papes Grégoire VII et Urbain II. Ce dernier fit
exhumer le corps de l'empereur, et le laissa peu-

dant cinq ans privé de la sépulture, jusqu'à ce
qu'Henri V réparât cet affront, et réunît le corps
de son père à ceux de ses ancêtres, dans leur tombeau érigé à Spire. — Après les papes, de simples
curés se sont souvent permis de refuser la sépulture. On a vu ce scandale trop fréquemment renouvelé en France dans les derniers siècles et
même récemment. Je ne rappellerai point ici ces
faits nombreux : qui ne connaît la honte des funérailles de Molière et d'autres acteurs célèbres,
dont plusieurs avaient fait aux églises des au-
mônes qu'on avait trouvées bonnes, malgré la
qualité des donateurs? On refusait la sépulture à
Voltaire, et l'on prétendait en même temps qu'il
s'était converti. Ce refus, motivé sur la damnation
présumée d'un chrétien, est l'acte le plus contraire
à l'esprit de la religion; il était en outre, sous
l'ancien régime, une véritable prévarication dans
l'ordre civil, puisque les curés étaient alors
chargés des registres et actes constatant les décès
et inhumations. Aujourd'hui que, malgré les efforts d'une secte régicide, les deux pouvoirs de
l'Église et de l'État, déjà séparés par les lois; paraissent devoir continuer à l'être, on ne peut considérer le refus des cérémonies comme un véritable refus de sépulture. Cependant le nom seul de
chrétien, indépendamment de la vie d'un individu,
semble devoir obliger le prêtre à remplir à son
égard les devoirs de son ministère : aux yeux d'un
homme raisonnable, un refus en pareil cas sera
toujours une honte et un délit moral, et aux yeux
du vrai chrétien, une transgression de la loi de

Dieu, qui, selon l'Évangile, est *toute* dans la charité. Mais l'autorité doit-elle intervenir dans un débat de cette nature, et employer des mesures coercitives ou répressives? L'affirmative est certaine en droit, car un fait pareil peut être considéré comme une injure. La seule objection qu'on pourrait faire consisterait à dire que ce serait empiéter sur le pouvoir spirituel, et que d'ailleurs le scandale en serait plus grand. On ne pensait pas ainsi dans un temps où le clergé jouissait d'une amplitude de droits même exorbitans : on allait jusqu'à ordonner l'administration de tous les sacremens. Par arrêt du 15 février 1759, le sieur Alexis Lenoir, curé de Translay, près d'Abbeville, fut condamné à payer 300 liv. de dommages-intérêts à François Prézé, laboureur, son paroissien, pour lui avoir refusé la communion, lorsque celui-ci s'était présenté à la sainte table pour la recevoir. Le même fit défenses au curé de récidiver, sous peine de punition exemplaire, et permit à Prézé de faire imprimer l'arrêt. Les registres de la Tournelle fournissent, à la date du 19 mars 1755, un autre arrêt confirmatif d'une sentence condamnant, pour refus de sépulture, le curé de Saint-Vrain, paroisse des environs de Corbeil, aujourd'hui département de Seine-et-Oise. Voici quels étaient les faits : Jean-Alexandre Boileau, chirurgien à Saint-Vrain, était mort sans avoir voulu, à ses derniers momens, mettre sa conscience en état; il avait résisté opiniâtrément aux instances de son curé, qui s'était présenté chez lui pour l'exhorter à se confesser : il était notoire dans la commune qu'il

n'avait pas approché des sacremens depuis nombre
d'années, mais seulement qu'il avait assisté aux offices. Lorsqu'il fut question de faire son enterre-
ment, le curé déclara que Boileau était mort en
état de réprobation, et ne voulut point lui accorder la sépulture ecclésiastique. Sur la plainte des
enfans Boileau, intervint une sentence qui condamna le curé : celui-ci en appela, et la Tournelle
ordonna définitivement la rédaction et l'inscription du procès-verbal d'inhumation sur les registres, aux frais du curé; l'arrêt ajoute : « Comme
aussi, dans un mois, il (le curé) fera célébrer une
messe haute de requiem pour ledit Boileau, en payant
les honoraires dus à cet égard, laquelle messe sera
annoncée au prône qui la précédera. Le curé de
Vrain demeure condamné en 100 liv. de dommages-
intérêts par forme de réparations civiles, et en tous
les dépens. » Il est douteux qu'un pareil arrêt fût
rendu aujourd'hui, et cependant le clergé est sa-
larié par l'État. Comme on crierait à la persécution
en voyant de pareilles condamnations, dans un
moment où l'on trouve attentatoires aux droits du
clergé des ordonnances qui tendent à empêcher
que des jésuites soient chargés de la direction des
petits séminaires!

SÉQUESTRATION DE PERSONNES. *Voyez*
Arrestation, t. 1, p. 425; Détention, t. III, p. 388;
Liberté individuelle, t. IV, p. 524.

SÉQUESTRE. *Voyez* Otages, t. V, p. 10; Rébellion, t. V, p. 105.

SERF, SERVITUDE. Le serf, en latin *servus*,
était en France une personne assujettie à certains

droits et devoirs serviles envers son seigneur.
L'état des serfs était mitoyen entre celui de la liberté et de l'esclavage. — Sous la première et la
seconde race des rois de France, il y avait des esclaves comme chez les Romains. Voyez ESCLAVES, t. IV,
p. 9. Mais ces servitudes personnelles furent abo-
lies peu à peu ou du moins mitigées sous la seconde
race; et comme il y avait chez les Romains certains esclaves qui étaient attachés à la culture d'un
fonds particulier et que l'on appelait *adscripti-
tios glebæ*, lesquels cultivaient le fonds à volonté
moyennant une redevance fixée en nature de fruits,
de même, en France, la plupart des gens de la campagne furent *serfs de glèbe*, c'est-à-dire attachés
au fonds qu'ils cultivaient de manière qu'ils n'en
pouvaient être séparés; à peu près comme aujourd'hui les bœufs, chevaux et autres bêtes de
somme font partie de l'immeuble à l'exploitation
duquel ils sont destinés. — Les bâtards et les *au-
bains* (étrangers non naturalisés) étaient serfs du
roi. Vers le commencement de la troisième race,
les rois affranchirent plusieurs communautés d'habitans auxquelles ils donnèrent des chartes de commune ou permissions de s'assembler. Louis VI, dit
le Gros, Philippe-le-Bel, en 1296, et Louis Hutin,
en 1315, affranchirent tous les serfs de leur domaine,
moyennant finance. Quelques seigneurs imitèrent
cet exemple; mais d'autres ne consentirent jamais
à cet affranchissement, en sorte qu'au XVIII° siècle
il était encore resté des vestiges de cette honteuse
servitude. En 1775, la Franche-Comté était encore
soumise à ce régime, de telle sorte que des *moines*

de l'abbaye de Cheseri obtinrent, à cette époque, un arrêt du parlement de Besançon confirmatif de leurs droits seigneuriaux sur les habitans de la vallée de Cheseri, qui furent déclarés serfs du chapitre. — Dans quelques pays, les hommes étaient serfs de *corps*, c'est-à-dire que leur personne même était *serve*, indépendamment de leurs biens; ils ne pouvaient se délivrer de la servitude, même en abandonnant tout à leur seigneur. Celui-ci pouvait les revendiquer en tous lieux; aussi les appelait-on *serfs de corps et de poursuite*. En d'autres pays, les serfs n'étaient réputés tels qu'à cause des héritages qu'ils tenaient du seigneur à cette condition; ces sortes de serfs sont ceux que l'on appelait *main-mortables* ou *mortaillables*. — Les serfs devenaient tels de quatre manières : 1° par la naissance; l'enfant, né dans un lieu main-mortable, suivait la condition de son père; 2° par convention, lorsqu'un homme franc allait demeurer en lieu de main-morte et y prenait un *meix* ou ténement;· 3° par le seul domicile, lorsqu'il avait une durée d'an et jour, et par le paiement fait au seigneur de droits dont on pouvait méconnaître l'origine; 4° enfin par le mariage. La femme franche qui se mariait à un serf était réputée de même condition que lui. — Je ne donnerai pas ici le détail de toutes les charges et empêchemens qu'entraînait la servitude; il suffira de dire que la plus douce, celle des biens, ôtait aux serfs la faculté d'aliéner leurs héritages et même de disposer de leurs biens mobiliers par testament, sans le consentement de leur seigneur, ce qui faisait dire d'eux: *Vivunt liberi*, *moriuntur ut servi :* leur vie est celle d'un homme libre ; la mort les retrouve esclaves. Mais comment, dit Voltaire, un seigneur établissait-il son droit de main-morte? comme une rente de 4 deniers, par son terrier. — Sous le règne de Louis-le-Jeune, les communautés prouvaient souvent par le *duel* qu'un tel village était leur serf. *Voyez* AFFRANCHISSEMENT, t. I, p. 153 et suiv. ; ESCLAVES, t. IV, p. 1 ; SEIGNEUR, t. V, p. 342; SERVITUDE.

SERGENS. Autrefois, dit Ducange, on entendait par le mot *sergens* toute espèce de serviteurs, ainsi que l'emporte son étymologie latine tirée du mot *serviens*. On donna particulièrement ce titre à tous les nobles qui suivaient les chevaliers à la guerre et qu'on nomma depuis écuyers. Le nom de sergens fut donné par Philippe-Auguste aux gentilshommes qu'il attacha à la garde de sa personne, à son retour de la Terre-Sainte. Ces *sergens d'armes* (c'était leur titre) étaient de plus chargés de mettre à exécution les mandemens et commissions du roi, des princes, seigneurs et autres dont ils relevaient, car les seigneurs eurent aussi leurs sergens. Enfin les Cours de justice nommèrent ainsi les officiers ministériels chargés de signifier les exploits et d'exécuter les jugemens. Il y eut des sergens extraordinaires, près les lieutenans-criminels, qui ne pouvaient *sergenter* que dans les affaires criminelles. Créés par Henri II, en 1552, ils furent supprimés depuis. Il est parlé, dans l'ancienne coutume manuscrite de Normandie, de *sergens de l'épée*, dont les fonctions se bornaient *à l'exécution* des criminels. Ils étaient établis, dit la coutume, pour *justicier* les *malfaiteurs*, les gens *diffamés de crime*, avec le *glaive de l'épée et autres armes*. — Le mot de *sergens* paraît encore dans les mandemens qui terminent les jugemens et arrêts des cours et des tribunaux.

SERMENT, attestation solennelle de la vérité d'un fait ou de la promesse qu'on sera fidèle à une obligation, ou de la sincérité d'un témoignage. *Voyez* aux mots : CHAMPION, t. III, p. 208 ; DUEL, t. III, p. 424 ; EPREUVE, t. III, p. 493 ; PARJURE, t. V, p. 22 ; PREUVE, t. V, p. 138 ; PURGATION CANONIQUE, t. V, p. 184, et TÉMOIN.

SERRURE. Sauval, dans ses *Antiquités de Paris*, fait mention de plusieurs redevances ridicules et humiliantes que les seigneurs de fiefs des environs de Paris exigeaient de leurs vassaux. Une d'elles consistait à venir, la veille de Noël, baiser la serrure ou le verrou de la porte du fief dominant.

SERRURIERS. Les ordonnances de police, des 8 novembre 1780 et 15 novembre 1781, pour éviter la fabrication des fausses clefs, défendaient aux ferrailleurs, sous peine d'amende, de limer ou altérer les clefs qu'ils achetaient, ou de les revendre séparément d'une serrure. Les serruriers ne pouvaient travailler ni faire travailler dans les derrières de leurs maisons, ni en *aucuns lieux cachés*, à peine d'amende et d'être punis suivant l'exigence des cas. — Le Code pénal actuel (art. 399) prononce la peine de l'emprisonnement de trois mois à deux ans et une amende de vingt-cinq à cent cinquante francs pour la contrefaçon ou l'altération des clefs. Si le coupable est un serrurier de profession, il est puni de la réclusion, sans préjudice des peines encourues en cas de complicité.

SERVICE MILITAIRE. *Voyez* Déserteur, t. III, p. 378, et Réfractaire, t. V, p. 251.

SERVIETTES. *Voyez* Fouet, t. IV, p. 105, 106.

SERVITEURS à gages. *Voy*. Viol et Vol.

. SERVITUDE (peine de la). « Nos rois, dit Beaumanoir, *semonçaient* (appelaient) leurs sujets pour les batailles qui étaient contre la couronne. Ceux qui ne se rendaient pas à l'ordre devenaient *serfs* à toujours, eux et leurs hoirs. » Il y en avait autrefois beaucoup de cette espèce. *Voyez* Esclave, t. IV, p. 1, et Serf, t. V, p. 349.

SÉVICES, du latin *sævitia*, traitemens inhumains que l'on fait subir à quelqu'un. Ils sont une cause de divorce et de séparation entre époux. *Voyez* Blessures, t. II, p. 468; Coups, t. III, p. 302, et Divorce, t, III, p. 415.

SHÉRIF, magistrat de police et de justice en Angleterre. — Pour assurer l'exécution des lois dans chaque comté, à l'exception de celui de Wesmoreland et de la ville de Durham, évêché et principauté palatine, le roi, au terme de Saint-Michel, nomme pour chacun d'eux un *shérif*. Outre certaines fonctions politiques attribuées à ce magistrat, il est chargé de réprimer toutes (*riots*) émeutes populaires; de s'assurer de la personne des débiteurs, d'assister aux exécutions des criminels et de préserver leur personne des insultes de la populace. On peut en général considérer ses fonctions comme étant de deux sortes : ministérielles, attendu qu'il est obligé de faire exécuter toutes les sentences rendues par les cours de jus- tice ; judiciaires, en ce qu'il a personnellement, deux fois par an, le droit de tenir lui-même cour de justice. Le shérif est par excellence le magistrat en chef qui préside au maintien de la tranquillité et de l'ordre public dans toute l'étendue de sa ju- ridiction.

SIBÉRIE, vaste pays désert à l'extrémité nord de la Russie, servant de lieu d'exil à certains cri- minels de cet empire. C'est le complément de la peine du knout, qui a remplacé la peine de mort depuis son abolition. Dans les villes où sont ras- semblés les proscrits, les rigueurs du climat se joignent à celles des traitemens qu'on fait essuyer à ces malheureux. Voici ce qu'en rapporte un né- gociant étranger, condamné pour délit politique et exilé à Ciangut. « On y voyait le soleil, mais sans ressentir sa chaleur, et sans recevoir presque au- cun secours de sa lumière; ses rayons tombant toujours obliquement, les habitans n'y doivent guère le jour qu'à la blancheur de la neige. En entrant, pour la première fois dans la ville, on prend moins les bâtimens pour des maisons que pour des retraites de bêtes farouches. Quand nous y arrivâmes, les rues étaient désertes et aussi gla- cées que la campagne ; il s'élevait seulement des toits une fumée épaisse, qui était la seule marque qui pût nous faire espérer d'y trouver des hom- mes... On nous condamna d'abord à être conduits dans les forêts voisines, pour passer le reste de notre vie à la chasse des bêtes sauvages dont elles

sont remplies..... On consentit enfin à me laisser
vivre à Ciangut.... Mon supplice reçut ainsi quelque adoucissement, mais je n'en fus pas moins
regardé par les habitans de Ciangut comme un
criminel et un malheureux proscrit. On me déclara bientôt, de la part du gouverneur, qu'il fallait me disposer à expier mes crimes par d'autres
châtimens. Ils étaient moins rigoureux, mais plus
humilians...... Il était question, suivant l'usage
des Moscovites, d'entrer dans la condition la plus
opposée à celle où j'étais né, et où j'avais toujours
vécu. Je l'avais exercée trente ans avec distinction.
On m'annonça que j'allais être employé, dans le
même état (le commerce), en qualité de croche-
teur, obligé par conséquent aux emplois les plus
vils et les plus pénibles pour gagner du pain, et
soumis à l'autorité de quelques misérables qui
avaient un empire absolu sur ceux qui étaient
condamnés au même sort...... Cependant une
considération eut la force de m'inspirer de la pa-
tience. Je ne fus pas long-temps à Ciangut sans
connaître cent personnes de distinction qui étaient
plus à plaindre que moi par la distance de leur condition présente à celle dont elles étaient déchues.
J'y vis des généraux d'armée réduits au métier de
soldat ; des juges du premier tribunal de Russie,
forcés d'être toute leur vie exécuteurs de la justice; des seigneurs du plus haut rang devenus
valets d'un bourgeois ou d'un fermier; enfin le
renversement le plus insupportable de l'ordre de
la société..... Ces compagnons d'infortune me té-
moignèrent une résignation extraordinaire à leur

mauvaise fortune. Peut-être faut-il attribuer cette constance aux sentimens aveugles de respect et de soumission que tous les Moscovites ont pour leurs souverains, c'est-à-dire aux mêmes motifs qui portent les Turcs à tendre le cou, sans murmurer, au sabre ou au cordon des muets du grand-seigneur. Ils paraissent, en effet, persuadés, comme ceux-ci, qu'une sentence de mort, prononcée par le czar, est un passe-port assuré pour le ciel. » Il est douteux qu'un pareil fanatisme existe encore aujourd'hui. *Voyez* Exil, t. IV, p. 49, et Proscription, t. V, p. 158.

SIGNATURE. La peine des travaux forcés à temps est prononcée par l'article 400 du Code pénal français, contre ceux qui, par force, violence ou contrainte, auraient extorqué la signature ou la remise d'un écrit portant obligation ou décharge. —Signature fausse. Voyez *Faux*, T. IV, p. 63.

SILENCE. Dans les anciennes assemblées des Gaulois, ceux qui étaient chargés de recommander le silence pouvaient, afin de se faire mieux obéir, couper une pièce des habits de ceux qui faisaient trop de bruit ; et ils s'en acquittaient si bien, que souvent le reste devenait inutile.

SIMONIE, trafic des choses spirituelles ou qui y sont annexées, comme les sacremens, les fonctions ecclésiastiques, les bénéfices. Cette dénomination venait de Simon le magicien, que les Actes des apôtres disent avoir voulu acheter à prix d'argent le don des miracles. On distinguait quatre sortes de simonies : la *réelle*, lorsque le paiement avait été effectué; la *conventionnelle*, lorsque le prix avait été convenu et non payé; la *mentale*, qui consistait à donner quelque chose de spirituel dans l'intention de recevoir quelque bien temporel, *et vice versâ;* enfin la *confidentielle*, qui avait lieu entre le pourvu d'un bénéfice, à la charge de rendre tout ou partie des fruits. Dans tous ces cas, le vendeur et l'acheteur étaient réputés tous deux *simoniaques.* — Les juges royaux ne pouvaient connaître de la simonie que lorsque ce crime se trouvait joint à quelque autre dont le jugement fût de leur compétence. — Les peines infligées au coupable étaient l'excommunication majeure, la privation du bénéfice acquis par simonie, et l'inhabileté à en posséder d'autres par la suite. La simonie *mentale* n'était pourtant pas sujette à ces peines. — Le milieu du XIᵉ siècle était le règne de la simonie en France. Sous Henri 1ᵉʳ, on voit, dans un concile tenu à Lyon, quarante-cinq évêques et vingt-trois autres prélats qui se reconnaissent publiquement coupables de ce crime, et renoncent à leurs bénéfices. — L'inquisition se servit souvent de l'accusation de simonie pour porter ses arrêts : la qualification de *simoniaque* était devenue de style, toutes les fois surtout qu'un ecclésiastique était condamné.

SIPHILIS. *Voyez* Véroles.

SOC DE CHARRUE. Quelques auteurs de légendes ont prétendu que l'empereur Henri II, successeur d'Othon III, éprouva la fidélité de sa femme Cunégonde, en la faisant marcher pieds nus sur neuf socs de charrue rougis au feu. Cette histoire, rapportée dans plusieurs martyrologes, ne mérite pas de créance aux yeux des critiques éclairés.

SOCIÉTÉS SECRÈTES. Les initiations anciennes, seules sociétés secrètes antérieures au christianisme, ne paraissent, autant que nous pouvons les connaître, avoir eu qu'un but philosophique et religieux ; du moins elles ne se lient ouvertement dans l'histoire à aucun mouvement politique. La première qui prit ce caractère fut le christianisme lui-même qui porta dès son origine le nom d'*Ecclesia*, église, assemblée, société. Cachés d'abord dans des grottes, insultant fréquemment la majesté impériale, lacérant les édits, renversant les statues des princes et des divinités de l'empire, marchant enfin à une révolution générale désignée déjà dans les livres sacrés des Juifs et dans l'opinion alors reçue que le Messie devait régir les nations, les premiers chrétiens préparaient dans leurs assemblées obscures et mystérieuses le triomphe temporel de leur cause et les forces qu'ils y devaient employer. Ce triomphe n'arriva que trois siècles après la mort de Jésus-Christ. Constantin, fils de Constance Chlore et d'Hélène, disputant alors l'empire contre Maxence et Maximin, trouva un puissant appui dans les efforts des chrétiens en sa faveur, défit les troupes de Maxence, et entra dans Rome où le sénat le déclara premier Auguste. L'année suivante, 513, un édit de ce prince et de Licinius, son associé à l'empire, proclama la liberté des cultes, ordonna que les chrétiens rentreraient dans les biens qu'on avait confisqués sur eux, et les admit aux charges et emplois publics.

On connaît quels furent depuis les efforts des papes vers la domination universelle, et les tentatives récentes d'une société fameuse pour réveiller et accréditer cette prétention. — Depuis l'établissement du christianisme, on vit à différentes époques se former des sociétés toutes tendantes à leur indépendance particulière, ayant toutes un but apparent licite et un but caché que les pouvoirs établis eussent redouté, toutes cherchant leur sécurité et leur force dans le mystère, toutes enfin empruntant leurs rites, leurs cérémonies, leurs signes au christianisme et aux livres de la loi hébraïque.

Il ne peut être question dans cet ouvrage que de celles de ces sociétés qui furent l'objet de persécutions ou de répressions pénales de la part des autorités. L'ordre des Templiers se présente d'abord, tant à cause de son ancienneté que parce qu'on ne peut guère douter que la Franc-maçonnerie ne soit née des cendres des chevaliers du Temple, et qu'on ne doive ainsi rapporter à cette commune origine toutes les sociétés postérieures du même genre. Pour ce qui concerne cette société, voyez plus bas au mot TEMPLIERS. — La Franc-maçonnerie autorisée maintenant en France a été dans ce pays, à diverses époques, l'objet de dispositions pénales : elle est encore sévèrement condamnée dans les royaumes voisins du continent. Voyez FRANCS-MAÇONS, t. IV, p. 127. — L'auteur d'une brochure anonyme, publiée, en 1815, sous le titre d'*Histoire des sociétés secrètes de l'armée et des conspirations militaires*, fait connaître l'existence d'une société formée sous le titre de *Philadelphes* et à laquelle on devrait les principaux attentats commis contre l'autorité et la vie du premier consul Bonaparte et de l'empereur Napoléon, et enfin sa chute définitive. «Souvent déjouée dans ses plans les plus hardis, dans ses tentatives les mieux combinées, elle n'a jamais été compromise en elle-même et pénétrée dans ses secrets essentiels..... L'existence de cette société, ajoute l'auteur, n'a jamais été que temporaire; elle avait un but de restauration qui est rempli, et, à dater du moment où ce but est rempli, elle rentre dans la catégorie des institutions ordinaires de ce genre.» Tout en avouant l'incertitude de l'origine de cette société, l'auteur de la brochure adopte l'opinion qui l'a fait naître à Besançon vers 1797. Elle fut créée, selon lui, par quelques amis près de se séparer et qui voulurent laisser entre eux ce lien mystérieux. Sa tendance politique lui fut donnée par le général Mallet si connu par sa conspiration. Elle fut alors organisée sur de nouvelles bases et placée sous un chef unique nommé *Censeur*. Ce grade suprême fut donné d'abord au colonel Oudet, puis à Mallet, puis au célèbre Moreau. C'est à la société des *Philadelphes* répandue bientôt dans l'armée que l'on devrait la conspiration de Pichegru et de Moreau, la conjuration militaire formée pour la délivrance de ce dernier, celle dite *Conspiration de T...*; celle connue sous le nom de *l'Alliance*, la première tentative de Mallet, l'insurrection du Tyrol, et enfin la seconde conspiration de Mallet. On connaît la fin de tous ces personnages : mais indépendamment des poursuites diri-

gées contre ces conspirateurs, la société elle-même
fut connue ou du moins soupçonnée dès ses premiers actes, bien qu'on ignorât jusqu'à un certain
point sa destination. Dans le vague de ses soupçons, le consul, alarmé sans être convaincu, se
borna à quelques mesures de police militaire. Deux
généraux et un certain nombre d'officiers - généraux reçurent leur retraite. Vers la même époque,
un certain capitaine Morgan fut arrêté, sur la simple déclaration d'un homme étranger à la société,
qui avait remarqué parmi ses bijoux quelques
joyaux d'une forme singulière. Morgan, convaincu
de posséder les signes et les secrets d'une société
que l'on cherchait à investir, fut soumis aux interrogations les plus sévères, aux épreuves les plus
pénibles, aux rigueurs les plus obstinées, et on lui
notifia qu'il n'obtiendrait que par une entière con-
fidence un adoucissement aux tourmens qu'on lui
préparait. « Ce héros, qui pouvait tout dire sans
rien livrer, car il n'avait encore reçu que les premières communications et ce qu'on appelait le baptême de l'ordre, ne put supporter ni l'idée de cette
trahison, ni la cruauté des traitemens dont on le
menaçait. On le trouva mort dans son cachot, la
poitrine découverte et le sein empreint de la même
figure qu'on avait surprise dans ses effets, lors de
son arrestation. Cette figure fut quelque temps
après celle de la Légion - d'Honneur, avec le seul
changement de la tête et de la devise. » Telles sont
les principales assertions de l'auteur que j'ai cité
sur la société des *Philadelphes*, de l'existence de laquelle il est encore permis de douter, malgré le

penchant presque universel des hommes à créer de ces sortes d'associations mystérieuses et hostiles envers le pouvoir. — D'autres sociétés plus certaines et qui ont opéré surtout de plus grandes choses, ce sont les sociétés secrètes d'Allemagne, dont les membres ont été connus dès long-temps sous le titre d'*Illuminés*. On pourrait faire remonter leur origine à celle des *Francs-Juges*, dont on a attribué la fondation à Charlemagne, et retrouver les tribunaux secrets et la *chose wehmique* dans les dernières sociétés si connues sous les noms de *Tugend-Bund* et *Burschenschaft :* un de leurs membres, nommé Sand, s'est rendu célèbre par un assassinat commis en 1819, à peu près dans les formes de ceux ordonnés par les anciens tribunaux secrets. Quoi qu'il en soit, on retrouve ou la naissance ou le renouvellement de la secte des *Illuminés*, mère de celles aujourd'hui proscrites, dans une fondation faite en 1780 par les célèbres professeurs Weishaupt et Bahrdt, de l'université de Hall, et le baron de Knigge, résident à Munich. Cette société, calquée sur la Franc-maçonnerie, et qui en avait adopté les signes et les principes, se répandit promptement dans toute l'Allemagne, où elle prit plus tard un caractère différent, suivant qu'elle se porta vers le nord de ce pays où les *Illuminés* n'adoptèrent pas des principes aussi républicains que ceux du Midi. Il s'était en outre formé au Nord une société sous le nom d'*Aufklärer* (hommes à lumières), attachés aux maximes et aux opinions philosophiques des encyclopédistes : leur fondateur était le libraire Nicolaï. Toutes ces sociétés,

dont quelques-unes furent dispersées par la force,
étaient presque éteintes et dominées par une nouvelle école littéraire née dans le nord de l'Allemagne. C'est principalement à celle-ci que les
souverains de ce pays durent l'établissement des
sociétés nommées *Tugend-Bund* et *Burschenschaft*
qui ont donné aux peuples germaniques cet élan
général qu'on a cru seul capable de les sauver du
joug des armes françaises. Pour prix de leurs services, ces sociétés, considérées, après le succès,
comme dangereuses pour ceux qui les avaient si
utilement employées, devinrent l'objet de prohibitions et de persécutions qui se continuent encore
avec rigueur : ces mesures répressives furent éten-
dues à toutes les universités d'Allemagne, regardées
comme autant de foyers d'opinions indépendantes.
Une loi provisoire fut rendue à cet égard, en 1819,
par la diète germanique, et cette assemblée, convoquée de nouveau en 1824 (16 août), confirma les
mesures prises en 1819, et notamment la *commission centrale de Mayence*, chargée d'examiner et de
vérifier soigneusement et dans toute leur étendue,
la marche, l'origine et les ramifications des *manœuvres révolutionnaires*, dirigées contre les institutions existantes et la tranquillité publique. Cette
commission n'était pas convoquée pour un temps
limité; on lui avait fixé un but déterminé, et ce
n'était que l'accomplissement de sa tâche qui pouvait décider de l'époque de sa dissolution. Trois
mois avant cette résolution de la diète, un ordre
émané du cabinet de Berlin, à la date du 21 mai,
proscrivait toutes les sociétés secrètes formées dans

l'université prussienne, et notamment celles dites *Burschenschaften*. Cet acte royal, en plaçant les membres de ces sociétés sous les lois pénales ordinaires contre les menées séditieuses, prononce en outre contre eux la relégation, l'inhabileté à tous les emplois publics et la prohibition particulière de l'exercice de la médecine : il règle ensuite le mode de poursuite des coupables, qu'il attribue aux juges ordinaires pour les peines à appliquer d'après les lois antérieures, et à l'Académie pour décerner la relégation. L'article 3 charge en outre la police générale de veiller sur toutes ces sociétés secrètes, de commencer l'instruction contre ceux qui en feraient partie pour en référer aux tribunaux ou prendre, à leur égard, toutes les mesures ultérieures qu'elle jugera convenables (1). *Voyez* Francs-juges, t. IV, p. 119.—Il me reste à parler de la fameuse société secrète connue sous le nom de *Carbonara*, dont le foyer principal, établi à Naples, étendait ses rayons dans toute l'Italie. Les membres de ces sociétés prenaient le titre de *Bons Cousins*, et reconnaissaient pour patrons Jésus - Christ et saint Thibault. De même que quelques-uns ont voulu faire remonter l'origine de la Franc-maçonnerie jusqu'au temps de la construction du temple de Salomon ; de même aussi la *carbonara* aurait pris naissance dans les temps reculés, en Égypte et en Grèce. J'ai dit, dans un ouvrage publié en 1821 (2), que les premières traces que l'on retrouve de l'exis-

(1) *Diario di Roma*, n° 60-28. *Luglio*, 1824.
(2) *Constitution et organisation des Carbonari.*

tence de cette société, en les supposant aussi authentiques qu'elles peuvent être douteuses, ne vont pas au delà du règne de François Ier. Il paraît plus certain que les carbonari coopérèrent au changement de dynastie qui eut lieu à Naples, au commencement du XVIIIe siècle, lorsque les Napolitains ouvrirent leurs portes aux troupes allemandes, proclamèrent roi Charles, archiduc d'Autriche, et renversèrent la statue de Philippe V. Depuis lors, jusqu'aux premières années de la révolution française, la Carbonara était tombée dans l'oubli. En 1798, au milieu des troubles et des inquiétudes du gouvernement napolitain, dont les juntes persécutrices ne pouvaient parvenir à contenir les mécontens, quelques anciens membres de la *Carbonara* entreprirent de la régénérer, et présentèrent ce projet au gouvernement comme seul capable de ramener l'opinion publique, le but des carbonari ne tendant qu'à propager les doctrines chrétiennes et à former de tous les Italiens une nation unique, forte, indépendante. La *Carbonara*, en effet, est fondée au moins en apparence et dans les premiers grades sur des bases entièrement religieuses. Aussi, quand les Français eurent jeté à Naples, en 1799, les fondemens d'une république, la Franc-maçonnerie étant venue rivaliser avec la Carbonara, les plus nombreux de cette dernière société regardèrent les maçons comme des ennemis du culte catholique auquel ils se croyaient exclusivement dévoués. Les carbonari suivirent le parti de Ferdinand qui, pendant sa courte réinstallation, favorisa leurs assemblées. En revanche, sous Joachim, ils essuyè-

rent une violente persécution et plusieurs de ses
décrets les proscrivirent : bientôt il fallut être maçon pour parvenir aux emplois civils. Un grand
nombre de carbonari se virent alors obligés de se
faire recevoir dans cet ordre, mais les plus hardis
ne s'en rassemblèrent pas moins dans leurs *vendite*
(*ventes*). Les persécutions contre eux continuèrent
et furent poussées si loin, que l'on peut raisonnablement les regarder comme une des causes qui
déterminèrent la chute de Murat. Les atrocités du
général Manhès passèrent tout ce qu'on peut imaginer en ce genre. Envoyé dans la Calabre sous le
motif apparent de réduire les bandes de brigands
qui la désolaient, Manhès s'attacha à détruire les
carbonari, et y employa jusqu'à la perfidie. Il
allait dîner chez des particuliers qu'il soupçonnait
d'appartenir à la société proscrite, et les faisait
ensuite fusiller. On a prétendu qu'il avait fait attacher à des arbres des carbonari dépouillés de leurs
vêtemens, qu'il les avait fait enduire de miel et
abandonner aux mouches. Ces cruautés ne furent
point réprimées, et Joachim ne cessa de persécuter les carbonari qu'au moment de ses revers
auxquels le livra entièrement la très-grande majorité de la nation que la secte influençait. Ferdinand remonté sur le trône ne considéra pas davantage les carbonari que les francs-maçons ; il
poursuivit ces deux sectes comme également ennemies de son autorité ; toutes les *vendite,* toutes
les *loges* furent fermées dans le royaume, les registres et papiers enlevés et brûlés. On proclama
les défenses les plus sévères contre tout rassemble-

ment de carbonari et de maçons, et plusieurs individus, surpris en contravention, furent arrêtés à diverses époques, chargés de chaînes et condamnés à la déportation. Cette sévérité malentendue fut une des causes principales de la révolution de 1820, à laquelle d'autre part les Anglais ne paraissent pas étrangers. Le duc de S** fit alors venir à Londres le prêtre M** afin de l'instruire dans la *Carbonara* et de l'y recevoir. — Lors et après l'avortement de cette révolution, les mesures les plus rigoureuses furent prises contre les sociétés secrètes, les plus fortes peines décernées contre ceux qui en faisaient partie. Une ordonnance, datée de Venise, 25 août 1820, émise par ordre de sa majesté l'empereur et roi, et signée par le gouverneur C. C. d'Insagni, le vice-président Ch., marquis de Mayo, et un conseiller impérial, porte en substance : «.... Le but précis des carbonari est le bouleversement et la destruction des gouvernemens.... Il est ordonné qu'à dater du jour de la publication de la présente ordonnance, personne ne pourra plus s'excuser sous le prétexte de n'avoir pas eu connaissance du but de la société des carbonari. En conséquence, quiconque entrera dans ladite société, ou aura *négligé d'en empêcher les progrès ou d'en dénoncer les membres*, sera jugé d'après les articles 52, 53, 54 et 55 de la première partie du Code des délits. » L'article 53 porte la *peine de mort* contre les coupables de haute-trahison ; les articles 54 et 55, *l'emprisonnement pour la vie* contre les personnes qui, ayant eu connaissance du complot, n'auraient pas dénoncé les coupables. —

Je crois devoir donner ici le décret rendu par Ferdinand après sa rentrée à Naples en 1821 : ce décret, daté du 9 avril, est ainsi conçu : « Nos intentions paternelles, expliquées dans nos décrets des 28 et 30 mars, contre les sociétés secrètes et pour opérer le désarmement général du royaume, n'ont été jusqu'ici qu'imparfaitement remplies. Nous y reconnaissons les desseins réels des transgresseurs : qu'ils ne s'en prennent donc qu'à eux-mêmes si nous sommes forcé de recourir à des mesures plus énergiques. — Considérant que la sentence pénale et que le châtiment, pour être utiles, exigent des exemples publics, prompts et impartiaux, nous avons décrété et décrétons ce qui suit : «Art. Iᵉʳ. Il sera créé une cour martiale *avec les attributions de conseil de guerre spontané*. — II. Cette cour exécutera rigoureusement les articles 4 et 5 de notre décret du 31 mars (1)...... — IV. La dite cour est également chargée de l'exécution du décret royal du 28 mai *contre les sociétés secrètes* et *spécialement* contre la société des soi-disant *carbonari*. — V. Le but de cette association carbonica étant la subversion et la destruction du gouvernement, sera *puni de mort*, comme coupable de haute-trahison, quiconque, après la publication du présent décret royal, se ferait inscrire dans cette société; et pareillement quiconque, y étant déja inscrit, se réunirait secrètement dans les conciliabules connus sous le nom de *Vendite*

(1) Relatif au désarmement et à la découverte d'armes prohibées. L'article III y réfère aussi.

carbonarie, soit aussi sous tout autre nom de société défendue. — VI. Seront pareillement sujets
à la *peine de mort* tous ceux qui, n'étant pas carbonari, se trouveraient prenant part flagrante à
ces sociétés, dont l'objet est la subversion de l'ordre public. — VII. La cour martiale condamnera
à des *emprisonnemens extraordinaires* de trois à dix
ans tous ceux qui, sachant dans quel endroit, soit
à la ville, soit à la campagne, s'assemblent les
susdits *forcenés (forzennati)*, n'iraient pas aussitôt
les *dénoncer*. — VIII. Toute personne appartenant aux susdits clubs, et qui, par un mouvement
de repentir, découvrira à la police les membres et
les menées des conspirateurs, *jouira de l'impunité*.
Son nom demeurera caché, et ne sera inscrit sur
aucun registre ou papier. » — Les carbonari ne furent point étrangers à la France. Depuis la restauration il fut question de leur établissement en ce
pays. En 1822, le procureur-général Bellart fit à
ce sujet un réquisitoire dans lequel il signala leur
existence, leurs rassemblemens sous le nom de
ventes et leurs desseins prétendus hostiles contre
le gouvernement; il provoquait en même temps
des poursuites contre eux. Sa voix fut entendue;
et lors des procès dirigés contre les fauteurs des
conspirations dites de La Rochelle et de Colmar,
l'accusation de carbonarisme donna un nouveau
degré de culpabilité contre les prévenus et les fit
condamner, soit à un emprisonnement plus ou
moins prolongé, soit à la peine capitale. En douter, ce serait admettre l'existence de la première de
ces conspirations, que tout l'art d'un procureur-

général ne put parvenir à faire reconnaître. Il est certain qu'on ne voulut autre chose que poursuivre et punir les membres d'une association réprouvée des gouvernans. — Dans une brochure publiée en 1822, sous le titre : *Des Carbonari et des Fendeurs charbonniers*, par G. F. Cauchard-d'Hermilly, on lit qu'il existait jadis à Hesdin une société rattachée à la maçonnerie et qui formait un grade intermédiaire entre les grades de maître et de maître parfait; c'était la société des *Fendeurs* ou *Charbonniers* qui se réunissait dans un lieu séparé appelé *vente* ou *chantier*. L'auteur en fixe le renouvellement à l'année 1812 et prétend qu'il eut lieu avec l'autorisation du G.·. O.·. Cette société fut reconstituée sous le titre de *Chant.·. primatial d'Artois, dans la forêt d'Arras.* La société, ajoute M. Cauchard, ne saurait être suspecte ; car, loin de conspirer contre les rois, la plupart des bons cousins Fend.·. charb.·. d'Artois ont applaudi à la restauration qui devait affranchir la France du despotisme et faire briller sur leurs forêts le soleil de la liberté.

SODOMIE, expression générique indiquant les différens actes obscènes, contraires à l'ordre de la nature. Ce nom est pris de celui de la ville de Sodome, une de celles anciennement situées sur les bords du lac *Asphaltide* ou *Mer morte*, à 10 l. E. de Jérusalem. Ce lac, qui reçoit les eaux du Jourdain, contient et dépose sur ses bords beaucoup de bitume et de soufre, matières éminemment inflammables. Les livres juifs rapportent que Sodome et les autres villes qui l'avoisinaient périrent par le feu du ciel à cause des abominations qui s'y

commettaient. — On distingue trois genres de
sodomie : le commerce des hommes entre eux,
qui prend le nom de *pédérastie ;* celui des femmes,
que l'on nomme *tribades ;* et enfin l'abus de soi-
même appelé, d'un mot latin, *masturbation.* Le
fait de sodomie a été puni en différens pays des
peines les plus graves, même de celle du feu. —
ALLEMAGNE. Les anciens Germains étouffaient sous
la claie ceux qui se prêtaient à ces actes honteux.
Dans les temps modernes le crime d'une personne commis avec une bête, d'un homme avec
un homme, d'une femme avec une femme était
puni de *mort,* et, suivant l'usage, on prononçait la peine du feu. La peine ordinaire n'avait
cependant point lieu contre celui qui avait seulement tenté de commettre le crime de sodomie,
sans l'avoir consommé ; il ne pouvait être alors
condamné qu'à une peine extraordinaire, comme
un long emprisonnement. — ANGLETERRE. Blackstone, après avoir dit que la loi anglaise, réglant
la poursuite de ce délit, n'en parle que comme
d'une horreur qu'il ne faut pas nommer, *pec-
catum illud horribile, inter christianos non nomi-
nandum,* ajoute : « Quant à la peine, elle doit être
capitale, si on écoute la voix de la nature, de la
raison et de la loi divine. Nous en avons un exemple
signalé long-temps avant la loi des Hébreux, dans
la destruction de deux cités par le feu du ciel;
ainsi la peine de mort est de précepte général;
aussi notre ancienne loi condamnait au feu les pédérastes. Fleta dit pourtant qu'on les enterrait tout
vivans ; les anciens Goths infligeaient l'une et l'autre

peine indifféremment. Mais à présent, la peine
générale de toute félonie est la même, c'est-à-dire
la potence, et ce délit a été déclaré félonie par le
statut 25 de Henri VIII, ch. 6, à quoi le statut 5
d'Élisabeth, ch. 27, ajoute l'exclusion du privilège
clérical : la loi veut que les deux coupables, si tous
deux sont en âge de raison, soient également punis. » — ESPAGNE. Ce fut vers l'an 1500, que l'inquisition s'attribua la connaissance du péché de
sodomie, au mépris des lois qui en saisissaient les
tribunaux communs, et cela sous prétexte qu'il
devait être soumis à la même juridiction que tout
ce qui concernait la foi. Dix personnes coupables
de ce crime figurèrent dans un *auto-da-fé* qui eut
lieu à Séville en l'année 1506, et subirent le supplice du bûcher. — Cependant, après avoir condamné et brûlé un grand nombre de sodomites,
les inquisiteurs d'Aragon ayant fait enfermer dans
les prisons du saint-office plusieurs prêtres de
Sarragosse accusés du même crime, l'archevêque
de cette ville obtint un bref du pape qui renvoyait
les prévenus devant les juges ordinaires et les exposait ainsi à des peines moins sévères. Cette circonstance était d'autant plus remarquable, que,
tout en relâchant les prêtres et les moines arrêtés
pour ce crime, les inquisiteurs continuèrent à
poursuivre pour le même fait les laïques de toutes
les classes, parmi lesquels se trouva compromis le
vice-chancelier d'Aragon, qui ne dut son acquit-
tement qu'à son nom et à son crédit. Le saint-office de Valence se distingua, pendant la fin du
ministère de l'inquisiteur général Valdès, par une

recherche active des individus soupçonnés de pédérastie et des femmes qui avaient un commerce ob-
scène entre elles : plusieurs augmentèrent le nombre
des victimes qui furent frappées pendant la durée de
l'administration de Valdès (1). Vers 1575, l'inquisition d'Espagne mit en jugement Pierre-Louis de
Borgia, grand-maître de l'ordre de Montesa, accusé
de sodomie, et le prince Farnèse, duc de Parme,
qui furent tous deux acquittés. — FRANCE. Les lois
anciennes, prises du dernier droit romain, condamnaient les coupables de sodomie à être brûlés vifs.
Les femmes et les mineurs étaient punis comme
les autres coupables. Cependant quelques auteurs
prétendaient que, pour les mineurs au-dessous de
l'âge de puberté, on devait adoucir la peine. Les
ecclésiastiques, les religieux doivent, dit du Per-
ray, être jugés sur ce fait avec la plus grande sévérité, et le moindre soupçon suffit pour les faire
destituer de toute fonction ou emploi qui ait rapport à l'éducation de la jeunesse. — Le genre de sodomie, appelé masturbation, était puni des galères
ou du bannissement, selon que le scandale avait
été plus ou moins grand. — On punissait aussi de
la même peine ceux qui apprenaient à la jeunesse
à commettre de tels actes : ils subissaient de plus
l'exposition au carcan avec un écriteau portant ces
mots : *Corrupteur de la jeunesse.* — Sous le règne de

_____

(1) Dans l'espace de vingt ans, on compta sous cet in-
quisiteur-général dix-neuf mille six cents victimes, dont
deux mille quatre cents furent brûlées en personne, douze
cents en effigie, et seize mille emprisonnées ou envoyées
aux galères.

François Ier, ce grand exterminateur des hérétiques, les crimes les plus énormes et par conséquent la sodomie et la bestialité, bien que réputés alors exécrables, se rachetaient moyennant finance. De pareils actes furent extrêmement fréquens vers la fin du xvie siècle. On retrouve un exemple de la punition de ce fait en 1750 : deux particuliers qui en étaient déclarés coupables par un arrêt du 5 juin de cette année, furent brûlés vifs en place de Grève. *Voyez* l'article de ce dictionnaire cité au paragraphe suivant. La loi pénale qui nous régit (Code pén. , art. 330 à 335) a sagement omis les qualifications particulières des différens attentats aux mœurs, et, sans aller chercher les degrés de gravité dans des idéalités , elle les prend dans les circonstances qui constituent réellement un plus grand danger pour les personnes ou pour la société. Ces circonstances sont la violence , la publicité , l'autorité des instigateurs sur ceux qu'ils corrompent , l'âge de ces derniers , l'habitude de favoriser la débauche de l'un et de l'autre sexe , enfin la qualité des pères , mères , tuteurs ou autres personnes chargées de la surveillance de la jeunesse. La violence seule entraîne la peine des travaux forcés à temps et même celle des travaux à perpétuité dans le cas où les coupables auraient autorité sur la personne envers laquelle ils auraient commis l'attentat. Les autres circonstances font seulement varier la peine de l'emprisonnement et de l'amende qui sont décernés ensemble dans tous les cas. Enfin les coupables instigateurs peuvent être mis par l'arrêt ou le jugement sous la surveillance de la haute police pendant un temps déterminé, suivant que les coupables sont chargés de surveillance, c'est-à-dire de deux à cinq ans ou de dix à vingt ans. — GRÈCE. La sodomie était si commune et si habituelle chez les anciens Grecs, que leurs législateurs n'osèrent proposer à ce peuple libre des lois sévères contre une action qui était presque considérée comme un besoin au moins tolérable. Solon se contenta donc de défendre cette turpitude entre les citoyens et les esclaves ; les Athéniens pouvaient sentir les motifs politiques de cette défense et s'y soumettre : c'était d'ailleurs contre les esclaves seuls, et pour les empêcher de corrompre les jeunes gens libres, que cette loi avait été faite. Du reste, la sévérité des mœurs des femmes grecques, l'usage des bains publics, la fureur pour les jeux où les hommes paraissaient nus, tendaient trop à conserver cette hideuse habitude, malgré les progrès de la société et de la morale. Lycurgue, en laissant plus de liberté aux femmes et par quelques sages institutions, parvint mieux qu'il ne l'eût fait par des lois pénales à rendre ce vice moins commun. *Voyez* AMOUR SOCRATIQUE, t. Ier, p. 321. — HÉBREUX. La loi du Lévitique, ch. XX, prononçait la peine de mort contre ceux qui se rendaient coupables de sodomie : *morte moriatur*, porte le texte. Ce crime devait être rare chez un peuple imbu de l'opinion que le nombre des enfans était un honneur, et qui voyait la prostitution des femmes et jusqu'à l'inceste rapportés sans blâme dans des livres qu'ils ont toujours regardés comme sacrés. —INDES ORIENTALES. Les voya-

geurs Tavernier et Bernier rapportent un fait arrivé
à Patna, qui contredit entièrement l'opinion générale que la pédérastie n'est point considérée comme
un crime par le mahométisme. Un *mimbachi*, qui
commandait mille hommes de pied, voulait abuser d'un jeune garçon qu'il avait à son service et
qui s'était défendu plusieurs fois contre ses attaques. Il saisit, à la campagne, un moment qui le
fit triompher de toutes les résistances du jeune
homme. Celui-ci, outré de douleur, prit aussi son
temps pour se venger. Un jour qu'il était à la
chasse avec son maître, il le surprit à l'écart, et
d'un coup de sabre il lui abattit la tête. Aussitôt il
courut à bride abattue vers la ville, en criant qu'il
avait tué son maître pour se venger du plus infâme outrage. Il alla faire la même déclaration au
gouverneur, qui le fit jeter d'abord en prison ; mais
après de justes éclaircissemens, il obtint la liberté,
et, malgré les sollicitations de la famille du mort,
aucun tribunal n'osa le poursuivre, dans la crainte
d'irriter le peuple, qui applaudissait hautement à
son action. — MALDIVES. îles situées vis-à-vis le cap
Comorin. Le fouet est chez les habitans de ces îles le
châtiment le plus commun et le plus cruel : le plus
souvent on en meurt. C'est le supplice ordinaire
des grands crimes, parmi lesquels ils comptent la
sodomie. — PORTUGAL. Le roi Jean V, vers 1740,
restreignit le pouvoir de l'inquisition, en soumettant ses arrêts à la révision du parlement et en
permettant aux accusés de choisir un avocat pour
leur défense. Mais ce prince laissa à cet odieux tribunal la connaissance des délits dont il pouvait le

plus abuser, tels que les blasphèmes, la magie, les hérésies, la polygamie et la pédérastie. C'est dire assez quelle peine était réservée aux coupables. — ROMAINS. Dans l'ancienne Rome, on n'attacha pas d'abord à l'acte dont il est ici question l'idée de crime ni même celle de déshonneur, à moins de ces excès qui rendent le goût même des femmes une passion avilissante. Cependant, si plusieurs héros grecs, regardés comme des hommes vertueux, ont passé pour s'être livrés à ce vice, chez les Romains on ne le voit attribué à aucun de ceux dont on nous a vanté les vertus. Il fut même rendu à ce sujet une loi nommée *Scantinia*, de Scantinius, tribun du peuple, qui passe pour l'avoir proposée quelque temps avant la loi Julia (1). Cette loi condamnait à une amende de dix mille écus les corrupteurs de jeunes gens *de condition libre*, de même que ces jeunes gens s'ils se laissaient volontairement corrompre. La peine fut portée, suivant le témoignage de Justinien et de Lucius Paulus, jusqu'au dernier supplice. Ceci doit s'entendre de la peine pour le viol et non pour le crime de pédérastie ordinaire, qui faisait tout au plus condamner le coupable à la perte de la moitié de ses biens. Mais dans des temps plus récens, le châtiment de ce crime, de quelque nature qu'il se trouvât, était la mort. Cette rigueur fut établie après le dérègle-

(1) C. Scantinius Aricinus fut accusé par l'édile curule M. Marcellus, dont, au rapport de Valère Maxime, il avait appelé le fils en justice pour crime de pédérastie. L'influence du patricien fit abandonner par les autres tribuns le courageux Scantinius.

ment de mœurs, porté à un si grand excès à Rome sous les premiers empereurs, que les jeunes gens, à l'exemple des princes les plus scélérats, tels que Néron et autres, faisaient l'office des femmes, et, comme s'ils eussent changé de sexe, portaient les habillemens de l'autre, peignaient leur visage et se mariaient publiquement à des hommes. Alexandre Sévère, Philippe et les autres princes de bonnes mœurs remirent en vigueur la loi Scantinia; à laquelle ils ajoutèrent la sanction des supplices les plus rigoureux. Enfin, le christianisme venant ajouter des motifs religieux à ceux de la morale et de la politique, on condamna les coupables au feu: c'est la peine décernée par la loi *Cum vir* au code *De adult* qui servit de base à l'ancienne législation française sur cette matière. — TLASCALANS; peuple voisin du Mexique. Ils punissaient de mort les débauches qui blessent la nature, comme étant des obstacles à la propagation des citoyens; dans le nombre desquels la république faisait consister toutes ses forces. L'un des plus grands motifs de haine de ces peuples contre les Mexicains était d'avoir infecté leur nation de ce détestable vice. — VISIGOTHS. Voyez *Parties naturelles*, t. V, p. 30.

SOIE. Dion rapporte que Jules-César, dans quelques spectacles qu'il donna au peuple, couvrit tout le théâtre de voiles de soie, comme si, par cet appareil somptueux, il eût voulu en quelque sorte censurer le luxe des dames romaines. Tibère fit rendre un décret du sénat pour défendre aux hommes les habits de soie. Cependant ce luxe se répandit sous les empereurs suivans, mais ce ne fut que sous Héliogabale que l'on vit des robes toutes de soie au moins pour les hommes. Aurélien, cinquante ans après Héliogabale, refusa à l'impératrice sa femme le manteau de soie qu'elle demandait avec instance: «Je n'ai garde, dit-il, d'acheter des fils au poids de l'or. » La livre de soie valait alors une livre pesant d'or, à peu près quinze à dix-huit cent francs de notre monnaie actuelle. *Voyez* Luxe, t. IV, p. 343.

. SOLEIL (exposé au). Ce supplice était fréquemment employé dans l'Orient. Le roi de Perse Shah-Abbas ordonna que son *nazar* (grand-maître de sa maison) accusé de péculat, demeurât exposé nu pendant trois jours sur la place publique à l'ardeur du soleil. On trouve dans l'histoire de Nadir-Shah, connu sous le nom de Thamas-Kouli-Khan, un trait du même genre. Cet avide conquérant soumit à ce supplice le visir de l'empereur du Mogol qu'il venait de vaincre, afin d'en tirer l'aveu et la remise de ses trésors. A Siam, la moindre faute est punie de l'exposition au soleil, tête nue. — On a vu récemment en France ce supplice infligé arbitrairement comme châtiment militaire dans une ville de garnison du centre du royaume. *Voyez* Exposition, t. IV, p. 56.

SOLIDAIRE. Tous les individus, condamnés pour un même crime ou pour un même délit, sont tenus *solidairement* des amendes, restitutions, dommages-intérêts et frais, c'est-à-dire que celles de ces choses qui sont dues par moitié entre eux ou même individuellement, peuvent être répétées en entier contre l'un d'eux, au choix de la partie

publique ou civile, sauf le recours de celui qui
s'est ainsi trouvé chargé de l'entier paiement
contre l'autre ou les autres condamnés pour le
montant de leurs parts dans la condamnation.
(Code pén., art. 55.) La solidarité est aussi prononcée par l'art. 244 du même Code contre ceux
qui ont connivé à l'évasion d'un prisonnier, pour
la répétition de tout ce que la partie civile aurait
eu droit d'obtenir contre ce dernier.

SOMMEIL. Les lois et réglemens concernant la
discipline militaire prononcent la peine de mort
contre le soldat en faction qui s'endort à son poste
en temps de *guerre et en présence* de l'ennemi.
Hors de ce cas, ce délit est puni des peines ordinaires de discipline. Il y a, à cet égard, un préjugé, assez généralement répandu dans le vulgaire,
qui attribue à l'officier de ronde le droit de tuer
lui-même la sentinelle endormie. Rien n'est plus
faux et en même temps plus absurde, puisque
l'officier qui se permettrait un pareil acte commet-
trait à la fois un véritable meurtre et un abus d'autorité, et qu'il serait lui-même coupable de laisser
un poste vacant au moins pendant le temps nécessaire pour placer une nouvelle sentinelle.

SOMPTUAIRES (Lois). *Voyez* LUXE, t. IV,
p. 545. et SOIE, t. V, p. 599.

SONNETTE SUR LE DOS. *Voyez* au mot ADUL-
TÈRE, t. I, p. 108, la punition du coupable d'a-
dultère, en Corée.

SOPHETIM, nom des juges prononçant en
matière criminelle chez les Hébreux. *Voyez* JURY,
t. IV, p. 265.

SORCELLERIE, SORCIERS, SORTILÉGE.

C'est une croyance aussi ancienne que le monde, et consacrée par toutes les religions, sans en excepter le christianisme, que des hommes peuvent se livrer au démon ou esprit du mal, être possédés par lui et opérer par son moyen des prodiges et des maléfices. Ceux qu'on suppose avoir acquis ce pouvoir ou être immédiatement sous celui du diable ont été nommés *magiciens* ou *sorciers*. On leur attribue une multitude d'opérations miraculeuses telles que le sortilége ou maléfice, l'enchantement, l'évocation des morts' ou des mauvais esprits, la découverte des trésors cachés, celle des plus grands secrets, la divination, le don de prophétie, celui de guérir par des pratiques mystérieuses les maladies les plus opiniâtres, la fréquentation du *sabbat*, etc. Une idée de cette dernière cérémonie sera donnée plus bas au paragraphe FRANCE. L'idée de l'existence de deux principes influens sur cet univers, l'un en bien, l'autre en mal, est la source unique d'où sont découlées la magie, l'astrologie qu'on a nommée judiciaire, et la sorcellerie. Les deux premières, antérieures à l'autre, font voir par leur nom seul qu'il faut remonter au premier des Zoroaste pour trouver l'origine de cette croyance en un pouvoir surnaturel. Mais cet ancien adorateur du ciel ne l'eût-il-pas fondée, il est vraisemblable que le penchant naturel des hommes vers le merveilleux l'eût établie plus tard. On l'a trouvée, en effet, chez la plupart des nations sauvages; elle accompagne spécialement l'ignorance et la barbarie. Aujourd'hui même, que le démon a reculé devant

la saine philosophie et les lumières répandues par
le progrès des sciences naturelles, on voit encore
dans les campagnes des restes de cette antique superstition. — Il paraît que les anciens magiciens,
loin d'être persécutés comme ils le furent depuis,
jouissaient au contraire d'une grande considération.
On en voit des exemples dans la Bible même qui
contient les premières lois faites contre eux. Le
christianisme, en établissant d'une manière positive l'existence de l'esprit malin et son commerce
avec certains hommes, arma contre ceux-ci toute
la rigueur de la loi politique, influencée par le zèle
religieux. La peine du feu fut généralement décernée contre le crime de magie et de sortilége, et
l'on ne doit pas s'en étonner après avoir vu ce supplice infligé à l'hérésie. La condamnation des sorciers était au moins, dans presque tous les cas, et
sauf les injustices commises sous ce prétexte, assez
motivée par les vrais délits et les crimes dont se
rendaient coupables ceux qui affectaient un tel pouvoir. Leurs opérations, en effet, consistaient souvent
en empoisonnemens réels, frayeurs dangereuses,
vols, etc. Comme la plupart des détails relatifs aux
différens genres d'opérations magiques ont été donnés dans différens articles de cet ouvrage, je me bornerai ici à indiquer la pénalité qui y a été attachée
dans les pays où la législation s'en est plus spécialement occupée.

ALLEMAGNE. Sous l'empire des lois encore en vigueur au dernier siècle, la sorcellerie était considérée comme un crime tellement dangereux et punissable que, pour donner la question à celui qui

en était prévenu, il suffisait des indices suivans :
l'offre d'apprendre la sorcellerie aux autres, la menace d'ensorceler quelqu'un, lorsqu'il s'ensuivait
quelque effet; une liaison particulière avec des
gens réputés sorciers, l'usage de choses suspectes
de sortilége, enfin tout ce qui, dans la contenance,
les paroles ou la conduite, pouvait faire induire
l'un des indices déjà indiqués. — La peine du feu
était décernée par les mêmes lois contre celui qui
causait dommage à quelqu'un pour sortilége. Hors
le cas de dommage, le sortilége était puni selon l'exigence et la nature des circonstances du fait : la
peine était ordinairement le bannissement à perpétuité. — En 1749 ou 1750, dans l'évêché de
Würtzbourg, en Franconie, on brûla une femme
convaincue d'être sorcière : cette sorcière était une
jeune dame de qualité, abbesse d'un couvent. De
pareils faits si rapprochés de nous étonnent aujourd'hui au point qu'on a peine à les croire. —
ANGLETERRE. Blackstone, dans son Commentaire
sur le Code criminel d'Angleterre, s'écrie, à propos de la sorcellerie : « Nos ancêtres étaient de robustes croyans. » Il aurait pu en dire autant des
jurisconsultes et des théologiens contemporains qui
tous s'accordent à admettre l'existence des sorciers,
qu'on ne peut, il est vrai, nier d'une manière générale sans nier également les Écritures. Ainsi Bar-
ron, Tillotson, Stillingfleet, Jenkin, Prideaux,
Clarcke, Loke, Vossius, ce dernier surtout, reconnaissent et affirment la possibilité du commerce
des hommes avec le démon. Le roi Jacques, surnommé par Henri IV *maître Jacques*, ce grand en-

nemi de la communion romaine et du pouvoir papal, avait fait imprimer sa *Démonologie*, ouvrage dans lequel il reconnaît des ensorcellemens et des démons incubes et succubes. On vit, à Londres, la duchesse de Glocester accusée d'avoir attenté à la vie de Henri VI par des sortiléges. Une malheureuse devineresse et un prêtre imbécille ou scélérat qui se disait sorcier, furent brûlés vifs pour cette prétendue conjuration. La duchesse fut heureuse de n'être condamnée qu'à faire une amende honorable en chemise, et à une prison perpétuelle. L'esprit de lumière et de philosophie qui, depuis, a fait tant de progrès en Angleterre, en a chassé les démons et la superstition, comme dans tous les pays où il a pénétré ; mais dans la législation anglaise on retrouve les traces de l'ancienne barbarie. — Ainsi le statut 33 de Henri VIII, ch. 8, et le 1er de Jacques Ier, ch. 12, décernèrent la peine de mort contre tous les coupables de pratiques diaboliques : ces lois en font une longue énumération, dans laquelle figure le fait d'avoir *nourri et récompensé les esprits malins !* On pendait des malheureux accusés de pareils délits, même lorsqu'ils n'avaient par là causé aucun dommage ; et, jusqu'au milieu du dernier siècle, plusieurs vieilles femmes ont été sacrifiées aux préjugés de leurs voisins ou à leurs propres illusions : quelques-unes ont poussé la folie jusqu'à s'avouer sorcières à la potence. Les exécutions pour ce crime douteux n'ont cessé que lors de la publication du statut 9 de Georges II, ch. 5, imité de celui de Louis XIV. Le pilori et l'emprisonnement pour un au remplacèrent la peine de mort. Déjà un sage magistrat, lord Mansfield, avait réussi à sauver, malgré la fureur de la populace, une vieille femme accusée de sorcellerie et contre laquelle les témoins ne produisaient autre chose sinon qu'ils l'avaient vue marcher en l'air, la tête en bas et les pieds en haut. « *Je ne doute pas du fait*, dit le lord, mais cette femme est Anglaise et libre : je ne connais pas de loi qui défende de se promener en l'air la tête en bas et les pieds en haut. » Ce discours calma les esprits, et la vieille femme sortit sans être inquiétée. — CEYLAN. Voyez *Vol.* — ESPAGNE. L'inquisition condamnait, sous l'influence de la cour de Rome, tous les genres de sorcelleries fort communs dans le moyen âge, et surtout celui qui consistait à invoquer les démons pour en obtenir des faveurs. Cette pratique s'était fort répandue en Catalogne dans le quatorzième siècle : il paraît certain qu'un grand nombre de personnes, auxquelles on fit leur procès, rendaient à Satan, qu'elles honoraient comme une divinité ennemie de Dieu et revêtue d'une puissance au moins égale à la sienne, un culte de latrie avec toutes les cérémonies qu'emploient les catholiques. Il existait même alors un livre intitulé la *Clavicule de Salomon,* sur lequel on jurait lorsqu'on voulait s'engager à quelque chose par serment, comme les chrétiens jurent sur l'Évangile. Tel est le degré de folie où peut conduire la superstition ; mais les bûchers en étaient-ils le remède, lorsque ceux qui les allumaient affirmaient hautement que la sorcellerie était non-seulement possible mais réelle? Les juges étaient eux-mêmes tellement

aveuglés par leur zèle qu'ils allaient jusqu'à condamner les personnages les plus méritans et que
l'Église a mis au rang des saints. Le célèbre Jean
de Dieu, fondateur de l'ordre de la Charité, fut
de ce nombre. Arrêté comme suspect de magie et
de nécromancie, à cause des prompts secours qu'il
avait trouvé le moyen de se procurer pour la fondation de sa maison hospitalière, ce vieux philan-
thrope n'échappa aux prisons du Saint-Office que
par la médiation du pape. On peut juger par ce
procès de ceux que l'inquisition intentait à ce
sujet, et quelle part avaient les coupables de ce
grand crime dans les *auto - da - fé*. — FRANCE. Nos
ancêtres, qui ont reçu et adopté toutes les erreurs, ont conservé celle de la croyance aux sortiléges jusqu'au dix-huitième siècle. Depuis Clovis,
qui, le premier, provoqua des peines canoniques
contre ceux qui s'adonnaient à ces pratiques,
jusqu'à Louis XIV qui, en 1682, renouvela les
ordonnances de ses prédécesseurs, les coupables
de ce genre de délit furent punis de différentes
peines, que remplaça, au quatorzième siècle, celle
du feu. Par l'article LVIII de la loi salique que
Charlemagne fit transcrire, une sorcière qui avait
mangé de la chair humaine payait 200 sous, *si ho-
minem comederit*. On trouve dans Monstrelet un
témoignage de la grossière crédulité de son temps
et du parti que tiraient les gens vindicatifs d'une
pareille accusation contre leurs ennemis. «En cette
année 1549, dit-il dans ses *Chroniques*, 3ᵉ vol.,
en la ville d'Arras ou pays d'Artois, advint un terrible cas et pitoyable que l'en nommait vaudoisie,

ne sai pourquoi : mais l'en disait que c'étaient aucunes gens, hommes et femmes, qui de nuit se transportaient, par vertu du diable, en aucuns lieux ès (dans) bois ou ès déserts, en très-grand nombre, et trouvaient illec (là) un diable en forme d'homme duquel il ne vesient (voyaient) jamais le visage ; et ce diable leur lisait ou disait ses commandemens ou ordonnances, et comment et par quelle manière ils le devaient avrer et servir, puis faisait par chacun d'eux baiser son derrière et puis il baillait à chacun un peu d'argent et finalement leur administrait vins et viandes en grand'largesse, dont ils se repaissaient, et en ce point s'estaindait la lumière, et se connaissaient l'un l'autre charnellement, et ce fait, tout soudainement se retrouvait chacun en sa place dont ils étaient partis premièrement. Pour cette folie furent prins et emprisonnés plusieurs notables gens de ladite ville d'Arras et autres moindres gens, femmes folieuses et autres, et furent tellement gchinés (mis à l'étroit), et si terriblement tourmentés, que plusieurs confessèrent le cas leur être tout ainsi advenu comme dit est ;.... *et outre plus confessèrent avoir veu et cogneu en leur assemblée telles gens notables, prélats seigneurs et autres, que les examinateurs et les juges leur nommaient et mettaient en bouche.* Si que par force de peines et de tormens ils les accusaient, et ceux-ci étaient tantôt après prins et emprisonnés et mis à torture, et tant et si très-longuement et par tant de fois que confesser le leur convenait; et furent ceux qui étaient de moindres gens, exécutés et brûlés inhumainement. » —On renouvela ces procédures dans la même ville et avec les mêmes iniquités, au bout d'environ trente ans ; mais le parlement de Paris rendit justice aux parties par l'absolution des accusés, et par la condamnation des juges. — Cependant la croyance aux sorciers n'en exista pas moins, et dans le siècle suivant, en 1571, un sorcier, nommé Trois-Echelles, fut exécuté en place de Grève pour avoir eu commerce avec les *mauvais démons*. Mézerai rapporte qu'il accusa douze cents personnes du même crime, et Bodin dit que le roi Charles IX lui ayant promis sa grâce, lors d'une première accusation, Trois-Echelles avait assuré qu'il y avait plus de trois cent mille sorciers en France. Cet absurde préjugé reprit de nouvelles forces sous le règne des derniers Valois. «Dans le dix-septième siècle, dit Voltaire, il n'y avait pas un parlement, pas un présidial, qui ne fût occupé à juger des sorciers ; point de grave jurisconsulte qui n'écrivît de savans mémoires sur les possessions du diable. La France retentissait des tourmens que les juges infligeaient, dans les tortures, à de pauvres imbécilles à qui on faisait accroire qu'ils avaient été au sabbat, et qu'on faisait mourir sans pitié dans des supplices épouvantables. Catholiques et protestans étaient également infectés de cette absurde et horrible superstition, sous prétexte que, dans un des Évangiles des chrétiens, il est dit que des disciples furent envoyés pour chasser les diables. C'était comme un devoir sacré de donner la question à des filles, pour leur faire avouer qu'elles avaient couché avec Satan ; que ce Satan s'en était fait aimer sous la forme d'un bouc.

:...Toutes les particularités des rendez-vous de ce bouc avec les filles accusées étaient détaillées dans les procès criminels de ces malheureuses. On finissait par les brûler, soit qu'elles avouassent, soit qu'elles niassent, et la France n'était qu'un vaste théâtre de carnages juridiques. » Plus tard, on parut cesser d'admettre dans les tribunaux du royaume les simples accusations de sorcellerie. En 1672, le parlement de Rouen avait fait arrêter un grand nombre de bergers et autres gens accusés d'être sorciers : un arrêt du conseil, du 26 avril de la même année, enjoignit de relâcher tous ces accusés. Enfin, Louis XIV rendit, en 1682, un édit spécial, dans lequel, regrettant le relâchement introduit dans l'exécution des ordonnances de ses prédécesseurs, il en renouvelle les dispositions pénales en y ajoutant (porte le préambule) de nouvelles précautions tant à l'égard de tous ceux qui usent de maléfices et de poisons, que de ceux qui, sous la vaine profession de devins, magiciens, sorciers ou autres noms semblables, condamnés par les lois divines et humaines, infectent et corrompent l'esprit des peuples par leurs discours et pratiques, et par la profanation de ce que la religion a de plus saint. L'article 2 prononce la peine exemplaire et arbitraire contre l'emploi de toutes pratiques superstitieuses de fait, par écrit ou par paroles, et l'article 3 veut que les personnes qui joindraient la superstition et le sacrilége à l'impiété soient punies de mort. Tel fut le dernier état de la législation en France sur ce point jusqu'à la révolution. Les exécutions à mort pour le crime de sorcellerie furent tellement fréquentes dans le dix-septième siècle, que le seul parlement de Bordeaux condamna dans l'espace d'un an, plus de six cents sorciers au supplice du feu. A Paris, on fit subir la question à Côme Ruggieri, Florentin, accusé d'avoir attenté par des sortiléges à la vie de Charles IX. On sait comment la politique fit aussi condamner, sous le prétexte de magie, la maréchale d'Ancre, dont le vrai crime était d'avoir eu trop d'influence sur l'esprit de Marie de Médicis. Le fameux curé Gaufrédy, brûlé à Aix en 1611, avait avoué qu'il était sorcier, et les juges l'avaient cru. Voltaire, par la mention qu'il en fait en plusieurs endroits de ses ouvrages, a ajouté à la célébrité du procès d'un curé de Loudun, nommé Grandier, accusé d'avoir ensorcelé toutes les religieuses du couvent des Ursulines de cette ville. Absous d'une première accusation, dont le résultat s'était borné à faire exorciser les religieuses par Grandier lui-même, ce prêtre, dont les mœurs, le caractère hautain et les écrits avaient animé contre lui un grand nombre d'ennemis, fut de nouveau mis en jugement, et cette fois, les juges le déclarèrent convaincu de magie, maléfice et possession des susdites religieuses et de plusieurs femmes séculières; pour réparation de quoi, il fut condamné à faire amende honorable devant les églises de Saint-Pierre-du-Marché et de Sainte-Ursule, puis à être brûlé en la place publique de Sainte-Croix, ses biens confisqués, ses cendres jetées au vent; enfin à être préalablement appliqué à la question ordinaire et extraordinaire. Toutes les cruautés qu'on exerça sur ce malheureux furent poussées à l'excès : son exécution eut lieu le 8 août 1634. Ses mœurs étaient loin d'être irréprochables, mais aucun des faits qu'on lui imputait n'était prouvé. Un dernier exemple d'exécution pour ce crime fut celui de la Vigoureux et de la Voisin, célèbres empoisonneuses. De hauts personnages, compromis par leurs révélations, eurent peine à échapper aux suites d'une pareille complicité. L'accusation de magie et de sorcellerie fut introduite dans ce procès qui ne devait être considéré que comme ayant pour objet le crime réel d'empoisonnement ; le préjugé qui avait fourni aux coupables la facilité de le commettre, puisa de nouvelles forces dans leur condamnation, et peut-être fut-elle une des causes qui firent émettre l'édit de 1682 dont j'ai parlé plus haut. —Au nombre des bienfaits qui peuvent consoler des désastres de la révolution, on peut compter le renversement d'une superstition aussi honteuse que la sorcellerie. Plus de possédés, plus de sortilége. Le diable, si puissant contre les gens crédules, a un respect extrême pour les gens éclairés. La législation nouvelle a compté sur sa retraite et ne s'occupe pas de son retour : elle s'attache seulement à punir correctionnellement ceux qui, abusant d'un reste de crédulité dans la classe ignorante, essaient, sous le nom de devins ou tireurs de cartes, à commettre des escroqueries. On a lieu de s'étonner cependant qu'on laisse encore paraître de ces sortes de bateleurs sur les places publiques. *Voyez* aux mots indiqués au bas de cet article et principalement à *Devins* et *Magie*. — GENÈVE. On fit brûler, en 1652, une pauvre fille, nommée Michelle Chaudron, à qui on persuada qu'elle était sorcière. Elle était accusée non-seulement d'avoir eu commerce avec le diable, mais d'avoir ensorcelé deux filles. Toute la preuve de la culpabilité de Michelle reposa sur un certificat de médecins qui attestèrent avoir trouvé sur son corps les *marques sataniques*, c'est-à-dire un point devenu insensible par le prétendu attouchement du démon. Après avoir vainement cherché ces marques dans un premier examen, les médecins ayant de nouveau visité cette malheureuse après son application à la torture, ils trouvèrent sur une de ses cuisses un petit seing noir et y enfoncèrent l'aiguille : les tourmens de la question avaient été si horribles, que cette pauvre créature expirante sentit à peine l'aiguille ; elle ne cria point : ainsi le crime fut avéré. Les mœurs commençant à s'adoucir, elle ne fut brûlée qu'après avoir été pendue et étranglée. — Grèce. Dans ce pays, qu'on peut regarder comme la terre classique du merveilleux et des superstitions, toutes les sciences même physiques se revêtaient d'un caractère divin aux yeux du vulgaire. Le calcul et la médecine eurent surtout ce privilége. Le charlatanisme chercha bientôt à s'emparer de ces avantages, et, pour mieux séduire une foule imbécille, lui promit des miracles. Il y eut alors des enchanteurs, des nécromanciens, des devins, des *pharmaciens*, nom par lequel on désignait ceux qui employaient les philtres ou boissons mystérieuses. Les sorciers et magiciens grecs pratiquaient aussi la cérémonie de l'envoû-

·tement décrite à l'article *Volt*. Les maux nombreux causés par toutes ces pratiques dangereuses et souvent criminelles attirèrent sur ceux qui en faisaient profession l'exécration publique, et enfin, à Athènes, il fut porté une loi qui condamnait les magiciens au dernier supplice. — HÉBREUX. Plusieurs passages des lois de Moïse spécifient et condamnent divers genres de sorcellerie, dans des termes qui en affirment la réalité. On lit dans l'Exode : *Maleficos non patieris vivere*. Ne laissez pas vivre les coupables de maléfice. Même arrêt de mort contre ceux qui consultaient les magiciens et les devins. Le livre du Deutéronome veut que le coupable de sortilége, l'enchanteur, le devin et ceux qui le consultent soient exterminés du milieu du peuple. Quand on voit dans les livres sacrés que les magiciens opéraient des merveilles au moins apparentes, on se demande comment les Juifs pouvaient les distinguer des miracles dont ils étaient témoins tous les jours : le législateur lui-même en pouvait être le seul juge, bien qu'il y fût le plus intéressé. —INDES OCCIDENTALES. Un Américain nommé John Danelly, qui avait fixé son séjour dans une des villes indiennes, situées sur la rivière de Tallapoosa, a été, au commencement de 1828, accusé et condamné pour crime de *sorcellerie* par les chefs des naturels du pays. Il paraît que John s'était rapidement enrichi, bien que réputé honnête et même libéral, ce qui a paru une chose si contradictoire aux yeux de ses juges, qu'ils n'ont pu l'expliquer que par l'intervention du diable; et quoiqu'il ne se fût élevé aucune autre charge contre lui, il n'en a pas moins été jugé coupable et fusillé sur-le-champ. Son frère, habitant de la même ville, craignant de partager son sort, s'est sauvé chez les blancs et se propose de ne plus les quitter. — Chez quelques - uns des peuples de l'Amérique septentrionale, les coupables de ce prétendu crime sont encore traités comme leurs prisonniers de guerre, c'est-à-dire brûlés. Il n'y a de sûreté nulle part pour ceux qui sont atteints du soupçon. On leur fait même subir une espèce de question pour leur faire nommer leurs complices : avant de les exécuter on ne manque pas de demander le consentement de leur famille, qui n'ose jamais le refuser. — Issinois, peuple d'Afrique. Voyez *Noyer*, t. V, p. 472. — Navarre. Voyez *Jurguinas*, t. IV, p. 264. — Portugal. Le crime de sorcellerie fut un de ceux que le roi Jean V laissa à la connaissance de l'inquisition quand il restreignit la juridiction de ce tribunal tyrannique. Ce fut une porte ouverte à une multitude de condamnations et un champ immense pour la cruauté. On pouvait encore allumer bien des bûchers et y précipiter des innocens et des imbécilles, tels que ce jésuite Malagrida, qui avait choisi la sainte Vierge pour l'objet de ses amours, et prenait, dans son délire, les effets d'une virilité prolongée pour les extases de la béatitude. — Romains. Il paraît que la législation de l'ancienne Rome était conforme à la loi des douze Tables, qui prononçait des peines sévères contre ceux que l'on disait jeter des sorts sur les moissons, ou qui se servaient de paroles ou opérations magiques pour nuire à quelqu'un. On alla

plus loin, et le soupçon de magie, lors même qu'il
ne nuisait pas, devint matière à accusation. Personne n'ignore l'histoire de l'esclave affranchi qu'on
accusait d'être sorcier, et qui, par cette raison, fut
appelé en jugement devant l'assemblée du peuple.
La fertilité d'un petit champ que son maître lui
avait laissé, et qu'il cultivait avec soin, avait attiré
sur lui l'envie de ses voisins. Sûr de son innocence,
il conduisit devant l'assemblée une charrue en bon
état, une paire de bœufs gros et gras', et tous ses
instrumens de labour que l'usage et ses soins avaient
rendus brillans. Alors se tournant vers ses juges :
Romains , dit-il, voilà mes sortiléges ; *veneficia mea,*
quirites , hæc sunt. Il fut absous d'une commune
voix. La loi Cornelia punit les auteurs de maléfices,
leurs élèves et leurs complices. Plusieurs sénatus-
consultes étendirent ces dispositions aux devins,
aux magiciens, aux aruspices, aux astrologues, et
généralement à tous ceux qui professaient l'art des
Chaldéens. On voit dans Tacite combien les lois
étaient rigoureuses à leur égard. Dans le dernier état
du droit romain, l'influence religieuse confirma par
d'autres motifs la sévérité des lois anciennes qui n'a-
vaient en vue que la sécurité des citoyens et la répression des délits réels commis à l'aide d'un prétendu pouvoir surnaturel. — Voyez AIGUILLETTE
(nouer l'), t. I, p. 213; ASTROLOGIE, t. II, p. 29;
BRULER, t. III, p. 100, 108 et 109; BOHÉMIENS, t. II,
p. 471; DEVIN, t. III, p. 392; EAU (épreuve par
l'), t. III, p. 437; ENVOÛTER, t. III, p. 488;
LOUP-GAROU, t. IV, p. 540; MAGIE, t. IV, p. 347,
et VOLT.

SOUFFLER. Il est des métiers qui rendent féroces ceux qui les exercent. Dans cette classe on
doit placer celui de boucher. Accoutumés à faire
couler le sang et à déchirer les membres palpi-
tans des animaux, il n'est pas étonnant que
les mœurs des hommes qui s'y livrent se ressen-
tent de pareils travaux : il est difficile de croire
qu'un homme qui égorge chaque jour des êtres
sensibles n'ait pas un caractère dur. Le trait
suivant fournit une preuve de cette triste vérité. — Près d'une ville d'Allemagne, un malheureux soldat, excédé de fatigue, et qui avait bu
avec excès, fut rencontré, étendu à terre, par
deux garçons bouchers. Ces derniers portaient un
de ces soufflets dont ils se servent pour détacher
la peau des animaux qu'ils tuent en introduisant
du vent entre cette peau et la chair. L'idée barbare
de pratiquer cette opération sur le soldat qu'ils
voyaient ivre-mort fut trouvée plaisante par eux
et mise aussitôt à exécution. Le soldat, après quelques heures, étant revenu du sommeil léthargi-
que dans lequel il était plongé, se sentit suffoqué.
Heureusement pour lui quelques passans, instruits
par les coupables de leur délit, s'empressèrent de
venir au secours de cet infortuné. Un chirurgien
lui rendit la vie, après un traitement aussi long
que douloureux. — Le bruit de cette action s'é-
tant répandu, on arrêta les coupables, et, sur leur
aveu, ils furent condamnés à subir le même supplice qu'ils avaient fait éprouver au malheureux
soldat.

SOUFFLET. De toutes les injures par voie de

fait que l'on puisse faire à un homme, est encore généralement reconnu que le soufflet est la
plus grave, et l'on connaît l'adage : « Un soufflet
demande du sang. » Si l'on recherche l'origine de
la honte attachée à cette espèce particulière d'injure, on trouve qu'elle ne doit qu'à une tradition
aujourd'hui sans fondement le degré de gravité
qu'on lui assigne sur toutes les autres. Au temps
de la gentilhommerie, lorsque l'organisation sociale était elle-même une véritable honte, les *vilains*, privés du noble privilége de porter le casque
et la visière, combattaient à visage découvert : ainsi
il n'y avait qu'eux qui pussent, dans un combat,
recevoir des coups au visage : de là vient qu'un
soufflet fut une injure, moins par la nature du
coup ou par égard pour la partie frappée qu'à cause
de l'assimilation avec ceux qui pouvaient l'être
ainsi : recevoir un soufflet, c'était être traité en vilain. Sous l'ancienne législation, on eût eu sans
doute égard au genre particulier de cette insulte
pour appliquer une peine à celui qui l'aurait commise : on eût surtout fort considéré le rang et la
qualité de la personne offensée. Nos lois actuelles
n'établissent de différence dans la pénalité attachée
à un pareil fait, qu'à raison des fonctions que rem-
plirait l'offensé au moment du délit. Hors de là,
tous les citoyens sont égaux. Un exemple récent a
servi à établir ce principe et à appliquer dans ce
sens la loi qui nous régit. — A la sortie de l'église
de Saint-Denis, où l'on venait de célébrer un service funèbre par l'anniversaire de la mort du feu
roi Louis XVIII, M. le prince de Talleyrand reçoit

un soufflet de la main d'un sieur de Maubreuil,·
qui depuis a prétendu avoir été l'agent mal récompensé du prince dans d'odieuses machinations tendantes à l'assassinat de Napoléon. Le
tribunal correctionnel a prononcé d'abord une condamnation à cinq ans d'emprisonnement, fondée
sur ce que M. de Talleyrand assistait à la cérémonie en sa qualité de haut-fonctionaire ; mais sur
l'appel, la Cour, considérant que cette circonstance
n'était pas applicable au cas dont il s'agissait, a réduit la durée de l'emprisonnement à un an. — On
peut appliquer à l'insulte particulière dont il est
ici question ce qui a déjà été dit dans des articles
plus généraux. — *Voy.* AMBASSADEURS, t. I, p. 262 ;
COURS, t. III, p. 302 ; INJURES, t. IV, p. 206 ; OF-
FENSE, t. IV, p. 474 ; OUTRAGE, t. V, p. 13.

SOUFRE FONDU. En France et dans les pays
où on rompait vifs les grands criminels, on ajoutait aux tourmens des patiens en versant du soufre
fondu sur les blessures que le bourreau ouvrait
sur leur corps avec des *tenailles. Voyez* ce mot.

SOUFRIÈRES, MINES DE SOUFRE. C'était une
punition usitée chez les Romains pour les crimes
graves.·On condamnait aux soufrières comme aux
mines, aux galères et à d'autres travaux pénibles
ou dangereux. La condamnation aux soufrières
était infligée aux femmes comme aux hommes.

SOULIER. Chez les Hébreux, lorsqu'une femme
restait veuve sans enfans. le frère de son défunt
mari devait l'épouser, et le fils qui provenait de
ce second mariage héritait de tous les biens.
Si le frère refusait d'épouser sa belle-sœur, et ne

donnait pas aux anciens une raison valable de son
refus, la veuve lui détachait un soulier, lui cra-
chait au visage et devenait libre de se marier à qui
bon lui semblait. — Les Juifs modernes ont réduit
cette sorte d'affront public en une cérémonie qui,
pour être un peu moins grossière, ne laisse pas que
de conserver une sorte de caractère injurieux.
Lorsqu'un beau-frère et une belle-sœur se trouvent dans le cas du *caliza* (1) (c'est le nom de la
cérémonie), trois rabbins et deux témoins fixent
dès la veille le lieu où l'on s'assemblera le lendemain.
Les parties rendues en ce lieu annoncent qu'elles
se présentent devant ce tribunal pour obtenir leur
liberté réciproque. On procède alors, pour la forme,
à un interrogatoire pour constater la qualité des
deux parties et la position dans laquelle elles se
trouvent. Après ces interrogations de style, la
femme s'approche de son beau-frère, aidée par un
rabbin, et lui dit en hébreu : «Le frère de mon
mari ne veut point continuer la postérité de son
frère en Israël, et refuse de m'épouser comme beau-
frère. » A quoi l'autre répond : «Il ne me plaît
pas de la prendre.» La femme se baisse alors, dé-
noue et déchausse un soulier préparé pour cet
usage, le jette à terre, crache et dit, toujours en
hébreu: «Ainsi fait-on à l'homme qui n'édifie
point la maison de son frère, et sa maison sera
appelée en Israël *maison du pied nu.* » Elle répète trois fois ces mots, et les assistans crient, *pied
nu,* en accablant le beau-frère de paroles outra-

(1) Ce nom signifie déchausser le soulier.

geantes et de huées.: On délivre à la femme un
acte par lequel elle est déclarée libre et peut se
marier. Il y a des beaux-frères qui, dans l'espoir
de tirer quelque argent de leurs belles-sœurs, fei-
gnent d'être disposés à les épouser, et c'est pour
éviter cet inconvénient, que les pères, en mariant
leurs filles à un homme qui a des frères, stipulent
dans le contrat qu'ils affranchiront leurs femmes
gratuitement si le cas du *caliza* arrive : d'autres
engagent quelquefois le mari, qui est au lit de la
mort. à répudier sa femme. — On sent qu'en
France, où le mariage est purement civil et soumis
à des règles communes, le caliza ne peut avoir lieu,
à moins que les Juifs français ne se punissent entre
eux en secret de l'empêchement forcé d'accomplir
la loi de Dieu. . . :   .   '   . .:: ..

SOULIER DE FER. Les Romains employaient
les métaux dans leurs chaussures; mais, disent les
auteurs des martyrologes, ils n'avaient des *souliers*
de fer que pour en faire le supplice des chrétiens
durant les persécutions : pour cela, ils les garnis-
saient en dedans de gros clous rougis au feu. . .

SOUSTRACTION, action d'ôter et enlever frauduleusement une chose du lieu où elle doit être,
ou de la possession de celui auquel elle appartient.
Le terme de *soustraction* s'emploie plus particulièrement pour le détournement des papiers et titres.
Dans les autres cas, c'est un larcin, un recélé,
un vol, une suppression. *Voyez* tous ces mots. —
Pour les peines attachées par la loi pénale française
à la soustraction de certaines pièces, *voyez* ENLÈ-
VEMENS, T. III, p. 483. Ajoutez à ce qui est dit

dans cet article, que la loi prononce une amende de 25 à 300 francs contre celui qui soustrait une pièce qu'il a lui-même produite dans un procès par écrit; le tribunal civil peut appliquer cette peine.

. SPECTACLES. Ces lieux de réunions publiques ont, été de tout temps soumis à une police particulière, qui est réglée par diverses lois et ordonnances. Les unes fixent les devoirs des entrepreneurs et directeurs. L'ordonnance d'Orléans, art. 24, fait défenses à tous acteurs de se vêtir d'habits ecclésiastiques, à peine de prison et de punition corporelle. — Une déclaration de Louis XIII punissait les actions ou paroles malhonnêtes de l'interdiction du théâtre, de l'amende et même du bannissement. Par l'arrêté du 1er germinal an 7, relativement aux incendies, le défaut de précautions ordonnées est puni de la fermeture de la salle. L'ordonnance du 29 nivôse an 10, et l'arrêté des consuls du 12 messidor an 8, étendent et confirment les dispositions de l'arrêté de l'an 7. —D'anciennes ordonnances et réglemens, des 11 décembre 1672, 9 janvier 1673, 22 juin 1674, et 24 décembre 1765, faisaient au public qui fréquentait les spectacles certaines injonctions et défenses principalement relatives aux désordres, tumultes ou violences qui pouvaient être la suite d'attroupemens, encombremens des péristyles et corridors, ports de certaines armes, etc. La peine arbitraire variait depuis l'amende jusqu'à la mort, qui était prononcée dans certains cas. — L'ordonnance de l'an 10, précitée, porte plusieurs défenses et ré-

glemens relatifs à l'entrée et à la sortie des spectacles, à l'achat des billets, à la circulation des
voitures, etc. Les peines applicables contre les in-
fracteurs seraient aujourd'hui les mêmes que
celles portées par cette ordonnance ou les lois et
réglemens antérieurs auxquels elle se réfère, principalement l'ordonnance de 1769 et la loi du 19
janvier 1791. Celle-ci contient, sur l'emploi de la
force armée et l'arrestation des individus assistant
au spectacle, des dispositions remarquables qu'on
a eu lieu récemment de rappeler; les voici : « Il
n'y aura au spectacle qu'une garde extérieure. —
Cette garde est essentiellement à la disposition de
l'officier civil pour l'exercice de la police, et ne
peut agir qu'à sa réquisition. —La garde ne pénè-
trera dans l'intérieur des salles que *dans le cas où
la sûreté publique serait compromise*, et sur la réquisition expresse de l'officier de police. — Cet officier
ne pourra jamais faire entrer la force armée dans
l'intérieur des salles, qu'après en avoir averti à
haute voix les citoyens. — Tout individu est tenu
d'obéir provisoirement à l'officier public; en conséquence, tout citoyen invité par cet officier, ou
sommé par lui de sortir de l'intérieur de la salle,
se rendra sur-le-champ au bureau de police, pour
y donner les explications qui pourront lui être
demandées. — Tout individu arrêté, soit à la porte
du théâtre, soit dans l'intérieur de la salle, doit
être conduit au bureau de l'officier de police, qui
seul peut prononcer sur sa mise en liberté ou son
renvoi devant l'autorité compétente.

STATUE. Les habitans du royaume de Tunquin,

tributaire de la Chine, ayant tué un vice-roi nommé par l'empereur, furent, par forme de punition, soumis à un tribut particulier auquel ils sont encore obligés : ce sont plusieurs petites statues d'or et d'argent, qui représentent des criminels qui demandent grâce. — Les offenses faites aux statues des empereurs romains étaient réputées crimes de lèse-majesté par la loi Julia; mais, afin d'empêcher que la majesté de ces statues ne devînt un abri pour la fraude et la violence, le sénat défendit aux débiteurs ou criminels de s'y réfugier, à l'exception de ceux qui s'évaderaient des prisons où ils seraient retenus arbitrairement par des citoyens plus puissans qu'eux. — Pour les peines attachées à un pareil délit en France, *voyez* Dégradation, T. III, p. 338; Outrage, T. V, p. 13; et Sacrilège, t. V, p. 309.

STATUE, instrument de supplice. *Voyez* Apéga, T. I, p. 552; Automate, T. II, p. 111; Quemadero, T. V, p. 174; et Sacrifices humains, t. V, p. 303.

STATUT DE SANG, c'est ainsi qu'on nomma, en Angleterre, le réglement d'Henri VIII, de 1539, au sujet de la religion. Il décerna la peine du feu ou du gibet contre ceux : 1° qui nieraient la transsubstantiation; 2° qui soutiendraient la nécessité de la communion sous les deux espèces; 3° qu'il était permis aux prêtres de se marier; 4° qu'on peut rompre le vœu de chasteté; 5° que les messes privées sont inutiles; 6° que la confession auriculaire n'est pas nécessaire pour le salut. Cette loi des six articles donna lieu à un si grand nombre d'accusations, que le roi se vit obligé de changer la peine de mort, et de la réduire à celle de la confiscation des biens contre ceux-là seulement qui seraient coupables de la violation du quatrième statut. C'est pourtant ce même prince qui a fait le schisme de l'église d'Angleterre, et l'a entièrement séparée de la communion romaine. Sa loi atroce des six articles fut entièrement révoquée, en 1547, par Édouard VI. — La théologie introduite dans la législation produira toujours des dispositions pénales outrées ou absurdes.

STELLIONAT. Sous ce nom générique, les lois romaines comprenaient toutes les espèces de fraudes et de dols qui pouvaient se commettre dans les conventions, et auxquels la loi n'avait pas donné de désignation particulière; il y avait encore stellionat, en droit romain, dans la remise d'un objet pour un autre, par suite d'une feinte ou d'un échange. Ce fait était réputé crime, et puni d'une peine extraordinaire, quelquefois même des mines. — En France on n'a considéré comme stellionataire que celui qui fait une déclaration frauduleuse de propriété ou de libération d'un bien, dans une vente, obligation ou constitution de rente. Le stellionat n'était et n'est encore poursuivi que par action civile; cependant, sous l'ancienne législation, on le poursuivait quelquefois extraordinairement et par voie criminelle : les exemples en sont fort rares. — La loi civile, tant ancienne que nouvelle, contient de véritables dispositions pénales contre les *stellionataires*. Ainsi ils sont contraignables par corps, même après l'âge de soixante-dix ans.; ils ne peuvent être admis aux bénéfices de la cession de biens, ni à la réhabilitation après failiite. — Le Code civil (art. 2136) répute stellionataires les maris et tuteurs qui auraient consenti ou laissé prendre des inscriptions hypothécaires sur leurs biens, sans déclarer qu'ils étaient affectés à l'hypothèque légale des femmes et des mineurs.

STÉRILITÉ. Différens peuples anciens ont attaché la honte et l'infamie publique à la stérilité des femmes; c'était, en outre, chez les Juifs une cause de divorce. — Les lois de Lycurgue allaient encore plus loin, et permettaient à un mari de prêter sa femme. — Dans le royaume de Benin, en Afrique, les femmes stériles deviennent l'opprobre de la nation, et l'on ajoute pour elles à la rigueur des travaux auxquels ce sexe est condamné chez cette nation, toutes sortes d'humiliations et de mauvais traitemens. — Chez les Anzikos et les Jaggas, autres peuples de l'intérieur de l'Afrique, on réserve les femmes stériles pour être immolées aux funérailles des grands, et il est permis à leurs maris de les tuer pour les manger.

STEWARD (GRAND). Lorsque la cour des pairs d'Angleterre s'assemble, dans la salle de Westminster, pour juger un pair du royaume, le président que le roi nomme dans ces sortes d'occasions, porte le titre de *Grand-Steward*, dignité éminente qui n'a de durée que celle du procès. Il tient à la main un bâton long et mince, qui est la marque distinctive de son pouvoir éphémère. Sa place est auprès d'un trône élevé pour le roi qui n'y paraît jamais. — C'est le Grand-Steward qui fait le rap-

port du procès et recueille les votes des nobles
pairs, après les débats et la défense de l'accusé.
Le lord *Chef-Justice* de la cour des plaids communs prend ensuite les voix de ses collègues et déclare leur adhésion à la décision des pairs ou leur
dissidence. Le *Grand-Steward* prononce alors le
jugement; puis il se lève, rompt le bâton blanc
pour annoncer que la cour des pairs est dissoute,
et invite tout le monde à se retirer *avec la paix de
Dieu et du roi.*

STIGMATES, d'un mot grec qui signifie marque profonde. — Les Romains en imprimaient au
front des esclaves fugitifs : la plus commune était
la lettre F dont l'empreinte se pratiquait au moyen
d'un fer chaud. Les stigmates étaient employés
d'après les lois criminelles d'Angleterre comme
adoucissement de peine; les plus ordinaires consistaient à fendre les narines ou à appliquer un fer
rougi au feu sur la main ou sur le visage. *Voyez*
Flétrissure, t. IV, p. 84.

STRANGULATION, action d'étrangler, étouffer
un homme, l'asphyxier en lui serrant le cou de
manière à intercepter la respiration et lui procurer la mort. C'est là une des premières inventions
du génie destructeur et vindicatif de notre espèce.
Les plus anciens monumens historiques font mention de ce supplice. Josué, dans les livres juifs,
fait pendre par le cou six rois prisonniers. La strangulation s'est pratiquée de différentes manières chez
différens peuples, et tout horrible qu'elle est, les
hommes ont inventé de tels supplices que chez les
nations les plus policées on l'a employée comme

adoucissement à des tourmens dont la barbarie faisait frémir les juges eux-mêmes. — ANGLE-TERRE. Lorsque l'on commença dans ce pays à reconnaître l'autorité des supplices qui y étaient autrefois employés, on introduisit l'usage d'étrangler les patiens avant de les brûler ou de leur arracher le cœur. Ce dernier traitement fut mis en usage envers les officiers qui avaient pris parti pour le prétendant Charles-Edouard, en 1746. — Les lois criminelles condamnent la femme coupable de petite trahison à être traînée sur la claie *étranglée* et brûlée. — On a conservé un jugement remarquable rendu en juillet 1813, dans une cause de meurtre par strangulation. Richard Ralph, accusé du fait sur la personne de sa femme, fut acquitté sur le rapport d'un chirurgien qui déclarait que la mort avait été causée par la pression de la jugulaire, dont la victime portait les marques, mais qu'il était possible qu'il y eût eu apoplexie naturelle par suite, et que la femme fût morte de cette apoplexie. — ANGOLA. Les *Gangas* ou prêtres nommés *Singhillis*, c'est-à-dire dieux de la terre, ont un souverain pontife qui porte le nom de *Ganga-Kitorna*, et qui passe pour le premier dieu de cette espèce. C'est à lui qu'on attribue la fertilité de la terre. Pour confirmer les Nègres dans cette opinion, lorsqu'il se sent près de sa fin, il appelle un de ses disciples pour lui communiquer le pouvoir qu'il a de produire les fruits, ensuite il le fait étrangler. Cette cérémonie se répète en public plusieurs fois jusqu'à ce qu'il ait trouvé son successeur, c'est-à-dire qu'il soit mort lui-même avant sa dernière

victime. — BOTHNIE. Voici le détail du supplice de'
la strangulation usité en ce pays. Deux bourreaux
conduisent le criminel au lieu du supplice ; là ,
après avoir placé le cou du condamné au milieu
d'une corde ployée en double, chacun des bourreaux se place à une des extrémités et tord la corde
avec force jusqu'à ce que le patient ait perdu la
respiration. On lâche alors un des bouts de la corde
et on le laisse reprendre connaissance, et pour la
lui faire plutôt revenir on lui enfonce entre les
côtes les poings fermés dont le doigt du milieu fait
la pointe. On répète ce manége deux fois, et à la
troisième, au moment où l'on opère de nouveau
la strangulation, un des exécuteurs lui assène un
violent coup de' pied aux parties viriles et les lui
écrase ensuite dans ses mains. Lorsqu'il est expiré,
on le suspend à un arbre, en observant, si c'est
un esclave, de le placer assez bas pour que les
chiens puissent le dévorer.—CHINE. Des trois supplices capitaux usités dans cet empire, celui d'é-
trangler est le moins infamant, tandis qu'on ne
tranche la tête qu'aux gens du peuple ou aux coupables de crimes auxquels on veut attacher l'ignominie. Cette distinction, tout opposée à celle qu'on
fait en Europe, dans les pays où la strangulation est
pratiquée, vient de l'idée d'honneur que les Chinois
attachent à ce que leurs corps soient conservés
entiers. En conséquence de ces idées, la strangulation est réservée' aux criminels de distinction.
Lorsque l'empereur veut donner aux mandarins
et aux seigneurs condamnés à mort, une marque
de bonté, il leur envoie un cordon de soie, et cette

faveur est tellement appréciée qu'elle détermine ceux qui la reçoivent à subir presque avec joie leur supplice.—ESPAGNE. Le supplice appelé *el Garatte* est une véritable strangulation. On lit dans l'histoire des conquêtes des Espagnols au Pérou, qu'Atabalipa, roi de ce pays, ayant refusé de reconnaître l'autorité du pape qu'on lui alléguait pour s'emparer de son royaume, fut condamné à mort par ses vainqueurs et subit le supplice de la strangulation. — ÉTHIOPIE. Diodore de Sicile rapporte que, de son temps, le roi de cette partie de l'Afrique, malgré son pouvoir absolu, ne pouvait pas faire mourir un de ses sujets condamné au dernier supplice. Mais ce qu'ajoute l'historien fait voir que les restrictions et les détours politiques sont aussi anciens que l'établissement des autorités : un officier apportait la sentence au coupable, qui s'étranglait de ses propres mains.—FRANCE. La strangulation, aujourd'hui abolie, était autrefois pratiquée par la pendaison. Il paraît cependant que, dans les temps reculés de notre histoire et même dans le quatorzième siècle, elle s'opérait différemment, au moins dans des cas particuliers. Marguerite de Bourgogne, petite-fille, par sa mère, de Louis IX, et femme de Louis Hutin, ayant été convaincue d'adultère, fut enfermée, en 1314, dans le château Gaillard près des Andelys, où elle fut étranglée avec une serviette. Ce récit peut servir à confirmer l'étranglement du général Pichegru que l'on a souvent nié comme impossible.—On a vu aux mots *Retentum* et *Rompre vif* que la strangulation était quelquefois une sorte de faveur de la Justice. Le

parlement, du temps de Henri II, en donna un exemple célèbre, la dernière année du règne de ce prince. Cinq membres de cette compagnie furent accusés d'hérésie, et leur mort était certaine, si quatre d'entre eux ne s'étaient empressés de rétracter leurs opinions. Un seul, nommé Anne Dubourg, eut le courage de persévérer. Ses anciens collègues, se rappelant encore les liens qui les avaient unis, lui accordèrent l'insigne faveur d'être étranglé avant de devenir la proie des flammes. Il faut se rappeler que Dubourg, au moment de son supplice, dit avec une fermeté tranquille : « Éteignez vos bûchers et convertissez-vous. » — GRÈCE. L'histoire de Sparte offre, dans le récit de la mort du roi Agis, que son collègue Léonidas fit condamner, une preuve que la strangulation était en usage en Grèce. Agis voulait faire revivre les lois sévères de Lycurgue, réformer les mœurs et diminuer le pouvoir des riches en provoquant de nouveau le partage des biens. Léonidas, qui avait passé plusieurs années à la cour de Séleucus, et qui foulait aux pieds les lois, prit le parti des riches, et pour en assurer le triomphe, chercha à faire mourir Agis. Il trouva contre lui un prétexte d'accusation pris de ce qu'Agis avait épousé une femme étrangère. Les éphores, sur ce seul motif, condamnèrent l'importun réformateur, et le firent étrangler. — MAROC. Lorsqu'un criminel condamné est un homme puissant ou revêtu de quelque dignité, on l'étrangle dans la prison : son corps est ensuite placé sur une bête de charge et conduit dans la ville, et le crieur public déclare à haute voix le crime pour

lequel il a été exécuté.—Il y a, dans ce pays, une
étrange superstition, commune, au reste, à tous les
états musulmans, qui fait regarder comme saints
les idiots et les fous ou ceux qui affectent de l'être.
A Maroc, il y aurait moins de danger à faire une
insulte à l'empereur qu'à mettre en courroux un
de ces prétendus saints. Ils profitent de la vénération qu'ils inspirent pour exercer les actes les plus
cruels. Il n'est pas rare de voir l'un d'eux choisir
le moment où l'on est en prière pour passer une
corde au cou de celui qu'ils ont choisi et l'étrangler
impunément.—MEXIQUE. Parmi les lois ou les coutumes de ce peuple qu'on a à la fois calomnié et
trop vanté, on remarque la peine de la strangulation infligée aux jeunes nobles pour un seul manque de soumission à leurs pères, afin de retrancher
de la société, disent les historiens, des membres
qui ne peuvent qu'être par la suite pernicieux à
l'État.—NAPLES. La célèbre Jeanne qui, pour ré-
gner seule, avait fait étrangler son mari, André d'Anjou, en 1346, subit elle-même ce supplice. Charles
de Duras ou Durazzo, qu'elle avait appelé à lui suc-
céder et comblé de ses bienfaits, lui fit la guerre à
l'instigation du pape Urbain II, et avec le secours
de la noblesse. Jeanne, forcée dans le Château-
Neuf où elle s'était réfugiée, se remit entre les
mains de l'usurpateur, qui, peu de temps après,
la fit étrangler par quatre Hongrois.—OSTROGOTHS.
Ces anciens peuples barbares pratiquaient la strangulation, principalement à l'égard des personnages
élevés en dignité. Un de leurs rois, Théodat, étran-
gla, dit-on, de ses propres mains, en 544, la reine

Amalasonte, sa cousine germaine et nièce du roi Clovis, qui l'avait associée à son trône après la mort de son fils et de son mari. —Pérou. Les historiens et les voyageurs qui parlent de l'institution, dans ce pays, d'un collège de vierges consacrées au culte du soleil, à l'instar des vestales de Rome, prétendent, pour rendre sans doute la similitude complète, que celle qui se laissait séduire était enterrée vive; ils ajoutent que son complice était étranglé. —Romains. La strangulation était d'usage chez eux et s'opérait de plusieurs manières. Elle était réservée aux grands criminels, et principalement à ceux qui attentaient aux choses saintes, parmi lesquelles étaient comptées la ville de Rome et la sûreté intérieure de la république. On se servait ordinairement, pour ce supplice, d'un cordon ou lacet de soie que des bourreaux passaient au cou des criminels et serraient à force de bras. Ce fut le supplice de Lentulus et des autres complices de la conjuration de Catilina. Salluste appelle cette exécution *laqueo gulam frangere :* cet auteur dit que ce genre de mort était réputé si ignominieux que les lois des pontifes défendaient d'ensevelir ceux qui avaient subi ce supplice. —Tunquin, royaume voisin de la Chine. On retrouve dans ce pays l'opinion qui attache une distinction honorable au supplice de la strangulation : il y est réservé aux seuls criminels du sang royal; on coupe la tête aux autres. — Turcs. Personne n'ignore combien est fréquent ce genre de supplice chez les Musulmans, et que le chef despotique l'inflige à son gré aux principaux de ses officiers et à ceux de sa famille dont il redoute la concurrence et les droits au trône. Il y a deux genres de strangulation usités en Turquie: l'un que j'ai décrit à l'article PENDAISON; il est infligé par les cadis contre les criminels ordinaires; l'autre, qui est celui dont je viens de parler, n'est employé que sur les ordres du sultan et passe pour une haute distinction. Ce sont des esclaves, muets de naissance, élevés dans le sérail, au nombre de trente ou quarante, que l'on charge de ces exécutions. Quatre d'entre eux des plus robustes se rendent chez celui que le sultan leur désigne : ils tâchent de le surprendre par derrière, lui passent un cordon de soie ou plus communément une corde d'arc autour du cou, le terrassent et l'étranglent. En 1824, à la suite d'une conspiration des janissaires, l'aga et plusieurs chefs de ce corps furent étranglés. On sait que depuis cette époque cette milice turbulente a été supprimée et un grand nombre de ceux qui la composaient exterminés. La strangulation a été de nouveau le supplice des principaux chefs.—*Voyez* ADULTÈRE, t. I, p. 106, 119, 122, 131, 132 et 133; GAROTTE (el), t. IV, p. 144; PENDAISON, t. V, p. 44; POTENCE, t. V, p. 109; RETENTUM, t. V, p. 279, et ROMPRE VIF, t. V, p. 288.

STRÉLITZ, ancienne milice de Russie aussi redoutée et aussi factieuse que celle des janissaires chez les Turcs. Le czar Pierre Ier, étant à Vienne, en 1698, apprend que les strélitz ont formé une conjuration contre lui et projettent de placer sur le trône la princesse Sophie. Le czar se transporte aussitôt à Moscou, alors capitale de cet empire, casse la milice rebelle des strélitz et exerce contre eux des châtimens terribles. Les prisons étaient pleines de ces malheureux. Plus de deux mille périrent dans les supplices, et leurs corps restèrent deux jours exposés sur les grands chemins.

STUPRE, mot pris du latin, et qui, dans l'ancienne jurisprudence désignait un commerce charnel avec une fille ou veuve honnête et d'une certaine extraction : celui qu'on avait avec une personne d'un état très-vil ou de mauvaise conduite se nommait *fornication*. La peine du *stupre* était, comme tant d'autres, arbitraire et dépendait surtout de la condition de la personne offensée ; mais jamais la mort n'était appliquée ainsi que l'a avancé Dareau dans son *Traité des injures*, où il a rapporté sans examen l'opinion erronée de Denizart et autres compilateurs qui se sont copiés les uns les autres, sans remonter aux principes et sans vérifier les arrêts. Tous ces auteurs disent qu'en fait de stupre, il fallait que le corrupteur optât entre le gibet ou le mariage. Cela est faux : la peine capitale n'était décernée que lorsqu'il y avait promesse de mariage ou rapt. Dans les derniers temps, le simple stupre ne donnait lieu qu'à une condamnation en dommages-intérêts ou frais de gésine, poursuivis par la voie civile. — Aujourd'hui, aucune peine n'est attachée à ce fait dénué d'autres circonstances, et les frais de gésine ou d'entretien de l'enfant ne pourraient être demandés qu'autant que celui-ci aurait été reconnu.

STYLET. *Voyez* ARMES, tom. I, p. 417.

SUBORNATION. Ce terme désigne l'action de

Sucer le Sang.

Epreuve Russe,

Bibl. de la Péralile.

corrompre quelqu'un, soit par flatterie ou caresses, soit par promesses ou menaces : ce crime était mis anciennement dans la classe des différentes espèces de faux. Le nom de subornation se donnait généralement à plusieurs sortes de crimes dont il a été déjà traité dans cet ouvrage : on l'applique plus particulièrement à la corruption des témoins. — *Voyez* Corruption, tom. V, p. 141; Prostitution, tom. V, p. 198; Rapt, tom. V, p. 225, et témoins.

SUBSTITUTION d'un enfant à un autre. L'article 345 de notre Code pénal actuel prononce contre les coupables de ce crime la peine de la réclusion. — *Voyez* Supposition de part.

SUCER LE SANG. Les peuples grossiers ne se bornèrent pas à adopter l'absurde institution des épreuves pour constater le crime ou l'innocence des accusés ; ils y apportèrent des recherches ou atroces ou ridicules. Autrefois lorsqu'un Russe prêtait serment pour se disculper d'un crime, on l'obligeait à ouvrir la veine d'un chien sous la cuisse gauche ; il en suçait le sang, jusqu'à ce que l'animal mourût épuisé ; s'il vomissait ce sang, ou s'il était incommodé, on le déclarait coupable.

SUFFRAGE, voix ou avis que donne chaque membre d'une assemblée délibérante ou d'un tribunal, sur l'affaire qui lui est soumise. C'est ce qu'on nomme chez nous opinion ou vote. — À Athènes, où les suffrages, dans les affaires criminelles, entraînaient l'exil d'un homme public, on se servait, pour donner son suffrage, d'une coquille d'où vint le nom d'*ostracisme*. Voyez ce mot,

9. Dans les autres délibérations on se servait de fèves noires et blanches marquées de certaines lettres. Ce dernier mode était employé aussi dans la décision des affaires particulières. Chaque juge, après la discussion d'un procès, allait en silence porter sa fève noire ou blanche dans l'une des deux urnes posées devant le tribunal. Ces urnes s'appelaient, l'une celle de miséricorde, l'autre celle de la mort. — A Rome, jusqu'en 615, toutes les affaires se décidaient de vive voix. Le tribun Gabinius porta alors une loi qui ordonnait qu'à l'avenir on emploierait le scrutin ou les bulletins appelés *Tabellæ* parce qu'ils étaient de bois. On se servait également de ces bulletins lorsqu'il était question de condamner ou d'absoudre un accusé qui en avait appelé au jugement du peuple ou qui avait été traduit à son tribunal. On donnait à chaque citoyen trois bulletins, dont l'un portait la lettre A, c'est-à-dire *absolvo*, j'absous; l'autre la lettre C qui signifiait *condemno*, je condamne; et le troisième les lettres N L qui signifiaient *non liquet*, il n'est pas évident. On ne faisait usage de ce dernier bulletin que lorsque l'accusé n'avait pu se justifier entièrement et que cependant il ne paraissait pas absolument coupable. Ce n'était pas seulement dans les jugemens publics qu'on employait les bulletins, mais aussi dans les décisions des tribunaux prétoriens et dans celles des tribunaux inférieurs. Les opinions n'étaient données de vive voix que dans le sénat. — Aujourd'hui en France il est deux assemblées qui peuvent devenir Cours criminelles dans des cas déter-

mînés, et se servir, pour recueillir le scrutin, de moyens analogues à ceux des anciens : ce sont nos deux chambres législatives dont les membres votent quelquefois par boules noires et blanches.

· SUICIDE, action d'un homme qui, de propos délibéré, se prive de la vie d'une manière violente. Le suicide a été chez presque tous les peuples anciens considéré comme une action licite et même souvent honorable. La politique et la prétention d'accomplir par la force ce qu'on prétend être la volonté de Dieu, ont ensuite fait attacher à cette action une idée de criminalité. Des peines, ou plutôt des cérémonies faites sur des cadavres, furent imaginées comme moyens de répression ; on pensa que la crainte de l'infamie, bien qu'imposée arbitrairement et après la mort, retiendrait celui qui serait tenté de trancher lui-même ses jours, ou au moins que le spectacle des injures prodiguées à son cadavre pourrait en retenir d'autres. Enfin on alla jusqu'à prononcer des peines contre la famille des *suicidés*, afin de retenir le bras du malheureux prêt à se détruire. Sans examiner la question de savoir si le suicide est véritablement un crime, on peut dire, après les meilleurs écrivains, qu'une pénalité quelconque contre une pareille action est une chose absurde et monstrueuse. « Cette peine, dit Beccaria, ne pourrait tomber que sur un corps insensible et sans vie, ou sur des innocens. Or le châtiment que l'on décernerait contre les restes inanimés du coupable ne peut produire d'autre impression sur les spectateurs, que celle qu'ils éprouveraient en voyant fouetter une statue. Si la peine est appliquée à la famille innocente, elle est odieuse et tyrannique, parce qu'il n'y a plus de liberté lorsque les peines ne sont pas purement personnelles». — Les pays de l'Europe où les peines contre le suicide ont été, ou sont encore admises, ont tiré leurs lois à cet égard du droit canon, c'est-à-dire de décisions théologiques qui ne considèrent point le dommage causé, mais seulement l'infraction aux volontés de Dieu, que les membres du corps ecclésiastique prétendaient expliquer et faire exécuter par contrainte : on ne s'attendra pas d'après cela à voir figurer ici l'Espagne, le Portugal et Rome actuelle; le mot inquisition suffit pour dispenser de tous détails relativement aux peines décernées contre le suicide regardé comme une infraction à la loi de Dieu. Les nations sauvages donnent presque toutes, à cet égard, dans l'excès opposé, et honorent le suicide sans doute par suite d'un sentiment dont ils font leur principale vertu, qui est le mépris de la mort. — Ainsi c'est l'Europe qui fournit sur ce point, comme sur tant d'autres, les exemples d'une législation dont les dispositions sont conçues en sens inverse de la raison commune.

Allemagne. La loi à laquelle Charles-Quint a donné son nom, et qui a fixé le droit criminel de l'empire germanique, adopte à l'égard du suicide les dispositions du droit romain, qui ne punissaient point le suicide, mais prononçaient la confiscation des biens du suicidé dans le seul cas où il se serait tué dans la crainte de subir un jugement qui l'aurait frappé à la fois en son corps et en ses biens. Hors de là nulle disposition pénale à ce sujet dans la loi Caroline. Mais jusqu'au temps de Joseph II, il fut d'un usage constant et général dans les juridictions, d'établir une procédure criminelle contre la *mémoire* de ceux qui se donnaient volontairement la mort; « l'action de se tuer soi-même, disent les jurisconsultes allemands, étant par elle-même présumée criminelle, à moins qu'on ne produise des preuves suffisantes pour la purger. Il est donc, ajoutent-ils, du devoir du juge de nommer un curateur au cadavre ou à la mémoire du suicidé. Si un parent se présente pour remplir cette fonction, il est préféré à tout autre, et l'on instruit le procès en son nom comme représentant le mort. La peine ordinaire de ce crime est de traîner le cadavre sur la claie, et de le pendre ensuite par les pieds. » — ANGLETERRE. L'homicide de soi-même était réputé *félonieux*, et le coupable était nommé *felo de se*. « La loi, dit Blackstone, ne pouvant agir que sur ce qu'il laisse après lui, son honneur et sa fortune, attaque le premier par l'abandon ignominieux de son corps traversé d'un pieu et laissé sur un grand chemin; sur sa fortune, par la confiscation de ses biens au profit de la couronne. La loi se flatte que le soin de son honneur et l'amour de sa famille doivent détourner tout homme d'une action si désespérée, et retenir la main du désespoir. » On a vu plus haut ce que pensait à cet égard le criminaliste le plus distingué du dernier siècle. — Plus loin Blackstone se plaint de ce que les jurés de la couronne poussaient trop loin, dans les affaires de cette nature, l'excuse prise de l'état

de folie où l'on devait supposer que se trouvait le
coupable au moment où il se livrait au désespoir.
Mais le vrai motif sans doute d'une pareille indulgence est le trop grand nombre de coupables qu'on
aurait à punir dans un pays où le suicide peut être
considéré comme une maladie du terroir. Le mois
de novembre est celui par excellence où les Anglais
ennuyés de la vie s'en défont comme d'un fardeau
incommode. Cette manie est un peu passée de
mode aujourd'hui. Cependant les Anglais eux-
mêmes appellent le mois de novembre, mois som-
bre et lugubre, *gloomy month* : c'est celui où les
attaques de *spleen* sont les plus fréquentes. — On
a vu, en 1810, mettre à exécution à Londres les
lois pénales contre le suicide, sur le cadavre de
Sedlitz, valet de chambre du duc de Cumberland,
l'un des fils de Georges III. On prétendit que ce
domestique comblé des faveurs de son maître avait
tenté de l'assassiner, et qu'ayant manqué son coup,
il s'était tué lui-même. Quelques journaux osèrent
cependant élever des doutes sur ce récit, et l'un
d'eux ne craignit pas d'avancer que *Sedlitz* abusé
par les faveurs de son maître, l'ayant surpris en
adultère avec sa femme, l'avait traité ignominieusement, et que sa mort, loin d'être la suite d'un suicide, n'avait été que l'effet de la vengeance du duc.
Le journal entrait sur ce fait dans les plus grands
détails et démontrait invinciblement, par la nature
des blessures de Sedlitz et les marques sanglantes
observées sur le parquet, la vérité de ce qu'il affirmait à cet égard. Le journaliste fut, à cause de cet
article, condamné comme libelliste calomnieux.

— ÉTHIOPIE. Toutes les exécutions capitales ne sont dans ce pays que des suicides forcés. Voyez *Strangulation*. — FRANCE. Suivant les établissemens de Louis IX de l'année 1270, article 88, la confiscation des meubles doit avoir lieu contre ceux qui se sont homicidés eux-mêmes ; en voici les termes : *Se il avenait que aucun hons se pendist, ou noiast, ou s'occist en aucune manière, si müebles seraient au baron, et aussi de la fame.* — Le sixième capitulaire de Charlemagne défend de dire des messes, ou d'offrir des sacrifices pour les suicidés. — L'art. 586 de l'ancienne coutume de Bretagne et le 531ᵉ de la nouvelle, portent que, *si aucun se tue à son escient, il doit être pendu et traîné comme meurtrier.* Dans le dernier état de la législation à cet égard, on condamnait les cadavres des suicidés à être traînés sur une claie, la face tournée contre terre, et ensuite à être pendus par les pieds. L'ordonnance du mois d'août 1570, tit. 22, art. 2, réglait la procédure à instruire contre les cadavres ou la mémoire du coupable. Elle voulait que l'on conservât autant que possible le cadavre, afin de rendre l'exemple plus frappant ; mais si quelque raison, telle que l'odeur infecte du corps, empêchait de le garder, on remplissait le vœu de la loi en faisant le procès à la mémoire. Il faut observer qu'on ne punissait que ceux qui se tuaient de sang-froid et avec un usage entier de la raison, ou ceux qui y étaient portés par la *crainte du supplice*, d'après le droit romain. Ainsi on ne prononçait aucune peine contre ceux qui se tuaient étant en démence ou même qui étaient sujets à des égaremens d'esprit. Dans le doute, disent les auteurs, on présume toujours que celui qui s'est tué l'a fait plutôt par folie ou par chagrin, qu'en conséquence de quelque crime commis ou avec pleine délibération, à moins que le contraire ne soit prouvé. Ainsi le bon sens faisait justice, dans l'application, d'une législation vicieuse. Bretonnier, dans ses *Observations sur Henrys*, dit qu'au parlement de Toulouse on suivait la distinction portée par le droit romain, qui distinguait ceux qui se tuaient dans la crainte du supplice dû à leur crime, d'avec ceux qui se donnaient la mort par impatience, ou par ennui de la vie, ou par excès de fureur et de folie; et il ajoute que la loi punit les premiers, mais qu'elle excuse les autres. La tendance actuelle de la jurisprudence ne peut guère rassurer contre le retour d'un passé que la Cour royale de Paris vient de déclarer devoir nous régir de nouveau, en ce qui touche les canons des conciles (Arrêt Dumonteil). —GRÈCE. Il paraît que le suicide était plus que toléré chez les anciens Grecs, bien que l'on trouve une loi de Solon qui voulait qu'un citoyen qui se dérobait, par le suicide, à la société qui réclame l'assistance de tous ses membres, fût enterré mutilé de la main droite, en signe d'infamie et d'horreur de son crime. Malgré cette loi, en effet, on voit, d'après tous les historiens, qu'à Athènes même le suicide était autorisé par les magistrats, sur l'exposé qu'un citoyen faisait devant eux des raisons qu'il avait de se débarrasser de la vie. Cette formalité était sans doute assez inutile, car il est facile de se supposer une infinité de causes de chagrin, et le plaignant était cru sur parole. Les autres peuples de la Grèce étaient fort enclins à cette action, et l'exécutaient souvent en masse. Les habitans d'A-bydos se tuaient en foule après la prise de cette ville, et Philippe fit publier qu'il permettait le suicide pendant trois jours. — Quelques individus allaient jusqu'à faire un spectacle de leur mort volontaire. Le philosophe cynique Peregrin en donna un exemple en se précipitant dans un bûcher enflammé, aux yeux de tous les Grecs rassemblés pour les jeux olympiques. — ROMAINS. Le suicide, loin d'être regardé comme un crime dans l'ancienne Rome, passait au contraire pour un acte de courage et souvent pour une action glorieuse. La mort de Caton a peut-être immortalisé sa vie. Les exemples de ce genre sont très-nombreux dans l'histoire de ce peuple, et il est difficile de penser, avec quelques moralistes modernes, que le suicide soit un acte de faiblesse ou de lâcheté, lorsqu'il était réputé tout le contraire par celle de toutes les nations qui a donné le plus de preuves de vertu et de fermeté en tout genre. Aucune loi ne punit le suicide chez les Romains : c'est à tort que l'on a considéré comme pénale celle qui prononçait la confiscation des biens de celui qui se tuait pour éviter la punition d'un crime sous la prévention duquel il était placé. Il est évident, par l'exception unique que le droit romain établit pour ce seul cas, que ce n'était point en vue de punir le suicide lui-même que la confiscation avait lieu, mais bien afin que l'action de la justice, mise, pour ainsi dire, en défaut relativement à la personne de l'accusé, retombât sur ses biens, pour réparer le crime que la mort de son auteur rendait certain. Cette loi avait sans doute le vice de toutes celles qui prononcent une confiscation; mais les Romains n'avaient pas imaginé, comme le firent les nations barbares qui ont formé l'Europe moderne, de faire le procès à un cadavre, et de punir la mémoire d'un homme pour une action dont Dieu seul peut être juge. — Turcs. Si l'on peut regarder une loi religieuse comme influant sur les jugemens civils, c'est sans doute dans un pays où le gouvernement est pour ainsi dire théocratique; et cependant en Turquie on ne fait pas de procès aux cadavres, bien que le koran, parmi toutes les lois réputées divines, soit la seule qui contienne une disposition claire et précise sur le suicide : « Ne vous tuez pas vous-même, est-il dit dans le sura IV, car Dieu est miséricordieux envers vous. »

SUIF BOUILLANT. *Voyez* BOTTE, t. III, p. 24.

SUPERSTITION, écart de l'imagination en matière religieuse. La superstition, après avoir envahi le domaine de la religion dont elle est plus ennemie que l'athéisme même, finit par passer dans les lois, soit par l'autorité du prince, soit par l'erreur d'un peuple entier : c'est alors qu'elle produit le fanatisme, et que des opinions toujours fausses, et le plus souvent ridicules, deviennent des motifs de persécutions, de châtimens, de meurtres juridiques et de vengeances particulières. Plusieurs articles de ce dictionnaire présentent le tableau des effets funestes de ce fléau de l'humanité. Je me contenterai d'indiquer ici les principaux. *Voyez* Hérétiques, t. IV, p. 174; Inquisition, t. IV, p. 210; Persécutions, t. V, p. 65; Régicide, t. V, p. 252; Sacrifices humains, Sacrilège et Sorcellerie.

SUPPOSITION DE NOM. La peine de l'emprisonnement de trois mois à un an est prononcée contre celui qui prend un faux nom dans un passe-port, et le témoin qui concourt à le faire délivrer. — Les aubergistes et logeurs sont passibles d'un emprisonnement de six jours à un mois lorsqu'ils inscrivent sciemment sur leurs registres, sous des noms supposés, les personnes qui logent chez eux. (Code pén. 154.) — L'officier public qui délivrerait sciemment un passe-port sous un nom supposé encourrait la peine du bannissement. (*Id.* 55.) *Voyez* Faux, t. IV, p. 60.

. SUPPOSITION DE PART. Dans l'ancienne jurisprudence, on distinguait quatre cas de supposition de part : 1° quand une femme qui avait feint une grossesse donnait pour enfant de son mari celui d'une autre femme; 2° quand une femme substituait un enfant quelconque à celui dont elle était accouchée; 3° quand des époux qui n'avaient pas d'enfans en adoptaient un auquel ils prétendaient avoir donné naissance; 4° quand des étrangers donnaient à un père et à une mère un autre enfant que celui qui est issu de leur mariage. Le crime de supposition de part, compté au nombre des crimes de faux, se punissait, comme ceux-ci, avec plus ou moins de sévérité, selon les circonstances, et la femme convaincue d'un pareil fait devait, dans tous les cas, être privée de son douaire et des avantages stipulés en sa faveur. On trouve des exemples de condamnations, même capitales, pour cause de supposition de part, et cela dans des cas qui ne semblent guère comporter une telle sévérité. Un arrêt du parlement de Paris, du 5 juin 1666, condamne Marie Bigorreau, femme Bouclière, à être *pendue et étranglée* pour avoir soutenu faussement qu'elle était la mère de l'enfant dont la comtesse de Saint-Gérard était accouchée.—L'amende honorable et le bannissement étaient les peines appliquées le plus ordinairement aux coupables de ce crime. —La supposition d'un enfant à une femme qui n'est pas accouchée, ou la substitution d'un enfant à un autre, sont aujourd'hui punies de la réclusion.

SUPPOSITION DE PERSONNE. C'est une des manières dont on peut commettre un faux d'après la loi pénale actuelle. Ce crime commis par un officier ou fonctionnaire public est puni des travaux forcés à perpétuité. (Code pén. , 145.)

SUPPRESSION d'écrits injurieux. *Voy.* INJURES, t. IV, p. 206.

SUPPRESSION de pièces. *Voyez* SOUSTRACTION.

SUPPRESSION DE PART. *Voyez* AVORTEMENT , t. II, p. 206; ENFANS, t. III, p. 480; GROSSESSE , t. IV, p. 158; INFANTICIDE, t. IV, p. 204.

SÛRETÉ DE L'ÉTAT. *Voyez* ATTENTAT , t. II , p. 59 ; COMPLOT, t. III, p. 249; RÉVOLTE, t. V , p. 283.

SURVEILLANCE , sorte de mesure préventive prise contre les individus déjà condamnés pour crimes ou délits, ou même absous comme excusables. La surveillance spéciale de la haute police de l'État fut instituée par le sénatus-consulte du 28 floréal an XII. Le Code pénal de 1810 a réglé la nature de cette peine, ses effets, et assigné un grand nombre de cas où elle peut avoir lieu. *Nature et effets de la surveillance.* Le renvoi sous la surveillance de la haute police de l'État est une peine commune aux matières criminelles et correctionnelles. (Art. 11). L'effet de ce renvoi sera de donner au gouvernement, ainsi qu'à la partie intéressée, le droit d'exiger, soit de l'individu placé dans cet État, après qu'il aura subi sa peine, soit de ses père et mère, tuteur ou curateur, s'il est en âge de minorité, une caution solvable de bonne conduite, jusqu'à la somme qui sera fixée par l'arrêt ou le jugement : toute personne pourra être admise à fournir cette caution. Faute de la fournir, le condamné demeure à la disposition du gouvernement, qui a le droit d'ordonner, soit l'éloignement de l'individu d'un certain lieu, soit sa résidence continue dans un lieu déterminé. (Art. 44.) En cas de désobéissance à cet ordre, le gouvernement peut faire arrêter et détenir le condamné, durant un intervalle de temps qui pourra s'étendre jusqu'à l'expiration du temps fixé pour la durée de la surveillance spéciale. (Art. 45). — *Cas dans lesquels la surveillance est prononcée, et durée de cette surveillance.* Les coupables condamnés aux travaux forcés à temps et à la réclusion seront de plein droit, après qu'ils auront subi leur peine, et *pendant toute leur vie,* sous la surveillance de la haute police de l'État. — Les coupables condamnés au bannissement seront de plein droit sous la même surveillance pendant un temps égal à la durée de la peine qu'ils auront subie. — Il en est de même pour ceux qui auront été condamnés pour crimes ou délits qui intéressent la sûreté intérieure ou extérieure de l'État. (Art. 47, 48. 49). —Hors les cas qui viennent d'être déterminés. les condamnés ne peuvent être placés sous la surveillance de la haute police que lorsqu'une disposition particulière de la loi l'aura permis. La récidive en matière correctionnelle pour un délit qui a donné lieu à une condamnation de plus d'une année d'emprisonnement, entraîne avec une augmentation de peine, le placement sous la surveillance de la haute police, pendant cinq ans au moins et dix au plus. — Voici les cas déterminés spécialement par la loi pénale pour lesquels la surveillance peut être prononcée : surveillance de cinq à dix ans contre ceux qui, ayant fait partie de bandes armées se seraient retirés au premier avertissement, ou qui auraient été saisis hors des lieux de réunion sans résistance ou sans armes.—La non-révélation excusée pour cause de parenté peut faire placer sous la surveillance pendant un temps qui n'excède pas dix ans. — Cet état peut être prononcé pour la vie ou à temps contre les coupables de complots, etc., excusés par leurs révélations ou les arrestations qu'ils auront procurées. — Contre les chefs d'une rebellion ou ceux qui l'auront provoquée, pour une durée de cinq à dix ans.—Contre ceux qui ont favorisé l'évasion d'un détenu con-

damné à plus de six mois d'emprisonnement. —
Contre les vagabonds et gens sans aveu, après l'expiration de leur peine et même avant condamnation à aucune autre peine.—Pour menaces verbales
ou par écrit. — Pour blessures ou violences. —
Pour fabrication ou délit d'armes prohibées. —
Pour les crimes déclarés excusables.—Pour arrestation et détention arbitraire.—Pour simples vols,
filouteries, larcins et tentatives de ces délits. —
Pour coalition d'ouvriers et contravention aux réglemens sur le commerce. — Pour dévastation de
récolte. — Pour empoisonnement de chevaux,
bestiaux, poissons, etc. — Un décret du 3 mars
1810 attribue à un conseil privé, spécial et annuel
la connaissance de l'exercice de la surveillance de
la haute police, et le pouvoir de prononcer la pro-
longation ou la cessation de cet état dans les cas
particuliers.

SUSPECTS (loi des), rendue sur la proposition
du célèbre Merlin dit *de Douai*, le 17 septembre
1793. Voici la substance de cette loi pénale digne
du temps où elle fut portée, et de celui qui la présenta : —« Immédiatement après la publication du
présent décret, tous les gens suspects qui se trouvent sur le territoire de la république, et qui sont
encore en liberté, seront mis en état d'arrestation ». — *Sont réputés suspects* ceux qui, soit par
leur conduite, soit par leurs relations, soit par
leurs propres écrits, se sont montrés les partisans
de la tyrannie et du fédéralisme, et ennemis de la
liberté; ceux qui ne peuvent justifier de l'acquit
de leurs devoirs civiques; ceux à qui il a été refusé

des certificats de civisme; ceux des ci-devant nobles, ensemble les maris, les femmes, pères,
mères, fils ou filles, frères ou sœurs et agens d'é-
migrés qui n'ont pas constamment manifesté leur
attachement à la révolution. — « Les tribunaux
civils et criminels pourront faire retenir en état
d'arrestation, comme gens suspects et envoyer dans
les maisons de détention les prévenus de délits, à
l'égard desquels il serait déclaré n'y avoir lieu à accusation, ou qui seraient accusés de celles portées contre eux ». Ces dispositions vagues et favorables à l'arbitraire le plus révoltant amenèrent la
détention de plus de 500,000 individus. On ne
pouvait éviter d'être suspect si l'on appartenait à
une classe moyenne, et que l'on n'exerçât pas un
art mécanique, à moins de faire preuve de civisme
en dénonçant soi-même des suspects; c'est ce que
firent des milliers de personnes, même des plus élevées par leur fortune ou leur éducation. Les classes inférieures furent encore plus entraînées à la
délation par le salaire qui y était attaché. — La
loi des suspects fut rapportée par un décret du 4
octobre 1795. — On a vu, depuis la restauration,
une nouvelle loi des suspects signaler les efforts
réactifs du parti de l'ancien régime qui si souvent,
pendant la révolution, donna la main aux jacobins
forcenés dans lesquels il reconnaissait une tendance
analogue à la sienne. *Voyez* LIBERTÉ INDIVIDUELLE,
tom. IV, p. 325.

SUSPENDU par les pieds. Parmi les tourmens
nombreux et diversifiés qu'on raconte avoir été
soufferts par les martyrs chrétiens, le suivant est

sans doute un des plus horribles : on suspendait le patient par les pieds, la tête pendante dans l'intérieur d'une fosse, dans laquelle on mettait un serpent et un chien privés depuis plusieurs jours de nourriture.

SUSPENSION D'EXÉCUTION. *Voyez* EXÉCUTION, tom. III, p. 58.

SUSPENSION DE FONCTIONS, peine de discipline infligée à un fonctionnaire par ses supérieurs pour certaines infractions aux réglemens ou aux devoirs de sa charge. Tous les ordres de fonctions publiques admettent ce genre de peine. — Tout fonctionnaire public qui, ayant eu connaissance qu'il a été suspendu légalement, continuerait l'exercice de ses fonctions, doit être puni, d'après l'art. 197 du Code pénal, d'un emprisonnement de six mois au moins, et de deux ans au plus, et d'une amende de cent francs à cinq cents. Il est de plus interdit de l'exercice de toute fonction publique pour cinq ans au moins et dix ans au plus, à compter du jour où il aura subi sa peine : ces condamnations n'empêchent pas l'application de peines plus fortes portées contre les officiers ou les commandans militaires pour qui la reprise illégale de leurs fonctions entraîne, en certains cas, la peine capitale. Pour ce qui est relatif à l'application de la peine de la suspension, *voyez*, AVOCAT, tom. II, p. 148; AVOUÉ, tom. II, p. 214; DISCIPLINE, tom. III, p. 409; FORFAITURE, tom. IV, p. 94; PRÉVARICATION, tom. V, p. 141.

SYSLOMEN. En Islande, île à l'extrémité nord de l'Angleterre et dépendante de ce royaume, on nommait ainsi les adjoints des baillis. Jusque vers la fin du dernier siècle, les *syslomen* ou sous-baillis d'Islande faisaient eux-mêmes l'office de bourreaux.

T.

TABAC, plante originaire des Indes occidentales, dont les feuilles, d'une odeur et d'une saveur âcres et piquantes sont devenues, sous différentes formes, un excitant fort en usage et un grand objet de consommation. Dans les Indes, et surtout au Brésil et dans la Floride, les naturels nommaient cette plante *petun*. Les Espagnols la trouvèrent, en 1520, dans le Jucatan et lui donnèrent le nom de *tabago* dont nous avons fait *tabac*. Jean Nicot, ambassadeur de France à la cour de Portugal en 1560, en ayant eu connaissance, la présenta au grand-prieur lors de son arrivée à Lisbonne, et ensuite à la reine Catherine de Médicis, à son retour en France : de là le tabac fut appelé *nicotiane*, *herbe du grand-prieur*, *herbe à la reine*, dénominations qui ont cédé au nom espagnol qu'il porte encore. —L'usage du tabac a été condamné et puni en divers pays. Le grand-duc de Moscovie, Michel Fœderowitz, le sultan Amurat IV, et Shah-Sophi, roi de Perse, en défendirent l'usage et l'entrée dans leurs États sous peine de la vie ou d'avoir le nez coupé. On lit dans une bulle du pape Urbain VIII, que tous ceux qui prennent du tabac dans les églises sont excommuniés.—Malgré toutes les défenses et les critiques, l'habitude et la mode étendirent avec le temps la consommation de cette

plante dans toutes les parties du monde connu.—
Le commerce du tabac a été long-temps libre en
France , moyennant un droit d'entrée de trente
sous par livre. Ce n'est qu'en 1674 qu'il en a été
formé un privilége exclusif. En 1747, le roi réunit
la ferme du tabac aux autres droits généraux, et
son produit devint un des principaux revenus du
royaume. Cette matière, regardée comme la plus
susceptible d'impositions, fut constamment depuis
l'objet de prohibitions et mesures sévères pour assurer le paiement des droits dont elle était frappée.
Les anciennes lois à cet égard étant toutes abrogées , je me bornerai à présenter ici la pénalité
portée par celles qui sont encore en vigueur. Je
diviserai leurs dispositions en deux classes : celles
qui concernent les fabricans ou plutôt actuellement débitans , puisque depuis 1810 le gouvernement a soumis entièrement à sa régie cette branche
de commerce, et celles qui regardent les consommateurs. — *Fabricans ou débitans.* L'achat des
tabacs en feuilles, la fabrication et la vente, tant
en gros qu'en détail, des tabacs fabriqués, étant
exclusivement attribués à la régie des droits réunis, il est défendu 1° à tous débitans de tabac
d'avoir chez eux du tabac en feuilles, sous peine
d'amende de mille à trois mille francs et de confiscation; 2° aux entreposeurs ou débitans de tabac
d'avoir chez eux aucuns instrumens de fabrication,
tels que moulins, râpes, hache-tabacs et autres,
de quelque forme qu'ils puissent être , sous la
même peine ; 3° aux mêmes individus de falsifier
des tabacs des manufactures royales , ou de mélan-

ger avec ces tabacs des matières hétérogènes sous peine, outre la destitution, d'être condamnés, suivant l'art. 318 du Code pénal, à un emprisonnement de six jours à deux ans, à une amende de seize à deux cents francs et à la confiscation. — Ceux qui colportent des tabacs en fraude, doivent être arrêtés et constitués prisonniers, s'ils ne fournissent caution, et on prononce contre eux l'amende de mille à trois mille francs et la confiscation.—*Consommateurs.* Un particulier ne peut avoir dans ses jardins ou enclos que vingt pieds de tabac au plus, sauf à en faire la déclaration, et la loi du 5 ventôse an XII ne prononce pour la contravention à cette disposition que la confiscation. Mais celui qui, n'étant pas reconnu par la régie cultivateur de tabac, aurait chez lui des tabacs en feuilles, serait passible de l'amende de mille à trois mille francs et de la confiscation. L'article 26 du décret du 29 décembre 1810 défend à tout particulier d'avoir chez lui des tabacs fabriqués, autres que ceux provenant des manufactures royales et revêtus des marques de la régie. Il semblerait d'après cette disposition que la quantité de tabac de régie qu'un particulier peut avoir chez lui n'est point bornée; mais on ne pourrait, sans encourir les peines portées contre les coupables d'entrepôt frauduleux, excéder la quantité qui constitue un approvisionnement de famille. Or, cet approvisionnement est fixé dans la limite de cinquante kilog. (cent livres environ), puisque tout dépôt excédant cette quantité et non déclaré est réputé frauduleux par les articles 8 et 9 de la loi du 22 brumaire

an vii et la jurisprudence de la Cour de cassation
(arrêts des 14 frim. an iv et 2 juin 1808). — En
Espagne, comme en France, le commerce du tabac
est en régie et monopolisé au profit du gouvernement (1). Dans ces dernières années, les moines
ayant obtenu du roi la permission de cultiver le tabac pour la consommation de leurs monastères,
s'avisèrent d'en profiter pour faire le commerce ou
pour mieux dire la contrebande. Ils étendirent peu
à peu et perfectionnèrent la culture de cette plante,
et parvinrent à en récolter assez pour en vendre les
produits à beaucoup plus bas prix que la régie des
tabacs ne pouvait les donner. En vain le fisc voulut
s'opposer à l'accroissement de cette branche d'industrie, elle devint chaque jour plus considérable
et plus lucrative; le gouvernement lui-même comprit qu'il ne serait pas assez puissant pour en arrêter les progrès et pour maintenir le monopole de
son administration. Dans sa détresse, il a cru pru-
dent d'appeler récemment à son secours l'autorité
du saint-siége. Des négociations ont été entamées
avec la cour de Rome, et le nonce apostolique a
adressé aux chefs et gardiens des couvens une
circulaire où, après leur avoir rappelé les diverses
bulles des papes qui interdisent aux moines tout
genre de commerce, il leur enjoint de ne plus cultiver le tabac au-delà de leurs besoins personnels,
et de ne plus se livrer à la contrebande; enfin, il

(1) Vers la fin du siècle dernier, le gouvernement espagnol condamnait encore aux galères quiconque portait sur
lui une prise de tabac étranger.

leur ordonne de ne point s'opposer à ce que la régie puisse faire dans leurs couvens les visites qu'elle croira convenables pour constater l'état de leurs récoltes.

TABLEAU. Chez les anciens, les avocats faisaient quelquefois représenter sur un tableau l'état où leurs cliens avaient été réduits par la cruauté de leurs ennemis, et obtenaient ainsi de la pitié des juges des sentences plus sévères et des réparations plus fortes.

TABOO, nom d'une sorte d'interdiction jetée sur un objet quelconque par les prêtres des îles Sandwich. L'objet taboué devient sacré, et celui qui oserait en approcher serait promptement puni de mort. Pour désigner le taboo, les prêtres entourent le lieu qui est soumis à cette interdiction d'une quantité de baguettes, dont le sommet est garni d'une touffe de poils de chien. Plusieurs voyageurs ont ainsi vu tabouer les sources où ils espéraient faire de l'eau, et se sont trouvés dans l'impossibilité d'éviter les suites funestes d'une pareille privation.

TABULAIRE. On donnait ce nom, chez les Romains, à l'esclave affranchi. *Voyez* AFFRANCHI, t. I, p. 146.

TALAPOINS, sortes de moines répandus dans plusieurs royaumes d'Asie, principalement à Siam. Leur genre de vie austère, au moins en apparence, et leur vœu de pauvreté, également éludé, les rendent semblables presque en tout à ce qu'étaient nos capucins d'*indigne* mémoire. La chasteté est exigée si rigoureusement des talapoins, que celui qui serait surpris avec une femme serait condamné au feu sans miséricorde. Les règles sévères que ces moines paraissent observer, leur attirent une grande considération et des priviléges nombreux. Un des plus importans est que leurs couvens sont inviolables ainsi que leurs personnes, et que nulle autorité ne peut exercer sur eux aucune punition. En 1688, un usurpateur s'étant emparé du trône de Siam, le prince dépossédé se fit talapoin pour sauver sa vie, et se réfugia dans un couvent. Son ennemi ne put parvenir à s'emparer de lui qu'en l'engageant par les plus belles promesses et les sermens les plus sacrés à quitter son asile et la profession qu'il avait embrassée.

_ TAILLER, supplice réservé aux nègres esclaves dans les colonies européennes en Amérique; il était principalement usité à Saint-Domingue, et semblerait seul devoir justifier la révolte des malheureux qui y étaient soumis, si cette révolte n'avait pas été elle-même souillée par de cruelles représailles. — Voici en quoi ce supplice consistait. Pour la faute la plus légère, souvent par caprice, on faisait donner cinquante, cent, deux cents coups de fouet à l'esclave. Le malheureux était couché sur le ventre, et on lui appliquait sur le dos, sur les fesses, le nombre de coups de fouet ordonné par son maître. Chaque coup était asséné de manière à lui entamer la peau et la chair. Lorsqu'il avait subi sa punition, on répandait sur ses plaies du piment infusé dans du vinaigre, remède aussi douloureux que les coups. Pendant sa guérison on ne le dispensait d'aucun travail, et

quelquefois même on l'aggravait. Une loi du Code
noir défend, il est vrai, au maître de faire périr
son esclave, et fixe le nombre des coups au-delà
desquels on ne peut plus le frapper; mais un
maître inhumain éludait facilement les dispositions restrictives de cette loi en bornant le nombre
de coups dans les limites fixées, et revenant plusieurs fois à la charge pour le même fait, sous le
moindre prétexte. Les malheureux nègres ne pouvaient long-temps supporter un pareil supplice,
la gangrène s'emparait de leurs plaies, toujours
renouvelées et irritées, et une longue agonie se
terminait presque toujours par la mort, malgré
la force ordinaire de constitution dont est douée
cette espèce d'hommes. Ce qu'il y avait de plus
étonnant dans le triste spectacle de ces atrocités,
c'est que le nègre qu'on taillait ne jetait aucun cri,
ne proférait aucun murmure; il se soumettait, souffrait et mourait. — J'ai dit que la faute la plus légère, le caprice du maître étaient souvent la cause
d'une punition si exorbitante. Voici un exemple de
l'abus infâme du pouvoir arbitraire qu'une loi de
despotisme avait confié aux colons : Un nègre esclave aimait une négresse, esclave comme lui; son
maître prend un goût pour elle, et veut le satisfaire.
La négresse rejette les propositions de son maître,
et résiste à ses attaques; elle lui préfère, par un
penchant bien naturel, l'homme qui est son égal.
Le maître, blessé dans son orgueil, va se venger;
sur qui? non sur la négresse, qu'il espère encore
réduire à ses volontés, mais, par l'injustice la
plus criante, sur le misérable nègre, et celui-ci est

taillé d'une manière cruelle. — On a vu très-souvent un nègre soumis au fouet pour un prétendu manque de respect envers un blanc, même étranger, comme, par exemple, pour s'être couché près de l'endroit où reposait un blanc qu'il n'avait point aperçu. — Si de pareils traitemens sont encore en usage dans les colonies qui nous restent, n'est-ce pas à la honte des colons, et peut-être au danger de leur fortune et de leur vie? L'exemple est là : Saint-Domingue est peuplé de nègres indépendans. .

TALION (Peine du). Elle consiste à faire subir à un individu le même traitement que celui qu'il a fait éprouver à un autre. La peine du talion est la vengeance naturelle, et il semble qu'il n'y ait pas de loi plus juste que celle qui traite le coupable de la même manière qu'il a traité les autres; mais, en y réfléchissant, on trouve qu'il n'en est pas ainsi. « Appliquer le talion, dit Aristide dans Plutarque, n'est-ce pas justifier et imiter ce que l'on condamne en autrui comme une mauvaise action? » En outre, il est une multitude de cas dans lesquels l'application du talion est d'une impossibilité absolue ou morale, comme ceux de calomnie, d'attentats à la pudeur, etc. : il était même difficile d'exécuter le talion dans le cas le plus simple, celui de blessures ; car cette loi, disait un ancien philosophe, étant fondée sur un principe d'égalité, il faudrait, pour y satisfaire, que le coupable reçût une blessure entièrement semblable à celle qu'il aurait causée et qui n'eût pas de suites plus funestes, ce dont on ne peut répondre. *Voyez*, plus bas, au paragraphe Grèce, un cas remarquable de l'application du talion rendue injuste. Ce ne sont pas ces motifs qui ont fait abandonner ou rejeter le talion; c'est plutôt l'idée de considérer la société comme une personne sacrée dont les intérêts ne sauraient être défendus avec trop de zèle, et ne permettent pas d'hésiter à employer les moyens les plus arbitraires et les plus violens pour y parvenir. Les anciens, ne considérant, dans les crimes commis sur des individus, que l'offense particulière, adoptèrent le talion comme une vengeance et une réparation suffisantes; mais lorsque la criminalité d'un fait se mesura sur le danger que la société entière courait à cause de l'exemple, cette première règle fut abandonnée, et on remplaça une pénalité absurde, déduite cependant d'un principe juste, par des atrocités que suggéra l'esprit de zèle et de vengeance publique, reposant sur une fiction et appuyé sur le droit du plus fort. Le talion n'est plus en usage depuis long-temps; les nations modernes ne l'ont conservé qu'à l'égard du faux témoin accusateur, encore en est-il qui l'ont aboli même dans ce cas. —ALLEMAGNE. Les témoins, convaincus d'avoir, par malice ou intérêt, tenté, par leurs dépositions, de faire condamner un innocent, sont passibles du même châtiment que celui-ci aurait subi. — ANGLETERRE. Le parjure accusateur était condamné à souffrir la même peine que celle qu'il devait faire tomber sur un innocent; c'est pour ce cas que la loi du talion fut introduite dans ce pays par le statut 37 d'Édouard III, ch. 18; mais, après un an d'expérience sous le même prince, la loi fut rejetée, et l'emprisonnement devint la seule peine applicable à ce crime (stat. 38 d'Édouard III, ch. 9). —ÉGYPTIENS. Le talion était décerné chez ce peuple contre l'accusateur calomnieux. — FRANCE. La loi du talion avait lieu anciennement dans ce royaume, dans toute son étendue, c'est-à-dire que le coupable était puni en souffrant et recevant le même dommage qu'il avait causé. On trouve des vestiges de cette institution, dans la charte de commune de la ville de Cerny dans le Laonnais, de l'an 1184. « Que celui qui est convaincu d'un crime, y est-il dit, rende tête pour tête, membre pour membre, ou qu'il paye pour s'en racheter une juste indemnité qui sera fixée par les maire et jurats. » Il est aussi parlé du talion dans la charte de commune de La Fère de l'an 1207, rapportée par la Thomassière, dans les coutumes d'Arques de l'an 1231, dans les archives de l'abbaye de Saint-Bertin, dans la 51e lettre d'Yves de Chartres. — Guillaume le Breton rapporte, qu'après la conquête de la Normandie, Philippe-Auguste fit une ordonnance pour imposer la peine du talion dans cette province; qu'il établit des champions afin que, dans tout combat qui se ferait pour vider les causes de sang, il y eût, suivant la loi du *talion*, des peines égales, et que le vaincu, soit accusateur, soit accusé, fût condamné par la même loi à être mutilé ou à perdre la vie. Avant cette ordonnance, la pénalité, décernée contre l'accusateur vaincu, consistait en une amende de soixante sous, au lieu que, si l'accusé succombait, il était privé de tous ses biens, et subissait une mort honteuse. Le soin

que prit Philippe de redresser cette inégalité de
peines, fait juger que le talion avait alors lieu en
France. —Les établissemens de Louis IX, livre Ier,
ch. 5, contiennent une disposition qui consacre le
talion : «.Se tu veus icelui appeler de murtre, tu
seras ois (entendu), mais il convient que tu te lies
à souffrir tele peine, comme tes adversaires souf-
ferrait, se il en estait atteins, selon droit escrit en
digeste, *Novel de privatis*, *l. finali* (1) au tiers livre. » Le ch. 2 du liv. II de ces mêmes établissemens rappelle cette disposition. On a un exemple
de l'application du talion antérieur à cette loi, dans
la punition des assassins qui avaient mutilé l'infortuné Abailard : ils subirent le même traitement
qu'ils lui avaient fait subir, et de plus on leur creva
les yeux. Il faut observer que le chanoine Fulbert,
oncle de l'amante d'Abailard, et qui, ayant ordonné
le crime, en pouvait être considéré comme le véritable auteur, ne fut condamné qu'à la perte de
ses biens. J'ai rapporté à l'article *Pendaison* la
condamnation d'un prévôt de Paris, nommé Cop-
perel, qui fut puni du même supplice qu'il avait
infligé à un innocent. — Avec le temps la peine du
talion cessa d'être en usage en France, et fut abrogée dans la plupart des coutumes. Enfin, on la
tint généralement pour abolie, et on la remplaça
par des peines arbitraires. Elle fut conservée néan-

---

(1) C'est la loi dernière, *Dig. de privatis delictis*, qui
ne parle pas clairement du talion. Il en était plusieurs autres bien formelles, que l'auteur des établissemens aurait
pu citer, ne fût-ce que celle des Douze-Tables, *Si membrum*, etc.

moins pour le fait de faux témoignage, et la loi actuelle, qui la décerne aussi dans ce cas, la prononce également contre le juge prévaricateur. — GRÈCE. La loi du talion y était établie. Aristote a écrit que Rhadamante, roi de Syrie, fameux dans l'histoire par sa sévérité, fit une loi pour établir la peine du talion qui lui parut la plus juste; il ajoute que c'était aussi la doctrine de Pythagore. Charondas, natif de la ville de Catane en Sicile, et qui donna des lois aux habitans de la ville de Thurium, rebâtie par les Sibarites dans la grande Grèce, y introduisit la loi du talion; il était ordonné, entre autres réparations, que l'on arracherait un œil à celui qui aurait arraché ou crevé celui d'un autre; *si quis cui oculum eruerit, oculum reo pariter eruito.* Cette loi fut réformée, au rapport de Diodore de Sicile, à l'occasion d'un homme déjà borgne, auquel on avait crevé le bon œil qui lui restait : il représenta que le coupable auquel on se contentait de crever un œil, serait moins à plaindre que lui qui était totalement privé de la vue; qu'ainsi la loi du talion n'était pas toujours juste. Les lois de Solon avaient prévu ce cas embarrassant : elles réglaient que celui qui avait arraché le second œil à un homme qui était déjà privé de l'usage du premier, serait condamné à perdre les deux yeux. — HÉBREUX. Il n'y avait pas d'autre loi pénale, chez ce peuple, pour les délits et crimes privés, que celle du talion. Cette peine est formellement prononcée dans plusieurs endroits des livres de Moïse. Il est dit dans l'Exode, ch. 21, que si deux personnes ont eu une rixe ensemble, le cou-

pable doit rendre âme pour âme, dent pour dent,
œil pour œil, main pour main, pied pour pied,
brûlure pour brûlure, plaie pour plaie, meurtrissure pour meurtrissure. On trouve aussi dans le
Lévitique, ch. 24, que celui qui aura fait outrage
à quelqu'un sera traité de même, fracture pour
fracture, œil pour œil, dent pour dent. Enfin le
Deutéronome, ch. 16, décerne, dans les mêmes
termes, la peine du talion contre les faux témoins.
Cette loi se conserva chez les Juifs jusque dans les
derniers temps, puisqu'elle est encore rappelée
dans l'Évangile de saintMathieu, ch. 5. —PERSES.
Voyez *Délateur*, t. III, p. 352. — ROMAINS. Les
décemvirs qui formèrent la loi des Douze-Tables,
prirent quelque chose des lois de Solon par rapport à la peine du talion, dans le cas d'un membre
rompu ; ils ordonnèrent que la punition serait
semblable à l'offense, à moins que le coupable
ne fît un accommodement avec sa partie, *si membrum rupit ni cum eo pacit, talio esto.* Lorsqu'il
s'agissait seulement d'un os cassé, la peine était
pécuniaire, ainsi que l'apprend Justinien dans ses
Institutes (1). Cette partie de la loi des Douze-
Tables est reproduite dans un grand nombre de
passages des écrits des jurisconsultes romains. Il
paraît néanmoins que la loi du talion ne s'appliquait pas dans tous les cas, et qu'on la réservait
pour les injures atroces et la rupture des membres.
D'après Aulugelle, la loi des Douze-Tables elle-
même ne punissait les soufflets que par une indem-

(1) Tit. *de Injuriis*, § 7.

nité de vingt-cinq as d'airain. Lors même que le
talion était applicable, on offrait au coupable de
s'en racheter par une indemnité, et ce n'était que
sur son refus ou son impuissance qu'il subissait
la peine corporelle. La loi du talion fut encore en
usage chez les Romains long-temps après la loi des
Douze-Tables, au moins dans les cas où elle était
admise. Caton, cité par Priscien, parlait encore
de cette loi comme étant en vigueur de son temps:
elle donnait, suivant lui, au cousin agnat (parent
par mâles) le droit de poursuivre la vengeance:
*si quis membrum rupit, aut os fregit, talione proxi-
mus agnatus ulciscitur.*—Il est encore parlé de cette
peine dans le code Théodosien, titre *De exhib. reis,*
et au titre *De accusationibus;* mais depuis, la loi
du talion tomba entièrement en désuétude et ne
fut conservée que contre les témoins calomnia-
teurs et les prévaricateurs. (*Lex ult. Cod. de ca-
lumniat.* et *l. ab. imp. ff. de prævar.*) — VISIGOTHS.
Les lois qui portent le nom de ce peuple, ordonnent (Liv. 6, tit. 4, ch. 3) que la peine du talion
soit subie par le coupable, en lui laissant cependant le choix d'être fouetté de verges ou de payer
l'estimation de l'injure, suivant la loi ou la fixation faite par l'offensé.—Voyez *Prévarication*, t. V,
p. 142 et *Témoin.*

TAMBOUR. En Chine, lorsqu'un particulier a
quelque affaire, il l'expose par écrit, et se rend à
la porte du tribunal, où il frappe d'un tambour
qui y est placé pour cet usage; puis, tombant à
genoux, il tient sa supplique à la hauteur de sa
tête, en la soutenant avec ses deux mains de ma-

nière à avoir la tête baissée. Au bruit du tambour, un officier s'approche, et procède à un premier examen de la requête : s'il la juge inadmissible, le suppliant est aussitôt condamné au fouet, et subit sa peine sur le lieu même.

TAPAGES injurieux ou nocturnes. La loi pénale qui prévoit les bruits de ce genre, les nomme aussi tapages dans l'article 479 du Code. *Voyez* BRUITS INJURIEUX OU NOCTURNES, t. III, p. 99.

TARIF. *Voyez* AMENDE, t. I, p. 264 et suiv.

TAUREA, punition d'usage chez les Romains. Elle consistait à frapper le coupable avec un fouet fait de lanières de cuir de taureau, et c'est de là qu'elle prenait son nom.

TAUREAU. Cet animal fougueux a servi chez différens peuples à l'exécution de malheureux dévoués à une mort violente ou douloureuse. On lit dans l'Histoire grecque, que Dircé, femme de Lycus, roi de Thèbes, ayant persécuté inhumainement Antiope, première femme de ce prince, et qu'il avait répudiée, tomba plus tard au pouvoir de Zéthus et d'Amphion, fils de la reine Antiope, qui l'attachèrent aux cornes d'un taureau indompté, et la firent ainsi périr. — Les martyrologes parlent de plusieurs martyrs exécutés de cette manière, ou déchirés par des taureaux, après que des lions auxquels ils avaient été exposés les avaient épargnés.—Dans le royaume de Siam c'est un supplice ordinaire que celui d'exposer les coupables dans une enceinte où ils sont écrasés par des taureaux indomptés, qu'on y lâche après les avoir mis en fureur. — Le génie féroce des anciens peuples est manifesté par trop de faits certains, pour qu'on puisse révoquer en doute, comme exagérés, les récits moins authentiques qui confirment l'opinion que l'histoire nous donne à ce sujet. Un des faits les plus remarquables de ce genre est l'invention du *taureau de Phalaris*. Ce tyran de la ville d'Agrigente s'était emparé de cette ville la deuxième année de la LIIe olympiade (571 avant J.-C). Pour satisfaire sa vengeance contre les nombreux ennemis qu'il comptait parmi les citoyens d'Agrigente, Phalaris ordonna à un habile artiste, nommé Périle, de construire un nouvel instrument de supplice. Celui-ci épuisa son talent dans la fabrication d'un taureau d'airain, creux et construit de façon que les cris du malheureux qu'on y renfermait, après avoir chauffé fortement la machine, se faisaient entendre au dehors ressemblant aux mugissemens d'un bœuf. L'auteur de cette cruelle invention, en ayant demandé la récompense, fut, dit-on, soumis le premier à l'essai de son horrible chef-d'œuvre. Ce qui paraît plus certain, c'est que la tyrannie excessive de Phalaris, ayant réveillé l'énergie des Agrigentins, ils se révoltèrent après dix ans d'oppression et brûlèrent Phalaris lui-même dans le taureau dont il s'était plu si long-temps à entendre les mugissemens funèbres.

TAXE. La loi salique, comme on l'a vu au mot *Amende*, et celle des ripuaires, bornaient à une peine pécuniaire la punition de tous les crimes pour ceux qui avaient les moyens de s'acquitter ainsi. Ces lois étaient dignes de la barbarie de l'époque. Mais que penser de la taxe fixée mille ans plus tard par la cour de Rome qui remettait à prix d'argent la peine des plus grands crimes, et couvrait ou prétendait couvrir ainsi la criminalité même des actes les plus odieux? Un nommé Antoine du Pinet, gentilhomme franc-comtois, fit imprimer à Lyon, en 1564, un extrait de ce tarif honteux sous le titre de : « *Taxes des parties casuelles de la boutique du pape; en latin et en français, avec annotations prises des décrets, conciles et canons tant vieux que modernes, pour la vérification de la discipline anciennement observée dans l'église; par* A. D. P. —Je me contenterai de rapporter ici les articles relatifs aux principaux crimes : ils serviront à faire voir comment les papes jugeaient de leurs différens degrés de gravité.

« Celui qui connaît charnellement sa mère, sa sœur ou quelque autre parente ou alliée, ou *sa commère de baptême*, payera *cinq carlins*.

» Celui qui a tué son père, sa mère, son frère, sa sœur, sa femme, ou quelque autre parent ou allié, *laïque néanmoins*, payera *cinq carlins*. Si le mort était ecclésiastique, l'homicide serait obligé de visiter les saints lieux.

» Un laïque, pour crime d'adultère, payera *quatre tournois;* et s'il y a adultère et inceste, il faut payer, par tête, *six tournois*. Si, outre ces crimes, on demande l'absolution du péché contre nature ou de la bestialité, il faut *quatre-vingt-dix tournois douze ducats et six carlins;* mais si on demande seulement l'absolution du crime contre nature ou de la bestialité, il n'en coûtera que *trente-six tournois et neuf ducats*.

» La femme qui aura pris un breuvage pour se faire avorter, ou le père qui le lui aura fait prendre, payera *quatre tournois un ducat et huit carlins ;* et si c'est un étranger qui ait donné le breuvage, il payera *quatre tournois un ducat et six carlins.*

» Un père ou une mère ou quelque autre parent qui aura étouffé un enfant, payera *quatre tournois un ducat huit carlins ;* et si le mari et la femme l'ont tué ensemble, ils payeront *six tournois et deux ducats.*

» La dispense du jeûne est fixée à *vingt carlins.*

» L'absolution et la réhabilitation de celui qui est coupable de sacrilége, de vol, d'incendie, de rapine, de parjure et autres actes semblables, est taxée à *trente-six tournois et neuf ducats.* »

Je m'arrête : au milieu de ces absurdités révoltantes, il suffira de remarquer celle de la taxe de *vingt* carlins pour l'infraction du jeûne, lorsque le parricide est expié par celle de *cinq* carlins.

Cette vénalité de la cour de Rome, principale cause du schisme des protestans, a été ainsi signalée au quinzième siècle, dans les poésies de Baptiste Mantouan, *général de l'ordre religieux des carmes :*

> . . . . *Venalia nobis*
> *Templa, sacerdotes, altaria, sacra, coronæ ;*
> *Ignis, thura, preces, cœlum est venale, Deusque.*

Ces vers ont été fidèlement rendus en français de la manière suivante :

> Chez nous tout est vénal ; prêtres, temples, autels,
> *L'Oremus* à voix basse, et les chants solennels ;
> La terre des tombeaux, l'hymen et le baptême,
> Et la parole sainte, et le ciel, et Dieu même.

TAXE SÈCHE. C'était, dans l'ancienne législation française, une espèce d'amende à laquelle on
condamnait ceux qui étaient convaincus du crime
de péculat.

TÉMOIN. Tout jugement criminel repose principalement sur les dépositions de ceux qui ont vu
et entendu les actes et les discours relatifs au crime
ou le crime lui-même, car l'aveu même de l'accusé
ne suffirait pas s'il n'y avait au moins un délit
constaté; on appliquerait alors la maxime : *non
auditur perire volens*. La preuve par témoins est
une des matières qui ont le plus embarrassé les
législateurs et les jurisconsultes. La crainte de condamner un innocent, plus souvent celle de laisser
un coupable impuni, ont fait adopter tour à tour
des règles ou trop faciles ou trop restrictives, tant
dans la fixation du nombre des témoins que dans
celle des reproches qui pouvaient faire rejeter leurs
dépositions. Ces règles contradictoires péchaient
également, précisément en ce qu'elles étaient des
règles, et qu'en cette matière, où il ne s'agit que
de conviction et de conscience, tel témoignage ou
l'aveu de l'accusé peuvent suffire dans certains cas,
tandis que dans d'autres une foule de témoignages,
appuyés même de l'aveu de l'accusé, n'entraîne-
raient pas une conviction pleine et entière. C'est
ce que la loi actuellement en vigueur en France a
reconnu, en énonçant formellement qu'elle n'entendait aucunement fixer les élémens de conviction, et en remettant entièrement l'appréciation à
la conscience des jurés et des juges. —Presque
toutes les nations de l'Europe moderne ont adopté

sur cette matière les dispositions du droit romain. On ne sera donc pas étonné qu'en analysant ici la législation de chacune des principales de ces nations, je sois forcé à quelques répétitions. — ALLEMAGNE. « On ne doit point admettre, dit la loi Caroline, de témoins inconnus, que la partie récuse, à moins qu'il ne soit suffisamment prouvé qu'ils sont sans reproches. — Les témoins gagés non-seulement sont rejetés et ne peuvent être admis, mais même doivent être punis. — La déposition du *témoin auriculaire,* c'est-à-dire qui ne dépose que sur le·rapport d'un autre, n'est pas reçue comme suffisante. — Ceux-là sont des témoins suffisans, qui sont sans reproches et qui déposent au nombre de *deux ou trois.* » Les faux témoins sont punis du *talion. Voyez* ce mot. — « Lorsque des témoins sont entendus en justice, on doit faire une attention particulière aux variations du témoin dans le cours de sa déposition, et les inscrire dans la procédure, de même que sa contenance extérieure. » Après avoir ainsi déposé devant le juge, le témoin était confronté avec l'accusé, mais il n'est point dit que celui-ci prît connaissance des dépositions et les discutât : cette confrontation n'avait pour but que la reconnaissance de l'identité des personnes; on ne voit pas même que l'accusé proposât lui-même les reproches, ce qu'il faut pourtant présumer. — ANGLETERRE. Dans tous les cas de haute et petite trahison, et de non-révélation de ces crimes, les statuts Ier d'Édouard VI, ch. 12; V, et VI, ch. 11; Ier et II de Philippe et Marie, ch. 10, ne demandent que

deux témoins légaux (sans reproches) pour convaincre l'accusé, excepté dans les délits de fausse
monnaie et de contre-façon des sceaux, à moins
que l'accusé ne confesse sans violence et volontairement son crime; dans presque tout autre délit,
un bon témoin suffit. Blackstone, sur ce point,
soutient contre Montesquieu que la dénégation de
l'accusé n'équivaut pas à l'affirmation positive,
sous serment, d'un témoin désintéressé. Mais
dans le cas de parjure, la loi anglaise reconnaît
l'insuffisance d'un témoignage isolé, parce qu'alors
il n'y a réellement que serment contre serment.
L'exception admise dans le cas de trahison est motivée sur le danger où les haines et les manœuvres
politiques jetteraient un grand nombre de citoyens,
le plus souvent pour des conspirations fictives. —
C'était anciennement une pratique dérivée de la
loi civile, et reçue assez généralement en Angleterre
comme en France, de ne pas permettre à l'accusé
de crime capital de faire entendre de témoins en
sa faveur, de même qu'on lui refusait un conseil.
La cessation de cet usage inhumain est due à la
reine Marie, qui, lorsqu'elle nomma le chevalier
Morgan président de la Cour des plaids communs,
lui adressa ces paroles : « Malgré l'ancienne erreur où l'on est de refuser d'entendre les témoins
de l'accusé dont je suis la partie adverse et pour-
suivante en ma qualité de souveraine, ma volonté
ainsi que mon plaisir est qu'on entende tout ce qui
peut favoriser et disculper mes sujets accusés; et
que désormais les juges ne se persuadent plus d'a-
voir une balance pour moi et l'autre pour mes

sujets. » Dans la suite, comme le statut 3i d'Élisabeth, ch. 4, avait mis dans la classe des félonies
les rapines des munitionnaires, il fut décidé que
les accusés de ce délit seraient admis à produire
des témoins ou autres personnes légales à leur décharge. De là les cours de justice ont conçu une
telle honte de cette doctrine si déraisonnable et si
oppressive, que la coutume d'entendre les témoins de l'accusé s'est introduite par degrés. D'a-
bord on ne reçut leurs dépositions qu'à titre de
renseignemens et non sous serment; mais, par les
statuts 7 de Guillaume III, ch. 3 et 2; d'Anne,
ch. 9, la même mesure de justice fut établie par
tout le royaume. Ils ordonnent d'entendre, dans
les cas de trahison et de félonie, les témoins du
prisonnier, sous serment, ainsi qu'on entend ceux
qui témoignent contre lui. Néanmoins si, dans les
crimes ordinaires, la loi d'Angleterre est favorable
aux accusés, il reste toujours un levain de l'ancienne rigueur dans le jugement des crimes de
haute trahison. L'ex-jésuite Titus Oates, juri-
diquement interrogé dans la chambre des communes, avait assuré par serment qu'il n'avait
plus rien à révéler relativement au crime de haute
trahison dont il était accusé; il ne laissa pas d'accuser ensuite le secrétaire du duc d'Yorck, depuis
Jacques II, et plusieurs autres personnes d'avoir
trempé dans le complot, et sa délation fut reçue:
il jura d'abord devant le conseil du roi qu'il n'a-
vait point vu ce secrétaire, et ensuite il jura qu'il
l'avait vu. Malgré ces illégalités et ces contradictions, le secrétaire fut exécuté. — Ce même Oates

et un autre témoin déposèrent que cinquante jésuites avaient comploté d'assassiner le roi Charles II, et qu'ils avaient vu des commissions du
père Oliva, général de l'ordre, pour les officiers
qui devaient commander une armée de rebelles.
Ces deux témoins, fripons avérés, suffirent pour
faire arracher le cœur à plusieurs accusés et leur
en battre les joues. — ESPAGNE. Devant le tribunal
du Saint-Office, les témoins n'étaient jamais con-
frontés. Les témoignages des hommes les plus vils
et les plus infâmes étaient admis, et suffisaient
souvent pour faire condamner au feu un honnête
homme dont tout le crime consistait à avoir pour
ennemis des scélérats qui ne craignaient pas de se
parjurer. Deux témoins qui avaient seulement ouï
dire telle chose, équivalaient à un témoin qui avait
vu et entendu par lui-même; il ne fallait pas d'autre charge pour faire donner la question à l'accusé.
Les délateurs eux-mêmes étaient admis comme
témoins; enfin, par un renversement de toutes les
lois et de la plus saine morale, un domestique
pouvait témoigner contre son maître, un mari
contre sa femme, la femme contre le mari, le fils
contre le père, et les pères contre leurs enfans. —
Les inquisiteurs n'admettaient d'autre motif de
récusation et d'autre reproche que l'inimitié violente, et, pour s'assurer si cette inimitié était réelle,
ils questionnaient adroitement l'accusé pour lui
faire dire s'il connaissait certains individus qu'ils
lui nommaient : ces individus étaient le dénonciateur et les témoins, circonstance qu'on laissait
ignorer au prévenu. Si, par quelque motif que ce

fût, sa réponse était négative, il perdait le droit de les récuser comme ennemis.—FRANCE. Lorsque, sous Philippe-le-Bel, les duels cessèrent d'être admis comme preuves dans les affaires judiciaires, la poursuite des crimes ne put dès lors s'appuyer que sur des témoignages, et l'on adopta pour règles de cette nouvelle procédure celles posées par la loi romaine. La première de ces règles établit que la déposition d'un seul témoin ne saurait former une preuve : *testis unus, testis nullus*. Les témoins qui, par leur position à l'égard du prévenu, ou relativement à certains faits, paraissaient devoir être intéressés pour ou contre lui, furent déclarés récusables, comme ses parens, alliés, domestiques, etc., son dénonciateur ou le plaignant. D'Aguesseau voulait que l'on repoussât du nombre des témoins la femme même du dénonciateur. Plusieurs jurisconsultes soutenaient l'opinion contraire. Le témoin auriculaire, c'est-à-dire celui qui ne rapportait que les discours tenus par d'autres que l'accusé, ne pouvait faire une déposition valable. Le plus grand défaut de l'ancienne procédure criminelle relative aux témoins était que leur déposition n'avait lieu que dans le cabinet du juge, erreur qui venait d'une fausse interprétation de la loi romaine, qui portait *testes intrare judicii secretum*, qu'on traduisait par entendre les témoins en secret. Ainsi, un solécisme servait de base à la partie la plus essentielle de la jurisprudence criminelle. Ajoutez que les déposans étant souvent des gens du peuple dont l'intelligence est bornée et qui se laissent facilement intimider, le juge enfermé avec eux pouvait leur faire dire tout ce qu'il voulait. Ces témoins étaient entendus une seconde fois, toujours en secret, ce qui s'appelait *récolement*. Et si, après ce récolement, ils se rétractaient dans leur déposition, ou s'ils en changeaient des circonstances essentielles, ils étaient punis comme faux témoins ; de sorte que, lorsqu'un homme, d'un esprit simple et ne sachant pas s'exprimer, mais ayant le cœur droit et se souvenant qu'il en avait dit trop ou trop peu, qu'il avait mal entendu le juge, ou que le juge l'avait mal entendu, révoquait ce qu'il avait dit par un principe de justice, il était puni comme un scélérat et se voyait ainsi souvent forcé de soutenir un faux témoignage par la seule crainte d'être traité en faux témoin. — Les gens notés d'infamie n'étaient point admis comme témoins, mais on les en purgeait par la torture ! Au surplus, on peut regarder comme applicable à la législation ancienne de la France ce qui sera dit plus bas du droit des Romains à ce sujet. Quant au faux témoignage, il était puni tantôt par la loi du talion, tantôt arbitrairement. Vers la fin du dix-septième siècle, trois gentilshommes normands avaient intenté contre un nommé Daulnois une accusation de crime de lèse-majesté. Larmière, l'un d'eux, entraîné par les remords de sa conscience, déchargea l'accusé et déclara qu'il avait servi de faux témoin, dans cette affaire, pour 3,000 livres dont on lui avait payé la moitié d'avance. L'accusé Daulnois, qui était sur le point d'être condamné, au moment de cette rétractation, fut renvoyé absous et les trois faux témoins condamnés à mort. Les deux premiers furent décapités en novembre 1699. À l'égard de Larmière, il alla deux fois au supplice et monta deux fois sur l'échafaud, savoir, le jour de l'exécution de ses deux complices et le lendemain. Après avoir été ainsi soumis à toute l'horreur de la situation d'un homme que la mort attend, le lieutenant-criminel le fit descendre et reconduire à la prison. Ce fut là seulement qu'on lui annonça sa grâce. Un arrêt du parlement de Paris, du 14 juin 1701, condamna une servante qui avait servi de faux témoin dans une affaire de prétendu assassinat d'un mari bigame par sa première femme, à faire amende honorable, être flétrie d'une fleur de lis et bannie à perpétuité du royaume. — La loi qui règle aujourd'hui la procédure criminelle ne fixe pas le nombre des témoignages qui sont nécessaires pour faire une preuve complète, un témoin suffit si les jurés sont convaincus; cent dépositions unanimes ne forcent point la décision de ce tribunal de pairs dont la conscience est le seul guide. Les témoins dont les dépositions ne peuvent être reçues sont : 1° le père, la mère, aïeul, aïeule, ou autre ascendant de l'accusé ou de l'un des accusés présens et soumis au même débat; 2° le fils, la fille, petit-fils ou petite fille, ou tout autre descendant (direct); 3° les frères et sœurs; 4° les alliés aux mêmes degrés; 5° le mari ou la femme : cette disposition était également admise, à l'égard du mari et de la femme, sous l'empire de la loi du divorce, même après le divorce prononcé; 6° les dénonciateurs dont la dé-

nonciation est récompensée pécuniairement par la
loi : sans néanmoins que l'audition de ces personnes puisse opérer une nullité, lorsque, soit le
procureur général, soit la partie civile, soit les accusés ne se sont pas opposés à ce qu'elles fussent
entendues. Les dénonciateurs non récompensés
pécuniairement par la loi peuvent être entendus,
mais le jury doit être averti de leur qualité de dénonciateurs ; les autres personnes qui ne peuvent
être entendues comme témoins, sont celles qui ont
été condamnées à une peine infamante, ou celles
à qui les tribunaux ont interdit les droits civils
(art. 42, 43 du Code pén.). — Le défaut de comparution et le faux témoignage sont les deux délits
que la loi prévoit de la part des témoins. Voici comment elle dispose à cet égard : toute personne citée
pour être entendue en témoignage devant un juge
d'instruction, et qui ne comparaît pas, encourt la
peine d'une amende dont le maximum est de 100 fr.,
ce qui est prononcé de suite et sans appel par le
juge sur les conclusions du procureur du roi ; la
contrainte par corps peut être en même temps ordonnée. Le témoin défaillant cité de nouveau peut,
en fournissant des excuses légitimes, être relevé de
sa condamnation. Il en est de même pour les tribunaux de police, si ce n'est que le témoin, sans attendre une nouvelle citation, peut se présenter à l'audience suivante pour se faire décharger de l'amende
encourue. — Lorsqu'un témoin cité ne comparaît
pas à une Cour d'assises, la Cour peut, sur la réquisition du procureur général, et avant que les
débats soient ouverts par la déposition du premier

témoin inscrit sur la liste, renvoyer l'affaire à la prochaine session. Dans ce cas, tous les frais de citation, actes, voyages de témoins et autres, ayant pour objet de faire juger l'affaire, sont à la charge du témoin défaillant et il y est contraint par corps. Le même arrêt ordonne de plus que ce témoin sera amené par la force publique devant la Cour pour y être entendu. En outre, l'amende est prononcée contre lui. Il est tenu, s'il veut être relevé de ses condamnations, de se pourvoir dans les dix jours par acte judiciaire. — Les témoins qui allèguent une excuse reconnue fausse sont condamnés, outre les amendes prononcées pour la non-comparution, à un emprisonnement de six jours à deux mois. — Le faux témoignage en matière criminelle, soit contre l'accusé, soit en sa faveur, est puni des travaux forcés à temps ; si néanmoins l'accusé a été condamné à une peine plus forte, le témoin qui a faussement déposé contre lui doit subir la même peine. — En matière correctionnelle ou de police, la peine du faux témoignage, soit contre l'accusé, soit en sa faveur, est la réclusion ; la peine est la même en matière civile. — Le faux témoin en matière correctionnelle ou de police est condamné aux travaux forcés à temps lorsqu'il a été gagné à prix d'argent. Dans tous les cas, ce que le faux témoin aura reçu sera confisqué. Les témoins condamnés pour faux témoignage ne peuvent être entendus dans les nouveaux débats. — Après avoir prononcé contre les faux témoins, la loi dispose contre ceux qui les subornent de la manière suivante : le coupable de subornation de témoins est condamné à la peine des travaux forcés à temps, si le faux témoignage qui en a été l'objet emporte la peine de la réclusion; aux travaux forcés à perpétuité, lorsque le faux témoin l'est aux travaux forcés à temps, et enfin si celui-ci doit être condamné aux travaux forcés à perpétuité ou à la peine capitale, le suborneur l'est toujours à cette dernière. Ainsi, la peine du coupable de subornation est toujours d'un degré plus forte que celle du témoin suborné sauf le cas où celui-ci encourt la peine capitale qui ne peut être surpassée. — GRECS. Chez ce peuple qui, selon Cicéron, n'observa jamais la foi des sermens, il y avait des peines rigoureuses contre les faux témoins. Les lois d'Athènes les condamnaient à l'amende, et leur faisaient subir l'infamie, qui rejaillissait sur celui qui les produisait. Platon, dans son *Livre des Lois*, veut que celui qui a été convaincu trois fois de faux témoignage, soit condamné à la peine capitale. — HÉBREUX. La loi de Moïse, Deut. xvij, 6, défendait de condamner personne à mort sur le témoignage d'un seul témoin; mais la même loi consacrait la maxime rigoureuse et fatale que deux ou trois témoignages devaient entraîner la condamnation. Lorsqu'un accusé était sous le poids d'une sentence de mort, c'était aux témoins qui avaient déposé contre lui à en provoquer l'exécution; ils devaient même le frapper les premiers; ils lui jetaient, par exemple, la première pierre s'il était lapidé. On a vu à l'article *Talion* que les faux témoins devaient être condamnés à la même peine que celle que l'accusé aurait subie. Les premiers Juifs qui annoncèrent l'Évangile et souffrirent les persécutions des païens furent nommés témoins, en grec *martyros*, parce qu'ils affirmaient avec serment ce qu'ils enseignaient. Leur témoignage attira sur eux des tourmens dont les martyrologes ont exagéré les détails, mais qui, d'après les mœurs de cette époque, durent être horribles. Le nom de martyr en a quitté entièrement sa première signification de témoin et n'indique plus dans les langues nouvelles qu'un homme livré par des persécuteurs au dernier supplice. — ROMAINS. Ils adoptèrent et consacrèrent dans leur loi la maxime des premiers peuples, qu'un seul témoin ne peut par sa déposition déterminer une sentence. *Testis unus, testis nullus* est un axiome du droit romain. Comme en général la législation de ce grand peuple, surtout avant Justinien, était tout en faveur des accusés, à côté de la règle qui voulait plus d'un témoin pour établir une preuve, on en avait plusieurs autres toutes dirigées contre les accusateurs injustes ou les témoins séduits : la première et la plus importante consistait en ce que les témoins devaient être entendus publiquement et en présence de l'accusé qui pouvait leur répondre, les interroger lui-même ou leur mettre en tête un avocat. Cette procédure était noble et franche. Mais les jurisconsultes criminalistes ajoutèrent à la loi des maximes qui en détruisaient l'effet dans certains cas : ainsi ils établirent que, « dans les délits les plus atroces (c'est-à-dire, observe Beccaria, les moins probables), les plus légères cir-

constances devaient suffire, et que le juge devait
se mettre alors au-dessus des lois. » *In atrocissi-
mis, leviores conjecturæ sufficiunt, et licet judici jura
transgredi.* Julius Clarus dit que, lorsque par la
nature du fait, la Justice ne peut se procurer de
témoins irréprochables, elle admet alors des témoins reprochables, des témoins que, dans toute
autre circonstance, elle rejetterait ; il ajoute que
c'est la règle : *Regula est quòd quandò ex na-
turâ facti alii testes haberi non possunt, admittuntur
testes inhabiles qui aliàs prohibentur.* Le sénat, continue Julius Clarus, est dans l'usage d'ajouter foi
aux témoins reprochables, sinon pour condamner
à une peine ordinaire, du moins pour condamner
à une peine très-forte. Comment admettre que
des témoins qui sont jugés incapables de déterminer une condamnation à une peine légère soient
réputés suffisans pour faire prononcer une peine
extraordinaire ? Voilà cependant une des graves
erreurs qu'avait adoptées notre ancien droit français. Jousse, dans son Commentaire sur l'ordonnance de 1670, s'exprime ainsi : « La déposition
des personnes suspectes n'est pas admise dans les
matières criminelles ; mais cette règle n'a pas lieu
dans le cas où l'on ne peut avoir la vérité que par
cette sorte de témoins : *il en est de même quand il
s'agit de crimes atroces.* » — On appelait, dans le
droit romain, témoin déserteur celui qui, après
s'être offert pour témoin, refusait ensuite de l'être
et de soutenir ce qu'il avait avancé. La peine portée contre lui par la loi des Douze-Tables est de
le rendre incapable de témoigner pour les autres

et de faire témoigner pour lui : il était de plus déclaré infâme. Les Romains étaient si sensibles à l'honneur, que ce frein chez eux devait suffire. — Bien que dans l'ancienne Rome ce même sentiment de l'honneur dût rendre le faux témoignage très-rare, le cas était prévu par la loi, et la vénération qu'on y portait aux jugemens fit prononcer le dernier supplice contre les coupables de ce crime : ils étaient précipités du haut de la roche Tarpéïenne. Cette rigueur se relâcha par la suite, avec les vertus des citoyens ; la peine de mort fut commuée en celle d'exil ou de relégation dans une île, et accompagnée d'une infamie éternelle et d'autres peines dépendantes de la volonté du juge. — Le second sénatus-consulte, ajouté à la loi Cornélia, et rendu sous le consulat de Licinius et de Taurus, condamnait à la peine du crime de faux (le bannissement, les mines et en quelques cas la mort) ceux qui convenaient frauduleusement entre eux de rendre témoignage l'un pour l'autre. — Dans Rome soumise aux papes, on porta, en faveur des ecclésiastiques, d'étranges exceptions aux règles du droit. Une des plus singulières est celle qu'introduisit Léon IV en 850. Le peuple de Rome, quoique dépouillé, à cette époque, de la plupart de ses droits, avait conservé ou plutôt repris celui de faire juger les papes qui se souillaient de trop grands crimes ; plusieurs princes et plusieurs cités avaient le même droit : afin de rendre ce droit illusoire, il ordonna que nul évêque ne fût condamné qu'auparavant on n'eût les dépositions *unanimes* de *soixante-douze* témoins. Mais un laïque

pouvait aller au supplice sur la déposition de deux
témoins, et même souvent d'un seul. — TURQUIE.
On ne peut, chez les Turcs, contraindre un témoin à venir déposer devant un juge les faits qui
sont à sa connaissance ; il doit se présenter de son
propre gré : l'or est ordinairement le motif qui le
décide à venir rendre hommage à la vérité ; l'or
est aussi celui qui souvent le porte à la trahir.
Nulle part les faux témoignages ne sont aussi communs ; nulle part ils ne sont punis avec aussi peu
de rigueur. La Justice ferme ordinairement les yeux
sur ce crime ; mais lorsque le scandale est trop
grand, le faux témoin est promené dans les rues,
monté sur un âne, avec un écriteau qui annonce
le fait dont il est coupable. Si le faux témoignage
concerne un chrétien ou un juif, il n'attire à son
auteur qu'un avertissement obligeant de la part
du juge de *mieux combiner* une autre fois ses dépositions ; mais le Franc qui se rend coupable de
faux témoignage, surtout à l'égard d'un Turc, est
soumis à un châtiment sévère.—Une certaine classe
d'hommes n'a d'autre occupation que d'intenter
des procès aux Francs et aux chrétiens tributaires,
et de les soutenir par des parjures et des faux témoignages : quel qu'en soit le résultat, ils n'ont
rien à perdre, car l'Européen qui gagne un procès en paye les frais ; d'ailleurs la déposition d'un
Musulman l'emporte sur les preuves les plus évi-
dentes que peut fournir un chrétien. — *Voyez*
AMENDE, t. I, p. 275, 288 ; CAGOTS, t. III, p. 145 ;
INFAMIE, t. IV, p. 203 ; JURY, t. IV, p. 264 ;

PREUVE, t. V, p. 159; QUESTION, t. V, p. 215; et TALION, t. V, p. 440 et suiv.

TEMPES (Serrer les). A Siam, parmi les nombreux raffinemens de supplices qui y sont usités, figure celui de serrer les tempes d'un patient entre deux ais, assez fortement pour lui causer des douleurs atroces, mais non avec le degré de violence qui pourrait compromettre sa vie. On en vit un exemple lors de la disgrâce du fameux Constantin Faulcon, Grec d'origine et élevé en Angleterre; il était devenu premier ministre du roi de Siam. L'envie d'un rival le poursuivit avec acharnement et réussit enfin à le livrer aux plus affreux supplices, à l'instigation d'un nommé *Pitracha*, nommé régent de l'empire, à cause de la vieillesse et des infirmités du roi, protecteur de Constantin. Le grand crime de l'ex-ministre était d'avoir attiré les faveurs du monarque sur les Européens.

TEMPLES. *Voy.* SACRILÉGE, t. V, p. 309 et suiv.

TEMPLIERS, ordre religieux et militaire fondé à Jérusalem en 1118. Ils prirent leur nom d'une maison que Baudouin II leur assigna pour demeure et qu'on disait avoir été le temple de Salomon. De là vint aussi qu'on donna dans la suite le nom de *temples* à toutes leurs maisons, lorsque leur ordre se fut multiplié et établi chez plusieurs nations de l'Europe et principalement en France. La puissance et la richesse des Templiers s'accrurent rapidement et d'une manière prodigieuse. Il paraît que l'entrée dans cet ordre était soumise à une initiation particulière; le néophyte donnait à l'ordre les biens qu'il possédait; on lui faisait subir différentes sortes d'épreuves, puis il était initié aux secrets de l'association et promettait, sous les sermens les plus sacrés, un secret absolu et une obéissance aveugle aux ordres de ses supérieurs. C'était, en un mot, malgré son titre et son existence avoués, une véritable société secrète ayant son organisation intérieure et cachée, et certainement un but politique plus vaste et plus important que la défense des lieux saints contre les infidèles, pour laquelle seule l'ordre du temple avait été créé. Quoi qu'il en soit, après deux siècles environ d'existence, les Templiers, parvenus à un haut degré de splendeur, furent tout à coup l'objet de la plus ardente persécution. Le roi de France, Philippe-le-Bel, qui venait de chasser les Juifs du royaume pour s'emparer de leur argent, et le pape Clément V, créature de ce prince, condamnèrent en masse les chevaliers du Temple, sous prétexte d'irréligion, blasphèmes, sortiléges et autres profanations, mais en réalité par la soif de s'approprier leurs richesses et le désir de détruire une société dont ils redoutaient l'influence et qui semblait, dans sa marche mystérieuse et son accroissement rapide, devoir un jour, à l'exemple des chevaliers Teutons, écraser à la fois la puissance des rois et celle des papes. Voici comme l'histoire raconte leur chute: on s'aperçoit facilement dans ce récit qu'elle avait été méditée et calculée à l'avance. — En 1507, la rigueur des impôts et la malversation du conseil du roi Philippe-le-Bel dans les monnaies excitèrent une sédition dans Paris. Les Templiers, qui avaient en garde le trésor du roi,

furent accusés d'avoir eu part à la mutinerie, et
Philippe en conçut contre eux un nouveau désir de
vengeance.—Les premiers accusateurs de cet ordre
furent un bourgeois de Béziers, nommé Squin de
Florian, et Noffodei, Florentin, templier apostat,
détenus tous deux par ordre du grand-maître. Ils
demandèrent à être conduits devant le roi, à qui
seul ils voulaient révéler des choses importantes.
Il est à croire que si ces révélations, ou pour mieux
dire ces accusations, ne furent pas provoquées, au
moins furent-elles encouragées, car sans cela les
dénonciateurs eussent été sans doute retenus par
la crainte de la vengeance de l'ordre, en cas de
non-réussite. Mais, enhardis par la connaissance
qu'ils avaient des dispositions du roi (1), ils firent
leurs dépositions que l'on recueillit, et sur lesquelles le roi manda à tous les baillis du royaume,
à tous les officiers, de prendre main-forte pour
l'exécution d'un ordre qu'il leur adressait cacheté
avec défense, sous peine de la vie, de l'ouvrir
avant le 13 octobre (1309). Ce jour venu, chacun
ouvre son ordre : il portait de mettre en prison
les Templiers. Tous sont arrêtés. Le roi s'em-
presse de faire séquestrer en son nom les biens des
chevaliers jusqu'à ce qu'on en dispose. — Le supplice qui fut la suite de l'accusation des Templiers
est déjà détaillé dans cet ouvrage au mot où cet

(1) Quoique l'accusation des Templiers soit de 1309, on
a retrouvé des lettres de Philippe-le-Bel au comte de
Flandres, datées de Melun (1306), par lesquelles il le
priait de se joindre à lui pour exterminer les Templiers.

article renvoie. J'ajouterai ici qu'en conséquence
de la bulle lancée contre eux par le pape, on poursuivit les Templiers dans toute l'Europe ; mais en
Allemagne ils surent empêcher qu'on ne se saisît
de leurs personnes. Partagea qui put leurs dépouilles. Philippe-le-Bel se fit donner deux cent
mille livres, et Louis Hutin, son fils, prit encore
soixante mille livres. Les sommes qui revinrent à
la cour de Rome pour l'instruction de ce procès
étaient immenses, et de plus on remit aux commissaires du pape la plupart des biens en nature
laissés par les Templiers. — *Voyez* Brulé, t. III,
p. 105.

TENAILLER, pincer et déchirer la chair d'un
criminel avec des tenailles ardentes. Ce raffinement
de cruauté était en usage chez les anciens. Les
Grecs et les Romains se servaient de tenailles pour
déchirer et torturer les criminels. Cicéron en parle,
dans un de ses discours contre Verrès, qu'il accuse
d'employer ce tourment, entre plusieurs autres,
non contre les scélérats, auxquels seuls il devait être réservé, mais contre les citoyens riches
dont l'avide proconsul convoitait les richesses. —
Ce surcroît de supplice accompagnait souvent celui de la roue dans les pays où ce dernier était en
usage, comme en Allemagne et en France : on le
réservait principalement pour le crime de lèse-majesté au premier chef, ou les attentats contre la
personne du souverain. Ainsi Ravaillac, assassin
de Henri IV, fut tenaillé aux mamelles, aux bras et
aux cuisses. Dans le dernier siècle, on vit un jeune
homme de dix-sept ans, le chevalier de La Barre,

condamné au dernier supplice et à avoir la langue
arrachée avec des tenailles pour une irrévérence
et de prétendus blasphèmes envers les choses
saintes. — Sur les endroits où les patiens étaient
tenaillés on versait diverses matières brûlantes
telles que du plomb fondu, de l'huile bouillante,
de la poix-résine, du soufre, de la cire, etc.; enfin, on torturait les criminels avec une sorte de
barbarie infernale, et l'on accumulait tous les différens genres de tourmens que la cruauté la plus
atroce pouvait imaginer. Il semble que les défenseurs de la société aient porté aux malfaiteurs
cet horrible défi : commettez les crimes les plus
grands et les plus inouïs, nous saurons nous rendre, par notre vengeance, plus scélérats encore et
plus odieux que vous. — *Voyez* RÉGICIDE, t. V,
p. 252; ROMPRE VIF, t. V, p. 289 et suiv.; SACRILÉGE,
t. V, p. 316.

TENTATIVE. Toute tentative de crime ma-
nifestée par des actes extérieurs, et suivie d'un
commencement d'exécution, si elle n'a été sus-
pendue, ou n'a manqué son effet que par des
circonstances fortuites ou indépendantes de la volonté de l'auteur, est considérée comme le crime
même par la loi pénale actuelle. (Code pén., 2.)
— *Voyez* ATTENTAT, t. II, p. 40; COMPLOT, t. III,
p. 249; CONSPIRATION, t. III, p. 266; CORRUPTION,
t. III, p. 293; ESCROQUERIE, t. III, p. 11; et
TRAVAUX FORCÉS, t. V.

TESTAMENT, disposition que fait un homme,
en prévoyance de sa mort, des biens qu'il laissera
à son décès. Dans l'ancienne législation, les do-

nations testamentaires, comme toutes les autres,
étaient interdites entre concubinaires. La loi actuelle n'a point admis cette prohibition que l'on
peut considérer comme pénale.—Un abus oppres-
sif des temps anciens, relativement aux testamens,
était cette sorte de contribution forcée que les ecclésiastiques s'étaient arrogé le droit de lever sur
les biens de ceux qui mouraient sans en avoir
légué une partie à l'Église, ce qu'on appelait mourir *deconfer*. Les gens d'église dressaient pour cela
un testament au nom du défunt, dans lequel ils
assignaient arbitrairement une somme qui devait
être appliquée en œuvres pieuses. On trouve dans
Joannes Galli un arrêt de 1388, qui annulle un
testament semblable fait par sentence de l'official
de Sens, non pas à cause du défaut de droit ou
pour l'énormité de la somme, mais à raison d'un
simple défaut de forme. Cet abus a duré plus de
400 ans ; il en restait encore des vestiges en 1560,
suivant plusieurs arrêts du temps.— On nommait
autrefois *testament de mort* la déclaration que faisait un criminel prêt à subir le dernier supplice,
pour révéler les noms de ses complices. Les effets
de cette déclaration, pour peu qu'elle fût appuyée
de quelque autre indice, étaient de faire appliquer
à la question les personnes ainsi désignées. —Les
suggestions tendantes à faire faire un testament
contre la volonté libre d'un testateur, non-seulement entraînent la nullité du testament, mais rendaient autrefois ceux qui en étaient coupables
passibles de peines au moins pécuniaires. Cette
dernière disposition n'existe plus, à moins qu'il ne

se joigne à la captation quelque manœuvre frauduleuse qui constituerait le crime de faux ou
d'escroquerie. — *Voyez*. CONCUBINAGE, tom. III,
p. 258.

TESTICULES, organes de la sécrétion du sperme
humain. Ce nom, pris du latin *testis*, *témoin*, rappelle que dans l'antiquité, lorsque les mœurs pa-
triarcales servaient de lois aux peuples de l'Asie,
les promesses et les obligations n'avaient d'autre
sanction que le serment prêté sur cette partie du
corps. — L'extrême sensibilité de cette portion des
organes de la génération a fait diriger sur elle divers genres de supplices, et sa qualité de constituer la masculinité, regardée comme faisant partie
de la dignité de l'homme, a conduit à en opérer
la mutilation dans la personne de certains criminels qu'on voulait punir par la douleur à la fois
et par la honte.— La nécessité de l'apparence de ces
parties pour la validité des mariages fut autrefois
consacrée par plusieurs arrêts du parlement de
Paris, et le divorce prononcé pour cause de leur absence; on ignorait que ces organes peuvent, chez
certains sujets, demeurer cachés dans la cavité abdo-
minale sans en remplir moins bien leurs fonctions.—
Les Hottentots ont la singulière coutume d'extraire
un testicule aux jeunes garçons à l'âge de neuf à dix
ans, pour éviter, disent-ils, qu'étant marié, il en-
gendre constamment deux jumeaux. On ajoute
qu'une ancienne loi de cette nation défend aux
hommes qui n'ont point subi cette opération,
d'avoir commerce avec les femmes ; ce qu'il y a de
certain, c'est qu'une jeune Hottentote qui se marie

ne manque pas de s'informer si le prétendu a satisfait à cet usage. Une femme qui épouserait un
homme non mutilé serait en danger d'être déchi-
rée par toutes les femmes du *kraal* (village). —
Voyez ADULTÈRE, t. I, p. 115, 119, 122; CASTRA-
TION, t. III, p. 175; PARTIES NATURELLES, t. V,
p. 27; SACRIFICES HUMAINS, t. V, p. 507.

TÊTE. L'instinct avant la science avait deviné
l'importance de cette partie du corps de l'homme.
L'orner de couronnes ou de bandeaux, pour
marquer l'honneur, le mérite ou la dignité; la
dépouiller ou la voiler en signe d'humiliation ou
d'infamie; enfin la mutiler et la torturer pour arracher douloureusement la vie à un criminel,
voilà les effets divers de l'espèce de considération
qui y est attachée chez tous les peuples, tant
civilisés que sauvages. Cet ouvrage prouve assez
que les hommes, dans ces deux états si opposés,
se sont constamment rencontrés dans le triste penchant de sévir d'une manière atroce contre leurs
semblables..

TÊTE BRULÉE. A Siam, le supplice que l'on fait
subir aux coupables d'irréligion et de profanation
révolte l'humanité. Le criminel est garrotté, et sa
tête, placée sur des charbons ardens, est brûlée
à petit feu. Un autre châtiment moins affreux consiste en un certain nombre d'incisions qu'on fait
à la tête, et dont le nombre est fixé par la sentence. Voyez *Sacrifices humains*, t. V, p. 507.

TÊTE COUPÉE. La décapitation opérée de diverses
manières est un supplice adopté et encore employé chez presque tous les peuples.

Afrique (Côte d'). Voyez *Décapitation,* t. III, p. 353.

Allemagne. On y tranche encore la tête pour certains crimes, principalement pour celui de lèse-majesté; mais ce genre d'exécution n'y a jamais été, comme ailleurs, réservé aux personnes trop nobles pour être pendues. Les exécuteurs y sont d'une grande prestesse, principalement parce que les personnes du sexe féminin, de quelque condition qu'elles soient, ne subissent pas d'autre supplice; cependant la parfaite exécution manque souvent, malgré la précaution, en certains lieux, de fixer le patient assis dans un fauteuil. Ils se servent d'un damas.

Angleterre. La décapitation est le supplice des hauts personnages et des seigneurs ou lords. Nulle part peut-être la hache et le billot n'ont détaché plus de têtes nobles ou couronnées. On connaît les condamnations de Jeanne Gray et d'Anne de Boulen, femmes de Henri VIII; celle de l'infortunée Marie Stuart, l'exécution de Charles Ier et de tant de seigneurs qui défendirent, en divers temps, les intérêts des prétendans au trône, jusqu'au dernier Charles Édouard. Plusieurs prélats portèrent aussi leur tête sur l'échafaud. Un des plus célèbres fut Guillaume Land, archevêque de Cantorbéry, décapité, en 1644, sous le prétexte qu'il avait cherché à introduire la religion catholique en Angleterre, et à réunir l'église anglicane à l'église romaine; il avait cependant publié une *Apologie de la religion anglicane.* Son véritable crime était son attachement à Charles Ier. — L'histoire des conquêtes

des Européens en Amérique fournit un trait singulier d'un sergent écossais. Pris par les Espagnols
au siége de l'île de Saint-Augustin, il fut livré aux
Indiens, qui se préparèrent à lui faire subir les
horribles supplices dont ces nations sauvages tour-
mentent les prisonniers de guerre. Dès que le
malheureux sergent parut au milieu des Indiens,
et qu'il aperçut les horribles instrumens de la boucherie qu'ils méditaient, soit qu'il fût inspiré par
ce spectacle épouvantable, ou qu'il eût conçu
d'avance le stratagème qu'il employa, il prit un
air de confiance et de tranquillité, et, par le
moyen d'un interprète, leur tint un discours élo-
quent, dont la substance était que, plus par admiration pour leur valeur que par crainte de la
mort qu'on lui préparait, il voulait leur communiquer un secret merveilleux et infaillible pour
rendre invulnérable à toutes les armes. « Sans cet
enchantement, dit-il en terminant, comment au-
rais-je pu échapper à la mort dans ce combat redoutable où je me suis si souvent exposé aux
coups d'aussi vaillans guerriers? Permettez seulement que j'aie une main libre, afin que je puisse
exécuter quelques cérémonies requises pour opérer le charme. » Les Indiens écoutèrent avec avidité une proposition qui flattait leur caractère
belliqueux : ils délièrent le bras du prisonnier,
qui aussitôt dépouilla son cou, sur lequel il fit
plusieurs signes ; puis il demanda que le plus vigoureux de l'assemblée prît son sabre, et se dis-
posât au premier signe à lui en asséner un coup.
Il cria alors d'une voix haute et d'un air gai :

« Regardez, ô Américains! et voyez une preuve merveilleuse de mon talent ; et vous , guerrier choisi, frappez de toute votre force ; non-seulement vous ne séparerez pas ma tête de mon corps, mais vous n'entamerez pas même la peau de mon cou. » L'Indien , au signe convenu , dirigea un coup terrible de son sabre , et fit tomber la tête du sergent aux yeux des sauvages étonnés, qui s'aperçurent alors de la ruse de l'Écossais, mais n'en admirèrent pas moins son adresse et son courage, et accordèrent à ses restes sanglans les honneurs de la sépulture. — Voyez *Décapitation*, t. III, p. 335; *Guillotine*, t. IV, p. 163; *Pendaison*, t. V, p. 46; *Régicide*, t. V, p. 255 ; *Trahison* (haute) et *Vol.*

Ardra, royaume d'Afrique. Celui qui manque de soumission aux ordres du roi doit avoir la tête tranchée , et toute sa famille tombe dans l'esclavage.

Benin. Les habitans de ce royaume voisin du précédent aiment beaucoup les étrangers, agissent envers eux avec justice, et ne souffrent jamais qu'aucun Européen soit impunément insulté. Si quelque nègre se rend coupable de ce crime, on l'arrête, on lui lie les mains derrière le dos, et, lui faisant pencher la tête, on la lui abat d'un coup de hache.

Birman (empire). Voyez *Vol.*

Brésil. Voy. *Décapitation*, t. III, p. 535.

Ceylan. Le voyageur Knox, dans le Journal de son voyage aux Indes, parle d'un roi de l'île de Ceylan nommé *Radiasinga* , mot qui signifie *le roi-lion*, titre assurément trop noble pour le personnage qui le portait. Ce roi sanguinaire fit mourir son propre fils, sur le simple soupçon d'un projet de révolte, et prenait souvent plaisir à faire couper la tête à des jeunes gens des meilleures familles du royaume, pour les faire mettre ensuite dans leur ventre, sans déclarer de quels crimes il les croyait coupables.

Chine. Trancher la tête est un des trois grands supplices usités à la Chine ; il y est regardé comme infamant, tandis que la strangulation est une faveur honorable. On ne dresse pas d'échafaud pour les exécutions : le criminel se met à genoux dans une place publique, les mains liées derrière le dos ; on le tient si ferme qu'il ne peut se remuer, tandis que l'exécuteur, s'avançant par derrière, lui abat la tête d'un seul coup, et aussitôt l'étend sur le dos avec tant de promptitude et d'adresse, dit-on, qu'il ne tombe pas une goutte de sang sur ses habits. L'exécuteur est un soldat du commun ; et, loin que l'usage ait attaché de la honte à ses fonctions, c'est un honneur pour lui de s'en acquitter bien. A Pékin, il porte une ceinture de soie jaune en accompagnant le criminel : c'est la couleur impériale, et son sabre est enveloppé dans une étoffe de soie de la même couleur, pour montrer qu'il est revêtu de l'autorité de l'empereur. — L'idée d'ignominie que les Chinois attachent à l'amputation d'une partie du corps, les engage à acheter à grands frais les cadavres de leurs parens ou amis décapités pour y recoudre la tête, et s'efforcer ensuite d'expier, par leurs gémissemens, la

désobéissance du mort envers ses parens, péché
auquel ils attribuent la fatalité qui pousse un criminel à se mettre dans le cas d'être mutilé. La célèbre Vu-Heu, impératrice de la Chine en 683, et
qui fut successivement concubine de l'empereur
Tai-Tsony, et épouse de Kao-Tsong, fils de ce
dernier, craignant que l'impératrice et les reines,
répudiées à cause d'elle par Kao, ne rentrassent
en faveur, fit trancher la tête à toutes le même
jour, après leur avoir fait subir différentes mutilations. Voyez *Décapitation*, t. III, p. 332, et *Respect* (manque de), t. V, p. 277.

Danemarck. Voyez *Guillotine*, t. IV, p. 161.

Espagne. On y tranche quelquefois la tête des
condamnés après leur mort. Pendant la dernière
guerre d'Espagne, le nommé Grégorio Iglésias,
convaincu du crime de lèse-majesté, pour avoir
été pris les armes à la main lors de l'affaire d'Al-
méria, subit d'abord le supplice de la *horca* (potence). Après sa mort, sa tête fut tranchée et ses
membres écartelés pour être placés sur les principales routes qui avoisinent Madrid à la distance
de quatre cents pas. — En 1568, le roi Philippe II
arrêta lui-même l'infant don Carlos dans sa chambre, et le fit enfermer jusqu'à sa mort, qui arriva peu après. On a soupçonné que Philippe fit
trancher la tête de son fils, à cause de son intrigue
avec la reine Élisabeth de France. Le corps de l'infant, placé dans les tombes de l'Escurial, y est
séparé de sa tête, et la seule raison qu'on en donne
est que la caisse de plomb qui renferme le corps
est trop petite, ce qui est vrai en effet, mais ne

paraît pas justifier une pareille amputation, qui, à cette époque surtout, eût été regardée comme une profanation irréligieuse.

France. Le supplice de la décapitation y est fort ancien. Dans les derniers siècles, l'usage de réserver ce genre d'exécution pour les gentilshommes avait si fort prévalu, qu'il avait donné naissance au préjugé que les nobles seuls pouvaient être ainsi exécutés. La Roque, dans son *Traité de la noblesse*, croit nécessaire d'observer que ce supplice n'était pas un titre de noblesse pour les descendans de celui qui avait été décapité. — Depuis 1678 jusqu'en 1790, on ne voit plus aucun exemple d'autres que des gentilshommes qui aient été condamnés en France à avoir la tête tranchée, à moins que ce ne soit en Alsace, province qui avait conservé une partie de la jurisprudence civile et criminelle de l'Allemagne. — On bandait les yeux de ceux qu'on décapitait pour crime de trahison envers le roi et l'état. Cette précaution était regardée comme une ignominie de plus qu'on ajoutait à leur supplice. On banda les yeux du maréchal de Biron. On lit dans la relation de la mort du duc de Montmorency, publiée en 1653, qu'il dit à l'exécuteur : *Bande-moi les yeux, et fais promptement ton office;* qu'on lui répondit *que s'il voulait il n'aurait pas les yeux bandés, et que le roi l'avait ainsi ordonné;* qu'il répliqua *qu'il ne pouvait mourir avec assez de honte.* Ceux qu'on décapitait pour d'autres crimes que celui de trahison étaient les maîtres d'avoir ou non les yeux bandés. On demanda à Bouteville et à Deschapelles, condamnés pour duel, s'ils voulaient qu'on leur bandât les yeux; ils répondirent que non.—Les exemples marquans de ce genre d'exécution sont trop nombreux dans l'histoire de France pour en retracer ici le tableau. Depuis Clovis, qui, dit-on, abattit d'un seul coup de sa royale main la tête d'un soldat, sous le prétexte d'une légère faute de discipline, jusqu'à l'époque qui vit tomber la tête du malheureux Lalli, le tranchant du glaive fit justice de ceux qui luttèrent contre le pouvoir, ou qui eurent pour ennemis personnels ceux qui en étaient revêtus. — Louis XI, pour assouvir sa vengeance contre Jacques d'Armagnac, voulut, en le faisant décapiter, que ses enfans, dont le plus âgé n'avait que douze ans, fussent placés sous l'échafaud, tête nue, les mains jointes et vêtus de blanc, pour être arrosés du sang de leur père. J'ai déjà fait observer, dans cet ouvrage, que Richelieu fit couper plus de têtes qu'on n'en avait abattu depuis l'origine de la monarchie. Il est inutile de rappeler ici les exécutions en masse faites pendant ce période de notre révolution qu'on a justement nommé *le règne de la terreur*. Voyez *Blasphémateur*, t. II, p. 462; *Bourreau*, t. III, p. 55; *Décapitation*, t. III, p. 334; *Échafaud*, t. III, p. 445; *Guillotine*, t. IV, p. 159; *Lèse-Majesté*, t. IV, p. 516; *Régicide*, t. V, p. 257.

Hollande. Le mode de décapitation y était le même qu'en Angleterre et en France, et là aussi on trouve que ce supplice servit les vengeances politiques, quoique moins fréquemment que partout ailleurs. Ce fut dans la révolution causée par l'excès du despotisme de Philippe II, qu'on en vit de tristes exemples. Le duc d'Albe ayant été envoyé dans les Pays-Bas, les troubles déjà excités dans ces provinces acquirent d'autant plus de violence que le vice roi en mit à les réprimer. Il crut enfin qu'il était temps d'exécuter les grandes mesures qu'il avait projetées, et d'assurer son pouvoir par la chute des têtes les plus élevées : il fit amener de Bruxelles (1568), et exécuter le même jour, Gilbert et Théodore de Batenbourg, qui avaient été pris, l'année précédente, en traversant le Zuyderzée; Pierre d'Andelot et quinze autres seigneurs. Le lendemain, il fit conduire à l'échafaud Jean de Montigny, de Villiers, de d'Huy, Quintin Benoît et Corneille de Nicen, orateur célèbre. Dix compagnies d'Espagnols et une troupe de cavalerie avaient conduit à Bruxelles les comtes d'Egmont et de Horn, qui étaient depuis neuf mois prisonniers dans la citadelle de Gand. Tous ces massacres juridiques, loin de détruire le parti du prince d'Orange, semblèrent lui prêter de nouvelles forces, et cette cause, qui d'abord fut celle de la liberté, prévalut. Cinquante ans plus tard, le stathouder renouvela les proscriptions, et fit monter sur les échafauds, sous le prétexte d'offense envers la religion, les défenseurs des droits du peuple. L'un des grands motifs de la révolte des sept provinces et des princes d'Orange contre l'Espagne, fut que le duc d'Albe faisait languir long-temps des prisonniers sans les juger, et qu'enfin il les faisait condamner par des commissaires. Les mêmes griefs dont on s'était plaint sous la monarchie espagnole se renouvelèrent au sein de la liberté. Le pensionnaire Barnevelt eut la tête tranchée dans La Haye plus injustement encore que les comtes d'Egmont et de Horn à Bruxelles. C'était un vieillard de soixante-douze ans, qui avait servi quarante ans sa république dans toutes les affaires politiques, avec autant de succès que Maurice et ses frères en avaient eu dans les armes. Un fils de Barnevelt, ayant depuis entrepris de venger le sang de son père sur celui de Maurice, échoua dans son entreprise, et parvint à échapper à son ennemi. Son jeune frère eut la tête tranchée uniquement pour avoir eu connaissance de la conspiration.

Indostan. Voyez *Vol.*

Italie. Pour ce qui regarde les anciens Romains, voyez *Décapitation*, t. III, p. 353, 354. Après la dissolution de l'empire, les chefs barbares qui régnèrent en Italie, infligèrent la décapitation pour le crime de trahison. Le célèbre Boëtius, d'une des plus illustres familles de Rome, consul en 487 et ministre de Théodoric, roi des Ostrogoths, fut condamné à avoir la tête tranchée, et son exécution eut lieu en 524. Il avait été détenu à Pavie pendant six mois entiers, et c'est dans sa prison qu'il composa son beau livre *de la Consolation de la philosophie.* — Dans l'Italie moderne, la décapitation s'est généralement conservée, principalement pour les personnages de considération. Naples, Rome, Venise ont vu tomber les têtes de leurs souverains : le jeune et malheureux Conradin subit ce supplice dans la première de ces villes, en 1268, avec Frédéric, duc d'Autriche, son cousin, aussi jeune que lui. Frédéric fut exécuté le premier: Conradin, qui l'aimait tendrement, ramassa sa tête et reçut, en la baisant, le coup de la mort. Près d'un siècle avant on avait vu Henri VI, conquérant des Deux-Siciles, faire exhumer le corps de Tancrède, et, par une barbarie aussi atroce qu'inutile, faire couper la tête au cadavre par la main du bourreau. — En 890, Rome chrétienne fut témoin d'une profanation pareille ordonnée par un pape! Voyez *Cadavre*, t. III, p. 154. Plus tard, Crescentius, nommé consul, tenta vainement de rétablir le peuple romain dans ses droits et de faire revivre la république. Il avait chassé du siége pontifical Grégoire V, neveu de l'empereur Othon III : Rome fut assiégée et prise; Crescentius, attiré hors du château Saint-Ange, sur la promesse d'un accommodement et sur la foi des sermens de l'empereur, eut la tête tranchée. — En 1355, le doge de Venise, vieillard octogénaire, reçut une cruelle offense d'un noble : le conseil, qui ne voulait jamais favoriser celui qui paraissait le chef de l'État, se contenta d'infliger au coupable une légère punition. Peu après ce jugement, un ouvrier fut frappé par un noble; il alla se plaindre au doge. «Que veux-tu que je fasse, dit celui-ci, puisque je ne puis être vengé moi-même? » L'ouvrier, homme de résolution, répondit: Si vous voulez, nous mettrons tous ces nobles à la raison; promettez-moi de me seconder, et je vous mettrai à même de vous venger. — Agis, répartit le doge;» et l'ouvrier, au même instant, courut s'occuper d'un plan de con-

spiration dont le but n'était rien moins que d'exter-
terminer tous les nobles le même jour. Quand
tout fut prêt, il retourna vers le doge, et il fut
convenu que, le 15 avril, le signal serait donné
par le doge lui-même, qui ferait sonner les cloches
de Saint-Marc comme pour avertir de l'apparition
imprévue d'une flotte génoise. Mais le complot fut
découvert la veille par l'indiscrétion d'un des chefs
du complot, qui voulut sauver un noble, nommé
Lioni, auquel il avait des obligations : il le fit avertir de ne pas sortir de chez lui le 15, quelque
chose qu'il arrivât. Lioni voulut connaître la cause
de cette défense, et fit mettre à la question celui
qui l'avait généreusement averti. Le plus grand
nombre des conjurés fut arrêté, et on les exécuta
de suite sans plus ample information. Le doge,
après avoir comparu devant le grand-conseil, fut
unanimement condamné; on lui trancha la tête
au lieu même où il avait été couronné, et son sang
souillait encore le carreau de la salle d'élection
quand on y proclama son successeur.

Japon. On y coupe la tête aux criminels de la
classe du peuple, et c'est à titre de faveur que l'on
accorde aux parens la faculté de faire eux-mêmes
l'exécution. Le sabre est l'instrument dont on se
sert. Voyez *Décapitation*, t. III, p. 352.

Juida, royaume d'Afrique. À la mort du roi,
un certain nombre des officiers qui l'ont servi sont
choisis par le sacrificateur pour accompagner leur
défunt maître dans l'autre monde. On leur coupe
la tête au bord du caveau où le corps du prince
doit être déposé. Ces têtes sont ensuite placées au

haut de pieux plantés à quelque distance, en témoignage des honneurs qu'on a rendus au mort.

Maroc. C'est le supplice par excellence que d'y avoir la tête tranchée de la main même de l'empereur. L'usage en est venu de ce que les Miramolins étant regardés comme descendans de Mahomet, les premiers qui furent condamnés à mort, sous leur empire, demandèrent de mourir de la main du maître. Cet usage s'est si bien conservé que le fameux empereur de Maroc Muley Ismaël a exécuté ainsi de sa main près de dix mille hommes dans le cours de sa longue vie. Voy. *Décapitation*, t. III, p. 333.

Moluques (*Iles*). Les Alfouriens ou Alfouras, montagnards sauvages qui occupent les hauteurs de ces îles et notamment de Céram, ont une loi singulière mais inviolable parmi eux. Aucun jeune homme ne peut couvrir, pour la première fois, son corps ou sa main, se marier ni travailler, s'il n'apporte préalablement la tête d'un ennemi dans son village, où elle est posée sur une pierre consacrée à cet usage. Celui qui compte le plus de têtes est réputé le plus noble et peut aspirer au meilleur parti. Aussi, les jeunes Alfouriens emploient-ils toute l'adresse dont ils sont capables à se pourvoir de ces barbares trophées. Ils battent la campagne en petites troupes et attaquent toujours leur ennemi par derrière et dans le moment où ils peuvent se promettre de le frapper à coup sûr. Si cependant ils le manquent, on les voit revenir remplis de frayeur, et de long-temps ils ne songent au mariage. Lorsqu'ils ont perdu quelques-uns des leurs dans un combat, et que les têtes en sont emportées, ils jettent les cadavres sur un arbre comme indignes de la sépulture. Mais si les morts ont encore leurs têtes, il est permis aux parens de les enterrer.

Perse. On y tranche la tête aux nobles avec un rasoir. Voyez *Décapitation*, t. III, p. 333.

Prusse. Frédéric-Guillaume, père du grand Frédéric, et le plus despote de tous les monarques, ayant découvert le projet de fuite de son fils, qui voulait se soustraire à sa tyrannie, le fit arrêter avec deux jeunes gentilshommes qui devaient l'accompagner. L'un d'eux parvint à s'évader; mais l'autre, nommé Kat, fils unique d'un brave officier-général, fut destiné par le roi à donner un exemple à son fils. A cet effet, un officier, suivi de quatre grenadiers, entra, fondant en larmes, dans la chambre que le prince occupait au château de Custrin, et, le faisant saisir par les grenadiers, le força de se placer à une fenêtre où on lui tint la tête, tandis qu'on coupait celle de son ami Kat sur un échafaud dressé immédiatement sous la croisée. Frédéric tendit la main à Kat et s'évanouit : le père était présent à ce spectacle.

Russie. Cet empire a également offert l'exemple de la sévérité d'un souverain envers son propre fils; mais ici, c'est la tête même de l'héritier du trône qui tomba sous la hache du bourreau. Alexis, fils du czar Pierre Ier, subit ce supplice en 1718. Le prince n'était coupable que de faiblesse et d'une coopération peu réfléchie aux manœuvres des prêtres et des nobles, ennemis des réformes et des améliorations apportées par leur souverain dans les mœurs et la constitution de l'empire. — La décapitation y était, avant l'abolition de la peine de mort, la peine ordinaire de la haute trahison (1).

Sibérie. Ostiaks. Lorsqu'en hiver les Ostiaks tuent quelque animal à la chasse, principalement des ours, ils pensent devoir apaiser par une singulière cérémonie les mânes de l'animal mort qu'ils croient errer dans les bois, et chercher à se venger sur eux à la première occasion. Voici en quoi consiste cette cérémonie expiatoire : ils écorchent l'animal, lui coupent la tête et la suspendent, avec la peau, à un arbre autour duquel ils font plusieurs tours en dansant : ils poussent ensuite des gémissemens, ou font des grimaces de douleur autour du cadavre, et lui adressent de grandes excuses de lui avoir donné la mort. *Qui t'a ôté la vie ?* lui demandent - ils tous en chœur; et ils répondent : *Ce sont les Russes. — Qui t'a coupé la tête ? —C'est la hache d'un Russe. — Qui t'a ouvert le ventre ? — C'est le couteau d'un Russe. —Nous t'en demandons pardon pour lui.*

Suède. Voyez *Régicide*, t. V. p. 265.

Suisse. — Gentilis, dogmatiseur du temps de Calvin, allait être condamné, ainsi que Servet, à être brûlé vif à Genève, sur la sollicitation de l'in-

(1) Quoique la peine de mort ait été abolie par Catherine, on a cependant vu, lors de l'élévation au trône de l'empereur actuel, Nicolas Ier, des mécontens condamnés au dernier supplice.

Tête écrasée. — T. 4. 430.

Supplice au Japon.

Rev. de la Pénalité.

tolérant sectaire. Celui-ci avait trouvé cinq avocats
qui signèrent que Gentilis méritait de mourir dans
les flammes. Cependant, plus avisé que Servet, il
se rétracta, donna les louanges les plus ridicules à
Calvin et fut sauvé. Mais son malheur voulut ensuite que, n'ayant pas assez ménagé un bailli du
canton de Berne, il fût arrêté comme arien, et sur
la déposition de témoins qui affirmèrent lui avoir
entendu dire que les mots *divinité*, *essence*, *hypos-
tase* n'étaient pas dans l'Écriture - Sainte, il fut
condamné à perdre la tête.

Tunquin. Voyez *Strangulation*, t. V, p. 413.

Turquie. Avoir la tête tranchée y est un supplice déshonorant qu'on ne fait guère subir qu'aux
esclaves. *Voyez Billot*, t. II, p. 450; *Décapitation*, t. III, p. 332; *Échafaud*, t. III, p. 445;
Guillotine, t. IV, p. 159; *Maiden*, t. IV, p. 350;
Régicide, t. V, p. 256; *Sabre*, t. V, p. 296.

Tête couverte. Voyez *Parricide*, t. V, p. 26.

Tête écorchée. Voyez *Coupé en morceaux*, t. III,
p. 298.

Tête écrasée. Au Japon, on inflige un supplice
affreux, mais prompt, à l'étranger surpris avec
une femme. Le coupable est étendu par terre;
deux hommes lui tiennent les bras, et deux autres
les jambes; le cinquième, qui porte une massue
de fer, prend son élan à dix ou douze pas du criminel, et vient en dansant écraser la tête de ce
malheureux.—Aux îles Sandwich, on couche le patient sur un banc, et le bourreau lui écrase la tête
d'un coup de massue.—En Perse, on posait la tête
du patient sur une pierre; un poids énorme, sou-

tenu en l'air par une corde et abandonné tout à
coup à lui-même, écrasait la tête sur laquelle il
était dirigé.

Tête exposée. Avant que les progrès de la raison eussent fait honte aux hommes de leurs excès
en tous genres, les têtes des criminels décapités, victimes des dissensions politiques, étaient
exposées aux yeux du public, et demeuraient
quelquefois long-temps en cet état. — La plupart des nations sauvages, et surtout celles qui
peuplaient le vaste continent des deux Amériques,
avaient cette barbare coutume. — On sait que
les Turcs garnissent, en temps de guerre, les murailles de leurs villes principales des têtes de leurs
ennemis, et que la récompense accordée à ceux
qui les apportent, leur donne le plus grand zèle
à couper celles des blessés ou des morts sur le
champ de bataille. — En France, comme dans les
autres pays de l'Europe où la décapitation était
en usage, le bourreau, après l'exécution, montrait au public la tête du supplicié. On a même
des exemples d'expositions de têtes ordonnées par
des arrêts de parlemens. Je ne citerai que deux
faits. — Guillaume Guérin était avocat général au
parlement de Provence sous Henri II. Ce magistrat, nouvellement revêtu de cette dignité, ayant
à cœur de signaler son zèle, se chargea de mettre
à exécution l'arrêt de la cour qui ordonnait la persécution des *hérétiques* nommés Vaudois. Guérin
mit le plus grand acharnement à poursuivre ces
infortunés. Un jeune homme de Mérindol tâchant
de se sauver et les soldats favorisant sa fuite, l'avo-

cat général cria de toutes ses forces : *Tolle*, *tolle!*
et le fuyard fut arquebusé. On compta vingt-deux
bourgs détruits ou mis en cendres à son instigation. Enfin le roi permit aux *seigneurs* ruinés de
ces villages détruits et de ces peuples égorgés, de
porter leurs plaintes au parlement de Paris. On
chercha des crimes pour faire périr Guérin, et l'on
n'eut pas de peine à lui en trouver. Il fut condamné,
non pour le massacre de Mérindol et de Cabrières,
comme plusieurs historiens et Voltaire lui-même
l'ont avancé, mais pour « *plusieurs faussetés, calomnies, prévarications, abus et malversations aux
deniers du roi et d'autres particuliers, sous couleur
et titre de son état d'avocat du roi.* » Voici le dispo-
sitif de l'arrêt qui fut rendu contre lui par le parlement de Paris le 20 avril 1554, et exécuté le
même jour : « Sera ledit Guérin dévêtu de la longue
robe et chaperon à bourlet et à longue cornette de
son état, et vêtu d'un autre habit; et, ce fait, sera
traîné sur une claie, qui sera attachée au cul d'un
tombereau, jusqu'à la place des halles de cette ville
de Paris, et là pendu et étranglé à une potence qui
pour ce y sera dressée; et, après qu'il sera pendu
et étranglé, *sa tête sera séparée de son corps, et portée à Aix en Provence, où elle sera mise en plein jour
aux heures accoutumées à faire exécution en ladite
ville et place publique de la ville d'Aix.* Ladite cour
déclare ses biens confisqués, etc. » — Il y avait,
en 1601, à Metz, un nommé Sauboles, à qui
Henri IV avait confié le commandement de la
place. Les confiscations étaient fort de son goût;
aussi n'entendait-on parler à Metz que de prison,

de gibet, de proscription. La présence de quelques magistrats gênait cet homme cruel; il créa une conspiration dans laquelle il fit entrer ces citoyens, les accusant de vouloir livrer la ville au comte de Mansfeld, gouverneur de Luxembourg. Pour rendre son accusation plus vraisemblable, il y comprit quatre soldats de sa compagnie, qui furent arrêtés aussi. Un d'eux étant mort en prison, il le traita comme convaincu, le fit traîner sur la claie, pendre par les pieds à une potence sur le grand chemin de Thionville, et ordonna d'*exposer sa tête* au bout d'une pique sur la porte de Pontiffroy. Et Henri IV, que quelques historiens se sont efforcés de rendre populaire, laissa impunis les crimes de ce scélérat !

TÊTE INCISÉE. Voyez *Tête brûlée.*

TÊTE MISE A PRIX. Voy. *Proscription*, t. V, p. 151.

TÊTE NUE. C'est une des circonstances qui accompagnent l'exécution d'un criminel condamné au dernier supplice.

TÊTE RASÉE. Voyez *Cheveux*, t. III, p. 255; *Raser*, t. V, p. 229; *Scalpage*, t. V, p. 533.

THÉATRE. L'ouverture d'un théâtre ou spectacle, sans déclaration ou permission, est, suivant le décret du 13 août 1811, punie d'un emprisonnement de deux mois au moins et six mois au plus et d'une amende de cent francs à six mille francs. — Tout directeur qui fait représenter une pièce au mépris des lois et réglemens sur la propriété des auteurs, est passible d'une amende de cinquante à cinq cents francs, et de plus, les recettes sont confisquées (aujourd'hui saisies) pour indemniser le propriétaire de la pièce du dommage qu'il a souffert. — *Voyez* SPECTACLE, t. V, p. 402.

THEUTAT ou THEUTATÈS. C'est sous ce nom que les Gaulois adoraient leur principale divinité, que l'on croit être le Mercure des anciens Égyptiens. Ils regardaient ce dieu comme le fondateur de leur nation, et faisaient gloire de descendre de lui; c'est ce qu'exprime le nom de *Theutatès*, qui signifie père du peuple. C'est en l'honneur de cette divinité que les Gaulois égorgeaient des victimes humaines et pratiquaient ces sacrifices barbares dont il a été déjà parlé. *Voyez* SACRIFICES HUMAINS, t. V, p. 501.

THUNGINS, nom des commandans d'une compagnie de cent hommes, dans les premiers siècles de la monarchie française : leur principale fonction était de convoquer ceux qui devaient faire partie de l'armée en temps de guerre, de les assembler et de les conduire au rendez-vous général. Ils avaient aussi une juridiction particulière dans les provinces qui leur étaient assignées, et prononçaient spécialement des peines contre les délinquans, en fait de service militaire : la plus ordinaire était la privation de vin et de viande pendant tout le temps qu'on avait manqué à son service.

TIGRES (Dévoré par des). C'est un supplice ordinaire dans le royaume de Siam de faire dévorer les condamnés par des tigres affamés.—On lit dans une relation du père Tachard, que ce missionnaire fut témoin d'un supplice horrible infligé à des Macassars. Après leur avoir fait subir diverses

tortures, on les attacha à térre, pieds et poings
liés, le corps nu ; et dans cet état on lâcha sur eux
un tigre qui, après les avoir flairés, sans leur causer de mal, essaya de sortir de l'enceinte haute de
quatre pieds. Il était midi, qu'il n'avait point encore touché aux criminels, quoiqu'ils eussent été
exposés depuis sept heures du matin. L'impatience des bourreaux leur fit retirer le tigre pour attacher ces misérables debout à de gros pieux. Cette
posture parut plus propre à animer le tigre, qui en
tua trois avant la nuit. Les exécuteurs tenaient ce
cruel animal par deux chaînes, passées des deux
côtés hors de l'enceinte, et le tiraient malgré lui
sur les criminels . qu'on n'entendit jamais ni se
plaindre, ni seulement gémir. L'un se laissa dévorer le pied sans le retirer ; l'autre, sans faire un cri,
se sentit briser tous les os du bras. Un troisième
souffrit que le tigre lui léchât le sang qui coulait
de son visage, sans détourner les yeux, et sans remuer ; le quatrième tourna autour du poteau,
pour éviter l'animal furieux ; mais il mourut avec
la même constance que les autres. On lit dans le
voyageur La Loubère que les femmes du roi coupables d'infidélité sont quelquefois livrées aux
tigres. Dans le même royaume, quand les juges
restent indécis après les épreuves de l'huile bouillante, de l'eau et des pilules, ils ordonnent celles
des tigres : les adversaires sont abandonnés à ces
animaux furieux, et celui qu'ils épargnent quelques minutes est réputé innocent ; et si tous deux
sont victimes de l'épreuve, on les croit également
coupables. *Voyez* CHEVAL, t. III, p. 232.

TIMBRE, marque apposée sur le papier dont la loi française oblige de se servir pour tous les actes judiciaires et pour ceux qui doivent être produits en justice. Plusieurs lois fiscales ont réglé les différens cas relatifs à l'emploi du papier timbré, dont la vente, monopolisée par la régie de l'enregistrement et des domaines, est une des sources les plus productives pour le trésor public. Les principales dispositions pénales qui sanctionnent les défenses imposées par ces lois sont les suivantes.

. L'emploi de papier non timbré ou l'insertion de deux actes sur le même papier par les particuliers, entraîne une amende de trente francs que l'addition du décime porte à trente-trois francs. Pour les officiers publics l'amende est de cent francs. —Les particuliers qui couvrent d'écriture ou altèrent l'empreinte du timbre, encourent une amende de quinze francs, et les officiers ou fonctionnaires publics, dans le même cas, une amende de vingt-cinq francs. — Une amende de cinquante francs est décernée contre les officiers publics qui se seraient servi, pour certains cas, de papier timbré d'une moindre dimension que celle fixée par la loi pour ces sortes d'actes. — Lorsqu'un effet négociable est écrit sur papier non timbré, ou que l'empreinte du timbre est couverte ou altérée, ou enfin que l'on a écrit plusieurs actes de cette espèce sur un même papier, il y a lieu à une amende égale au vingtième de la somme exprimée dans ces effets; cette amende est également encourue lorsqu'on se sert de papier de moindre dimension que celle voulue par la loi pour la somme énoncée dans le billet. Cependant, si cette somme est au-dessous de six cents francs, l'amende reste fixée à trente francs. — Les contrevenans, dans tous les cas, payent, en outre, les droits de timbre. — Aucune personne ne peut vendre ou distribuer du papier timbré, qu'en vertu d'une commission de la régie, à peine d'une amende de cent francs pour la première fois, et de trois cents francs en cas de récidive. — Le papier trouvé chez les contrevenans est confisqué. — La peine contre ceux qui abuseraient des timbres vrais pour timbrer et vendre frauduleusement du papier timbré, est la réclusion, et celle contre les contrefacteurs, les travaux forcés à temps, dont le maximum doit toujours être appliqué (Code pén., 140, 141). — Les contraventions aux droits du timbre sur les avis imprimés sont punis d'une amende de vingt-cinq francs pour la première fois, de cinquante francs pour la seconde et de cent francs pour chacune des autres récidives.

TIRÉ A QUATRE CHEVAUX. *Voyez* ÉCARTELÉ, t. III; p. 442.

TIRER au sort. Sous l'empire des anciennes ordonnances relatives aux peines infligées pour cause de désertion, lorsque plus de deux déserteurs étaient arrêtés ensemble, ou que plus de deux se trouvaient amenés dans une place ou quartier le même jour, après qu'ils avaient été condamnés à mort, on les faisait tirer au sort trois à trois : celui à qui tombait le fatal billet était passé par les armes; les deux autres étaient condamnés aux galères perpétuelles et remis entre les mains du geôlier des prisons avec un certificat constatant qu'ils avaient tiré les billets favorables. Ceux qui étaient convaincus d'avoir déserté étant en faction ou de garde, ou en pays étranger, n'étaient pas admis à tirer au sort.—La voie du sort était également employée pour désigner ceux qui, chez les Romains, devaient être victimes de la décimation. *Voyez* ARMES (passer par les), t. I, p. 421 ; DÉCIMA-TION, t. III, p. 336.

- TIREURS DE LAINE. *Voyez* VOL.

TOGE. Longue robe fort ample qui formait l'unique vêtement des Romains dans les premiers temps de la république et qui devint comme la marque distinctive de cette nation; *gentemque togatam*, dit Virgile. Plus tard ils portèrent par dessous une tunique qui ne tombait que jusqu'aux genoux. — La toge était un habit d'honneur, le petit peuple ne portait guère qu'une simple tunique. Les exilés perdaient le droit de la porter dans leur exil. On la quittait ordinairement à la campagne et dans le particulier; mais dans la ville et en public, même dans les pays étrangers, il était de la bienséance de ne paraître qu'en toge; on ne pouvait contrevenir à cet usage sans encourir le blâme des magistrats. Germanicus, dans un voyage qu'il fit en Égypte, marchant sans gardes, crut pouvoir prendre la chaussure et l'habillement des Grecs, à l'imitation de ce qu'avait fait autrefois Scipion l'Africain à Syracuse. Mais il en fut blâmé en plein sénat par Tibère, ainsi que Scipion l'avait été auparavant par la plupart de ses concitoyens.

TOITS. Les Arabes nabatéens défendaient, sous *peine de mort*, toutes les actions qui tendaient à quitter la vie nomade et par suite, disaient-ils, à perdre la liberté, et à s'assujettir à des maîtres. Au nombre de ces actions était celle de bâtir des habitations et de vivre sous des toits.

TOMBA ou TOMBO. C'est ainsi que l'on nomme en Afrique, parmi les habitans idolâtres, les cérémonies cruelles et superstitieuses qui se pratiquent aux funérailles des rois et des grands du pays et qui se terminent toujours par le sacrifice de plusieurs des officiers ou des esclaves qui ont servi le défunt pendant sa vie.

TOMBEAU (Supplice du). *Voyez* BOIRE ET MANGER, t. II, p. 474; POIDS DE FER ET DE PIERRE, t. V, p. 85.

TOMBEAUX. Les Chinois, les Égyptiens, les Grecs dépensaient une partie de leur fortune, soit pour se faire faire de magnifiques funérailles, soit pour la construction et l'embellissement de leur dernière demeure. Une loi de Solon défendit de dresser des tombeaux où il y eût plus d'ouvrage que dix hommes n'en pouvaient faire en trois jours. À cette défense il ajouta celle de les crépir et d'y mettre des hermès (1). Dans la suite, les Athéniens ayant remplacé ces hermès par des colonnes, Démétrius de Phalère retrancha encore cette superfluité. Il voulut que les tombeaux consistas-

(1) C'étaient des statues qu'on y plaçait d'ordinaire, parce qu'on croyait que le dieu qu'elles représentaient (Mercure) conduisait les âmes aux enfers.

sent en une simple élévation de terre, sur laquelle
on ne placerait autre chose qu'une colonne qui
n'aurait pas plus de trois coudées de haut, ou une
petite cuvette, ou une table à manger. Platon défendit de choisir, pour sa sépulture, la partie fé-
conde d'un champ ; d'en élever la terre à plus de
hauteur que cinq hommes ne pourraient l'élever
en cinq jours, et d'assembler dessus des pierres
plus grandes qu'il ne les fallait pour renfermer
quatre vers héroïques à la louange du mort. — A
Rome, où l'on avait un grand respect pour l'asile
des morts, un sénatus-consulte défendit de faire
servir les tombeaux à d'autres usages qu'à renfermer les cadavres, non plus que les vendre ou les
échanger pour être convertis en lieux profanes :
par la loi concernant la vente des fonds de terre où
ils se trouvaient, on se réservait toujours le droit
de les visiter et de s'y faire enterrer. —Puisque l'on
donnait tant de soins à la construction des tombeaux, il faut penser que leur violation devait être
rigoureusement punie. Toutes les législations n'ont
pas prévu ce crime, parce qu'il a paru difficile à
supposer ; mais il en est qui l'ont supposé possible
et qui lui ont appliqué les peines les plus sévères.
Chez les Danois, il était irrémissible. En France,
les premiers rois obligèrent à construire les tombeaux en pierre et à leur donner la forme d'une
auge (1). Un capitulaire de Charlemagne porte :

(1) Les tombeaux des rois de la première race, depuis
Clovis, étaient de grandes pierres profondément creusées,
et couvertes d'autres pierres en forme de voûte. . .

« Les laïcs convaincus d'avoir violé les sépulcres seront punis de la peine de l'infamie, avec confiscation de la moitié de leurs biens; à l'égard des clercs, ils seront punis de l'exil perpétuel et dégradés... Les juges qui négligeront de poursuivre cet outrage fait à la mémoire des morts, seront dépossédés de leurs charges. »

Voyez CADAVRE, t. III, p. 134; DÉTERRER AVEC LES ONGLES, t. III, p. 390; EXHUMATION, t. IV, p. 44; FUNÉRAILLES, t. IV, p. 136; INFAMIE, t. IV, p. 203; SÉPULTURE, t. V, p. 345; TÊTE COUPÉE, t. V, p. 473.

TOMBEREAU, sorte de charrette qui sert ordinairement à enlever les immondices des rues. Ducange dérive ce mot de *tombrellum*, dont les Anglais ont fait *tumbrel*, que Dodwell dit avoir été une espèce de charrette sur laquelle on promenait par les villes d'Angleterre les femmes coupables d'adultère, et qu'en quelques lieux on plongeait plusieurs fois dans l'eau, ce qu'on appelait la peine du *tumbrel*. C'était dans un tombereau, en France, en Espagne, que l'on conduisait les criminels au lieu de leur supplice, toutefois quand le jugement l'ordonnait. En parlant du comte de Lalli, Voltaire dit: « Réservé à la perdre (sa tête) sur l'échafaud, on le traîna dans un *tombereau de boue*, ayant dans la bouche un large bâillon qui, débordant sur ses lèvres, et défigurant son visage, formait un spectacle affreux. » *Voy.* CAGE A CANARD, t. III, p. 145; CHAISE, t. III, p. 200; GARROTTE (*el*), t. IV, p. 144.

TONDRE. *Voy.* RASER, t. V, p. 229.

TONNEAU. Les auteurs latins rapportent qu
les Carthaginois, vainqueurs de Régulus, firen
périr ce général dans des tourmens inouïs, l'enfer
mant dans un *tonneau de bois hérissé de pointes d
fer.* — Henri VIII et Édouard VI avaient introdui
le culte réformé en Angleterre; Marie, catholiqu
romaine, montée sur le trône, laissa persécute
les réformés. Parmi les bourreaux on cite Bonner
évêque de Londres, et Gardiner, évêque de Winchester, et parmi les nombreuses victimes, le doc
teur Taylor. Ce malheureux fut mis dans un *tonneau de poix* qu'on entoura de feu. Tandis qu'i
souffrait des tourmens extrêmes que la poix qu
commençait à s'échauffer lui faisait éprouver, un
des assistans lui jeta un fagot d'épines à la figure,
et la lui écorcha horriblement : « ô mon ami! s'é-
cria Taylor, j'ai déjà assez de mal ; pourquoi y
ajouter celui-ci ? »

TOPHET. J'extrais cet article du *Dictionnaire
philosophique* de Voltaire. — Tophet était et est encore un précipice auprès de Jérusalem, dans la
vallée d'Hennon. Cette vallée est un lieu affreux
où il n'y a que des cailloux. C'est dans cette solitude horrible que les Juifs immolèrent leurs enfans à leur dieu qu'ils appelaient alors Moloc... Des
doctes prétendent que Moloc était particulièrement
le seigneur du feu, et que pour cette raison les
Juifs brûlaient leurs enfans dans le creux de l'i-
dole même de Moloc. C'était une grande statue de
cuivre aussi hideuse que les Juifs la pouvaient faire.
Ils faisaient rougir cette statue à un grand feu, quoiqu'ils eussent très-peu de bois; et ils jetaient leurs

petits enfans dans le ventre de ce dieu... Des commentateurs prétendent qu'Achas, roi de Juda, fit brûler son fils à l'honneur de Moloc, et que le roi Manassé fut coupable de la même barbarie... Cette vallée de Tophet était le *Clamart* de Paris; c'était là qu'on jetait toutes les immondices, toutes les charognes de la ville. C'était dans cette vallée qu'on précipitait le bouc émissaire; c'était la voirie où l'on laissait pourir les charognes des suppliciés. Ce fut là qu'on jeta les corps des deux voleurs qui furent suppliciés avec le fils de Dieu lui-même.

TORCHE, flambeau de résine ou de cire. En France, toutes les fois qu'un coupable était condamné à l'amende honorable, le jugement l'obligeait à porter une torche ardente, ordinairement de deux livres et quelquefois de quatre. *Voyez* AMENDE HONORABLE, t. I, p. 298 et suiv.

TORCHES HUMAINES. A l'article BOUGIE, j'ai renvoyé, par erreur, à *Torches humaines. Voyez* BOUGIE, t. III, p. 36.

TORTURE. *Voyez* QUESTION, t. V, p. 196.

TORTURES, tourmens qu'on fait illégalement subir à des individus. Le Code pénal français a prévu deux cas dans lesquels la peine de mort doit être infligée au fauteur de ces tortures. Premier cas, art. 303 : « Seront punis *comme coupables d'assassinat* tous malfaiteurs, quelle que soit leur dénomination, qui, pour l'exécution de leurs crimes, *emploient des tortures* ou commettent des actes de barbarie. » Second cas, art. 344 (relatif aux arrestations illégales) : « Dans chacun des trois cas suivans, 1° si l'arrestation a été exécutée avec le faux costume, sous un faux nom, ou sur un faux ordre de l'autorité publique; 2° si l'individu arrêté, détenu ou séquestré a été menacé de la mort ; 3° *s'il a été soumis à des tortures corporelles*: les coupables seront punis de mort. »

TOUCHER LE PIED DE LA REINE. On lit dans le *Dict. rais. des lois pén.*, en France, par Bourguignon (T. I, p. 20) : « L'épouse de Charles II, qui aimait à monter à cheval, voulut en essayer un qu'on lui avait amené d'Andalousie. A peine fut-elle placée, que le cheval s'emporta ; la reine perdit l'équilibre, et tomba de côté ; son pied resta engagé dans l'étrier, tandis que sa tête et une partie de son corps étaient traînées sur le pavé. Elle allait périr de la mort la plus cruelle; personne n'osait la secourir, de peur de violer une loi qui défendait à tout homme. *sous peine de la vie, de toucher le pied d'une reine d'Espagne.* Deux cavaliers, ne pouvant supporter cet horrible spectacle , se dévouèrent enfin, volèrent à son secours; l'un saisit la bride du cheval, l'autre dégagea le pied, et ils eurent la satisfaction et la gloire de sauver leur souveraine du plus épouvantable danger. Ils n'en furent pas moins traduits en jugement et condamnés à la peine de mort, pour avoir violé la loi. Ils auraient péri l'un et l'autre sur un échafaud, comme de vils criminels , si le roi n'eût, à la sollicitation de son épouse, déployé sa puissance en leur faisant grâce. »

TOUR, bâtiment fort élevé, de figure ronde, carrée ou à pans. Précipiter dans une tour remplie de cendre ou de poussière pour étouffer des coupables, était un supplice plus en usage chez les Persans et les autres peuples voisins des Hébreux, que chez les Hébreux mêmes, où l'on n'en cite aucun exemple particulier à la nation.

TOUR, nom que l'on donnait, en Angleterre, à la fin du siècle dernier, à la cour d'un shérif, laquelle se tenait deux fois par an dans chaque canton de la province, savoir, un mois après Pâques, et un mois après la Saint-Michel. Personne n'était exempt de cette juridiction que les archevêques, les évêques, comtes, barons, religieux, religieuses, et tous ceux qui possédaient des cantons en propre et les faisaient valoir par eux-mêmes. On l'appelait *tour du shérif*, parce que ce magistrat faisait une tournée dans la province, et tenait sa cour en différens endroits.

TOUR DE LONDRES, prison destinée aux criminels d'État et aux membres de la chambre des communes qui enfreignent gravement les réglemens de discipline intérieure. La construction de cette prison remonte à Guillaume-le-Conquérant.

TOURMENTEUR-JURÉ, nom que portait, avant celui de *questionnaire*, l'exécuteur particulièrement chargé d'appliquer les accusés à la question. *Voy.* QUESTIONNAIRE, t. V, p. 220.

TOURNELLE, chambre établie dans les parlemens de France, et qui se divisait en deux sections, sous le nom de *Tournelle civile* et de *Tournelle criminelle*. Depuis 1515, les causes dans lesquelles on pouvait pressentir l'application de la peine de mort étaient portées *en la grand'chambre*.

TOURNIQUET, instrument de torture à Liége

et dans les Pays-Bas. *Voyez* QUESTION, t. V, p. 215.

.. TOURS DE VISCONTE. Ce mot se trouve dans les lois d'Angleterre de Britton, ch. 29, pour désigner la tournée que le vicomte faisait deux fois l'an pour tenir les plaids généraux de chaque canton du comté.

TOZI. Ce nom, qui signifie *grand'mère*, était donné par les Mexicains à une de leurs anciennes reines, qu'ils avaient divinisée, et qui était comme leur Cybèle. La manière dont ils s'y prirent, pour faire son apothéose, est des plus singulières et des plus atroces. Ils n'attendirent pas qu'une mort naturelle terminât sa vie. Ils la tuèrent, l'écorchèrent ensuite et couvrirent de sa peau le corps d'un jeune homme. Ils ne pratiquèrent cette exécrable cérémonie que par l'*ordre exprès de Vitziliputzli*, le plus fameux de leurs dieux. Cette sanglante apothéose est l'époque des sacrifices barbares qu'ils commencèrent à offrir à leurs idoles. Et des hommes, sous le nom de prêtres, prononçaient les oracles de Vitziliputzli !

TRAHISON, perfidie, manque de fidélité envers la patrie et le prince ; TRAITRE, auteur d'une trahison. — ALLEMAGNE. Suivant le ch. 24 de la célèbre bulle d'or, publiée en 1356 par l'empereur Charles IV, et copiée du code Justinien, le souverain peut épargner la vie des enfans d'un homme qui a attenté à la vie d'un électeur ; mais il doit les priver de tous leurs biens et les déclarer incapables de tout honneur civil et ecclésiastique. L'art. 42 du code de Charles-Quint est ainsi conçu : « C'est un indice suffisant pour la question, contre celui

que l'on soupçonne, qui aura été vu se tenir d'une
manière cachée, extraordinaire, et suspecte auprès
de ceux qu'il est soupçonné d'avoir trahi, en faisant cependant voir, par sa contenance, qu'il est
sur ses gardes contre eux, et qu'il soit d'ailleurs tel
qu'on puisse le croire capable de cette action.» L'article 49 est relatif à l'interrogation du prévenu.
Quant à l'article 124, il mérite d'être conservé :
«Celui qui dans un mauvais dessein se rendra coupable de trahison, sera condamné, suivant l'usage,
à la peine de mort. Si c'est une femme, elle sera
précipitée dans l'eau. Dans les cas où la trahison
aura causé un grand préjudice et scandale, qui
regardât un pays, une ville, son propre seigneur,
un des mariés, ou proche parent, on pourra augmenter la peine capitale, en faisant traîner le coupable sur la claie ou tenailler. La trahison pourrait
même être de telle nature, que le criminel, après
avoir eu la tête tranchée, méritera d'être écartelé :
en quoi les juges se régleront sur la qualité du délit; et au cas de doute, ils consulteront les gens
de loi. » La trahison n'était pas seulement dans
l'entreprise ou conspiration contre le prince, contre la sûreté des villes, places et pays de sa domination, contre les commandans desdites places ou
leurs officiers, contre les coupables de correspon-
dance avec l'ennemi, d'assemblées secrètes dans
une place assiégée, ou d'espionnage : elle était aussi
dans les discours tendant à décourager pendant un
combat, un assaut, une rencontre; dans le débit
de nouvelles fausses ou dangereuses, au milieu du
camp ou d'une ville assiégée; dans la connaissance

du mot d'ordre donné à l'ennemi; dans le sommeil d'une sentinelle, ou l'abandon de son poste. La peine de mort atteignait également celui qui avait tenté de trahir (art. 178). Avant Joseph II, les traîtres étaient coupés par morceaux. Aujourd'hui on se contenterait de leur trancher la tête.

ANGLETERRE. On appelle *crime de haute trahison* tout attentat contre la personne du roi, toute conspiration contre le roi et l'État, tout commerce criminel avec la reine ou les filles du roi, l'homicide de la personne du chancelier ou du grand-trésorier, l'altération des monnaies, la falsification du sceau du roi. On appelle *crime de petite trahison* le meurtre de la femme, du père, des enfans, du maître, du supérieur ecclésiastique. Avant Henri VIII, l'*idiot* ou le *lunatique*, soit que sa folie existât avant le crime, soit qu'elle ne se montrât qu'après, n'était passible d'aucune peine; mais ce prince fit un statut contraire à cet usage, que rétablit un autre statut de la reine Marie. Pendant la seconde moitié du siècle dernier, la peine de la haute trahison était encore celle-ci : le criminel n'était mené ni en voiture ni à pied, on le traînait sur le pavé. Cependant, pour lui épargner l'extrême tourment de battre le pavé avec sa tête et tout son corps, on le plaçait sur une claie; puis, pendu par le cou, avant qu'il expirât, on lui arrachait les entrailles pour les jeter au feu; enfin, on lui coupait la tête, et son corps était divisé en quatre quartiers. Quant aux femmes, comme la décence publique ne permettait pas d'exposer leur corps et de les couper par

morceaux, on les traînait au gibet, et, après les
avoir étranglées, on les brûlait. La peine de la *petite trahison*, pour un homme, était d'être traîné
sur la claie au gibet et pendu; pour une femme,
d'être traînée sur la claie, étranglée et brûlée.
Depuis la reine Anne, la peine ne porte plus sur
les héritiers du traître; la confiscation de ses biens
est pourtant prononcée. Henri VIII avait ordonné,
par une loi, que tout homme instruit d'une ga-
lanterie de la reine, ou de la femme que veut
épouser le roi, irait l'accuser, sous peine de *haute
trahison*. Cette loi portait encore la disposition
suivante : *Toute fille qui épouse un roi d'Angleterre, et qui n'est pas vierge, doit le déclarer, sous
la même peine.* Par un autre statut, le même
prince déclara coupable de ce crime quiconque
prédirait la mort du roi. Selon des lois plus anciennes, c'était un crime de *haute trahison* de *connaître* les femmes qui servaient les enfans du
prince. Voyez *Attainder*, t. II, p. 37; *Bénéfice de
clergie*, t. II, p. 404; *Bouillir*, t. III, p. 57; *Cœur*
(arracher le), t. III, p. 245; *Complot*, t. III, p. 249;
Confiscation, t. III, p. 263, 264; *Félonie*, t. IV,
p. 65; *Lèse-Majesté*, t. IV, p. 316, 317; *Libelle*,
t. IV. p. 323; *Lunatique*, t. IV, p. 342; *Monnaie*
(fausse), t. IV, p. 456; *Morceaux* (couper par),
t. IV, p. 469; *Moulin à sucre*, t. IV, p. 462; *Potence*, t. V, p. 109; *Strangulation*. t. V, p. 408.

_ ATHÈNES. Dans leur serment solennel de ne jamais tenir emprisonné tout citoyen pouvant donner trois cautions de même valeur que serait la

sienne, les magistrats exceptaient le crime de fausse monnaie et de trahison contre l'État.

CHINE. Les traîtres sont *coupés en mille pièces*, et leurs parens exilés. Voyez *Lèse-Majesté*, t. IV, p. 318; *Tête écorchée*, t. V, p. 488.

COCHINCHINE. Voyez *Lèse-Majesté*, t. IV, p. 318.

DANEMARCK. La *loi royale*, créée en 1660 et publiée en 1709, sous Frédéric IV, second roi héréditaire, dit que les rois de Danemarck et de Norwége *jouiront d'un pouvoir absolu et illimité*, et prononce « que quiconque dira ou fera quelque » chose pour y porter atteinte, sera puni, comme » traître à la couronne, de la peine réservée au » crime de haute trahison. »

ÉCOSSE. On mettait la haute trahison à la tête des crimes capitaux. La législation est aujourd'hui, et depuis la réunion, la même qu'en Angleterre.

ÉGYPTE. Voyez *Langue coupée*, t. IV, p. 302.

FRANCE. La trahison commise envers quelques particuliers a été et est encore punie, selon les circonstances, par des peines pécuniaires ou corporelles. La trahison envers le roi et l'État était plus grave et l'est encore : tel est le crime de ceux qui entrent dans quelque association, intelligence, ligue offensive ou défensive, soit entre eux ou avec des princes ou ambassadeurs étrangers, soit au dedans ou au dehors du royaume, directement ou indirectement, par eux ou par personnes interposées, verbalement ou par écrit. Sous la première race des rois, où tous les crimes s'expiaient par des amendes, celui de trahison à l'égard du prince et de l'État était puni de la potence, et c'était le seul cas alors où cette peine pût être infligée aux nobles ; plus tard, ce supplice fut celui des roturiers, puis la roue; on décapita les nobles. Enfin, la peine devint plus sévère quand le criminel eut attaqué la vie du roi. Aujourd'hui, la haute trahison est punie par la décapitation au moyen de la guillotine, seul genre de supplice autorisé pour tous les coupables non militaires; les militaires sont fusillés. Au commencement de la révolution, quelques-uns des émigrés le plus élevés en dignité sociale furent considérés comme traîtres à la patrie. Dans la séance du 31 décembre 1791, l'assemblée nationale décréta d'accusation Louis Stanislas-Xavier, *Monsieur* (depuis Louis XVIII); Charles-Philippe d'Artois (aujourd'hui Charles X); Louis-Joseph de Condé, princes français; l'ex-contrôleur-général Calonne, de Laqueuille aîné et Mirabeau cadet; et, dans les jours suivans, elle ajouta à ce décret que les *ci-dessus nommés* seraient traduits à la haute-cour nationale comme prévenus du crime de haute trahison contre l'État : ce décret fut sanctionné par le roi (Louis XVI). La convention nationale décréta, le 1ᵉʳ août 1793, « que tous ›Français qui placeraient des fonds sur les comp- ›toirs ou banques des pays avec lesquels la répu- ›blique est en guerre, seraient déclarés traîtres à ›la patrie. » Voyez *Complot*, t. III, p. 249; *Echelle*, t. III, p. 447; *Lèse-Majesté*, t. IV, p. 315, 316; *Libelle*, t. IV, p. 323; *Parricide*, t. V, p. 25; *Révélation*, t. V, p. 281.

GERMANIE. Voyez *Arbre* (supplice de l'), t. I, p. 392; *Morceaux* (couper par), t. IV, p. 459.

ISSINI. Les traîtres, c'est-à-dire ceux qui révèlent les secrets du conseil, sont décapités.

JAPON. L'attentat sur la personne du souverain est haute trahison. Ce crime coûte la vie au coupable et à ses fils.

KALMOUKIE. La trahison n'entraîne que la perte de ce que possède de biens le coupable; quelquefois on ne lui impose qu'une amende proportionnée à sa richesse.

MACÉDOINE. Les lois macédoniennes étendaient la peine de trahison, non-seulement aux enfans, mais encore à tous les parens du traître; et comme il ne restait plus d'héritier, tout était confiscation. La peine principale était la lapidation.

MALABAR. Les plus proches parens du traître lui servent de bourreaux pour effacer la honte de la famille; ils le mettent en pièces avec des circonstances épouvantables.

MAROC. On fait mourir les traîtres à coups de bâton. Voyez *Bâton*, t. II, p. 386.

NAPLES. Voyez *Sociétés secrètes*, t. V, p. 389.

ROME. Voyez *Lèse-Majesté*, t. IV, p. 314, 315; *Libelle*, t. IV, p. 323.

SIAM. Voyez *Lèse-Majesté*, t. IV, p. 317.

SUÈDE. Lors du supplice de Patkul, en 1707, on conduisit cet officier au lieu du supplice, et là on lut à haute voix : « On fait savoir que l'ordre très-
» exprès de Sa Majesté, notre seigneur *très-clément,*
» est que cet homme (Patkul), qui est traître à la
» patrie, soit roué et écartelé pour réparation de

,ses crimes et pour l'exemple des autres. Que ,chacun se donne de garde de la trahison, et ,serve son roi fidèlement! »

TLASCALANS (Mexique). Ils faisaient mourir, avec les traîtres, tous leurs parens jusqu'au septième degré, dans l'idée qu'un crime si noir ne pouvait venir à l'esprit de personne, si l'on n'y était porté par l'inclination du sang.

TUNQUIN. Les criminels du sang royal sont étranglés, et l'on coupe la tête aux autres. Celui qui découvre une trahison reçoit une récompense proportionnée à l'importance de la découverte.

TRAINER. L'historien de Thou rapporte qu'en 1561 le chevalier du guet Gabaston et un de ses archers ayant subi le supplice de la potence, pour avoir défendu des protestans, le peuple s'empara de leurs corps, les traîna dans les rues, et finit par les jeter dans la rivière. *Voyez* CHEVAL, t. III, p. 232; CLAIE, t. III, p. 242; TRAHISON, t. V, p. 505, 507.

TRAITE DES NÈGRES. C'est ainsi qu'on appelle l'achat des nègres que font les Européens sur les côtes d'Afrique, pour employer ces malheureux dans leurs colonies en qualité d'esclaves. Aux Portugais appartient la première idée de cet odieux trafic, qu'ils établirent au commencement du seizième siècle. Ils venaient d'étendre leurs découvertes sur les côtes d'Afrique, au-delà du fleuve Sénégal, lorsque les Espagnols s'adressèrent à eux pour trouver des hommes plus robustes et plus capables de soutenir la fatigue que les naturels de l'Amérique; les Portugais leur vendirent quelques

esclaves nègres. On s'aperçut bientôt que le travail d'un seul de ces derniers était égal à celui de quatre Américains ; dès lors cet infâme commerce prit l'accroissement le plus rapide, et toutes les nations qui eurent des établissemens dans le nouveau monde y prirent une part plus ou moins active. Des navires qu'on appelle *Négriers* sont armés et disposés pour la *traite;* ils mettent à la voile, arrivent sur les côtes d'Afrique, où l'équipage embarque tous les nègres dont il peut s'emparer. Ces malheureuses victimes du droit du plus fort sont entassées dans le bâtiment de la manière la plus déplorable, et il n'est pas rare que la moitié périsse dans la traversée, par suite de souffrances inouïes. Voici ce qu'on lit au sujet d'un de ces bâtimens négriers dans une brochure publiée en 1824 par la *Société religieuse des Amis :* « Les es-
» claves furent trouvés les uns couchés sur le dos,
» les autres assis à fond de cale ; ils étaient enchaî-
» nés les uns aux autres par les bras et par les
» jambes ; des colliers de fer étaient autour de leur
» cou. Pour ajouter encore à ces moyens atroces,
» une longue chaîne les attachait les uns aux au-
» tres, et allait s'adapter à plusieurs colliers, afin
» que leurs maîtres fussent encore plus sûrs qu'ils
» ne s'échapperaient pas de cette horrible prison.
» Dans le désespoir que causaient aux noirs la capti-
» vité et la souffrance, il leur arrivait souvent de
» se battre les uns les autres, et de décharger leur
» rage sur ceux qui étaient leurs voisins, en les
» mordant, en leur arrachant la chair : quelques-
» uns étaient serrés avec des cordes, et beaucoup

,avaient les bras horriblement mutilés. » (*Faits relatifs à la Traite des noirs*, p. 20.) En 1790, le nombre des esclaves noirs, de la France et de l'Angleterre réunis, dans les Indes orientales, excédait un million. Pendant près de trois siècles, l'humanité réclama vainement contre cet odieux commerce contraire à la fois aux lois divines et humaines; sa voix devait enfin être entendue. En 1807, l'Angleterre et les États-Unis d'Amérique promulguèrent des lois qui défendirent entièrement la traite dans toutes ses branches à leurs sujets respectifs; en 1810, le Portugal, de son côté, consentit à la circonscrire dans de certaines limites sur les côtes de l'Afrique; et il resta peu de traces de ce commerce sur celle qui s'étend depuis le Sénégal jusqu'à la côte d'Or. A cette époque l'Europe était en guerre, et la lutte continuelle de l'Angleterre et de la France avait fermé les mers à cette dernière : aussi, pendant près de vingt ans, ne prit-elle aucune part à la traite; mais, en 1814 et 1815, elle s'y livra de nouveau. Cependant, par un article additionnel du traité avec l'Angleterre, en 1814, la France s'engageait à seconder les efforts de Sa Majesté Britannique auprès de toutes les puissances de la chrétienté qui devaient être représentées au congrès de Vienne, pour faire prononcer l'entière abolition de la traite des nègres. Ce que le gouvernement royal de 1814 avait projeté, ce fut Napoléon qui d'abord, pendant les cent jours, le mit à exécution, par un décret du 29 mars 1815, qui punissait, en outre, la contravention par la confiscation du bâtiment et de la cargaison. Les membres du congrès de Vienne après la seconde restauration, donnèrent suite aux ouvertures faites par la France et l'Angleterre, et arrêtèrent l'abolition de la traite, en laissant toutefois aux gouvernemens respectifs la liberté de déterminer l'époque où cette mesure générale pourrait être adoptée chez eux sans porter préjudice à leurs sujets. Une ordonnance royale du 8 janvier 1817 déclara « que tout bâtiment qui » tenterait d'introduire dans les colonies des noirs » de traite, soit française, soit étrangère, serait con- » fisqué, et que le capitaine, s'il était Français, serait » interdit de tout commandement. » Une autre ordonnance du 24 juin 1818 établit sur les côtes d'Afrique une croisière pour empêcher la traite des noirs. Les autres puissances ont rendu des lois plus ou moins sévères contre ce commerce; mais elles sont journellement éludées ou violées : il en est de même en France, où l'application des peines ne peut effrayer un nombre considérable d'armateurs, dont la ville de Nantes est le principal foyer.

TRAITRE. *Voyez* TRAHISON.

TRANQUILLITÉ. Ceux qui, en France, troublent la tranquillité publique, sont punis d'une amende de onze à quinze francs; un emprisonnement de cinq jours pourrait être prononcé s'il y avait quelque circonstance aggravante. (Art. 479 et 480 du Code pénal.)

TRANSFUGE. On appelle ainsi celui qui quitte son parti pour se retirer chez l'ennemi. Le transfuge est plus coupable que le déserteur : il l'est quelquefois moins que le traître; cependant il

peut s'assimiler à ce dernier, parce qu'il est rare
que le transfuge ne serve pas le parti auquel il
passe, au préjudice de celui qu'il abandonne; c'est
ce qui arrive toujours dans les guerres civiles, alors
que toutes les passions sont en mouvement, et que
l'intérêt, l'ambition ou la vengeance sont les seuls
mobiles des hommes qui prennent part à ces sanglans débats. Le code criminel de l'empereur
Charles V, autrement dit *la Caroline*, était d'une
rigoureuse sévérité pour ce crime; il considérait
comme transfuge, et punissait de la peine de mort,
comme tel, tout soldat qui, 1° les armées de part
et d'autre étant en campagne, quittait le camp,
et était saisi allant du côté de l'ennemi, ou prenant un chemin qui pouvait l'y conduire; 2° se
trouvant dans une place assiégée, s'échappait et
l'abandonnait, ne pouvant, dans ce cas, que se
rendre vers l'ennemi; 3° la veille d'une action, ou
dans l'action même, passait à l'ennemi. Dans ce
dernier cas, chacun avait droit de tuer le transfuge; et bien loin d'avoir quelque chose à craindre, il obtenait une récompense. De tout temps,
et chez tous les peuples, la peine de mort a été
portée contre les transfuges, et la confiscation des
biens, abolie aujourd'hui en France, suivait et
précédait même parfois le jugement du coupable.
Souvent un outrage sanglant, une injustice révoltante, des persécutions non méritées rendaient criminels des hommes que des services signalés avaient
jusqu'alors recommandés à la reconnaissance de
leur patrie. Tel fut, dans Rome, Coriolan; tel fut,
en France, à une époque plus rapprochée, le con-

nétable de Bourbon, que la perte de sa fortune,
par suite d'un procès injustement intenté, jeta
dans le parti de Charles V. Mais les lois sont posi-
tives, et ne peuvent admettre ces considérations.
On poursuivit d'abord lentement l'affaire du connétable, qui fut d'abord ajournée à son de trompe;
la captivité de François Ier suspendit même l'instruction du procès, qui fut reprise plus tard; enfin, trois mois après la mort de Bourbon, tué au
siége de Rome, le chancelier Duprat prononça
l'arrêt (16 juillet 1527) qui *damnait et abolissait
sa mémoire et sa renommée à perpétuité,* et qui confisquait tous ses biens, meubles et immeubles. —
Voyez DÉSERTEUR, t. III, p. 378; TRAHISON, t. V,
p. 504 et suiv.

TRANSPORTATION. Ce que l'on appelle ainsi
en Angleterre n'est autre chose que la déportation dans les colonies anglaises. *Voyez* DÉPOR-
TATION, t. III, p. 362; VAGABOND, t. V, p. 526,
et VOL.

TRAVAIL (JOURNÉES DE). Il est arrivé quelquefois que des maîtres d'atelier, ou autres personnes employant des ouvriers, se sont entendus
afin de faire baisser le prix des journées de ces
derniers. Plus souvent encore, les ouvriers se sont
coalisés contre ceux qui les emploient, pour
obtenir une augmentation de salaire; et pour
parvenir à ce but, chacun d'eux refuse l'ouvrage
proposé, à moins qu'on ne leur accorde ce qu'ils
exigent. Le Code pénal a prévu ces deux cas.
Art. 414 : « Toute coalition entre ceux qui font
»travailler des ouvriers, tendant à forcer injus-

» tement et abusivement l'abaissement des salaires,
» suivie d'une tentative ou d'un commencement
» d'exécution, sera punie d'un emprisonnement
» de six jours à un mois, et d'une amende de
» deux cents francs à trois mille francs. » . Art.
415. « Toute coalition de la part des ouvriers pour
» faire cesser en même temps de travailler, in-
» terdire le travail dans un atelier, empêcher de
» s'y rendre et d'y rester avant ou après de cer-
» taines heures, et en général pour suspendre,
» empêcher, enchérir les travaux, s'il y a eu ten-
» tative ou commencement d'exécution, sera punie
» d'un emprisonnement d'un mois au moins et de
» trois mois au plus. Les chefs ou moteurs seront
» punis d'un emprisonnement de deux ans à cinq
» ans. »

TRAVAUX CORRECTIONNELS. *Voyez* Emprisonnement, t. III, p. 475.

TRAVAUX FORCÉS. On distingue deux sortes
de condamnation aux travaux forcés : celle à
temps, et celle à perpétuité. La première est prononcée pour cinq ans au moins et pour vingt ans
au plus ; et toutes deux sont au nombre des
peines afflictives et infamantes. Ceux qu'une de ces
condamnations atteint sont envoyés, les hommes, au bagne, et les femmes, dans une maison
de force ; mais, pour être passibles de cette peine,
les criminels doivent être âgés au moins de seize
ans, et n'en pas compter plus de soixante-dix. Et
même un condamné qui atteindrait ce dernier âge
au bagne, en serait retiré, et achèverait sa peine dans
une maison de réclusion. Les travaux forcés à per-

pétuité ou à temps, en ayant égard aux circonstances aggravantes ou atténuantes, s'appliquent aux personnes convaincues des crimes de recélé; de fabrication, altération, ou émission de fausse monnaie; de faux; d'évasion favorisée; de meurtre; de blessures ou violences envers les pères et mères, ou autres personnes; de viol; de détention arbitraire; de subornation de témoins; de banqueroute; de contrefaçon ou falsification de timbres, marteaux, ou poinçons nationaux; d'usage de ces objets contrefaits; de soustraction d'actes ou deniers publics; de bigamie; de rébellion par plus de vingt personnes armées; de bris de scellés; de menaces par écrit à l'effet d'obtenir une somme d'argent; d'avortement favorisé; d'enlèvement de mineur; de faux témoignage et de vol. Les travaux forcés à temps s'appliquent encore aux fonctionnaires, agens, préposés ou salariés du gouvernement qui ont aidé à faire manquer le service des fournitures des armées. Les travaux forcés à perpétuité emportent toujours la mort civile, la flétrissure et l'exposition; le condamné à temps ne peut jamais être juré, expert, ni employé comme témoin dans les actes, ni déposer en justice autrement que pour y donner de simples renseignemens. Il devient incapable de tutelle ou de curatelle, si ce n'est à l'égard de ses enfans, et sur l'avis seulement de sa famille; il est déchu du droit de port d'armes et de celui de servir dans les armées françaises. Pendant la durée de sa peine, il est en état d'interdiction légale; on lui donne un curateur pour gérer et admi-

nistrer ses biens qui lui sont remis après l'expiration de cette peine ; mais il demeure sous la surveillance de la haute police pendant le reste de sa
vie. Ce que l'on appelle aujourd'hui *travaux forcés*
n'est autre chose que ce que l'on nommait *galères*
avant la révolution. Les Espagnols condamnent
aux *présides ;* quelques peuples anciens condamnaient aux *mines ;* et ce dernier genre de peine
est encore en usage au Brésil. — Voyez ABIGEAT,
t. I, p. 38; AVORTEMENT, t. II, p. 206; BAGNE,
t. II, p. 228; BANQUEROUTE, t. II, p. 311; BIGAMIE,
t. II, p. 435; BLESSURES, t. II, p. 468; BRIS, t. III,
p. 91; CHAINE, t. III, p. 196; CHIRURGIENS, t. III,
p. 241; DÉTENTION, t. III, p. 388; ÉVASION, t. IV,
p. 17; FAUX, t. IV, p. 63; FLÉTRISSURE, t. IV,
p. 84; FORÇAT, t. IV, p. 90; GALÈRES, t. IV, p. 142,
143; MENACES, t. IV, p. 436; MINES, t. IV, p. 451;
MONNAIE FAUSSE, t. IV, p. 457; PRÉSIDES, t. V,
p. 118; RÉBELLION, t. V, p. 237; RAPT, t. V,
p. 228; SCELLÉ, t. V, p. 533; TÉMOIN, t. V,
p. 451; TIMBRE, t. V, p. 491; VIOL, t. V; VOL,
t. V.

TRAVAUX PUBLICS. *Rendez les supplices utiles,*
a dit Voltaire ; *que ceux qui ont fait tort aux hommes
servent les hommes.* Voltaire a raison ; et la peine
des travaux publics devrait être substituée à
beaucoup d'autres qui vengent la société sans la
servir. Sur la fin du dernier siècle le grand-duc
de Toscane l'établit dans ses États. Mais cet utile
exemple n'a pas été assez imité ; et l'on ne peut
considérer en France, comme travaux publics,
ce que l'on appelle travaux forcés. Il en est de

même pour les pays où l'on condamne aux mines, etc.; la construction, l'entretien des chemins, les défrichemens, les desséchemens, voilà le travail qu'il convient d'assigner aux condamnés. En France, la peine des travaux publics ne s'applique qu'aux déserteurs, qui sont alors employés à des travaux militaires ou civils. *Voyez* DÉSERTEUR, t. III, p. 379 et suiv.

TRAVESTISSEMENT. C'est le déguisement d'une personne sous les habits d'un autre sexe, ou d'une autre condition. L'article 2 d'une loi rendue le 7 août 1793 dit : « Tout homme qui sera surpris » dans les rassemblemens, déguisé en femme, sera » puni de mort.» Cette loi porte le cachet de l'époque où elle fut rendue ; aujourd'hui le travestissement, à moins qu'il ne soit accompagné de circonstances aggravantes, ne saurait être passible d'une peine aussi grave. — L'article 277 du Code pénal punit de deux à cinq ans d'emprisonnement tout mendiant ou vagabond qui aura été saisi, travesti d'une manière quelconque. — Les Juifs évitent avec soin de jamais déguiser leur sexe, ne se fardent jamais le visage, et cela d'après un passage du Deutéronome qui dit : « Que l'habit de l'homme ne soit pas sur la femme ; que la femme ne se revête point de celui de l'homme. *Voyez* DÉGUISEMENT, t. III, p. 350.

TRIAVERDENS ou TRIVERDENS. Brigands qui exercèrent contre les chrétiens, au douzième siècle, toutes sortes de cruautés. Le troisième concile de Latran décerna les peines ecclésiastiques contre ceux qui leur donnaient retraite, les recevaient, les secouraient, avaient la plus légère communication avec eux : ce concile voulait qu'ils fussent anathématisés comme les Albigeois.

TRIBADES. *Voyez* SODOMIE, t. V, p. 371.

TRIGAMIE. *Voyez* POLYGAMIE, t. V, p. 94.

TRONC D'ARBRE. Lors de la fondation de *Buenos-Ayres*, par les Espagnols, une disette affreuse se fit sentir dans la ville naissante. Le chef militaire défendit de sortir de l'enceinte de la place. Une femme, nommée Maldonata, trompa la vigilance des gardes. Prise par les Indiens, puis reprise par les Espagnols, le commandant ordonna de l'attacher à un tronc d'arbre en pleine campagne, pour y mourir de faim, c'est-à-dire du mal dont elle avait voulu se garantir par sa fuite, ou pour y être dévorée par quelque bête féroce.

TUNIQUE DE PLOMB. *Voyez* AMENDE, t. Ier, p. 278.

TURBAN ROUGE. Quelques peuples mettent l'assassinat au nombre des grands exploits. L'habitant de Mindanao qui veut commettre un homicide, amasse une somme d'argent pour arrêter les poursuites : après son expédition, on l'élève au rang des braves, avec *le droit de porter un turban rouge*. Chez les Caraguos, il faut avoir tué sept hommes pour obtenir cet honneur.

TURBE (Enquête par). Anciennement, en France, pour constater quelque fait ou quelque usage, on convoquait les habitans d'un lieu, ou d'autres personnes, afin d'avoir leur avis sur ce qui faisait l'objet de l'enquête : cette sorte d'enquête a été abrogée par l'ordonnance de 1667.

TUTEUR, celui qui remplace le père dans l'éducation d'un mineur et dans l'administration de ses biens. Dans les différens pays où l'usage de la tutelle est établi, on a exigé de celui à qui elle était confiée, de la probité et des mœurs, comme on l'a retirée à celui qui cessait d'en être digne. Je rapporterai quelques articles du Code pénal français. « Quiconque aura été condamné à la peine des travaux forcés à temps, du bannissement, de la réclusion ou du carcan... sera incapable de tutelle et de curatelle, si ce n'est de ses enfans, et sur l'avis seulement de sa famille (art. 28). — La dégradation civique consiste... dans la privation de tous les droits énoncés en l'article 28 (art. 34). — Quiconque aura attenté aux mœurs, en excitant, favorisant ou facilitant habituellement la débauche ou la corruption de la jeunesse de l'un ou de l'autre sexe au-dessous de l'âge de vingt-un ans, sera puni d'un emprisonnement de six mois à deux ans, et d'une amende de 50 francs à 500 francs (1er §). Si la prostitution ou la corruption a été excitée, favorisée ou facilitée par leurs pères, mères, *tuteurs*, ou autres personnes chargées de leur surveillance, la peine sera de deux ans à cinq ans d'emprisonnement, et de 300 francs à 1,000 francs d'amende (2° §, article 334). Les coupables du délit mentionné au précédent article seront *interdits de toute tutelle* et curatelle, et de toute participation aux conseils de famille, savoir, les individus auxquels s'applique le premier paragraphe de cet article, pendant deux ans au moins et cinq ans au plus, et ceux dont il est parlé au second paragraphe, *pendant dix ans au moins et vingt ans au plus* (1ᵉʳ §). Si le délit a été commis par le père ou la mère, le coupable sera de plus privé des droits et avantages à lui accordés sur la personne et les biens de l'enfant par le *Code Napoléon*, liv. 1ᵉʳ, titre IX, de la *Puissance paternelle* (2ᵉ §). Dans tous les cas, les coupables pourront de plus être mis, par l'arrêt ou le jugement, sous la surveillance de la haute police, en observant, pour la durée de la surveillance, ce qui vient d'être établi pour la durée de l'interdiction mentionnée au présent article (3ᵉ §, art. 335). »

TYMPANUM ou FOUET. Les critiques ont été fort partagés sur la signification du mot *tympanum;* quelques-uns ont cru qu'il voulait dire *écorcher vif*, d'autres *trancher la tête*, d'autres *tourmenter sur le chevalet*. Dom Calmet croit, d'après le scoliaste d'Aristophane, qu'il signifie la *bastonnade* ou le *supplice des verges*, dans lequel on faisait étendre le criminel par terre, et on le frappait à coups de bâton, quelquefois jusqu'à lui ôter la vie. A l'égard du fouet, lorsqu'un homme y était condamné, les exécuteurs de la justice le saisissaient, le dépouillaient depuis les épaules jusqu'à la ceinture, et déchiraient même sa tunique depuis le cou jusqu'aux reins. Ils frappaient sur son dos avec un fouet de cuir de bœuf composé de quatre lanières et assez long pour atteindre jusqu'à sa poitrine; il y en a même qui veulent qu'on ait frappé six coups sur le dos ; puis trois coups sur la poitrine, alternativement. Le patient était attaché fortement par les bras à une colonne assez basse, afin qu'il fût penché, et celui qui frappait était derrière lui monté sur une pierre. Pendant l'exécution, les trois juges étaient présens, et l'un d'eux criait : *si vous n'observez pas les paroles de cette loi, Dieu vous frappera de plaies extraordinaires, vous et vos enfans.* Le second comptait les coups, et le troisième exhortait le licteur à faire son devoir. Le nombre des coups n'était, selon quelques-uns, que de trente-neuf, ni plus ni moins ; mais Skikard prétend qu'on le diminuait pour les moindres fautes, et qu'on le réitérait pour les grandes.

U.

URÈTRE. Dans la guerre de la première invasion d'Espagne, en 1808, les Espagnols, même les femmes. se portèrent à d'horribles cruautés envers les Français qui avaient le malheur de tomber vivans entre leurs mains. On a vu quelquefois des femmes qui faisaient rougir au feu de petites brochettes de fer, et les enfonçaient dans le canal de l'urètre de leurs prisonniers, se plaisant à voir les souffrances que leur occasionait ce nouveau genre de tourmens.

USURE. Intérêt qu'un prêteur exige au-dessus du taux fixé par la loi. Le Code Justinien fixa l'intérêt, pour les personnes riches, à quatre

pour cent par an , pour les marchands à huit, et
pour le reste des citoyens à six : au-delà il y eut
délit d'usure. Les rois de France l'out constamment condamné : Charlemagne, en 789 et en
806; Louis-le-Débonnaire, en 813; Louis IX, en
1254; Philippe III, en 1274; Philippe IV, en
1311 et 1312; Philippe VI, en 1349; Louis XII,
en 1510; François Iᵉʳ, en 1535; Charles IX, en
1560; Henri III, en 1576 et 1579; Henri IV, en
1606; Louis XIII, en 1629. La confiscation de
corps et de biens a été prononcée par plusieurs de
ces princes. Sous Louis XIV et Louis XV les cours
de justice appliquèrent aux usuriers l'amende,
l'amende honorable, le bannissement à temps.
Aujourd'hui les usuriers sont passibles d'amende
et d'emprisonnement (décret impérial du 3 septembre 1807). Voyez BOURGUERIE, t. III, p. 51.

V.

VACCINE. Le pape Pie VII avait, sous les peines
les plus sévères, ordonné la pratique de la vaccine; il avait même, en 1822, formé une commission spéciale pour la propager. Dans la première année de son pontificat, le pape Léon XII
a dissous cette commission et a défendu aux autorités d'obliger les parens à faire vacciner leurs
enfans. Aussi se plaint-on vivement de voir reparaître la petite-vérole dans tous les États romains.

VACHE. Un Banian convaincu d'avoir bu du

vin, ou d'avoir mangé de la vache, est retranché de la société de ses frères, c'est-à-dire excommunié. Avant la révolution, mais je ne puis préciser l'époque, la peine de mort était décernée, dans les établissemens français d'Amérique, contre ceux qui tuaient des vaches.

VADE IN PACE. Voyez BARATHRUM, t. II, p. 318; IN PACE, t. IV, p. 209; OUBLIETTES, t. V, p. 11.

VAGABOND. — VAGABONDAGE. Les vagabonds sont ceux qui n'ont ni domicile certain, ni moyens de subsistance, et qui n'exercent habituellement ni métier ni profession. On peut ranger parmi eux les mendians valides que la paresse et la débauche éloignent de tout travail, ou dont les maux factices arrachent chaque jour quelqu'argent à la pitié des passans, ainsi que ces bandes auxquelles on a donné le nom de *Bohémiens*, et que l'histoire nous montre parcourant tous les pays. On conçoit facilement tout le danger que présente l'existence d'une pareille classe de gens au sein de la société : aussi de tout temps, et chez tous les peuples, des peines ont été portées contre le vagabondage. — ANGLETERRE. Le statut 17 de Georges II, chap. 5, divise les fainéans en trois classes, les libertins, les débauchés *vagabonds*, et les débauchés incorrigibles; et inflige aux débauchés vagabonds la peine du fouet et deux mois de prison. Si le coupable s'échappe, et qu'il soit repris, il est alors déclaré *félon*, et transporté pour sept ans. De plus, celui qui donne une retraite au vagabond est condamné à une amende de 40 schellings, et à payer les dépenses que ce dernier a pu faire dans la paroisse. Une loi antérieure autorisait les juges à exiger caution des vagabonds, qui sont aujourd'hui justiciables des juges de paix. — CHINE. Les vagabonds, les mendians, les gens sans aveu sont punis du *pan-tsé*, ou bastonnade. — ÉGYPTE. D'après Hérodote, les Égyptiens ne souffraient ni mendians, ni fainéans, ni par conséquent de vagabonds. Amasis avait établi des juges de police dans chaque canton, par-devant lesquels tous les habitans du pays étaient obligés de comparaître de temps en temps, pour leur rendre compte de leur profession, de l'état de leur famille, et de la manière dont ils l'entretenaient ; et ceux qui se trouvaient convaincus de fainéantise ou vagabondage, étaient condamnés (on ne dit pas à quelles peines) comme des sujets nuisibles à l'État. Afin d'ôter tout prétexte d'oisiveté qui conduit toujours au vagabondage, les intendans des provinces étaient chargés d'entretenir, chacun dans son district, des ouvrages publics, où ceux qui n'avaient point d'occupation étaient obligés de travailler. — FRANCE. On lit dans *les Établissemens* de Louis IX : « Se aucuns est qui n'est riens, et soit dans la ville sans riens gaigner, et il hante tavernes, la justice le doit prendre, et demander de quoy il vit, et se il entent qu'il mente, et que il soit de mauvaise vie, il le doit bien jetter hors de la ville ; car ce appartient à l'office de prévost de nétoyer la jurisdiction et sa province de mauvais hons et mauveses fames, selon droit escrit en Digeste. » On voit qu'en France les lois contre

le vagabondage sont fort anciennes. Charlemagne
avait interdit toute mendicité *vagabonde*, avec
défense de nourrir aucun mendiant valide qui
refuserait de travailler. On fut obligé par la suite
d'aggraver les peines portées contre les vagabonds :
elles étaient devenues insuffisantes; et le bannissement fut remplacé par les galères à temps et à
perpétuité. On réputait vagabonds, sous l'ancien
régime, les individus qui allaient en pélerinage
à St.-Jacques, à Notre-Dame-de-Lorette, et autres
lieux hors du royaume, sans une permission expresse du roi, signée par un secrétaire d'État, et
sur l'approbation de l'évêque diocésain. La déclaration de 1738 enjoignait aux magistrats, prévôts
des marchands, exempts, syndics des villes, de
les arrêter sur les frontières, et voulait qu'ils fussent
condamnés par les juges des lieux en première
instance; et par appel aux cours de parlemens,
savoir : les hommes aux galères à perpétuité; les
femmes à telle peine afflictive qui serait trouvée
convenable par les juges. L'ordonnance des eaux
et forêts enjoignait à tous les vagabonds de se retirer à deux lieues des forêts, et, dans le cas où ils
reparaissaient, les officiers des maîtrises avaient
le droit de les faire arrêter et de les condamner
aux galères. — La loi du 10 vendémiaire an 4,
sur la police des communes, tit. 1er, art. 6, mettait
dans la classe des vagabonds tout individu voyageant, et trouvé hors de son canton, sans passe-
port, et ne pouvant justifier, dans le courant de
deux décades, de son inscription sur le tableau
d'une commune. L'article 4 de cette loi punissait

les vagabonds d'une année de détention, et de la transportation en cas de récidive. Toutes ces dispositions ont été changées par le Code pénal. — Les vagabonds ou gens sans aveu, légalement déclarés tels, sont punis de trois à six mois d'emprisonnement, et demeurent, après l'expiration de leur peine, à la disposition du gouvernement pendant le temps qu'il détermine, en ayant égard à leur conduite. Ceux qui sont étrangers sont conduits hors de France. Le vagabond qui est saisi travesti d'une manière quelconque, ou porteur d'armes, ou muni de limes, crochets ou autres instrumens propres, soit à commettre des vols ou autres délits, soit à se procurer des moyens de pénétrer dans les maisons, est puni de deux à cinq ans d'emprisonnement. S'il exerce quelque acte de violence, il est puni de la réclusion, sans préjudice de peines plus graves s'il y a lieu ; et marqué, s'il est condamné aux galères à temps. — Grèce. Solon, suivant Hérodote, établit une loi qui portait que chacun eût à déclarer aux magistrats son genre de vie. Un homme convaincu trois fois d'oisiveté subissait la peine d'infamie. Cette sévérité contre l'oisiveté et le vagabondage était générale chez les Grecs. Lycurgue ne souffrait point de sujets inutiles ; il régla les obligations de chaque particulier conformément à ses forces et à son industrie. Cet objet n'échappa point au législateur Dracon, qui ne connaissait aucune distinction dans la nature des crimes et des délits qu'il punissait tous de la peine de mort. — Italie. Il n'y a point de pays où les vagabonds soient plus nombreux et plus généralement tolérés. C'est dans le royaume de Naples surtout que l'on peut faire cette observation. Peut-être est-ce la faute du climat, peut-être aussi celle des divers gouvernemens de ces contrées : ce qu'il y a de certain, c'est que les routes sont infestées de brigands que l'oisiveté et le vagabondage ont bientôt conduits aux derniers excès. Il est à remarquer cependant que sous la domination française le vagabondage avait presqu'entièrement disparu. —Romains. Les censeurs, dans l'ancienne Rome, étaient chargés de surveiller les vagabonds, et de faire rendre compte aux citoyens de l'emploi de leur temps. *Cavebant ne quis otiosus in urbe oberraret.* Les mines étaient la peine infligée ordinairement au vagabondage que l'on poursuivait toujours avec la plus grande sévérité. *Potiùs expedit inertes fame perire, quàm in ignaviâ fovere:* telle était l'expression morale de la loi. Plus tard Constantin, dans son zèle imprudent pour le christianisme, publia des édits en faveur des chrétiens condamnés pour leur religion, et voulut leur ouvrir des hôpitaux. Beaucoup d'entr'eux préférèrent courir le pays en étalant aux yeux des personnes pieuses les marques des tourmens qu'ils avaient soufferts, et réussirent ainsi à faire de la mendicité une profession lucrative. L'appât du gain entraîna sur leurs traces une foule de gens sans aveu ; et bientôt l'empire fut rempli de vagabonds. Les excès auxquels ils se portèrent obligèrent enfin les successeurs de Constantin à publier de nouveaux édits par lesquels tout citoyen était autorisé à arrêter les mendians valides et les

vagabonds, et à se les approprier en qualité d'esclaves ou de serfs perpétuels. — Voyez *Bâton*,
t. II, p. 384; *Bohémiens*, t. II, p. 471, 472;
Galères, t. IV, p. 140. *Réclusion*, t. V, p. 244;
Surveillance, t. V, p. 430.

VAINCU. En 1303 ou 1306, Philippe-le-Bel,
réglant les conditions du duel autorisé, ordonna
que le corps du *vaincu*, s'il était tué, serait livré
au maréchal du camp jusqu'à déclaration du roi
s'il voulait lui pardonner ou en faire justice, c'est-
à-dire le faire *attacher au gibet par les pieds*; qu'au
vaincu, s'il était vivant, les *aiguillettes* seraient
coupées; qu'il serait désarmé et déshabillé; que
tout son harnais serait jeté çà et là par le camp;
qu'il resterait couché à terre jusqu'à ce que le roi
eût pareillement déclaré s'il voulait en faire justice
ou lui pardonner; qu'au surplus tous ses biens
seraient confisqués au profit du roi, après que le
vainqueur aurait été préalablement payé de ses
frais et dommages. *Voyez* DUEL, t. III, p. 429.

VAUTOUR. Une loi, en Égypte, prononçait
anciennement la peine de mort contre ceux qui
tuaient un vautour.

VEGLIA. C'est ainsi qu'on nommait, à Rome,
la question décrite sous le titre de *chambre chauffée*.
Voyez CHAMBRE CHAUFFÉE, t. III, p. 204; QUESTION,
t. V, p. 211.

VEINES (OUVRIR LES). C'était un complément
de supplice, sous le règne de l'infâme Néron. Les
victimes étaient ordinairement mises dans un bain,
et là on leur ouvrait les veines. C'est ainsi que
moururent Sénèque et Lucain. Il ne paraît pas

cependant que Sénèque eût été d'abord placé dans un bain, car presque tous les anciens ont écrit qu'atténué par ses abstinences continuelles, il ne coula point de sang de ses veines ouvertes, que le poison ne put le faire mourir, et qu'il eut recours à un bain chaud, dont la fumée mêlée à celle de quelques liqueurs l'étouffa. Chez les nations sauvages de l'Inde, le vaincu à la guerre est attaché à un poteau et on le force à s'ouvrir lui-même les veines. On croit assez généralement que Philippe II fit ouvrir les veines de don Carlos qui expira dans un bain chaud.

VENDU. Dans le Congo un naturel prend autant de femmes qu'il le juge à propos, et il a le droit de vendre celles qu'il a prises dans une classe inférieure. En Chine, lorsqu'une jeune fille est convaincue d'avoir violé les lois de la chasteté, ses parens l'envoient au marché pour y être vendue. Un mari a le même droit sur sa femme, lorsqu'il peut la convaincre d'adultère. Il est certains cas, dans ce pays, où un homme a la faculté de se vendre lui-même, soit, par exemple, pour assister un père dans la détresse, soit afin de pourvoir aux frais des funérailles d'un parent, ou de payer ce qu'il doit à la couronne.

VENGEANCE. Elle est naturelle à l'homme qui se sent outragé; mais la loi réserve aux tribunaux seuls le droit de venger la société des crimes, délits et outrages commis envers elle par l'un de ses membres. Chez certains peuples, cependant, la vengeance est abandonnée aux soins de la partie offensée. — Dans plusieurs parties de l'*Afrique* on remet aux parens du mort le meurtrier qui n'est pas en état de payer l'amende fixée pour un homicide ; le coupable doit alors s'attendre à souffrir tous les tourmens que la vengeance peut inspirer à ses bourreaux. — Les *Arabes* ne punissent pas l'homicide ; on laisse ce soin à la famille du mort. Elle a droit de tuer ceux que les liens du sang unissent au meurtrier : il faut que l'un d'eux périsse par le fer ou par le poison ; mais si un parent du défunt succombe dans le combat, il n'y a plus de paix à espérer, avant que deux hommes de l'autre parti n'aient subi le même sort. —A *Benin* un nègre peut tuer son ennemi, pourvu qu'il n'y ait pas effusion de sang ; il en est quitte pour l'enterrer à ses dépens, et pour faire exécuter un esclave à sa place.—Les *Groënlandais* lapident et précipitent dans la mer le meurtrier de leurs amis ou de leurs parens ; et souvent il arrive qu'ils mangent le cœur et le foie de leur victime, pour ôter à sa famille le courage de venger sa mort.— Chez les *Kirghis*, peuple des bords de la mer Caspienne, un meurtrier peut être poursuivi et cherché par les parens du mort : s'ils le trouvent, ils ont droit de le tuer ; mais s'il a pu se soustraire à leur vengeance pendant un an, il lui est permis d'acheter sa sûreté, en leur payant une amende d'un esclave, de cent chevaux et de deux chameaux. — Le *Mexicain* qui se plaignait d'un vol, s'il pouvait nommer et convaincre le voleur, était chargé de sa propre vengeance, en remplissant vis-à-vis du coupable l'office de bourreau. —Chez les naturels de *Mindanao* la vengeance était en

honneur, et celui qui était parvenu à sacrifier sept
de ses ennemis avait le droit de porter un turban
rouge, et était décoré du titre de brave. — Les
Hébreux autorisaient la vengeance en certains cas.
—Une feuille publique vient de rapporter le fait
suivant, monument d'une atroce vengeance, et
qui m'a paru digne d'être cité dans cet ouvrage.
Jose Ferreira avait fait ses études à l'université de
Coïmbre, et il fut du nombre de ces jeunes Portugais qui, lors de la première occupation de leur
patrie par les troupes françaises, s'échappèrent
des bancs de l'école, et se rangèrent volontairement sous les drapeaux de leur monarque fugitif.
A l'exemple de son souverain, conseillé par de
lâches courtisans, Ferreira s'embarqua sur le vaisseau le *Jean VI*, qui, depuis plus de vingt-cinq
ans, est le seul appartenant à la couronne, et fit
voile vers le riche pays découvert par Cabral. Ferreira avait fui le danger pour accompagner son
roi; il était sûr par conséquent d'obtenir des ré-
compenses, car c'est ainsi qu'en agissent souvent
les princes malheureux : ils oublient ceux qui, au
péril de leur vie, défendent une patrie opprimée,
et dispensent les grâces aux serviteurs pusillanimes
qui donnent à leur retraite la couleur de l'attachement. Arrivé à Rio-Janeiro, Ferreira commença
à parler de ses *immenses services :* on le nomma
chevalier de l'ordre du Christ, et on lui donna un
emploi important dans les douanes. Mais la fortune
étant trop lente au gré de ses désirs, il prit un
parti qui pût l'y conduire, par une route plus
aisée, dans un pays encore neuf, et où le respect

qu'on a pour les habits égale celui qu'on a chez
nous pour le mérite; il se mit dans les ordres, et
fut nommé bientôt après grand-prieur du couvent
de San-Augustino. On ne peut pas être moine
au Brésil sans fortune; Ferreira par conséquent
n'avait qu'à demander. Son bien-aimé monarque
Jean VI lui fit une concession de terrain immense;
le couvent lui prêta les sommes nécessaires pour
le défricher et pour acheter un nombre suffisant
d'esclaves. Zinga était le plus beau, le plus fort
de ces infortunés venus d'Angola; Maria aurait pu
servir de modèle à nos statuaires. Le premier fut
nommé chef de la plantation; la seconde, occupée
des soins du ménage, était traitée avec plus de
douceur que ses compagnes. Quoique nègre,
Zinga avait un cœur; il ne fut pas insensible à la
beauté d'ébène de Maria. Quoique moine, Ferreira
fut frappé aussi des attraits de son esclave favorite, et lui avoua son amour. L'infortunée partagea bientôt la couche de son maître. Maria depuis
quelque temps gardait la maison sans visiter les
plantations; elle allait devenir mère, et le moine
Ferreira s'en réjouissait d'avance. Un docteur est
appelé, et quand le religieux a pénétré dans la
chambre de son esclave, dont le calme annonçait
la fin des souffrances, il ne peut maîtriser sa rage :
Maria était mère d'une négresse. Le docteur est
congédié, et le lendemain personne dans l'habitation ne peut donner des nouvelles du nouveau-né.
Ferreira était parti pour la ville; huit jours après
il fut de retour, apportant dans son chariot une
grande cage en fer, dont les doubles barreaux

fermaient par un énorme cadenas. Il fait placer
cette machine dans un vaste salon dont nul esclave n'approchait jamais, et, ferme et inébran-
lable dans ses projets de vengeance, il enferme
Zinga, en lui annonçant les plus affreux tourmens.
Le moine, furieux, fait dresser une couchette
auprès de la cage, y place Maria enchaînée, qui
ne peut que tendre la main au malheureux dont
elle va causer la mort. L'heure du repas a sonné.
Ferreira monte à l'appartement de ses deux victimes, et sert un dîner splendide à la jeune femme.
Maria refuse tout aliment. Le soir, le même service
a lieu, et Maria rejette toute espèce de nourriture
qu'elle ne peut partager avec son bien-aimé. Celui-
ci l'encourage, l'exhorte à prolonger ses jours, lui
jure toujours un amour éternel, et lui promet
une fermeté sans bornes dans les tourmens qu'on
lui prépare. Le besoin impérieux se fait bientôt
sentir; Maria, à côté des mets les plus recherchés,
n'a plus la force de résister aux angoisses d'une
faim dévorante, et goûte aux alimens qu'on lui
présente. « Amie, lui disait Zinga, brise ta chaîne,
viens avec moi : une goutte d'eau, un morceau
de pain.... mes entrailles brûlent.... mon palais
est desséché.... j'ai soif, j'ai faim! » Hélas! la jeune
fille est à jamais séparée de son amant. La douleur
de Zinga est à son comble, la rage et le désespoir
lui prêtent encore un peu de force : il frappe de
sa tête les barreaux qui le retiennent, il mord sa
cage avec fureur, d'une dent cruelle il ouvre ses
veines, et boit le sang noir qu'elles laissent jaillir.
Ferreira vient visiter ses victimes : sa maîtresse est

étendue sans connaissance sur le parquet, la cage
est muette! D'un bras vigoureux il délie Maria,
ouvre la prison de son rival, et la jette mourante
sur un cadavre déchiré. Ferreira voulut cacher
son double crime; mais ses esclaves le dénoncèrent, et fuirent son habitation. Jean VI fit instruire
l'affaire; et tel était le respect qu'on avait au Brésil
pour les moines, que le tribunal crut satisfaire à
la justice en condamnant ce moine à un mois de
prison dans son couvent! — *Voyez* MEURTRE,
t. IV, p. 446.

VENT. Parmi les Bédouins, celui qui laisse
involontairement échapper un vent est souvent
regardé comme un être infâme dont on doit fuir
la société.

VENTRE BATONNÉ. *Voy.* BATON, t. II, p. 388.

VENTRE FENDU. Quoiqu'il faille gouverner les
Chingulais avec une sorte de rigueur, quel est
l'homme assez atroce pour reconnaître la voix de
la nécessité dans la barbarie d'un roi de Ceylan,
nommé Radiasinga, qui créa, entr'autres supplices, celui de faire décapiter, pour cause de
révoltes souvent imaginaires, les jeunes gens des
meilleures familles, et de leur faire ensuite ouvrir
le ventre pour y mettre leur tête! — Au Japon,
l'auteur d'une malversation grave est condamné à
avoir le ventre fendu; on permet quelquefois à la
famille du coupable de l'exécuter dans sa maison;
la plupart demandent et obtiennent la permission
de s'ouvrir le ventre eux-mêmes. Les Persans ont
adopté des supplices cruels, parmi lesquels figure
celui d'avoir le ventre fendu. Le criminel con-

damné à le subir a le ventre fendu des deux côtés
du nombril ; dans cet état, il est attaché par les
pieds sur le dos d'un chameau et promené dans
toute la ville, accompagné d'un homme déclarant
à haute voix au peuple le crime dont il s'est rendu
coupable. — Lors des troubles qui agitèrent la
Suède au commencement du XVIe siècle, le roi
Christiern II ordonna cet épouvantable supplice.
Voici comment le raconte *Delacroix* dans ses *Constitutions des principaux états de l'Europe* (éd. de 1791,
t. I, p. 363) : « Christiern II, et son infâme ministre, l'archevêque d'*Upsal*, conçurent le projet
de se venger de l'opposition qu'ils avaient trouvée
dans le sénat. Les troubles étaient calmés, mais
leur haine, cachée sous le voile de la paix et de la
religion, n'en était que plus violente. Ces deux
monstres, dignes d'être associés à l'opprobre des
Néron, avaient juré sur l'hostie d'oublier le passé.
Le roi avait invité à souper, dans son palais, deux
évêques, tout le sénat, quatre-vingt-quatorze
seigneurs. Les tables étaient servies ; on était dans
la plus grande sécurité, lorsque Christiern et
l'archevêque sortirent. Ils rentrèrent un moment
après, mais suivis de satellites et de bourreaux.
L'archevêque, une bulle à la main, fit massacrer
tous les convives ; on fendit le ventre au *Grand-
Prieur de l'ordre de Saint-Jean-de-Jérusalem*, et on
lui arracha le cœur. » L'archevêque d'Upsal se
nommait T<small>ROLL</small>.

VERGE D'OR. Par une ancienne ordonnance
d'un roi d'Angleterre, si quelqu'un souillait le lit
du prince, il payait *une verge d'or pur, de l'épais-*

seur du doigt d'un laboureur qui avait labouré neuf ans, et assez longue pour que, de terre, elle touchât à la bouche du prince, quand il était assis (1).

VERGES (Battre de). On lit dans le *Dict. phil.* de Voltaire, au mot *verge* : « Les verges de bouleau sont une poignée de scions dont on frappe les malfaiteurs sur le dos... Par une police incompréhensible, les jésuites du · Paraguai fouettaient les pères et les mères de famille sur leurs fesses nues.» Voyez *Fouet*, t. IV, p. 103. Bien qu'on ait généralement confondu cette peine avec celle des *baguettes*, il y avait cette différence que pour la seconde on se servait d'une baguette au lieu de scions.— ALLEMAGNE.—Voyez *Baguettes* (passer par les), t. II, p. 240. — ANGLETERRE. Henri VIII, qui n'était papiste, luthérien ni sacramentaire, qui faisait un crime capital de croire au pape ou d'être protestant, poursuivait de son fanatisme et de sa haine tous ceux qui ne sacrifiaient pas leur conscience à son culte. Il avait fait des bourreaux de ses ministres. On cite, comme un abus épouvantable de l'un d'eux, le supplice que fit subir Thomas Morus, un an avant sa mort, à l'avocat Bainham. On accusait ce dernier de favoriser les opinions des luthériens : avant de lui faire souffrir les tortures les plus cruelles et de le faire brûler vif sur la place de Shmitfield, il le fit battre de verges en sa présence, ce qui passait pour honteux aux yeux du peuple anglais. — ESPAGNE. Voyez *Fouet*, t. IV, p. 112. — FRANCE. Sous la première race, cette peine était

(1) *Sketches of the history of man.*

réservée aux esclaves. On voit dans Frédégaire que Childéric II, dans un des accès de fureur auxquels il était sujet, fit attacher un des seigneurs de sa cour, nommé Bodillon, à un pilier et le fit battre de verges. La mort eût paru plus douce à un homme de la naissance de ce seigneur : il conspira contre Childéric et le tua. Cette vengeance, justifiée par l'affront, ne souleva point le peuple contre son auteur. Voici un passage de Grégoire de Tours, traduit par M. Dulaure : « Un jeune enfant de Frédégonde fut atteint de la dyssenterie, maladie alors dominante ; il mourut : on fit croire à la mère que cette mort avait pour cause des enchantemens, des opérations magiques ; alors, furieuse, elle fait arrêter plusieurs femmes parisiennes qu'elle soupçonne coupables de ce prétendu maléfice ; elles sont, par son ordre, battues à coups de verges, exposées à d'effroyables tortures. La douleur des tourmens leur arrache des aveux ; elles confessent à la reine, présente à ce supplice, qu'elles ont donné la mort à plusieurs personnes ; enfin, qu'elles ont fait périr son fils, pour sauver la vie du préfet Mummolus. Ces aveux, loin de calmer Frédégonde, accroissent sa rage ; elle fait souffrir à ces femmes des supplices plus affreux encore ; les unes sont assommées; d'autres brûlées vives ; plusieurs, après avoir eu les membres rompus, sont attachées sur des roues. » Plus tard, battre de verges ne fut qu'une peine attachée à une peine plus forte, surtout pour les coupables non militaires. Avant 1789, le soldat convaincu de vol était puni par les *verges*, par les *baguettes* ou par les *courroies;* quelquefois

on le faisait périr sous les coups : ce supplice était
horrible. Les articles 36 et 42 de l'édit du mois de
mars 1724, lesquels forment une partie du recueil
des réglemens coloniaux, intitulé, *Code noir*, ordonnent, 1° que l'esclave qui aura volé moutons,
chèvres, cochons, volailles, cannes de sucre,
pois ou manive et autres légumes, sera battu de
verges et marqué à l'épaule d'une fleur de lis ;
2° que les maîtres, lorsqu'ils croiront que leurs
esclaves l'auront mérité, pourront les faire enchaî-
ner et les faire battre de verges ou de cordes. Voy.
Baguettes (passer par les), t. II, p. 240 ; *Fouet*,
t. IV, p. 101, 105 à 112 ; *Main coupée*, t. IV,
p. 358. — Grèce. Voyez *Fouet*, t. IV, p. 101, 102 ;
Mastigophore, t. IV, p. 430. — Hébreux. Voyez
Fouet, t. IV, p. 101, 102 ; *Tympanum*, t. V, p. 523.
— Lacédémone. On battait de verges le voleur. Les
Lacédémoniens avaient pris cet usage des Crétois.
— Perse. Voyez *Fouet*, t. IV, p. 102 ; *Menottes*,
t. IV, p. 437. — Prusse. Voyez *Baguettes* (passer
par les), t. II, p. 240. — Rome. Battre de verges
était une punition née dans l'enfance de la république ; la loi des Douze-Tables l'ordonna dans plusieurs cas, particulièrement contre les incendiaires,
qui étaient ensuite jetés au feu ; mais la loi Porcia,
faite l'an 454 de Rome, et qui était en vigueur à
l'époque de la conjuration de Catilina, défendit
l'emploi de cette peine. Le ch. 3 du code Théodoric, rédigé à la fin du Vᵉ siècle ou au commencement du VIᵉ, contient cette disposition : « Celui
qui enterrera dans la ville de Rome, sera dépouillé
de la quatrième partie de ses biens, s'il en a ; et

s'il n'en a point, il sera battu de verges et chassé.»
Malgré le vœu de la loi Porcia, on continua de fustiger ainsi les esclaves, et les empereurs prescrivi-
rent l'application de cette peine. Domitien voulut
que ceux qui auraient commis un inceste avec des
vestales fussent battus de verges jusqu'à la mort.
Adrien, par un rescrit adressé à Fulvius, légat
d'Aquitaine, commanda de battre de verges et de
placer dans une milice inférieure le soldat qui, commis à la garde d'un prisonnier, l'aurait laissé échapper par paresse ou à cause de son état d'ivresse.
Julien fit battre de verges et emprisonner ceux qui
ne voulaient pas renier la foi du Christ. Les esclaves
et les soldats coupables de vol n'étaient pas, à
Rome, les seuls qui subissent la peine des verges ;
on trouve dans les historiens que les commandans
militaires étaient quelquefois punis de la sorte.
Voyez *Baguettes* (passer par les), t. II, p. 240;
Discipline, t. III, p. 405; *Éponge*, t. III, p. 493;
Fouet, t. IV, p. 102; *Vestales; Vin; Vol-Voleur.*
—Toscane. Le dernier code en vigueur en 1789 infligeait la peine des verges pour les délits légers.

Voyez, sur la matière qui fait le sujet de cet article, les mots *Baguettes* (passer par les), t. II,
p. 240; *Fouet*, t. IV, p. 101 à 112.

VÉROLE. — VÉROLÉS. *Voyez* Mal de Naples,
t. IV, p. 367; Prostituées, t. V, p. 167.

VESTALES. — Cette dénomination peut aussi
bien s'appliquer aux prêtresses du soleil du Mexique
et du Pérou, qu'à celles de Vesta dans l'ancienne
Rome. — A *Mexico*, dans l'enceinte du grand temple, était une maison de retraite pour un certain

nombre de jeunes filles de douze à treize ans; elles étaient chargées du soin de préparer les mets des idoles et des prêtres; elles vivaient dans une si grande retenue, que les moindres fautes étaient rigoureusement punies; et lorsqu'elles oubliaient le vœu de chasteté, qui embrassait tout le temps qu'elles devaient habiter l'enceinte du temple, la mort était le prix de leur faiblesse. — *Voyez* CHASTETÉ, t. III, p. 228 à 230.

VEUVE. C'est la qualification par laquelle on désigne une femme dont le mari est mort, et qui n'est pas remariée. Autrefois, en *France,* la veuve qui vivait, pendant l'année de son deuil, dans un désordre scandaleux, perdait son douaire; elle perdait également tous les avantages qu'elle tenait de son premier mari, si, dans cette même année, elle convolait en secondes noces. L'article 228 du Code civil ne permet le mariage aux veuves qu'après dix mois révolus depuis la dissolution du mariage précédent; mais l'officier de l'état civil est seul passible d'une amende pour contravention à la loi. — Dans le royaume de *Golconde,* il est défendu à une veuve de se remarier; elle doit rentrer dans le sein de sa famille, et s'y livrer aux fonctions les plus dures et les plus humiliantes. Des peines sont sans doute portées contre celles qui voudraient se soustraire à la loi; mais elles ne sont pas connues. —Chez les *Ostrogoths,* d'après une loi de Théodoric, une veuve ne pouvait se remarier, et l'homme qui était convaincu d'avoir entretenu avec elle un commerce charnel était brûlé. — Chez les *Romains,* Numa interdit le

mariage aux veuves avant l'expiration ¦ de leur
deuil qu'il avait fixé à dix mois. Celles· qui vio-
laient cette loi devaient expier leur faute par le
sacrifice d'une vache pleine. Dans les beaux temps
de la république, une veuve qui convolait en secondes noces était à peu près perdue de réputation. — Indépendamment des peuples que l'on
vient de citer, il en est d'autres chez lesquels on
trouve des lois relatives aux veuves. *Voyez* BRULER,
t. III, p. 100; SOULIER, t. V, p. 399.

VIANDE (ABSTINENCE DE LA). *Voyez* ABSTINENCE,
t. I, p. 62 et suiv.; CARÈME, t. III, p. 161 et suiv.;
JEUNE, t. IV, p. 242 et suiv.

VICAIRE. D'après le plan de cet ouvrage, on
ne peut parler que de deux espèces de personnes
à qui cette dénomination était appliquée : 1° le
vicaire était anciennement celui qui remplaçait
quelqu'un, soit pour se battre en duel, soit pour
subir quelque épreuve; on le nommait aussi *champion;* 2° on appelait vicaire, ou vicomte, celui qui
remplissait les fonctions du comte, en qualité de
son lieutenant. *Voyez* CHAMPION, t. III, p. 208,
209; VICOMTE.

VICOMTE, *vice-comes,* signifie en général celui
qui tient la place de comte, *vicem comitis gerens.*
C'est en France que ce titre·a commencé à·être
usité. Les comtes qui avaient le gouvernement des
villes étant chargés à la fois du commandement
militaire et de l'administration de la justice, aban-
donnaient les soins de cette dernière partie à des
vicaires ou lieutenans, que l'on appelait *vicomtes*
ou *viguiers, quasi vicarii,* et aussi *châtelains,* selon

l'usage de chaque province. Il y a apparence que l'on donna le titre de *vicomte* singulièrement à ceux qui tenaient dans les villes la place du comte; aussi ces sortes de *vicomtes*, nommés quelquefois par le roi, tenaient-ils à peu près le même rang que les comtes, et étaient-ils beaucoup plus que les autres vicaires ou lieutenans des comtes, qu'on nommait *viguiers*, *prévôts* ou *châtelains*. Leur institution remonte au temps de la première race; il en est fait mention dans le chapitre 36 de la loi des Allemands, publiée par Thierry ou Théodoric, fils de Clovis, roi de Metz et de Thuringe; ils y sont nommés *missi comitum*, parce que c'étaient des commissaires envoyés par les comtes pour gouverner en leur place. La loi des Lombards les nommait *ministri comitum*. Dans les Capitulaires de Charlemagne, ils sont désignés sous le titre de *vicarii comitum*, et, plus tard, de *vice-comites*, d'où l'on a fait vicomtes. Ils remplaçaient les comtes dans les plaids ordinaires, et aux grandes assises ou plaids généraux, appelés *mallum publicum*. Cependant généralement la compétence des comtes était distincte de celle de leurs vicomtes; les premiers connaissaient des causes majeures, et les seconds jugeaient les affaires de moindre importance. Ce n'était qu'en l'absence du comte que son lieutenant remplissait toute l'étendue des fonctions du premier. Vers la fin de la seconde race, les offices de vicomtes furent inféodés, à l'exemple de ceux de comtes, etc. Les comtes de Paris inféodèrent à des vicomtes une partie de leur comté, et leur abandonnèrent le ressort sur

les justices enclavées dans la vicomté, et qui res-
sortissaient auparavant à la prévôté. Le vicomte
de Paris avait son prévôt; mais on croit qu'il
n'exerçait la justice que militairement, c'est-à-dire
sur-le-champ, et par rapport à des délits qui se
commettaient en sa présence. Au reste, les priviléges et attributions des vicomtes variaient suivant
les coutumes et usages des provinces où ils étaient
placés; et aujourd'hui la qualité de vicomte n'est
plus qu'un titre honorifique entièrement étranger
à la nature des fonctions qui y étaient jadis attachées.

VICTIMES HUMAINES. *Voyez* SACRIFICES HU-
MAINS, t. V, p. 299.

VIDAME vient de *vice-dominus*, vice-seigneur,
c'est-à-dire, vicaire ou lieutenant du seigneur.
C'était jadis le propriétaire d'un office inféodé, auquel les seigneurs ecclésiastiques, et principalement les évêques, avaient autrefois donné le droit
de les représenter dans leurs affaires tempo-
relles.

VIDANGES. — VIDANGEURS. Avant de commencer les vidanges d'une fosse, les entrepreneurs
doivent en prévenir, vingt-quatre heures d'avance,
le commissaire de police du quartier, à peine de
50 francs d'amende. A défaut d'exécution des précautions ordonnées par la loi pour la sûreté des vidangeurs, les entrepreneurs des vidanges sont rayés
de la liste. Il leur est expressément ordonné de
se servir de tinettes semblables à celles dont la compagnie du ventilateur faisait usage, à peine de 500
francs d'amende. Elles doivent être placées au

bord de la fosse pour recevoir les matières, ensuite couvertes et scellées hermétiquement avec du plâtre, et lavées aussitôt au fur et à mesure qu'elles sont remplies, à peine de prison contre les ouvriers.... Le travail ne peut commencer qu'aux heures fixées par la loi, ni se prolonger au delà de celles également fixées, à peine de 50 francs d'amende. Les ouvriers doivent déclarer à l'instant au juge de paix ou au commissaire de police le plus voisin la découverte qu'ils auraient faite d'un cadavre ou de quelques parties du corps humain, ou enfin d'effets. Ils reçoivent pour récompense 12 francs pour un cadavre, 6 francs pour une partie du corps humain, et pour tout autre objet, à raison de sa nature et de sa valeur. Faute de déclaration, ils sont punis de retenues de pareilles sommes sur leurs salaires. Les entrepreneurs doivent faire laver à grande eau les cours et autres emplacemens des maisons, ainsi que le terrain occupé dans la rue pour les vidanges ou le curage, et à cet effet ils sont tenus de fournir à chaque atelier un seau et une grosse éponge, à peine de 300 francs d'amende. Le charretier doit avoir un maillet pour refermer les tinettes qui pourraient se desceller, à peine de prison. Les entrepreneurs sont personnellement responsables des faits de leurs préposés, ouvriers et charretiers. Indépendamment des cas précités, il en est d'autres encore qu'il serait trop long de rapporter. Mais toutes ces contraventions sont punies d'amendes qui généralement ne s'élèvent pas au-dessus de 50 francs. Ces dispositions furent arrêtées et approuvées, le 2 vendémiaire an 8, par l'administration du département de la Seine.

VIEILLARDS.—VIEILLESSE. La vieillesse était particulièrement vénérée à Sparte. Le législateur Lycurgue donna aux vieillards un droit de surveillance générale sur les jeunes gens : c'était une espèce d'autorité paternelle. Par la loi de Lycurgue, ils étaient obligés de sévir contre les jeunes Spartiates qu'ils prenaient en faute, sous peine de partager eux-mêmes la condamnation encourue par les coupables.

VIERGE. — VIRGINITÉ. A Rome, les vierges condamnées à mort étaient violées par le bourreau. —*Voy.* BRULER, t. III, p. 101; CULAGE, t. III, p. 316; PRÉLIBATION, t. V, p. 116; VESTALES, t. V, p. 542.

VIGILES. C'est ainsi qu'on nommait, chez les Romains, les soldats qui faisaient, comme nos sentinelles, la garde dans le camp. Il y a cette différence entre les vigiles, ou sentinelles romaines, et les sentinelles modernes, que les premières n'étaient point armées; au lieu qu'aujourd'hui elles sont toujours prêtes à faire feu à la première alerte. Il paraît que les Romains s'étaient aperçus que leurs vigiles pouvaient s'endormir en s'appuyant sur leurs boucliers ou leurs piques, et que c'est là le motif qui les fit désarmer. Au reste la négligence était sévèrement punie ; et cette sévérité était juste puisque sur leur vigilance seule reposait la sûreté du camp. Aujourd'hui, en temps de guerre, une sentinelle qu'on surprendrait endormie serait fusillée. Tous les Codes militaires de l'Europe sont d'accord sur cette peine. Il en est de même pour la sentinelle qui aurait momentanément abandonné son poste. En temps de paix cependant la pénalité n'offre pas à beaucoup près la même sévérité; le coupable n'est puni que correctionnellement. — On lit dans un ouvrage intitulé *Campagnes de Napoléon*, par Maingarnauld, le trait suivant : « Après la fameuse bataille d'Arcole, dans la nuit, Bonaparte se déguisa en simple officier, et alla parcourir le camp; il y trouva une sentinelle profondément assoupie, la tête appuyée sur la crosse de son fusil. Aussitôt il soulève le soldat, le pose doucement à terre, s'empare de son fusil et fait la faction pendant près de deux heures, au bout desquelles on vint le relever. Le soldat se réveille : quelle est sa surprise ! un jeune officier est de garde à sa place ! il demeure confondu; mais lorsqu'en observant attentivement l'officier, il reconnaît le général en chef : « Bonaparte! s'écria-t-il, je suis perdu ! — Non, lui répond le général avec douceur; rassure-toi, mon camarade; après tant de fatigues il est bien permis à un brave comme toi de s'endormir; mais une autre fois choisis mieux ton temps. »

VIGILES. Ce mot vient du latin *vigiliæ* (veilles, veillées). C'est ainsi qu'on nomme les jours qui précèdent les fêtes solennelles. Dans l'ancienne église, les fidèles s'assemblaient la veille de Pâques pour prier et veiller ensemble, en attendant l'office que l'on faisait le matin en mémoire de la résurrection de Jésus-Christ. Par la suite les chrétiens firent la même chose à d'autres fêtes; mais il se glissa naturellement des abus dans ces assemblées nocturnes; les choses vinrent même

au point qu'un concile, tenu en 1522, fut obligé
de défendre, sous des peines très-sévères, ces veilles ou vigiles; et à leur place on institua des jeûnes, qui jusqu'à ce jour ont retenu le nom de
vigiles.

VIGUIER. *Voyez* VICOMTE , t. V, p. 544.

VILAIN. Ce mot signifiait autrefois en France un
roturier, un vassal, un serf; il était injurieux. Du
temps des Anglo-Saxons, il y avait en Angleterre
deux espèces de vilains : les uns, qu'on nommait
vilains en gros, étaient assujettis à la personne de
leur seigneur et de ses héritiers; les autres étaient
les *vilains du manoir seigneurial*; ceux-ci appartenaient et étaient annexés à un manoir. — *Voy.* AF-
FRANCHISSEMENT, t. I, p. 158; PÉCULAT, t. V, p. 40.

VILLE. Il n'entre pas dans le plan de cet ouvrage de rappeler le nom des villes qui, par leur
résistance aux armes victorieuses des princes et
des conquérans, ou par leur rebellion, attirèrent
sur elles la destruction ou du moins des châtimens
rigoureux. On ne peut rapporter que les événemens
de ce genre qui sont le résultat d'une législation
particulière. — Dans la *Corée*, lorsqu'une femme
assassine son mari, le châtiment s'étend jusque sur
la ville où le crime a été commis. Cette ville est privée de ses juges et de son gouverneur, et tombe
sous la dépendance d'une autre cité. Cette même
peine lui est aussi infligée pour le fait d'inculpations
calomnieuses dirigées contre son gouverneur. — Au
Pérou, les Incas inspiraient tant de vénération à
leurs sujets, qui les regardaient comme les fils du
soleil et les croyaient infaillibles, que si quelqu'un

leur faisait la plus légère offense, la ville d'où le coupable était originaire, ou celle qu'il habitait, était détruite de fond en comble. Il y avait encore d'autres occasions où une ville entière était enveloppée dans le châtiment réservé aux coupables. *Voyez* CHASTETÉ, t. III, p, 229, 230.

VIN. Édouard IV, roi d'Angleterre, soupçonnait son frère Georges, duc de Clarence, d'ambitionner le trône. « Le malheur fut tel, dit Pasquier, qu'vn deuin luy dit que son successeur deuoit porter pour première lettre de son nom vn G., qui fut cause qu'il condamna à mort Georges, lequel voulut finir ses iours dans vne pipe de Maluoisie, nouuelle délicatesse de mort. » — Diodore de Sicile prétend que les Arabes Nabatéens « défendirent, *sous peine de mort*, de semer du blé, de planter des arbres fruitiers, de *boire du vin*, ou de vivre sous des toits, parce que ceux qui contractent ces habitudes s'assujettissent bientôt à des maîtres pour les conserver. » — Chez les Romains, le vin fut interdit aux hommes avant l'âge de trente ans, et plus particulièrement aux femmes dès avant Romulus. Le mari était le juge à la fois et le vengeur du délit. Fauna, sœur et femme de Faunus, en ayant bu, dit-on, fut battue de verges par son mari jusqu'à la mort. Egnatius Mecennius tua la sienne pour la même raison, sans que Romulus y trouvât à redire. Une autre dame romaine fut condamnée par ses parens à mourir de faim, pour avoir enlevé les clefs de la cave. Mais pour que les femmes ne pussent en aucune manière cacher qu'elles avaient bu du vin, Caton voulut qu'elles donnassent chaque matin le baiser à leurs proches, afin que leur haleine découvrît leur fraude. Enfin ce délit était compté parmi les causes légitimes de répudiation. On lit dans Suétone (trad. de Duteil, éd. de 1663, p. 223): « Entre les tourmens de son inuention (de Tibère), vn des plus cruels fut celuy de faire boire beaucoup de vin à des personnes qui ne se doutoient de rien, puis leur faire lier les parties honteuses auec de petites cordes; ainsi leur douleur estoit extrême, tant à cause de la ligature que de la rétention de l'vrine. » — En Turquie, depuis Mahomet IV, l'usage du vin est spécialement défendu aux soldats sous peine de la vie; la loi du *prophète* Mahomet l'interdit à tout le monde, sous peine de soixante coups de bâton. — *Voyez* VACHE.

VINAIGRE. Les Grecs ont long-temps employé le vinaigre dans l'exécution de leurs peines. Avant l'établissement de l'empire, ils attachaient le criminel à l'échelle; on l'y suspendait pour le fouetter; quelquefois on lui tordait les membres, on le mettait la tête en bas pour lui verser du vinaigre dans les narines. Voltaire a écrit, dans *son Essai sur les mœurs*, au sujet du jeune Lascaris : « Michel Paléologue se signala d'abord en privant son pupille de la vue et de la liberté. On se servait auparavant d'une lame de métal ardente : Michel employa le vinaigre bouillant, et l'habitude s'en conserva, car la mode entre jusque dans les crimes. Paléologue ne manqua pas de se faire absoudre solennellement de cette cruauté par son patriarche et par ses évêques, qui répandaient des larmes de joie, dit-on, à cette pieuse cérémonie. Paléologue se frappait la poitrine, demandait pardon à Dieu, et se gardait bien de délivrer de prison son pupille et son empereur. »

· VINCENNES, forteresse près de Paris, du côté de l'orient. On y voit un donjon, qui a long-temps servi de prison pour les prisonniers d'État. Le maréchal d'Ornant y mourut prisonnier en 1626 ; le duc de Vendôme et le chevalier, son frère, y furent aussi renfermés : le dernier y mourut, ainsi que le duc de Puylaurens qui y fut écroué en 1636. Dans ces derniers temps, au commencement de ce siècle, MM. de Polignac y furent renfermés, ainsi que le marquis de Puivert qui ne sortit du donjon que pour prendre possession du gouvernement du château. C'est dans les fossés de Vincennes que le duc d'Enghien fut fusillé en 1804.

VIOL. C'est le crime que commet celui qui use de force et de violence sur la personne d'une fille, femme ou veuve, pour en jouir charnellement, malgré la résistance forte et persévérante que celle-ci fait pour s'en défendre. Pour caractériser le *viol*, il faut que la violence soit employée contre la personne même, et non pas seulement contre les obstacles intermédiaires, tels qu'une porte que l'on aurait brisée pour arriver jusqu'à elle. Il faut aussi que la résistance ait été persévérante jusqu'à la fin (1). Bien que ce crime prenne sa source dans la nature et dans l'énergie des passions de l'homme, il a toujours été considéré comme l'un des plus révoltans de la société ; et tous les législateurs ont

_____

(1) *Encyclopédie*, tom. XXXV, pag. 514.

cru devoir le poursuivre des peines les plus sévères. Cependant la gravité du crime s'accroît en proportion de l'ascendant et de la supériorité que l'âge, le rang, l'état, l'autorité, peuvent donner au criminel sur l'offensée ; c'est une distinction qui n'a pas toujours été admise. L'inceste, joint au viol, doit aggraver encore ce dernier crime — AFRIQUE. En général, le viol est puni de mort. — ANGLETERRE. Autrefois les lois saxonnes, et en particulier celles d'Athelstane, punissaient aussi le viol de mort. Guillaume-le-Conquérant substitua à cette peine celle de la castration et de la perte des deux yeux; mais, pour prévenir les fausses accusations, la femme violée était tenue d'aller de suite, *dùm recens maleficium*, à la ville voisine découvrir l'outrage à des hommes dignes de foi, et d'en informer le grand constable du canton, les coroners et le shériff. Cependant, après sa plainte, elle pouvait, avec le consentement des juges et de ses parens, sauver le coupable en l'épousant, pourvu que lui-même y consentît. Sous le règne d'Édouard Ier, le statut de Westminster, chap. XIII, adoucit la peine du viol, qui fut traité de simple *inconduite*, lorsqu'il n'était pas poursuivi par la femme dans l'espace de quarante jours, et ce statut condamnait le coupable à deux ans de prison, et à une amende que le roi-fixait arbitrairement; mais ce relâchement de sévérité dans la loi donna carrière à de tels excès, que dix ans après on fut obligé de ranger le viol dans la classe de *félonie*. « C'est ce » qui fut fait, dit Blackstone, par le statut 2 de » Westminster, chap. IV, et même sans recours au

»privilége clérical, comme l'a déclaré le statut 18
»d'Élisabeth, chap. VII. On comprend dans cette
»rigueur le crime de viol sur une petite fille au-
»dessous de l'âge de dix ans, et, dans ce cas, on
»n'a aucun égard au consentement ou à la résis-
»tance, parce que cet âge est incapable de jugement
»et de discernement suffisant. » La loi anglaise
n'admet pas qu'un garçon au-dessous de quatorze
ans soit coupable de viol; elle suppose à cet âge
une faiblesse de corps aussi-bien que d'esprit;
et, contrairement aux lois romaines, elle qualifie de félonie le viol d'une prostituée ou d'une
concubine : en cela elle se fonde sur ce que l'une
et l'autre peuvent avoir renoncé au désordre dans
lequel elles ont vécu jusqu'à ce moment. « Une
»femme, remarque judicieusement Bracton, bien
»qu'elle ait été jusque-là prostituée, ne l'est certai-
»nement pas au moment même où elle résiste à la
»violence. » —BRACHMANES. Quiconque fait violence
à une femme d'une caste égale ou inférieure à la
sienne, doit être puni de la confiscation de ses biens;
on lui coupe de plus la partie coupable, et, après
l'avoir ainsi mutilé, on le promène sur un âne
autour de la ville ou du bourg où le viol a été
commis. Quiconque fait violence à une fille d'une
caste supérieure à la sienne, doit perdre la vie. —
ÉGYPTE. Le viol d'une femme libre était puni dans
ce pays par la castration. —FRANCE. De tout temps
chez nous le viol a été sévèrement puni; et il est
à remarquer que c'est de nos jours seulement que
les peines portées contre ce crime ont été adoucies.
On lit dans les Établissemens de Louis IX : « Se

» un gentilhoms baille une pucelle à garder à un
» autre gentilhoms son hons (*qui relève de lui*), se
» il la dépucelloit et il en porroit estre prouvés, il
» en perdroit son fié (fief), tout fust-ce à la volonté
» de la pucelle et ce estoit à force, il en seroit
» pendu, se il en pooit estre prouvés. » Avant la
révolution, la loi infligeait indistinctement la peine
de mort contre tous les coupables de viol. Elle
était vicieuse en cela qu'elle n'admettait aucune
gradation dans le crime; cependant les parlemens
ne l'appliquaient souvent qu'aux hommes assez
dépravés pour n'avoir pas respecté l'enfance. Par
un arrêt du 30 août 1636, le parlement de Grenoble condamna au supplice de la roue un homme
convaincu d'avoir violé une fille qui n'était âgée
que de quatre ans et demi. Il y a près de soixante
ans, un vieillard octogénaire fut pendu, par arrêt
du parlement de Paris, pour avoir violé, *de la
manière la plus outrageante à la nature*, une fille
qui avait à peine six ans. —Si le viol était commis
sur la personne d'une religieuse professe, ou s'il
constituait l'inceste, le coupable était condamné
au feu. Si la femme qui prétendait avoir été violée
n'avait pas rendu plainte sur-le-champ, ayant eu
toutefois la possibilité de le faire, elle n'y était
plus recevable et n'était point écoutée; cependant
le ministère public conservait la faculté de poursuivre les informations qui n'avaient alors, la
plupart du temps, aucun résultat. Lorsque le viol
n'avait pas été consommé, l'accusé était-il passible
de la peine de mort? Cette question fut souvent
controversée. Un arrêt du parlement de Grenoble

sembla conclure en faveur de la négative. Un
homme que la frayeur sépara de sa victime avant
d'avoir assouvi sa brutale passion, fut seulement
condamné aux galères. Au reste, telle était l'horreur qu'inspirait ce crime, que le roi s'interdisait,
à son sacre, le pouvoir de faire grâce au coupable.
L'article 4 du titre XVI de l'ordonnance de 1670
porte : « qu'il ne sera donné aucunes lettres d'a-
bolition pour le crime de rapt commis par violence. » La même ordonnance le rangeait dans
la classe des délits qui ne pouvaient être poursuivis
que devant les juges royaux. — Aujourd'hui les
peines ne sont plus les mêmes, et l'on fait des distinctions dans la gravité du crime. Quiconque aura
commis le crime de viol, ou sera coupable de tout
autre attentat à la pudeur, consommé ou tenté
avec violence contre des individus de l'un ou de
l'autre sexe, sera puni de la réclusion (Cod. pén.,
art. 331).—Si le crime a été commis sur la personne d'un enfant au-dessous de l'âge de quinze
ans accomplis, le coupable subira la peine des
travaux forcés à temps (Id., art. 332). — La peine
sera celle des travaux forcés à perpétuité, si les
coupables sont de la classe de ceux qui ont autorité sur la personne envers laquelle ils ont commis
l'attentat, s'ils sont ses instituteurs ou ses serviteurs à gages, ou s'ils sont fonctionnaires publics
ou ministres d'un culte, ou si le coupable, quel
qu'il soit, a été aidé dans son crime par une ou
plusieurs personnes (Id. , art. 333). Les tribunaux
n'ont malheureusement aujourd'hui que de trop
fréquentes occasions d'appliquer les peines por-

tées par les articles du Code pénal. — Goths. Chez ce peuple, le viol était puni de mort. — Hébreux. La mort était encore la peine réservée au viol, lorsque la fille violée était fiancée à un autre, sinon le coupable était condamné à une forte amende payable au père de la fille, et à épouser celle-ci sans pouvoir jamais la répudier.—Kirghis. Chez ce peuple le coupable dédommage sa victime en lui donnant cinquante chevaux et un chameau. — Romains. Ils ne faisaient aucune différence entre ce crime et celui de rapt : l'un et l'autre, ou l'un des deux sans l'autre, était un crime capital. On lit dans Démeunier : « Le métier de bour- »reau était d'autant plus infâme qu'on l'obligeait »à violer les vierges avant de les étrangler. Après la »condamnation de Séjan, on traîna en prison sa »fille, âgée de huit ou dix ans ; elle demandait »sans cesse *où on la menait*, et *ce qu'elle avait fait;* »elle disait qu'*elle ne le ferait plus*, et *qu'on n'avait* »*qu'à lui donner le fouet.* On la condamna à mort, »et le bourreau la viola avant de l'étrangler » (1). — Scandinaves. Ils avaient établi, comme presque tous les autres peuples, la peine de mort contre le viol. — Allemagne. L'art. cxix du Code de Charles V dit : « Celui qui fera violence à une femme »mariée, à une veuve, ou fille, et qui malgré elle »en abusera, aura mérité la mort, et par la pro- »cédure qui lui sera faite, sur la plainte de la per- »sonne violée, il sera, de même qu'un ravisseur,

(1) *Esprit des Us. et Cout. des différens peuples,* tom. III, pag. 200.

» condamné à périr par le glaive ; et celui qui, de pro-
» pos délibéré et violemment, aura tenté de forcer
» une femme ou une fille, et que par la résistance
» qu'elle aurait faite, ou par un autre secours, elle
» en aurait été délivrée, il sera puni sur la plainte
» de la personne violentée, eu égard aux circon-
» stances du fait, et à la condition des personnes :
» en quoi les juges doivent demander conseil. » Il
paraît que lorsque, par la force de la résistance, ou
autres obstacles, le viol n'avait pas été consommé,
la loi, en exemptant de la peine capitale, en infligeait d'autres proportionnées aux degrés de violence employée contre la femme ; mais elles étaient
encore très-sévères.

On a pu voir, par ce qui précède, que la pénalité des différens pays est très-rigoureuse contre le viol. Il faut ajouter que les preuves du
crime sont très - difficiles à produire ; et les juges ne peuvent apporter trop de précaution dans
leur admission. Quelques auteurs, hors certains
cas, nient la possibilité du viol. Selon eux il est
impossible qu'un homme *seul* triomphe d'une
femme armée de *toute sa raison*, et *bien résolue à
se défendre*. Des faits trop réels détruisent cette assertion. Il est à remarquer cependant que c'est
presque toujours sur des enfans aujourd'hui, que,
par une monstrueuse dépravation, ces attentats
sont renouvelés. On n'a point encore oublié les
scandaleux procès des prêtres Molitor et Contrafatto.—*Voyez* AMENDE, t. I, p. 269 ; FÉLONIE, t. IV,
p. 64 ; FONCTIONNAIRES, t. IV, p. 88 ; INCESTE,
t. IV, p. 200 ; INSTITUTEURS, t. IV, p. 218 ; Ou-

TRAGE, t. V, p. 14; Poing coupé, t. V, p. 87;
Prêtres, t. V, p. 136; Rapt, t. V, p. 225; Réclusion, t. V, p. 244; Travaux forcés, t. V,
p. 517; Vierge, t. V, p. 548; Yeux, t. V.

VIOLATION de domicile. *Voy.* Domicile, t. III,
p. 419.

VIOLATION de sépulture. *Voy.* Cadavre, t. III,
p. 138; Tombeaux, t. V, p. 497.

VIOLATION du réglement des manufactures.
L'industrie et le commerce de la France ont dû nécessairement, par leur importance et leur étendue,
appeler l'attention du législateur. Le Code pénal a
prévu divers délits et contraventions qui intéressent
les manufactures en général. Voici les principales
dispositions de la loi : Toute violation des réglemens d'administration publique, relatifs aux produits des manufactures françaises qui s'exporteront
à l'étranger, et qui ont pour objet de garantir la
bonne qualité, les dimensions et la nature de la
fabrication, sera punie d'une amende de deux
cents francs au moins, de trois mille francs au plus,
et de la confiscation des marchandises. Ces deux
peines pourront être prononcées cumulativement
ou séparément, selon les circonstances (Code pén.,
art. 413). Quiconque, dans la vue de nuire à l'industrie française, aura fait passer en pays étranger
des directeurs, commis, ou ouvriers d'un établissement, sera puni d'un emprisonnement de six
mois à deux ans, et d'une amende de cinquante à
trois cents francs (*Id.*, art. 417). Tout directeur,
commis, ouvrier de fabrique qui aura communiqué à des étrangers ou à des Français résidant en

pays étranger, des secrets de la fabrique où il est employé, sera puni de la réclusion, et d'une amende de cinq cents francs à vingt mille francs. Si ces secrets ont été communiqués à des Français résidant en France, la peine sera d'un emprisonnement de trois mois à deux ans, et d'une amende de seize fr. à deux cents francs (*Id.*, art. 418). Tous ceux qui, par des faits faux ou calomnieux, semés à dessein dans le public, par des sur - offres faites aux prix que demandaient les vendeurs eux-mêmes, par réunion ou coalition entre les principaux détenteurs d'une même marchandise ou denrée, tendant à ne pas la vendre ou à ne la vendre qu'à un certain prix, ou qui, par des voies ou moyens frauduleux quelconques, auront opéré la hausse ou la baisse du prix des denrées ou marchandises, ou des papiers et effets publics, au-dessus ou au-dessous des prix qu'aurait déterminés la concurrence naturelle et libre du commerce, seront punis d'un emprisonnement d'un mois au moins, d'un an au plus, et d'une amende de cinq cents francs à dix mille francs. Les coupables pourront, de plus, être mis, par l'arrêt, sous la surveillance de la haute police, pendant deux ans au moins, et cinq ans au plus (*Id.*, art. 419).

VIOLENCE. C'est tout acte par lequel on emploie la force contre le droit commun, contre les lois, contre la liberté publique. — Les Romains la punissaient par l'interdiction de l'eau et du feu pour les gens de condition libre, et par la mort pour les esclaves. L'interdiction de l'eau et du feu fut remplacée par le transport dans une île. — On punis-

sait autrefois en France les actes de violence selon
les circonstances et la qualité du délit. Par un arrêt du 12 décembre 1747, le parlement de Paris
a condamné un soldat aux gardes, racoleur avec
violence et à main armée, au fouet, à la flétrissure, au carcan, et aux galères à perpétuité. Les
lois punissent encore aujourd'hui sévèrement les
actes de violence. *Voyez* Agens, t. I, p. 178, 179;
Avortement, t. II, p. 208, 209; Bannissement,
t. II, p. 309; Blessés-Blessures, t. II, p. 468, 469;
Bris de prison, t. III, p. 93; Bris de scellés, t. III,
p. 96; Carcan, t. III, p. 160; Coups, t. III, p. 302,
303; Cultes, t. III, p. 319, 320; Outrage, t. V,
p. 13; Rapt, t. V, p. 228; Rebellion, t. V, p. 237;
Réclusion, t. V, p. 244; Travaux forcés, t. V, p.517;
Vagabond, t. V, p. 526; Voies de fait, t. V, p.571.

VIPÈRE. Plusieurs auteurs anciens, cités par
Démeunier, parlent d'un peuple de l'antiquité
qui éprouvait la chasteté des femmes en exposant
les enfans aux morsures des aspics et des vipères.
Voyez Parricide, t. V, p. 27.

VISIR (Grand-). C'est, après le sultan, le premier personnage de l'empire ottoman. Ce poste
éminent est le but auquel aspirent tous les ambitieux; il n'y a point de ruses, de cabales, d'intri-
gues que l'on n'emploie pour y arriver; et pourtant
il est rare qu'un grand-visir ne finisse point d'une
manière tragique. Entre ses mains puissantes l'État
est-il florissant, fait-il aimer son administration,
la victoire couronne-t-elle ses opérations militaires,
aussitôt les soupçons jaloux d'un despote ombrageux font tomber sa tête. Si, au contraire, dans

ses mains inhabiles l'État dépérit, si les armes ot-
tomanes éprouvent quelques revers, il devient encore la victime que son maître sacrifie à son courroux et aux murmures de la nation. La dignité de
grand-visir fut créée, en 1370, par Amurat Ier.
«Toute l'administration de l'État tombe sur ce
ministre, car il est chargé des finances, des affaires
étrangères, du soin de rendre la justice pour les
affaires civiles et criminelles, du département de
la guerre et du commandement des armées. Le
sultan installe le grand-visir en lui remettant le
sceau de l'empire, sur lequel est gravé son nom ;
avec le sceau, le suprême ministre expédie tous les
ordres, sans être obligé de prendre l'avis de personne, et sans qu'on puisse lui demander compte
de sa conduite... Il nomme à toutes les charges de
l'empire, excepté à celles de judicature. Il a sous
lui six autres visirs qui sont conseillers du divan,
et c'est à eux que le grand-visir renvoie la décision
des procès de peu d'importance. »

VITIS. C'était, chez les Romains, un bâton de
sarment de vigne, qui était la marque distinctive
du centurion, et avec laquelle il châtiait les soldats
quand ils sortaient de leurs rangs, ou pour quelque
autre faute. Les soldats étrangers et ceux qui n'a-
vaient pas le droit de bourgeoisie romaine, étaient
punis avec des verges dont on leur frappait les
épaules nues.

VIVRES ET REPAS. Les Lacédémoniens, les
Athéniens, les Romains et les Français ont eu des
lois pour réprimer le luxe de la table. Lycurgue institua les tables, chez les premiers, et fixa le nom-

bre des convives à quinze. — Chez les Romains,
après la seconde guerre punique, les tables étant
devenues trop nombreuses, le tribun Orchius régla que le nombre des convives ne serait pas plus
de neuf. Quelque temps après, le sénat défendit
à tous magistrats et principaux citoyens de dépenser plus de 120 sous pour chaque repas qui se
donnerait après les jeux mégalésiens, et d'y servir d'autre vin que celui du pays. Le consul Fan-
nius fit étendre cette loi à tous les festins, et la loi
fut appelée de son nom *Fannia.* Il fut défendu de
s'assembler plus de trois, outre les personnes de
la famille, les jours ordinaires, et plus de cinq les
jours des nones et des foires. La dépense fut fixée
à cent sous par repas, les jours de jeux et fêtes publiques ; à trente sous, les jours des nones ou des
foires, et à dix sous les autres jours. Il fut défendu
de servir des volailles engraissées, parce que cette
préparation coûtait beaucoup. La loi *Didia,* en
renouvelant les défenses précédentes, ajouta que
non-seulement ceux qui inviteraient, mais encore
ceux qui se trouveraient à un repas contraire aux
lois, seraient punis comme prévaricateurs. La dépense du repas fut encore réglée selon les jours et
les occasions, par la loi *Licinia.* Mais comme elle
permettait de servir à discrétion tout ce que la
terre produisait, on inventa des ragoûts de légumes
si délicats, que Cicéron dit les avoir préférés aux
huîtres et aux lamproies qu'il aimait beaucoup.
La loi *Cornelia* renouvela toutes les précédentes,
régla le prix des vivres. Jules-César fit aussi une
loi somptuaire; mais tout ce que l'on en sait, c'est

qu'il établit des gardes dans les marchés, pour enlever ce qui y était exposé en contravention, et des huissiers qui avaient ordre de saisir jusque sur les tables ce qui était échappé à ces gardes. Auguste mitigea les lois somptuaires, dans l'espérance qu'elles seraient mieux observées. Il permit de s'assembler jusqu'à douze; d'employer aux jours des repas ordinaires deux cents sous; à ceux des calendes, ides, nones, et aux autres fêtes trois cents; et aux jours des noces et du lendemain, jusqu'à mille sesterces. Tibère permit de dépenser depuis trois cents sesterces jusqu'à deux mille, selon les différentes solennités. Le luxe des tables augmenta encore sous Caligula, Claude et Néron. Les lois somptuaires étaient si mal observées que l'on cessa d'en faire. —En France, les capitulaires de la deuxième race, et les ordonnances de Louis IX, défendent l'ébriété, ce qui concerne plutôt l'intempérance que le luxe. Par un édit de l'an 1295, Philippe-le-Bel défendit de donner dans un grand repas plus de deux mets et un potage au lard; et dans un repas ordinaire, un mets et un entre-mets. Il permit, les jours de jeûne seulement, de servir deux potages aux harengs, et deux mets, ou un seul potage et trois mets. Il défendit de servir dans un plat plus d'une pièce de viande, ou d'une seule sorte de poisson; enfin il déclara que toute grosse viande serait comptée pour un mets, et que le fromage ne passerait pas pour un mets, s'il n'était en pâte ou cuit dans l'eau. François Ier fit un édit contre l'ivrognerie; du reste il ne régla rien pour la table. L'édit du 20 janvier 1563, de Char-

les IX, mit un taux aux vivres, et régla les repas.
Il porte qu'en quelques noces, festins ou tables
particulières que ce soit, il n'y aura que trois services, savoir : les entrées, la viande ou le poisson,
et le dessert ; qu'en toute sorte d'entrées, soit en
potage, fricassée ou pâtisserie, il n'y aura au plus
que six plats, et autant pour la viande ou le poisson, et dans chaque plat une seule sorte de viande;
que ces viandes ne seront pas mises doubles, comme
deux chapons, deux lapins, deux perdrix pour un
plat; que l'on pourra servir jusqu'à trois pou-
lets ou pigeonneaux, les grives, bécassines,
et autres oiseaux semblables, jusqu'à quatre, et
les alouettes et autres espèces semblables, jusqu'à
une douzaine; qu'au dessert, soit fruits, pâtisserie, fromage ou autre chose, il ne pourra non
plus être servi que six plats, le tout sous peine de
deux cents livres d'amende pour la première fois,
et quatre cents pour la seconde. Il ordonne que
ceux qui se trouveront à un festin où l'on contre-
viendra à cette loi, le dénonceront dans le jour,
à peine de quarante livres d'amende ; et si ce sont
des officiers de justice qui se trouvent à de pareils
festins, qu'ils aient à se retirer aussitôt, et procéder contre les contrevenans. Que les cuisiniers qui
auraient servi à ces repas, seront condamnés pour
la première fois en dix livres d'amende, à tenir
prison quinze ans au pain et à l'eau; pour la seconde fois, au double de l'amende et du temps de
la prison, et pour la troisième, au quadruple, au
fouet et au bannissement du lieu. Enfin il défend
de servir chair et poisson en un même repas. La

disette qui se fit sentir en 1573, donna lieu à une
déclaration du 20 octobre, par laquelle le roi ordonne à la police générale de Paris, de faire cesser les grandes et excessives dépenses qui se faisaient en habits et en festins, et de faire de nouveau publier et garder inviolablement toutes ses
ordonnances *somptuaires ;* et afin d'être averti des
contraventions qui se commettaient à cet égard,
il voulut que les commissaires de Paris pussent
aller et assister aux banquets qui se feraient. Une
autre déclaration du 18 novembre suivant enjoignit aux commissaires du Châtelet et juges des
lieux, chacun en *droit soi,* de faire les perquisitions nécessaires pour la découverte des contraventions. La ville de Paris étant bloquée, en 1591, les
magistrats, dans une assemblée générale de police,
rendirent une ordonnance portant défense de faire
aucuns festins ou banquets en salles publiques,
soit pour noces ou autrement, jusqu'à ce que par
justice il en eût été autrement ordonné; et, à l'é-
gard des maisons particulières, il fut défendu d'y
traiter plus de douze personnes. Une dernière loi
touchant les repas est l'ordonnance de 1629, dont
quelques articles concernent la réformation du
luxe des tables. Il y est dit qu'il n'y aura que trois
services d'un simple rang chacun, et de six pièces
au plus dans chaque plat : tous les repas de réception furent abolis ; enfin on défendit aux traiteurs
de prendre plus d'un écu par tête pour noces et
festins. Quant aux repas patriotiques qui eurent
lieu dans Paris au mois de juillet 1794, voici ce
qu'en dit M. Dulaure dans ses *Esquisses sur la ré-*

volution, t. III, p. 240 : « Une section de cette ville imagina de célébrer des *repas civiques*, et les autres sections l'imitèrent. Toutes les rues, vers le milieu de messidor, offrirent des tables dressées, chargées de mets plus ou moins abondans ou recherchés. Les convives d'une table passaient à la table voisine et réciproquement. On buvait au salut de la patrie, on entonnait des chants patriotiques, et les cris de *vive la république!* se faisaient fréquemment entendre. Des guirlandes de feuillages, des couronnes de fleurs étaient dans plusieurs rues suspendues au - dessus des tables. Aucune baïonnette, aucune voiture, aucun événement, peu ou point de désordres ne troublèrent le calme de ces repas fraternels; partout éclata la gaîté française : on chantait, on dansait; Paris offrait le spectacle d'une grande famille réunie à la même table. Ces scènes aimables se seraient sans doute répétées; mais le gouvernement en conçut des alarmes. Le 28 messidor (an 2), Barrère fit à la Convention un rapport sur les repas civiques, où, parlant avec éloge de ces fêtes fraternelles, il en montra le côté dangereux, et laissa le soin de leur suppression à l'opinion publique. Un arrêté de la commune de Paris les prohiba; les repas civiques cessèrent. » *Voyez* AMENDE, t. I, p. 264, 265; LUXE, t. IV, p. 345 et suiv.

VOEUX MONASTIQUES, ou de RELIGION, étaient ceux qu'un novice proférait en faisant profession. Ces vœux qu'on appelait solennels étaient ordinairement au nombre de trois, savoir : de chasteté, de pauvreté, d'obéissance. Les religieuses faisaient en outre vœu de clôture. L'âge auquel on pouvait s'engager par des vœux solennels avait été fixé à seize ans par le concile de Trente; avant cet âge l'engagement était nul. L'empereur Majorien et saint Léon ne voulaient même pas que les filles prissent le voile avant l'âge de quarante ans, afin de s'éprouver davantage; et d'après Justinien, il fallait que le religieux, avant de prononcer ses vœux, fût soumis à une épreuve de trois ans. Dans le dernier siècle, l'âge de profession fut fixé à vingt-un ans accomplis pour les hommes, et à dix-huit pour les femmes. On n'est point d'accord sur l'époque précise où l'on institua l'usage de prononcer des vœux solennels; mais ce qu'il y a de certain, c'est qu'anciennement l'émission des vœux n'emportait pas la mort civile, et que le religieux, en rentrant dans le monde, rentrait également dans tous ses droits. Depuis, les vœux furent indissolubles, hors le cas de réclamations légales. Le concile de Trente fixa le délai de réclamation à cinq ans; et cette décision fut adoptée par tous les conciles de France postérieurs. Les moyens d'annulation étaient, 1° le défaut de l'âge voulu par les saints décrets et les ordonnances; 2° le défaut de noviciat en tout ou en partie; 3° le défaut de liberté. On se pourvoyait devant l'official du diocèse par demande en nullité de vœux, ou bien au parlement par la voie d'appel comme d'abus, s'il y avait lieu. — Celui qui violait ses vœux était sévèrement puni par l'ordre auquel il appartenait. Voltaire parle d'un jeune homme entré malgré lui chez les capucins. Il parvint à s'échapper, mais il fut repris, et conduit bien garrotté à son couvent. On le descendit dans une fosse profonde; il y fut enchaîné par un pied; on mit auprès de lui un pain d'orge et une cruche d'eau ; après quoi la fosse fut refermée avec un large plateau de grès. Au bout de trois jours on le retira de ce tombeau pour comparaître devant quelques capucins qui s'érigèrent en cour de justice : pour engager ce malheureux à révéler les complices de son évasion, ils l'appliquèrent à la question usitée dans le couvent, et qui consistait en une espèce d'estrapade, et finirent par le condamner à être enfermé pendant deux ans dans son cachot, à en être extrait trois fois par semaine pour recevoir, à nu, la discipline avec des chaînes de fer. *Ab uno disce omnes.* A l'époque de la révolution les couvens et monastères furent supprimés en France ; ils ont reparu depuis ; mais l'on ne peut prononcer de vœux pour plus de cinq ans. — C'était bien aussi une espèce de vœu monastique qu'on exigeait des vestales; mais on en a déjà parlé. — *Voy.* CHASTETÉ, t. III, p. 228, 229.

VOIE PUBLIQUE. On nomme voie publique les routes , les chemins, les rues, les places publiques. La voie publique est sous la surveillance de l'autorité municipale. Les maires, adjoints, commissaires de police dans chaque commune , doivent donc veiller à ce que, 1° elle soit sûre; 2° elle soit éclairée dans les cas de besoin ; 3° personne n'y commette de dégradations; 4° elle soit balayée et tenue propre; 5° on n'y laisse vaguer des furieux , des insensés, des animaux malfaisans ou dangereux; 6° dans les temps de verglas ou de neige, elle soit sablée ou couverte de paille, pour empêcher les accidens ; 7° il n'y soit rien exposé qui, par chute, pourrait blesser les passans ; 8° personne n'y soit en danger d'être blessé par la marche trop rapide des chevaux, charrettes, voitures et carrosses ; 9° la libre circulation n'en soit obstruée par le déchargement et dépôt de marchandises devant les portes des maisons et magasins ; 10° les boues et immondices en soient enlevées. Seront punis d'amende depuis un franc jusqu'à cinq francs inclusivement, ceux qui auront embarrassé la voie publique, en y déposant ou y laissant, sans nécessité, des matériaux ou des choses quelconques qui empêchent ordinairement la liberté ou la sûreté du passage ; ceux qui, en contravention aux lois et réglemens, auront négligé d'éclairer les matériaux par eux entreposés, ou les excavations par eux faites dans les rues et places (Code pén., art. 471).

. VOIES DE FAIT. « Ce mot, dans le sens le plus étendu, désigne presque toutes les actions qui blessent une personne dans son corps, dans son honneur ou dans ses biens, ou seulement qui contrarient ses prétentions, comme violences, dommage, méfait injurieux, mauvais traitement, construction ou destruction d'ouvrages, dégradation, détérioration, innovation, spoliation, trouble à la possession, en un mot, tout ce que les jurisconsultes comprennent sous le nom d'injure réelle. Mais, dans une acception plus étroite et plus ordinaire, *voie de fait* se dit de tout acte par lequel on exerce, de son autorité privée, des prétentions ou des droits contraires aux droits ou aux prétentions d'autrui. Si pareille voie de fait est commise malgré la résistance des intéressés, en les repoussant, forçant ou intimidant, avec armes ou sans armes, c'est une violence, rarement innocente dans l'état social, au contraire, le plus souvent criminelle, ou du moins répréhensible. » Il y a cette différence entre voie de fait et violence, que toute violence est voie de fait, mais que toute voie de fait n'est pas violence. Certaines voies de fait sont permises : celles, entre autres, qui sont employées dans le cas de légitime défense, ou souvent contre une arrestation arbitraire. En Angleterre, un mandat d'arrestation, ou warrent, fut lancé contre un citoyen ; ses nom et prénoms s'y trouvaient exactement désignés; mais il était qualifié chevalier au lieu de baronnet. Son domestique refuse l'exécution du mandat, se constitue en état de légitime défense et tue l'officier de justice. Le domestique fut acquitté. On a vu en France, assez fréquemment dans ces derniers temps, des soldats traduits devant des conseils de guerre pour cause d'homicide : les voies de fait n'étaient certes pas douteuses; la mort des victimes, les aveux des accusés, les dépositions des témoins, tout prouvait leur existence : mais ces soldats furent acquittés, parce qu'on supposa qu'ils ne les avaient employés que pour leur légitime défense. Autant que possible cependant, l'homme sage doit s'abstenir des voies de fait et s'en rapporter aux tribunaux; mais si quelquefois une juste nécessité excuse même la violence, à plus forte raison doit-elle excuser la simple voie de fait. — Les voies de fait sont punissables lorsqu'elles participent de la rebellion, qu'elles sont attentatoires aux droits civiques, qu'elles dégénèrent en violence injuste, etc... Quiconque aussi par *des voies de fait* se sera opposé à la confection des travaux autorisés par le gouvernement, sera puni d'un emprisonnement de trois mois à deux ans, et d'une amende qui ne pourra excéder le quart des dommages-intérêts, ni être au-dessous de seize francs. Les moteurs subiront le maximum de la peine (Code pén. , art. 438). Ceux qui dans l'adjudication de la propriété, de l'usufruit ou de la location des choses mobilières ou immobilières, d'une entreprise, d'une fourniture, d'une exploitation ou d'un service quelconque, auront entravé ou troublé la liberté des enchères ou des soumissions , par *voies de fait*, violences ou menaces, soit avant, soit pendant les enchères ou les soumissions, seront punis d'un emprisonnement de quinze jours au moins, de trois mois au plus, et d'une amende de cent francs au moins et de cinq mille francs au plus. La même peine aura lieu contre ceux qui, par dons ou promesses, auront écarté les enchérisseurs (Code pén. art. 412). Par la loi du 7 messidor an 2, si le délit avait été commis par des fonctionnaires publics, commissaires, gardiens et dépositaires, les coupables et leurs complices étaient punis de douze années de fers. *Voyez* BLESSÉS - BLESSURES, t. II, p. 468, 469; DROITS CIVIQUES, t. III, p. 423; COUPS, t. III, p. 302 ; CORRUPTION, t. III, p. 294; CULTES, t. III, p. 519; INJURE, t. IV, p. 206; REBELLION,

t. V, p. 237; VAGABOND, t. V, p. 527, et VIOLENCE, t. V, p. 561.

VOIRIE. On nomme voirie cette partie de la police administrative qui a pour objet la liberté, la commodité, la sûreté des routes, chemins, rues et passages publics. Les contraventions à ses réglemens sont punies d'une amende et d'une peine correctionnelle, prononcée quelquefois cumulativement, quelquefois séparément, selon les circonstances; mais la loi n'est pas rigoureuse. La police de la voirie était connue des Romains qui la nommaient *viaria*, terme qu'on leur a évidemment emprunté. « Les coutumes distinguaient deux sortes » de voiries, la grande et la petite qui était aussi » nommée basse voirie ou simple voirie. La grande » voirie avait été ainsi nommée parce qu'elle appar- » tenait anciennement à la haute justice, du temps » qu'il n'y avait encore en France que deux degrés » de justice, la haute et la basse; mais depuis que » l'on eut établi un degré de justice moyen entre » la haute et la basse, la voirie fut attribuée à la » moyenne justice; et les coutumes la donnaient » toutes au moyen justicier. La petite voirie était » confondue par les coutumes avec la basse jus- » tice..... On entend aussi quelquefois par voirie » certaines places publiques, vaines et vagues, ad- » jacentes aux chemins, qui servent de décharge » pour les immondices des villes et bourgs. C'est » ainsi que la ville de Paris a, au dehors, une voirie » particulière... Anciennement les bouchers y je- » taient le sang et les boyaux des animaux... On y

»jetait les cadavres des criminels exécutés à mort,
»et particulièrement de ceux qui avaient été traî-
»nés sur la claie..... » Jeter à la voirie était souvent le complément d'une condamnation capitale
et infamante. Souvent aussi ce fut le dernier outrage d'une populace égarée, ou d'un tyran féroce.
Ainsi, sous Tibère, les cadavres d'un grand nombre de victimes furent traînés dans les rues et jetés
à la voirie. *Voyez* Apostat, t. I, p. 556.

VOISINS. Il existe chez certains nègres de l'A-
frique un usage assez singulier. Les créanciers enlèvent aux voisins de leurs débiteurs la première
chose dont ils peuvent se saisir, en disant aux propriétaires qu'ils peuvent se faire payer par tel autre
habitant, sur lequel ils expliquent leurs droits.

VOITURES. Elles se divisent en plusieurs classes. On donne le nom de *voitures publiques*, ou
messageries, à celles qui transportent des voyageurs et des effets d'un lieu à un autre, en partant
à des jours fixes, et en suivant une route déterminée. Les voitures de roulage sont d'une autre espèce, et ne transportent que des effets. Il y a encore
les voitures des marchands de légumes qui entrent
journellement dans Paris; puis enfin les voitures
de place et de la banlieue, connues sous différens
noms. Toutes ces voitures et leurs entrepreneurs
sont assujettis à divers réglemens de police ; et les
contraventions à ces réglemens sont punies d'une
amende, de la confiscation ou même quelquefois
d'un emprisonnement, selon la gravité des cas qu'il
serait trop long de rapporter ici. Voici les principaux, tels qu'ils ont été spécifiés dans le décret

impérial du mois de juin 1806 : Tout entrepreneur convaincu d'avoir omis de faire une déclaration détaillée de son entreprise, ou d'en avoir fait une fausse, est condamné à la confiscation des voitures, harnais, et à une amende qui ne pourra être moindre de cent francs, ni portée au-delà de mille fr. Les fraudes par le moyen de voitures publiques sont punies par la confiscation des objets de cette fraude, et par une amende contre les contrevenans égale au quadruple des droits fraudés. Les contraventions relatives au poids des voitures, pour excès de chargement au-delà de celui qui est fixé par la loi, sont punies d'amendes qui varient de vingt - cinq à trois cents francs. La largeur des voitures ayant été également fixée par une loi, les contraventions y relatives sont punies d'une amende de quinze francs. Tout emploi de faux registres, de fausses feuilles ou de faux enregistremens, peut et doit, selon le cas, être poursuivi comme crime de faux. — La pénalité attachée aux contraventions et délits, dans ce genre de service public, offre certainement beaucoup plus de détails; mais outre que l'on en a déjà parlé dans un article précédent, ces détails présentent entre eux une similitude fastidieuse et insignifiante. *Voyez* CHARRETIERS, t. III, p. 217; 218, 219.

VOITURIERS. *Voyez* CHARRETIERS, t. III, p. 217, 218, 219, et l'article précédent.

VOIX. *Voy.* BULLETIN, t. III, p. 116; JURY, t. IV, p. 280, 282, 287; SUFFRAGES, t. V, p. 416, 417.

VOL. Ce délit a été puni avec une rigueur excessive chez presque tous les peuples. Je vais rapporter, dans l'ordre alphabétique, les diverses punitions que soixante nations ont infligées pour ce genre de délit.

ALBANIE. Les Albanais sont portés au vol et à la rapine : ils ne punissent que le vol accompagné de violence, parce qu'ils le considèrent comme une lâcheté ; ils éloignent d'eux le voleur.

ALGER. Ceux qui sont préposés à la garde de la ville sont responsables des vols qui s'y commettent, et payent sur-le-champ. Voyez *Main coupée*, t. IV, p. 557.

ALLEMAGNE. D'après le code de Charles-Quint, la personne qui se trouve saisie d'une partie des objets volés, qui les a vendus ou donnés ; celle qui, dans un temps où il s'est fait un vol considérable, se livre à une dépense plus forte que ne le peuvent faire supposer son revenu et sa condition, offrent des indices de culpabilité et sont soumises à la question. « C'est aussi un indice pour la question contre celui qui sciemment et d'une manière dangereuse s'approprie une partie du bien volé, ou du butin ; celui qui de même le sachant, fournit de la subsistance aux voleurs, qui les retire chez lui, les cache et les héberge, et qui recèle en tout ou en partie le bien injuste, l'échange en cachette, le vend ou le dissipe ; ou qui d'une autre manière, telle qu'elle soit, assiste les voleurs par son conseil, ou les secourt, ou bien qui aura avec eux des liaisons suspectes au sujet de leurs vols. La question aura de même lieu contre celui qui cachera des prisonniers, lorsqu'après s'être évadés, ils déclareront où ils ont été cachés. De plus, celui qui

sera soupçonné , et que l'on croit assez capable
d'être complice du vol, lequel insistera fortement à
se déclarer pour le parti des coupables, fera des
accords et des engagemens , à l'insu des juges du
prisonnier , en recevra des gages, et se portera
caution sur cela ; toutes ces circonstances comprises dans ces deux parties, soit qu'elles se trouvent ensemble ou séparément, forment des indices
qui dénotent suffisamment l'aide donnée aux coupables , et autorisent la question. (Art. 40.) » Le
supplice de la corde est celui de la plupart des voleurs , excepté des voleurs de grands chemins que
l'article 126 ordonne de rompre vifs et de laisser
expirer sur la roue. Comme on distingue , dans ce
code , différentes espèces de vol qui entraînent à
des peines différentes, j'entrerai ici dans quelques
détails : Le vol est caché ou il est public ; le vol
public est celui qui devient connu avant que le
voleur ait pu atteindre sa demeure ou sa retraite,
ce qui peut arriver de trois manières : 1° si le
voleur est pris sur le fait; 2° s'il est poursuivi avant
qu'il ait gagné sa retraite , quoiqu'on ne puisse
point l'attraper; 3° si les gens crient après lui dans
le temps qu'il a fait le vol, soit que ce soit la personne volée ou d'autres qui le poursuivent et fassent ces cris. En second lieu , le vol est commun
et de peu de conséquence, ou il est périlleux. Le
vol périlleux est celui qui se commet 1° par effraction ; 2° par escalade; 3° ou avec des armes capables de blesser celui qui voudrait faire résistance.
En troisième lieu , le vol est petit ou grand. Le
petit est celui dont la chose volée est au-dessous de

ci,q ducats; et le grand, dont la chose volée est
de cinq ducats et plus. En quatrième lieu et enfin,
le vol est commis pour la première fois, ou il est
réitéré, soit pour la seconde fois, soit pour la
troisième fois. Pour ce qui est du vol de peu de
conséquence, caché et petit, la loi ordonne que le
voleur doit être condamné à la restitution du double à la personne volée, ou, au défaut de moyens,
par la prison pendant quelque temps, et à restituer au moins la chose volée ou un équivalent, ou
à se *convenir* avec la personne volée. Il est à observer que si le juge dictait une peine pécuniaire
au voleur, la personne volée serait préférée à
l'amende pécuniaire pour la valeur simple de la
chose volée, mais non pas pour le surplus, savoir,
la double restitution. La valeur du vol dont il vient
d'être parlé ne peut pas diminuer la qualité du
vol qui est fait par un domestique à son maître :
ce crime est d'autant plus sévèrement puni, qu'il
est difficile de se précautionner contre, puisque la
vie et les biens des maîtres sont nécessairement
confiés aux domestiques; c'est pourquoi tout vol
fait par un domestique à son maître, doit être
puni de mort, quand bien même la chose volée
serait peu considérable. Voici le texte de l'art. 159:
«Si le voleur, pour commettre les vols susdits, es-
caladait ou entrait avec effraction, de jour ou de
nuit, dans la maison ou habitation de quelqu'un,
ou bien s'il y entrait avec des armes capables de
blesser celui qui voudrait lui faire résistance, que
ce soit la première ou la seconde fois, que le vol
soit considérable ou petit, étant accompagné d'ef-

fraction ou d'escalade, de même que celui qui se
fait avec des armes où l'on doit craindre la violence : il sera regardé pour un vol prémédité et
périlleux ; et le coupable, si c'est un homme, sera
condamné à *être pendu ;* si c'est une femme, à être
précipitée dans l'eau, ou bien, suivant l'état des
personnes et le discernement des juges, à d'autres
grandes peines afflictives telles qu'est la *privation de
la vue,* ou l'*amputation de la main.* » On doit rapporter à cette espèce de vol ceux qui sont commis
par force et par violence sur les grands chemins,
dans la campagne ou dans la ville, de nuit et de
jour ; la peine qui est prononcée est celle de la
roue, quand bien même le meurtre n'aurait pas
été joint au vol. Quoique le vol ne soit pas d'une
valeur de cinq ducats, on a égard, dans l'application de la peine, à l'état de la personne volée. Ainsi,
le vol fait à un pauvre artisan, des outils de son
métier, et dont la privation lui ôterait toute ressource pour travailler et gagner sa subsistance,
entraînerait la peine de mort. Le voleur qui commet un second vol peut être condamné au *carcan,*
à la flagellation et au bannissement (art. 161). Il
n'y a aucun adoucissement pour celui ou celle qui
est convaincu d'un troisième vol : si c'est un homme,
il est pendu et étranglé; si c'est une femme, elle
est précipitée, ou elle subit tout autre supplice
équivalent. « Lorsque dans un vol il y aura plus
d'une circonstance aggravante, la peine sera prononcée suivant celle qui se trouvera être la plus
criminelle (art. 163). » Aucune disposition ne fait
mieux connaître l'esprit de ce code, que celle de

l'art. 164 , que je vais rapporter : « Le voleur ou la voleuse , qui sera au-dessous de l'âge de quatorze ans, ne pourra point être condamné à la peine de mort sans une raison particulière , mais bien à une punition corporelle , avec la caution durable. Cependant si le voleur approchait de sa quatorzième année , et que le vol fût considérable, ou que l'on y trouvât des susdites circonstances aggravantes, accompagnées de danger , en sorte que la malice eût suppléé à la force de l'âge , les juges, avant de prononcer, auront recours au conseil des gens de loi , pour savoir de quelle manière un tel jeune voleur doit être puni en ses biens, en son corps ou en sa vie. » Ordinairement on ne devait prononcer contre les jeunes voleurs que la *prison*, le *bannissement* ou la *fustigation*. Si quelqu'un , pressé par une véritable famine, que lui, sa femme ou ses enfans pourraient souffrir , venait à voler des *nourritures* , dit l'article 166, les juges auraient la faculté de le décharger de toute accusation. L'annotateur de l'édition de ce Code , publiée en 1767 , cite un fait qui prouve que le voleur, en pareil cas , pouvait être condamné à mort. Le voici (page 233) : « Un soldat ayant été arrêté pour avoir volé un pain, dans un temps où les troupes souffraient réellement par le manque de vivres, il ordonna (le général) que le prisonnier fût fusillé, et que son procès lui fût fait au cas qu'il se trouvât avoir sur lui assez d'argent pour qu'il eût pu s'en fournir : le malheur voulut que la quantité de monnaie trouvée était même plus que suffisante pour l'empêcher de commettre ce vol, et rien ne put arrêter le cours de la sévérité ordinaire, par le jugement du conseil de guerre et l'exécution qui en suivit. » Ceux qui volaient les fruits et les biens de la terre pouvaient être condamnés à la *peine capitale*. Ceux qui volaient ou coupaient illicitement le bois étaient punis des *galères*. La *fustigation*, le *bannissement*, les *galères*, la *mort* même, se prononçaient contre les voleurs de poisson dans les étangs et réservoirs. On pouvait *pendre*, *couper le poing*, *jeter au feu*, *brûler vif* le voleur de choses saintes ou de choses profanes dans des lieux consacrés. Les militaires étaient punis d'après l'ordonnance de 1727. Voici les dispositions qui se rapportent au vol, et se retrouvent dans les art. 22, 24 et 27 de cette ordonnance : « Il est défendu, sous *peine de la vie*, à tous soldats, cavaliers et dragons de voler ou piller les vivandiers, ou marchands venant dans les villes ou dans les camps, et de prendre par force et sans paiement, soit pain, vin, viande, bière, brandevin, ou autres denrées et marchandises, tant dans les marchés des villes, et dans les boutiques, que dans les camps ou en route... Il leur est défendu, sous *peine de la vie*, de voler les meubles ou ustensiles des maisons où ils seront logés, soit en route ou en garnison... Celui qui dérobera les armes de son camarade ou autre soldat, en quelque lieu que ce soit, sera *pendu* et *étranglé* ; et celui qui dérobera dans les chambres des casernes, leur linge, habit ou équipage, ainsi que le prêt, ou pain de sa chambrée, sera condamné à *mort*, ou aux *galères perpétuelles*, suivant les circonstances du cas. »

AMBOINE (Ile de). On coupe le nez et les oreilles
aux voleurs, et on les fait esclaves pour leur vie.

AMIS (Iles des). J'extrais le passage suivant de la
relation du voyage de Cook aux îles de la Société :
«... Le roi dîna avec moi , et j'observai que nos
assiettes attiraient beaucoup son attention. Je lui
en offris une d'étain et une de faïence : il préféra
celle d'étain, et se mit à nous indiquer les différens usages auxquels il la destinait; il en indiqua
deux si extraordinaires, que je ne dois pas les oublier ici : il nous dit que, lorsqu'il irait faire un
voyage sur quelques-unes des autres îles, il laisse-
rait son assiette à Tongatabou, pour le représenter
pendant son absence, et que les habitans paie-
raient à ce meuble le tribut d'hommages qu'ils
rendent à sa personne. Je lui demandai ce qu'il
avait employé jusqu'alors en pareille occasion, et
j'eus la satisfaction d'apprendre que, lorsqu'il s'é-
loignait de sa résidence, les insulaires avaient fait
leur cour à un vase de bois, dans lequel il se lavait
les mains. Le second usage auquel il voulait employer l'assiette n'était pas moins singulier ; il
comptait s'en servir au lieu de son vase de bois
pour découvrir les voleurs. Il nous assura que,
lorsqu'on dérobait quelque chose, et qu'on ne
pouvait découvrir le voleur, tous les naturels s'assemblaient devant lui, au moment où il lavait ses
mains dans le vase de bois; qu'on nettoyait ce
vase, que les insulaires s'approchaient l'un après
l'autre, et le touchaient de la même manière qu'ils
touchent ses pieds quand ils viennent lui faire leur
cour; que si le coupable osait le toucher, il mou-

rait sur-le-champ ; qu'il expirait de la main des dieux, sans qu'il fût nécessaire de le tuer, et que si quelqu'un refuse d'approcher, son refus prouvait clairement qu'il avait commis le vol. »

ANGLETERRE. Anciennement, on coupait un pouce, une oreille, un pied ou une main pour les plus petits vols. Les habitans d'Halifax, au comté d'Yorck, tranchaient la tête à quiconque volait des effets, ou de l'argent, de la valeur de treize pences et demi. On amenait le coupable au bailli du lieu, qui était tout à la fois son juge et son bourreau. Ce bailli gardait une hache qui servait à l'exécution des criminels ; il assemblait quelques jurés; et pour épouvanter, par la promptitude du châtiment, il décapitait sur-le-champ le voleur. Au commencement du règne de Georges Ier, le fameux Jonathan Wild avait sous ses ordres un corps de voleurs bien disciplinés ; tous les vols lui revenaient, et il se chargeait d'en procurer la restitution aux propriétaires, moitié prix de leur valeur. Pour détruire ce brigandage, Georges Ier déclara par son statut 4 que quiconque recevrait une récompense, sous prétexte d'avoir aidé à recouvrer un bien volé, serait puni comme le voleur même, à moins qu'il ne décelât le voleur, en le faisant arrêter, et en témoignant contre lui dans le procès. Wild, en conséquence de ce statut, qui ne l'empêcha pas de continuer son commerce, fut enfin arrêté et *pendu*. Recéler des biens volés avec connaissance qu'ils sont volés, c'est *haute inconduite* et une *injure à la justice publique*. Ce délit, qui ne fut traité que d'*inconduite* par la commune loi, est devenu *accessoire* au vol et à la *félonie* par les statuts 3 et 4 de Guillaume et Marie, et 5 d'Anne : mais comme l'accessoire ne peut être jugé qu'avec ou après le principal, les recéleurs, par ce moyen, éludaient souvent l'effet de la justice. Pour y remédier, les statuts 1 et 5 de la reine Anne déclarèrent que le recéleur serait poursuivi par *inconduite*, et puni par l'amende et la prison, même avant que le voleur fût pris et convaincu ; et en cas qu'il ait recélé du plomb, du fer ou certains autres métaux, le statut 29 de Georges II inflige la *transportation* pour quatre ans ; de façon que le poursuivant en justice a le choix, ou de faire punir le recéleur pour *inconduite* avant que le voleur soit pris, ou d'attendre que le voleur soit pris et jugé pour faire punir le recéleur comme accessoire au vol. Le même statut a pourvu à ne pas user des deux moyens l'un après l'autre. Un délit qui approche de celui-là, c'est lorsque la personne volée, connaissant le voleur, se fait restituer le vol, sous condition de ne pas poursuivre le voleur. Cela s'appelait autrefois *composition en félonie ;* et on punissait le composant comme *accessoire* avec le voleur, c'est-à-dire très-sévèrement. Aujourd'hui c'est une amende ou la prison. Il est défendu aussi par le statut 25 de Georges II de publier une récompense pour celui qui rapportera une chose volée, sans lui faire aucune question, sous peine de 500 livres d'amende pour le proposant et l'imprimeur. Le statut 24 de Henri VIII reconnaît que tuer un malfaiteur qui tente de voler, d'assassiner, de forcer une maison pendant la nuit, c'est un homicide justifiable.

La conséquence de la nécessité ne s'étend pas aux délits qui se commettent sans violence ; par exemple, aux filous, et à celui qui forcerait une maison pendant le jour, à moins que ce délit ne fût accompagné de vol. À la fin du siècle dernier on enchaînait à un gibet le cadavre des plus fameux voleurs. J'extrais du 17ᵉ chapitre de Blackstone le passage suivant : « La loi distingue deux sortes de vol ; le simple vol et le vol mixte qui renferme des circonstances aggravantes. Le simple vol au-dessus de la valeur de douze sous est nommé grand larcin ; et de cette valeur au-dessous, petit larcin : la punition de l'un et de l'autre est fort différente. Commettre un simple vol, c'est prendre *félonieusement* et emporter le bien d'autrui. Par un statut de Henri VIII, si un domestique soustrait du bien de son maître la valeur de quarante schellings, c'est *félonie*, à moins que cela n'arrive à un apprenti ou à un domestique au-dessous de dix-huit ans. Pareillement celui qui aurait le soin et l'inspection de quelques biens, par exemple, un domestique chargé de la vaisselle d'une maison, ou d'un troupeau et autres choses semblables, s'il en dissipe pour la valeur de quarante schellings, c'est *félonie* dans le droit coutumier. De même, si quelqu'un dérobe, dans l'hôtellerie où il loge, une pièce de vaisselle, c'est vol. Dans certaines circonstances on peut être coupable de félonie en prenant son propre bien, par exemple, à celui qui l'a en gage, ou à tout autre à qui il l'aurait confié, avec intention d'en répéter la valeur ; ou s'il vole sur le chemin le messager qu'il a chargé de son argent et

qui doit en compter : ainsi s'en est expliqué le statut de Winchester. La définition dit *prendre* et *emporter*. Le simple transport de l'effet du lieu où il
était, quoique le voleur n'ait pas encore pris la
fuite, suffit pour le sens *d'emporter ;* par exemple,
on surprend un homme qui emmène un cheval
hors du clos où il était ; un autre se trouve saisi,
au bas de l'escalier, de quelque effet appartenant
à l'hôtellerie où il loge ; un troisième voulant enlever une pièce de vaisselle de la caisse où elle est,
la laisse tomber sur le plancher; on entend le bruit,
on accourt, on l'arrête : ces trois cas et semblables
sont décidés vols. La définition dit *prendre et emporter félonieusement le bien d'autrui.* Selon le statut 4 de Georges II, arracher du plomb ou du fer
qui tient à une maison, ou même à la cour, ou au
jardin de cette maison, dans l'intention de se l'approprier, c'est vol, c'est félonie punissable par la
transportation pour sept ans. De même, enlever
des bois taillis, des haies qui défendent un héritage, et choses pareilles, enlever les fruits d'un
jardin, d'un verger, enlever ou détruire des pieds
de garance dans leur végétation : tous ces délits,
en vertu des statuts 43 d'Élisabeth, 15 de Charles II et 23 de Georges II, sont punissables par le
fouet, l'*emprisonnement,* des *amendes,* des *indemni-
tés* de la partie lésée, suivant la nature du délit.
Dérober pendant la nuit des fruits, des racines,
des arbrisseaux, des plantes, c'est *félonie* par le
statut 6 de Georges III, non-seulement dans le
principal délinquant, mais encore dans les accessoires. Le même statut déclare que quiconque vo-

lera du bois de charpente, de jour ou de nuit, .sera soumis à des peines pécuniaires pour les deux premières fois, et que pour la troisième il sera coupable de félonie, et condamné à la transportation pour sept ans. Enlever du minerai n'est pas compris dans la classe du vol, par le même principe d'adhérence à la terre, excepté la mine de plomb à crayon: ce délit est déclaré félonie, avec exclusion du privilége clérical, pour le statut 25 de Georges II. Les contrats, lettres de change et billets qui ne peuvent profiter au voleur, n'étaient pas reconnus par le droit coutumier pour matière de vol, n'ayant aucune valeur intrinsèque pour le voleur et ne causant aucun dommage au propriétaire. Mais par le statut de Georges II, ce délit est mis dans la classe du vol, comme s'il était question de l'argent même assuré par ces papiers; et par le statut 7 de Georges III, si quelque officier ou commis de la poste soustrait ou détruit quelque lettre ou paquet qui renferme des billets de banque, ou quelque autre papier de valeur, spécifié dans le statut, ou qu'il les tire des lettres ou paquets, il est coupable de félonie, sans recours au privilége clérical. De plus, s'il détruit quelque lettre ou paquet dont il a reçu le port, ou s'il augmente le prix de la poste, et qu'il s'approprie cette surtaxe frauduleuse, il est coupable de félonie; selon le droit coutumier, le vol n'a lieu, à l'égard d'un trésor trouvé, ou d'un débris de naufrage, qu'après que le roi les a saisis, ou celui qui en a le privilége; car avant cette saisie, personne n'en a la propriété déterminée. Par le statut 26 de Georges II, piller ou soustraire

quelque chose d'un navire en détresse qu'il y ait
naufrage ou non, c'est félonie, sans pouvoir réclamer le privilége clérical; c'est ainsi que la loi civile punit l'inhumanité au même degré que le vol
le plus atroce. Par le statut de Georges Ier, tuer ou
prendre un daim enfermé dans un parc, braconner
dans une garenne, ou prendre du poisson dans un
étang, en armes et sous un déguisement, c'est félonie, avec exclusion du privilége clérical; et par
le statut 13 de Charles II, prendre un daim dans
une forêt même ouverte, c'est encourir une amende
de vingt livres pour la première fois, et pour la
seconde, le statut 10 de Georges II ordonne la
transportation pour sept ans. Le statut 5 de Georges III punit de la transportation pour sept ans
ceux qui voleraient du poisson enfermé dans un
parc, dans un verger ou autre enclos. Voler des
faucons, contre l'esprit du statut 37 d'Édouard III,
c'est aussi félonie. Pour les animaux domestiques
qui ont une valeur intrinsèque, chevaux, cochons,
moutons, volailles, et autres semblables, c'est matière de vol, aussi-bien que la chair des animaux
sauvages, lorsqu'ils sont tués. Quoiqu'il n'y ait
point de vol où il n'y a ni propriété ni propriétaire,
cependant, pour établir le vol, il suffit que la propriété soit connue, le propriétaire restant inconnu;
et la poursuite se ferait pour des biens d'une personne inconnue. Tel serait le cas de celui qui en-
lèverait du tombeau le suaire d'un mort; car ce
suaire est la propriété de celui, qui que ce soit, qui
a donné la sépulture au mort; mais enlever le corps
même qui n'appartient à personne, ce ne serait

pas félonie, à moins qu'on eût enlevé en même temps les habits funèbres dont on l'aurait revêtu. L'ancienne loi saxonne punissait le vol de mort, s'il était au-dessus de douze sous ; mais le voleur pouvait racheter sa vie par une rançon pécuniaire, comme parmi les anciens Germains, ancêtres des Anglais, par un certain nombre de pièces de bétail. Dans la première année du règne de Henri Ier, ce pouvoir de se racheter fut abrogé ; et tout voleur au-dessus de douze sous fut puni par la corde. Cette loi est encore en vigueur aujourd'hui (1780); car quoique l'espèce inférieure du larcin, nommée *petit larcin*, soit seulement punie par le *fouet* dans le droit coutumier, ou dans certains cas par la *transportation* pour sept ans, en vertu du statut 4 de Georges Ier, cependant la punition du *grand larcin*, c'est-à-dire au-dessus de douze sous, somme qui était la juste mesure dès le temps du roi Athlestan, il y a huit cents ans, cette punition est régulièrement la mort dans le droit coutumier. Dans plusieurs cas le simple vol est exclu du privilége clérical. Par exemple, le vol d'un cheval, d'une étoffe de laine ou d'une pièce de toile dans une manufacture ; d'un mouton ou de quelque autre pièce de bétail spécifiée dans l'acte (stat. 14 de Georges II) ; un vol, sur une rivière navigable, au-dessus de quarante schellings ; le pillage d'un vaisseau en détresse ou naufragé ; la soustraction des lettres de crédit envoyées par la poste ; l'enlèvement de daims, de lièvres, de lapins, dans les conjonctures particulières mentionnées dans l'acte noir (stat. 9 de Georges Ier). Le vol mixte ou com-

posé a toutes les qualités du vol simple, et de plus
il est accompagné d'une, quelquefois de deux circonstances aggravantes; il peut se commettre sur
la maison ou sur la personne. Le vol commis sur
la maison, quoiqu'il renferme un plus haut degré
de malice que le simple vol, n'en est pourtant pas
distingué dans le droit coutumier, à moins qu'il
ne soit joint à l'effraction de nuit : alors il entre
dans une autre espèce, savoir la *burglarie.* Divers
actes du parlement ont ôté le privilége clérical aux
vols commis dans les maisons, presque dans tous
les cas. La multiplicité de ces actes paraissant produire quelque confusion, voici, en les comparant,
ce qu'on y trouve de circonstances aggravantes
pour être exclus du privilége clérical : 1° Tout vol
au-dessus de douze sous dans une église, dans une
maison d'habitation, ou dans une cabane, une loge
habitées. 2° Tout vol au-dessus de cinq sous avec
effraction, dans une maison d'habitation, quand
même personne n'y serait dans ce moment. 3° Tout
vol au-dessus de quarante sous dans une maison
d'habitation ou ses dépendances, quoique sans
effraction. 4° Tout vol au-dessus de cinq sous dans
une boutique, un magasin, une remise, une écu-
rie, avec effraction ou sans effraction : dans tous
les cas, de jour ou de nuit, point de privilége
clérical pour le voleur. Le vol sur la personne se
commet, ou en prenant en cachette ou à force
ouverte. Le premier de ces deux délits a été exclus
du privilége clérical par le statut 8 d'Élisabeth ;
mais il faut pour cela que la chose volée excède la
valeur de douze sous, autrement le voleur ne peut

être condamné à mort ; car le statut ne crée pas un
nouveau délit, il ôte seulement le privilége clérical, qui était un moyen de grâce, et il laisse le
filou au jugement de la loi ancienne. Le vol à découvert sur la personne, nommé en anglais *rob-
bery*, dont on fait *robberie*, consiste à prendre félonieusement et de force des effets ou de l'argent,
de quelque valeur que ce soit, en effrayant la personne. 1° C'est prendre *réellement*, sinon le vol
n'existerait pas. Il est vrai pourtant que la simple
tentative de voler était déclarée *félonie* au temps
de Henri IV. Dans la suite ce ne fut plus qu'*inconduite* punissable par l'amende ou la prison, jusqu'au statut 7 de Georges II, qui l'avait remise au
degré de félonie, en y attachant la transportation
pour sept ans ; si le voleur, après avoir pris la
bourse, la reporte, il reste coupable de *robberie*.
Il faut encore observer que le délit est le même,
soit que le délinquant commette le vol sur la personne même, soit en sa présence seulement ; par
exemple, si, après avoir usé de menaces et de
violence, il emmène quelque pièce de bétail aux
yeux même du propriétaire ou du gardien. 2° Il
n'importe de quelle valeur est la chose volée ; un
sou, aussi-bien qu'une livre, ainsi extorqué par
violence, établit la *robberie*. 3° Pour l'établir véritablement, il faut donc qu'elle soit accompagnée
de la force et de l'effroi ; ce qui rend la violation
de la personne plus atroce que la simple filouterie:
celui qui ravit par violence ajoute au vol un degré de méchanceté. Cet effroi préliminaire qui saisit la personne volée distingue la *robberie* des autres

vols ; car, si quelqu'un filoutait six sous, et que pour les conserver il eût besoin d'effrayer, ce ne serait plus *robberie*, l'effroi n'étant que subséquent; et ce vol, considéré comme filouterie, ne serait pas capital, étant au-dessous de la valeur de douze sous. Toutefois, pour constituer la *robberie*, il n'est pas nécessaire que l'effroi causé par le voleur soit poussé au dernier degré, il suffit que la force et les menaces se montrent assez en paroles ou en gestes pour produire la crainte, et obliger la personne effrayée à donner ce qu'on lui arrache. Par exemple, une personne est terrassée subitement par un voleur, sans aucun préliminaire; et tandis qu'elle a perdu connaissance, elle est volée ; quoiqu'il n'y ait point eu d'effroi antécédent, c'est *robberie*. Autre cas : un mendiant, le sabre tiré, me demande l'aumône; je la lui donne, crainte de violence, c'est *robberie*. La *robberie* est exclue du privilége clérical, par le statut 23 de Henri VIII. Des statuts subséquens ne l'avaient pas exclue en général, mais seulement lorsque le vol se faisait sur le grand chemin ; et par conséquent le vol dans une campagne écartée du grand chemin, ou dans un sentier, n'était pas puni de mort. En dernier lieu, les statuts 3 et 4 de Guillaume et Marie ont ôté le privilége clérical à la *robberie*, quelle qu'elle soit. » Cette longue citation de Blackstone m'a paru indispensable, parce qu'elle indique le caractère et la pénalité attachés à chaque genre de vols. J'emprunterai encore au même criminaliste le passage suivant (ch. XXI) : « Il y a une espèce de prise de corps qui regarde tout à la fois les officiers de justice et les

38

particuliers, c'est par des *cris*, des *huées* sur le crime : ancienne pratique du droit coutumier de poursuivre à cors et à cris les malfaiteurs. Le principal statut relatif à cette manière est celui de Winchester, 13 d'Édouard Ier : il ordonne ces *cris*, ces *huées* sur le crime de ville en ville, de campagne en campagne, jusqu'à ce que le coupable soit pris, et mené au shérif ; et afin d'atteindre plus sûrement au but, tout le canton est tenu, par le même statut, de répondre du vol, jusqu'à ce qu'on ait pris le voleur ; et la personne volée a droit d'actionner le canton. Le statut 27 d'Élisabeth va plus loin, il déclare les *cors* et les *cris* insuffisans, à moins qu'ils ne soient exécutés par deux hommes à cheval et deux à pied. Et par le statut 8 de Georges II, le commissaire du quartier, ou tel autre officier de police qui refuse ou néglige la poursuite du délit par *cris* et par *huées*, est condamné à 5 livres d'amende; et tout le canton est aussi amendé en restant dans l'obligation de répondre du vol, si le coupable échappe...Les *cris* et les *huées* peuvent s'élever par l'ordre du juge de paix, ou d'un de ses officiers, ou encore par la volonté d'un particulier qui a connaissance du crime... Si un étourdi, par mauvaise plaisanterie, ou par malice, donnait l'alarme par les *cris* et les *huées*, il serait puni sévèrement comme perturbateur de la paix... Les statuts 4 et 5 de Guillaume et Marie assurent à celui qui arrêtera un voleur de grand chemin, une récompense de 50 liv. payable par le shérif du comté, aux frais du comté, ou, s'il est tué dans l'entreprise, à son exécuteur testa-

mentaire en faveur des héritiers. Le statut 8 de .
Georges II ajoute à cette disposition une autre
somme de dix livres payable par le canton qui se
trouve soulagé par la prise du voleur. Deux autres
statuts, 10 et 11 de Guillaume III, exemptent de
toutes les charges de paroisse quiconque arrêtera et
poursuivra jusqu'à conviction un félon coupable
de *burglarie* ou de vol domestique ; et par le statut 5 de la reine Anne, quiconque arrête un tel
voleur, ou un voleur avec effraction, outre l'exemption de tout office paroissial, reçoit une récompense de 40 livres ; et s'il est tué dans son entreprise, cette somme est payée à son exécuteur
testamentaire. » Ce que Blackstone n'a pu dire,
c'est que maintenant la loi punit le mari d'une
femme qui commet un simple vol ; c'est que la potence est la seule peine du simple voleur, du voleur de grand chemin, de l'assassin, du parricide
et de tous les plus grands crimes ; c'est que le voleur élude facilement les rigueurs de la loi, témoin
ce fait récent. Le baronnet C***, membre du parlement, revenait de sa campagne, dans sa voiture à
quatre chevaux, conduite par deux jockeis et suivie
de deux laquais à cheval : il traversait un petit bois
touffu, quand un homme d'assez mauvaise mine,
armé d'un fusil à deux coups, paraît subitement
en criant aux jockeis d'arrêter (*strop*). A cette
brusque invitation, les deux enfans font halte, et
les laquais épouvantés s'enfuient au grand galop.
L'homme au fusil s'approche de la voiture en saluant milord avec un profond respect, mais en
dirigeant vers sa seigneurie le double tube de son

arme; milord était sans défense, pas de moyens d'é-
chapper... « Je demande mille pardons à votre Honneur, si je me permets d'arrêter sa marche; mais
le besoin le plus pressant... — Achevez, monsieur,
les lâches m'ont abandonné, je suis à votre merci.
— Dieu me garde de vouloir faire aucun mal à
votre Excellence ; je fais un commerce honnête....
— Oh ! très-honnête, assurément. — Je suis armurier, et ayant grand besoin d'argent, je vendrai
ce fusil à son Honneur, si son Honneur veut bien
l'acheter. » En disant ces mots, le commerçant de
nouvelle fabrique armait les deux batteries , et présentait le fusil autrement que par la crosse. « Fi-
nissons , s'écrie le baronnet; combien vous faut-il?
— Milord, ce fusil n'est pas bon marché, mais il
est excellent. — Enfin? — Il me faut quatre cents
guinées. — Je n'en ai que cent dans ma voiture.—
Un petit bon sur le banquier de milord me suffira
pour le reste. — Comment écrire?—Voici du papier, une plume et de l'encre. — Monsieur est
homme de précaution. — Je ne voyage jamais sur
les grandes routes sans en prendre beaucoup.—Je
m'en doute.» Le billet fait, les cent guinées payées
comptant , monsieur l'armurier remet le fusil à
milord : et le saluant jusqu'à terre, lui souhaite
un bon et heureux voyage. Notre homme se reti-
rait paisiblement; il vient une idée à milord : ce
voleur est maintenant désarmé, je puis le forcer à
me rendre mon argent. Soudain le baronnet réarme
le fusil, et, s'allongeant par la portière , il met en
joue le piéton... « Malheureux , si tu fais un pas
de plus , je te brûle... Rends-moi mon or, et va

te faire pendre ailleurs.—Mais, milord...—Rends-
le, dis-je, ou tu es mort. » L'étrange marchand revient avec calme vers la voiture, sans chercher à
écarter l'arme qui le menace. « Notre marché est
consommé, milord, ma marchandise livrée, l'argent reçu; j'avoue que le fusil est un peu cher,
mais j'y attache un grand prix, et milord était
libre de ne pas l'acheter.— Scélérat, c'en est trop,
je vais faire feu.—Tirez, milord, il n'est pas chargé. »
Le baronnet reste confondu; le voleur se retire en
riant, et se perd dans l'épaisseur des bois. Le lendemain, le drôle effronté se présente chez le banquier à Londres pour toucher le montant du bon ;
le banquier était prévenu; on arrête le coupable;
il est emprisonné, jugé... Le jury déclare à l'una-
nimité qu'il n'existe point de loi dans le code criminel anglais qui défende de vendre des armes sur
le grand chemin, et, d'après cette étrange décision,
le voleur est absous, et milord condamné à payer
le prix convenu. Voyez *Amende*, t. I, p. 276; *Bénéfice de clergie*, t. II, p. 404; *Filouterie*, t. IV,
p. 78, 79; *Larcin*, t. IV, p. 310.

ARABES. Les anciens Arabes étaient déjà des brigands, et, pour réprimer le larcin, on coupait sur-
le-champ la main droite à quiconque était surpris
commettant un vol. Les Arabes nabatéens impo-
saient une amende à celui qui se laissait voler.

ATHÈNES. Voy. *Larcin*, t. IV, p. 309.

BANIANS. Lorsqu'un Banian a perdu quelque
chose, il est condamné à porter la même valeur au
grand-prêtre des Bramines, comme une amende
imposée à sa négligence.

Benin. Un voleur est obligé de restituer ce qu'il a pris, et de payer une amende proportionnée au vol et à ses facultés. Le voleur qui ne peut satisfaire à la loi est puni corporellement; si le vol a été commis dans la maison d'un grand, le voleur ne peut se sauver de la mort.

Birmans. Voy. *Poitrine marquée*, t. V, p. 90.

Carinthie. Lorsque les Carinthiens *soupçonnaient* quelqu'un de vol, on le pendait d'abord, ensuite on jugeait du soupçon; si l'on prouvait l'innocence du mort, on l'ensevelissait, et on lui faisait des funérailles aux dépens du public. Démeunier, qui rapporte cet usage d'après Boëmus, *Mores gentium*, ajoute : « Si Boëmus n'annonçait pas ce fait d'une manière aussi positive, on pourrait croire que la loi des Carinthiens ressemblait aux arrêts de nos cours souveraines, qui condamnent souvent un homme à être pendu pour avoir volé telle chose, *ce dont il a été véhémentement soupçonné.* »

Ceylan. C'est aux enchanteurs que les Chingulais s'adressent quand ils ont été volés. Ces imposteurs se vantent de pouvoir connaître. par le moyen d'une noix de coco, quel est celui qui a commis le vol. Le voyageur Knox décrit ainsi la manière dont ils font ce charme : « Ils prononcent quelques mots sur cette noix, puis l'enfilent dans un bâton qu'ils mettent à la porte ou au trou par où le voleur est sorti; quelqu'un tient le bâton, au bout duquel est la noix, et suit les traces du voleur; les autres suivent celui qui tient le bâton, et observent de répéter toujours les paroles mystérieuses.... Le bâton les conduit enfin

au lieu où le voleur s'est retiré, et tombe même
sur ses pieds. Quelquefois la noix qui dirige le
bâton tourne de côté et d'autre, ou s'arrête ; alors
on recommence les charmes, et l'on jette des
fleurs de coco, ce qui fait aller la noix de coco
et le bâton. Cela ne suffit pas encore pour convaincre le voleur. Il faut, pour le déclarer coupable, que celui qui a fait le charme jure que
c'est lui : et c'est ce qu'il fait souvent, sur la confiance qu'il a en son charme : en ce cas-là, le voleur est obligé de faire serment du contraire.... »
Le même voyageur remarque qu'il se trouve quelquefois des voleurs « qui, ayant du courage et de
la vigueur, se pourvoient de bons bâtons, et
frottent bien l'enchanteur et tous ceux qui sont
avec lui, de sorte que le charme perd son effet. »

Chine. Les vols sont punis, la première fois, par
une marque sur le bras gauche avec un fer chaud,
et la seconde fois, par une marque sur le bras
droit ; la troisième, ils sont livrés au tribunal criminel. Les voleurs qui sont pris armés sont condamnés à mort par la loi ; s'ils ne sont point en
état de tuer ou de blesser, on leur fait subir quelque châtiment corporel, suivant la nature du vol ;
si leur entreprise n'a point eu d'exécution, ils en
sont quittes pour vingt ou trente coups de bâton.
Le voleur cruel est coupé en dix mille morceaux.
Voici ce qu'en dit le P. Duhalde : « L'exécuteur
attache le criminel à un *poteau* ; il lui cerne la
tête, et, en arrachant la peau de force, il l'abat
sur ses yeux, ensuite il lui déchiquette toutes les
parties du corps, et, après s'être lassé dans ce bar-

bare exercice, il l'abandonne à la cruauté de la populace et des spectateurs. » Gemelli Carreri, docteur napolitain, qui a laissé une relation de son voyage en Chine, raconte qu'un jour qu'il passait par la cour du gouverneur de Canton, il vit donner la bastonnade à un malheureux qui la recevait pour le crime d'un autre dont il avait pris le nom dans cette vue. C'est un usage ordinaire entre les pauvres de la Chine, dit-il, de se louer pour souffrir la punition d'autrui; mais ils doivent obtenir, à prix d'argent, la permission du geôlier. On assura à Gemelli que cet abus avait été poussé si loin, que les amis de quelques voleurs condamnés à mort, ayant engagé de pauvres malheureux à recevoir pour eux la sentence, sous le prétexte qu'elle ne pouvait que les exposer à la bastonnade, ces coupables supposés, après avoir pris les noms et s'être chargés du crime des véritables brigands, avaient été conduits au dernier supplice. Cependant on découvrit ensuite cette odieuse trahison, et tous ceux qui furent convaincus d'y avoir eu quelque part furent condamnés à mort.

Congo. Battel parle d'une sonnette du roi, qui ressemble à celles des vaches de l'Europe, et dont le son est si redoutable aux voleurs, qu'ils n'osent garder un moment leurs vols après l'avoir entendu. Ce voyageur, étant logé dans une petite maison à la mode du pays, avait suspendu son fusil au mur; il lui fut enlevé pendant son absence. Sur ses plaintes, le roi fit sonner la cloche, et dès le matin du jour suivant le fusil se trouva devant la porte de Battel.

CORÉE. Le supplice infligé aux voleurs est d'être foulé aux pieds jusqu'à la mort.

CORSE. L'art. 25 des *Statuts criminels* donnés par les Génois à la Corse, le 7 décembre 1571, prononçait la peine de mort contre ceux qui, sur les chemins ou en d'autres endroits, commettaient des vols auxquels ils employaient la force ouverte et la violence, et contre ceux qui, sans violence, volaient une somme au-dessus de cent livres; mais si la chose volée sans violence était du prix de cent livres et au-dessous, le voleur n'était condamné, pour la première fois, qu'à la restitution du vol, et à payer à la chambre le double de la valeur; la seconde fois, il encourait les mêmes peines avec le bannissement ou les galères; et la troisième fois, la corde.

CÔTE D'OR. Un nègre qui vole un autre nègre est regardé parmi eux avec détestation; mais ils ne considèrent pas comme un crime de voler les Européens; ils font gloire, au contraire, de les avoir trompés, et c'est, aux yeux de leur nation, une preuve d'esprit et d'adresse. Lorsqu'on les surprend sur le fait, ils donnent pour excuse que les Européens ont quantité de biens superflus, au lieu que tout manque dans le pays des nègres.

CRÉTOIS. Voyez *Verges* (battre de).

DOMINGUE (SAINT-). Voyez *Larcin*, t. IV, p. 310.

ÉGYPTE. Une loi réglait le métier de ceux qui voulaient être voleurs; ils devaient se faire inscrire

chez le chef, lui rendre compte chaque jour
de tous leurs vols, dont il devait tenir registre. Ceux qui avaient été volés s'adressaient à
lui, et le registre leur était communiqué; et si
le vol s'y trouvait, on le leur rendait, en rete-
nant seulement un quart pour les voleurs,
étant, disait cette loi, plus avantageux, ne
pouvant abolir totalement le mauvais usage des
vols, d'en retirer une partie par cette discipline,
que de perdre le tout. Voyez *Nez coupé*, t. IV,
p. 468.

FRANCE. Les lois contre le vol remontent à l'établissement de la monarchie. La loi salique, qui
n'est pour ainsi dire qu'une ordonnance criminelle, a prévu le vol; mais elle a cela de particulier,
qu'elle ne prononce la peine de mort contre aucun
des crimes dont elle parle, chose remarquable
pour l'époque! et qu'elle n'assujettit les coupables
qu'à des compositions avec les parties lésées, ou
à des amendes. Ainsi, au sujet des droits de chasse,
dont les Francs étaient très-jaloux, la loi salique
établit une amende contre celui qui volera un cerf
ou un sanglier que les chiens d'un chasseur auront
forcé. Le vol d'un chien de chasse est puni d'une
amende de 15 sous, et de 40 si le chien est dressé.
La loi Gombette, ou des Bourguignons, ne la
porte qu'à 7 sous, dont 5 au profit du propriétaire;
mais elle condamne en outre le voleur à faire trois
fois le tour de la place publique en baisant le
derrière du chien. La femme qui ne révélait pas
le vol de son mari, quand elle en avait connaissance, devenait esclave; il en était de même du

fils à l'égard de son père. Un voleur d'épervier
était condamné à une amende de huit écus d'or,
ou à se laisser manger par cet oiseau cinq onces
de chair prises sur ses fesses. On se ferait une
idée entièrement fausse de la valeur de ces amendes, si on ne l'évaluait qu'au pair de notre monnaie courante; elles représentent une somme
considérable de notre époque. Toutefois la loi
salique ne regardait que les Francs, c'est-à-dire
qu'elle était personnelle et non territoriale. Childebert, roi de Paris, changea tout à coup des
dispositions qui, par leur faiblesse, semblaient
autoriser le crime, de quelque nature qu'il fût, et
désormais le malfaiteur dut trembler devant une
pénalité rigoureuse. Le vol fut puni de mort. En
595, Clotaire II rendit une ordonnance dont voici
la substance : « Lorsqu'un vol sera fait de nuit,
ceux qui seront de garde dans le quartier en ré-
pondront, s'ils n'arrêtent pas le voleur; et si le
voleur, en fuyant devant ces premiers, est vu dans
un autre quartier, et que les gardes de ce second
quartier, en étant aussitôt avertis, négligent de
l'arrêter, la perte causée par le vol tombera sur
eux, et ils seront en outre condamnés à cinq sous
d'amende. » En 789 Charlemagne décida qu'un
premier larcin serait puni de la perte d'un œil,
le deuxième par l'amputation du nez, et le troisième de mort. C'est ici le cas de faire remarquer
qu'anciennement en France on faisait une différence entre le *vol* et le *larcin* : on n'appliquait le
terme de *vol* que lorsque le délit avait lieu sur les
grands chemins, ailleurs ce n'était plus qu'un

larcin. La pénalité relative à ces délits varia souvent selon le caractère du souverain, ou d'après le plus ou moins grand nombre de malfaiteurs qui infestèrent le pays. Voici à peu près le texte d'un capitulaire de Carloman, qui régnait vers la fin du IX⁰ siècle : « Celui qui aura volé quelque chose payera le triple de ce qu'elle vaut avec l'amende prescrite par la loi ; ou bien son maître, qui doit en répondre, recevra pour lui soixante coups, et, de plus, le coupable fera une pénitence réglée par l'évêque...... Les évêques excommunieront, après trois monitions, ceux qui auront volé dans l'étendue de leur diocèse, quand même ces voleurs ne seraient pas du nombre de leurs diocésains. Pour ôter tout prétexte de rapine, les prêtres exerceront l'hospitalité envers ceux qui voyagent, et engageront leurs paroissiens à les imiter, et on ne vendra rien aux passans qui soit d'un prix plus élevé qu'au marché. » Peu de temps après, un peuple, qu'un traité venait de naturaliser, offrit un singulier exemple de renonciation à des habitudes de vol et de rapine qui jusqu'alors avaient formé le fond de son caractère. Je veux parler des Normands. Quand la Neustrie fut cédée à ces barbares, Rollon, leur duc, défendit sévèrement le vol à ses compagnons d'armes; et tel était le respect qu'il leur inspirait, que des bracelets d'or, si l'on en croit certains historiens, restèrent pendant trois ans suspendus à un arbre sans que personne osât y toucher. Cependant, dans certaines parties de la France, on déployait une grande sévérité contre ce crime; et en Touraine le moindre vol domestique était puni par l'amputation de la main : mais sous le règne de Robert, au commencement de la troisième race, cette sévérité se relâcha, et l'on peut dire que le vol fut privilégié. Robert, par une faiblesse qu'on ne saurait excuser, permit à son égard ce délit aux gens sans ressources. « Un malheureux, dit Saint-Foix, ayant coupé la moitié d'une frange d'or, voulait emporter encore le reste : *Retirez-vous*, lui dit le roi avec bonté, *il doit vous suffire de ce que vous avez; ce qui reste pourra suffire aux besoins de vos camarades.* » En lisant un trait pareil, on ne sait ce qu'on doit le plus admirer, ou de l'impudence du voleur, ou de la coupable faiblesse du monarque. Au reste, l'exemple de Robert n'était pas généralement suivi; l'Église se montrait un peu plus sévère, et l'on voit qu'elle lançait des anathèmes contre quiconque osait distraire quelque chose d'une somme de vingt sous destinée par un abbé à acheter du poisson pour régaler son monastère. Lorsqu'en 1189 Philippe-Auguste et Richard-Cœur-de-Lion s'embarquèrent pour la Palestine, ces deux princes, ne pouvant douter que, parmi ceux qui se précipitaient sur leurs pas à la conquête de la Terre-Sainte, il n'y en eût un grand nombre attirés par l'espoir du pillage, ordonnèrent que quiconque serait convaincu de vol aurait les cheveux coupés, qu'on lui verserait de la poix bouillante sur la tête que l'on couvrirait ensuite de plumes, et qu'on l'exposerait en cet état sur le premier rivage qui se présenterait. Il nous reste, sous la dénomination d'Établissemens, un grand nombre de lois de Louis IX. On y lit que celui qui vole un cheval ou une jument...... mérite d'être pendu.....; que l'on crèvera les yeux à celui qui aura volé dans une église......; que celui qui dérobera le soc d'une charrue ou quelque instrument semblable, ou qui volera, soit habit, soit argent, ou autre chose de peu de valeur, doit perdre l'oreille la première fois, le pied la seconde, et à la troisième être pendu.....; que celui qui vole le maître qui le nourrit, doit être pendu, car c'est une espèce de trahison, et le maître a le droit de le faire pendre lui-même, s'il a justice en sa terre......; que tous ceux ou celles qui font société avec les voleurs...... ou qui les recèlent, seront condamnés au feu......; que tous compagnons et recéleurs des voleurs seront traités comme eux, lors même qu'ils n'auraient rien volé. » Il paraît, de plus, que les biens d'un condamné à mort pour vol appartenaient au seigneur du lieu en qualité d'amende. « Celui qui enlève de force l'habit ou la bourse des passans sur la voie publique, ou dans les bois, doit être pendu, ensuite traîné, puis tous ses meubles confisqués au profit du baron, sa maison rasée, ses terres ravagées, ses prés brûlés, ses vignes arrachées, ses arbres dépouillés de leurs écorces. » Les successeurs de Louis IX n'étendirent pas leur sévérité jusque sur l'héritage du criminel; mais, à cela près, ces lois furent généralement exécutées, et si on négligea parfois d'en faire l'application, ce ne fut qu'à la fatale époque de ces guerres longues et sanglantes que la France eut à soutenir contre l'Angleterre;

souvent même les peines prescrites par Louis IX
furent aggravées; ainsi, par sentence du bailli de
Sainte-Geneviève, Marie de Romainville, soupçonnée de larcin, fut, en 1295, enfouie publiquement à Auteuil sous les fourches. Par une
autre sentence du même bailli, en 1302, Amelotte
de Christeuil subit le même supplice, pour avoir
dérobé, entre autres choses, une cotte, deux an-
neaux et deux ceintures. Telle fut encore long-
temps après, sous Louis XI, la peine infligée à
Perrette Mauger, accusée d'avoir été *larronnesse*
et *recéleuse.* Au commencement du XVᵉ siècle, à
la faveur des troubles civils, les voleurs commencèrent à se montrer avec plus d'audace, et telle
était la faiblesse du gouvernement, que les archers qui, dans l'espoir d'obtenir une partie de
l'amende, parvenaient à s'emparer de quelques-
uns de ces malfaiteurs, les relâchaient presque
toujours moyennant quelque argent que leurs
prisonniers leur donnaient furtivement. Peu à
peu l'ordre se rétablit dans le royaume, et l'on
voit, sous le règne de Louis XI et de Charles VIII,
faire une rigoureuse application des lois trop long-
temps enfreintes ou éludées. Dans le cours d'un
long règne trop fécond en événemens désastreux,
François Iᵉʳ s'occupa activement de la répression
du vol. En 1534 il rendit un édit qui porte « que
ceux qui auront, par embûches et agression,
pillé et détroussé les allans et venans ès-villes et
villages et lieux du royaume, pays, terres et sei-
gneuries, en mettant embûches pour les guetter,
et aussi ceux qui feront le semblable au-dedans

desdites villes, guettant et épiant de nuit les passans, seront condamnés à avoir les bras, jambes, cuisses et reins rompus, et à être attachés sur une roue, le visage tourné vers le ciel, où ils demeureront vivans tant qu'il plaira à Dieu les laisser en vie...... Que ceux qui entreront au dedans des maisons, icelles crocheteront et forceront, prendront et emporteront les biens qu'ils trouveront èsdites maisons, soient punis du supplice de la roue. » Cet édit est la base de la pénalité appliquée aux voleurs de grands chemins. Quant à la seconde partie, relative au vol avec effraction, elle ne s'observa point à l'égard des vols faits de nuit, quoiqu'avec effraction, s'il n'y avait assassinat ou excès, et mauvais traitemens commis avec port d'armes et violence publique. Les vols avec déguisement furent aussi prévus, et des ordonnances de 1539, renouvelées en 1692, permirent de courir sur ceux qui allaient ainsi masqués, comme s'ils étaient déjà convaincus. A peu près vers le milieu du XVIᵉ siècle, on vit punir avec la dernière sévérité certains filous qui avaient pris le sanctuaire de la justice pour théâtre de leurs exploits. Un arrêt du 10 mai 1550 condamne à mort un jeune homme de dix-huit ans, pour avoir, pendant l'audience, volé une bourse qui ne contenait que quelques pièces d'argent. Deux autres jeunes gens, par suite de cette disposition dans la pénalité, furent, en 1678, condamnés à faire amende honorable et à être pendus, pour avoir, pendant l'audience de la Tournelle, volé un mouchoir qu'ils rejetèrent en se voyant poursuivis. Cependant des arrêts postérieurs ont seulement condamné des voleurs coupables du même délit à faire amende honorable et à trois ans de galères. Une déclaration de 1550, confirmée en 1677, veut que le vol commis dans des maisons royales soit puni de mort; mais il fallait, selon plusieurs criminalistes, pour infliger cette peine, que le vol fût fait à la personne du souverain, et dans une maison où il résidât. — Ce n'est pas sans étonnement qu'on voit, sous le règne de Henri IV, de hauts et puissans seigneurs exécutés en place de Grève pour cause de vols sur les grands chemins : c'était chez eux un reste des habitudes prises du temps de la ligue. Quoi qu'il en soit, voici un extrait du journal de Henri IV, qui peut donner une idée des mœurs de cette époque : « Le 19 avril 1597, un gentilhomme fut décapité pour volerie. En 1602, Gui Eder de Beaumanoir de Lavardin, baron de Fontenelles, cousin germain du maréchal de Lavardin, appartenant à une des plus illustres maisons de Bretagne, faisait le métier de voleur sur terre et sur mer. Le vendredi, 27 septembre 1602, il fut rompu vif en place de Grève, ainsi que quelques-uns de ses nobles complices. L'année suivante, La Grange-Santerre, gentilhomme de *haut lieu et insigne voleur*, fut également exécuté en place de Grève. De Vitry demanda sa grâce à Henri IV, qui répondit : *Prouvez-moi qu'il n'a jamais volé sur les grands chemins, et je vous l'accorde.* On a remarqué de La Grange et de sa maison une chose notable, ajoute l'Estoile; c'est que son grand-père avait été exécuté pour voleries; et son père

était en prison pour le même crime. Deux frères
de ce même La Grange furent décapités en place
de Grève, avec un gentilhomme du Gastinois,
nommé La Rivière, *tous grands voleurs, principalement La Rivière.* Trois frères, nobles bretons,
appelés Guilleris, rassemblèrent une troupe d'environ quatre cents gentilshommes, qui, pendant
six ans, ne démentirent pas la devise qu'ils avaient
adoptée : *Paix aux gentilshommes, mort aux prévôts et archers, et la bourse aux marchands.* Il fallut
faire marcher un corps d'armée contre ces brigands, dont plusieurs périrent les armes à la
main; quatre-vingts furent pris et roués vifs. »
On n'en finirait pas si l'on voulait énumérer toutes
les exécutions de ces nobles voleurs et brigands :
quelques-uns eurent le bonheur d'obtenir des lettres de rémission; d'autres ne furent pas même
inquiétés. Bien plus, n'a-t-on pas fait l'éloge de
ce baron de Sancy, qui amena des troupes suisses
au roi dans un moment pressant! Ce n'est pourtant que par un vol avéré qu'il vint à bout de
remplir sa mission. Il était alors à Bâle, et manquait d'argent, dit Bassompierre; il apprend que
vingt-deux voyageurs, portant chacun 4,000 écus
cousus dans les selles de leurs chevaux, doivent
passer près de cette ville; il va, bien accompagné,
se mettre en embuscade sur leur chemin, les dépouille, les attache à des arbres, et se retire chargé
de leur or qui lui sert à payer les Suisses. Sur la
fin du règne de Henri IV, Paris fut infesté de ces
voleurs, que l'Estoile nomme *coupé-bourse* et *tireurs
de laine.* Ce jour, 24 janvier 1604, dit-il, un de

ces tireurs de laine fut pendu au bout du pont
Saint-Michel. C'est encore à cette époque que parurent les *barbets*, qui en plein jour entraient dans
les maisons, sous prétexte d'affaires, et dépouillaient les propriétaires. Les vols se multiplièrent
sous toutes les formes avec une audace effrayante
dans les premières années du règne de Louis XIII,
et les lois déployèrent inutilement toute leur sévérité. Sous ce prince et sous Louis XIV, presque
toutes les anciennes lois répressives de vol furent
remises en vigueur, et de nouvelles publiées.
Ainsi, sous ces deux règnes, on établit la peine
de mort contre ceux qui auraient trouvé des effets
appartenant à des incendiés, et qui ne les rap-
porteraient pas (1); contre ceux qui attenteraient
à la vie ou aux biens de ceux qui font naufrage (2);
contre les voituriers qui voleraient le sel dont on
leur aurait confié la conduite pour la fourniture
des gabelles (3); et contre tout parti, en temps de
guerre, composé de moins de 25 hommes d'in-
fanterie, ou de moins de 20 cavaliers ou dragons;
au-dessous de ce nombre, l'ordonnance du 30 novembre 1710 les traite comme voleurs. Louis XV,
à l'exemple de ses deux prédécesseurs, renouvela
quelques anciennes dispositions pénales contre le
vol, et en établit de nouvelles. Ainsi ceux qui volaient des pavés dans les rues, dans les chaus-
sées des faubourgs et de la banlieue, etc..., qui

(1) Arrêt du parlement du 26 octobre 1621.
(2) Ordonnance de la marine du mois d'août 1681.
(3) Édit de février 1669.

volaient des fers, bois, pierres et autres matériaux destinés aux ouvrages publics, ou déjà mis en œuvre, devaient être exposés au carcan avec un écriteau sur lequel le délit était expliqué; la récidive était punie des galères (1). La même ordonnance défendait, sous peine de mille livres de dommages et intérêts, à toutes personnes d'acheter ces objets, ou de les recéler. La même année un arrêt de la cour du parlement condamne trois femmes à être battues de verges, flétries de la lettre *V* avec un fer chaud, et ensuite au bannissement, pour avoir volé des grains pendant la moisson, sous prétexte de glaner. Une déclaration du 18 avril 1724 porte la peine de mort contre ceux qui volent, dans les hôtels des monnaies, des espèces et matières d'or et d'argent, billon et cuivre, soit qu'il y ait effraction ou non. Une autre déclaration du 5 mai 1725 porte « que ceux ou celles qui se trouveront convaincus de vols et larcins faits dans les églises, ensemble leurs complices et suppôts, ne pourront être punis de moindre peine; savoir : les hommes, des galères à temps ou à perpétuité; les femmes, d'être flétries d'une marque en forme de la lettre *V*, et enfermées à temps ou pour leur vie dans une maison de force; le tout sans préjudice de la peine de mort, s'il y échet, suivant l'exigence des cas. » Plusieurs arrêts ont condamné à être pendus, et préalablement à avoir le poing coupé et à faire amende honorable, des individus convaincus d'avoir volé des calices, ciboires ou

(1) Ordonnance du roi du 4 août 1731.

autres vases sacrés. Quant aux lois pénales relatives au vol pour les colonies, elles se réduisent
à deux ou trois articles : « Les vols qualifiés, même
ceux de chevaux, cavales, mulets, bœufs ou vaches,
qui auront été faits par les esclaves ou par les affranchis, seront punis de peine afflictive, même
de mort si le cas le requiert. Les vols de moutons,
chèvres, cochons, volailles, grains, fourrage, pois,
fèves ou autres légumes et denrées, faits par les
esclaves, seront punis, selon la qualité du vol, par
les juges, qui pourront, s'il y échet, les condamner
à être battus de verges par l'exécuteur de la haute-
justice, et marqués d'une fleur de lis (Art. xxıx
et xxx du code noir). » Telle a été jusqu'à la fin
du siècle dernier la pénalité à l'égard du vol; pénalité rigoureuse, puisque la peine de mort s'y
retrouve à chaque instant, savoir : pour le vol domestique; le vol avec effraction; le vol sur les
grands chemins; le vol des choses sacrées; le vol
avec récidive; le vol commis par les préposés des
postes qui décachètent les lettres et paquets qui
leur sont confiés, afin de s'emparer des titres,
effets, etc.; le vol au préjudice des incendiés et
des naufragés; le vol de bestiaux, ou abigeat, en
certains cas; le vol dans les maisons royales, dans
les audiences, dans les hôtels des monnaies; le
recélé considéré comme vol; le vol de sel par les
voituriers à qui il est confié, etc. Cependant la
peine de mort ne fut pas régulièrement infligée
dans les cas précédens, et souvent l'on eut égard
aux circonstances atténuantes du délit. D'ailleurs
les peines changeaient encore suivant les coutumes,

des provinces, ce qui était, il est vrai, un vice
dans la législation de cette époque : ainsi, d'après
la jurisprudence de certains tribunaux, le vol
avec effraction n'était puni que des galères perpétuelles lorsqu'il n'était point caractérisé vol domestique, et qu'il n'était ni nocturne ni accompagné de violences. Bref, il était assez généralement
adopté dans les tribunaux de punir le vol simple
de trois ans de galères; le vol avec effraction dans
le jour, de neuf ans de la même peine; le vol de
nuit,' des galères perpétuelles; et de mort le vol
de nuit accompagné de violences et de voies de
fait. Il y a sans doute beaucoup de cas particuliers
que les bornes de cet article ne permettent pas de
mentionner ; autant que possible on a rapporté
les principaux, et cela doit paraître suffisant pour
une pénalité qui a disparu à la révolution. Je vais
donner les dispositions les plus remarquables du
Code pénal actuellement en vigueur, me réservant
ensuite, pour complément de cet article, de renvoyer à ceux de cet ouvrage qui renferment quelque pénalité relativement au vol. — Quiconque a
soustrait frauduleusement une chose qui ne lui
appartient pas est coupable de vol. (Art. 379.)
Seront punis de la peine de mort les individus
coupables de vol commis avec la réunion des cinq
circonstances suivantes : 1° si le vol a été commis
de nuit ; 2° s'il a été commis par deux ou plusieurs
personnes ; 3° si les coupables ou l'un d'eux étaient
porteurs d'armes apparentes ou cachées; 4° s'ils
ont commis le crime, soit à l'aide d'effraction extérieure ou d'escalade, ou de fausses clefs, dans

une maison, appartement, chambre ou logement habités ou servant à l'habitation, ou leurs dépendances, soit en prenant le titre d'un fonctionnaire public ou d'un officier civil ou militaire, ou après s'être revêtu de l'uniforme ou du costume du fonctionnaire ou de l'officier, ou en alléguant un faux ordre de l'autorité civile ou militaire; 5° s'ils ont commis le crime avec violence ou menace de faire usage de leurs armes. (Art. 581.) Sera puni de la peine des travaux forcés à perpétuité tout individu coupable de vol commis à l'aide de violence, et, de plus, avec deux des quatre premières circonstances prévues par le précédent article. Si même la violence à l'aide de laquelle le vol a été commis a laissé des traces de blessures ou de contusions, cette circonstance seule suffira pour que la peine des travaux forcés à perpétuité soit prononcée. (Art. 182.) Les vols commis dans les chemins publics emporteront également la peine des travaux forcés à perpétuité. (Art 383.) Sera puni de la peine des travaux forcés à temps tout individu coupable de vol commis à l'aide d'un des moyens énoncés dans le n° 4 de l'art. 381, même quoique l'effraction, l'escalade et l'usage des fausses clefs aient eu lieu dans des édifices, parcs ou enclos non servant à l'habitation et non dépendans des maisons habitées, et lors même que l'effraction n'aurait été qu'intérieure. (Art. 384.) Tout vol commis à l'aide d'un bris de scellés sera puni comme vol commis à l'aide d'effraction. (Art. 253.) Sera puni de la peine des travaux forcés à temps tout individu coupable de vol commis, soit avec violence, lorsqu'elle n'aura laissé aucune trace de blessure ou de contusion, et qu'elle ne sera accompagnée d'aucune autre circonstance; soit sans violence, mais avec la réunion des trois circonstances suivantes : 1° si le vol a été commis la nuit; 2° s'il a été commis par deux ou plusieurs personnes; 3° si le coupable ou l'un des coupables était porteur d'armes apparentes ou cachées. (Art. 385.) Sera puni de la peine de la réclusion tout individu coupable de vol commis dans l'un des cas ci-après : 1° si le vol a été commis la nuit, et par deux ou plusieurs personnes, ou s'il a été commis avec une de ces deux circonstances seulement, mais en même temps dans un lieu habité ou servant à l'habitation; 2° si le coupable ou l'un des coupables était porteur d'armes apparentes ou cachées, même quoique le lieu où le vol a été commis ne fût ni habité ni servant à l'habitation, et encore quoique le vol ait été commis le jour et par une seule personne; 3° si le voleur est un domestique ou un homme de service à gages, même lorsqu'il aura commis le vol envers des personnes qu'il ne servait pas, mais qui se trouvaient soit dans la maison de son maître, soit dans celle où il l'accompagnait, ou, si c'est un ouvrier, compagnon ou apprenti, dans la maison, l'atelier ou le magasin de son maître, ou un individu travaillant habituellement dans l'habitation où il aura volé; 4° si le vol a été commis par un aubergiste, un hôtelier, un voiturier, un batelier ou un de leurs préposés, lorsqu'ils auront volé tout ou partie des choses qui leur étaient confiées à ce titre, ou enfin

si le coupable a commis le vol dans l'auberge ou
l'hôtellerie dans laquelle il était reçu. (Art. 386.)
Quiconque aura volé, dans les champs, des chevaux ou bêtes de charge, de voiture ou de mon-
ture, gros et menus bestiaux, des instrumens
d'agriculture, des récoltes ou meules de grains
faisant partie des récoltes, sera puni de la réclusion. Il en sera de même à l'égard des vols de bois
dans les ventes, et de pierres dans les carrières,
ainsi qu'à l'égard du vol de poisson en étang, vi-
vier ou réservoir. (Art. 388.) La même peine aura
lieu, si, pour commettre un vol, il y a eu enlèvement ou déplacement de bornes servant de séparation aux propriétés. (Art. 389.)—Voyez *Abigeat*,
t. I, p. 57, 58; *Amende*, t. I, p. 283 et suiv. ;
Amputation, t. I, p. 525; *Aubergiste*, t. II, p. 74;
Clefs fausses, t. III, p. 244; *Effraction*, t. III,
p. 459, 460; *Enfouir*, t. III, p. 483; *Escalade*,
t. III, p. 495, 496; *Filouterie*, t. IV, p. 79, 80, 81;
Larcin, t. IV, p. 510; *Péculat*, t. V, p. 39 et suiv.;
Sacrilége, t. V, p. 318, 519, 320; *Taxe sèche*,
t. V, p. 451; *Travaux forcés*, t. V, p. 517; *Verges* (battre de), t. V, p. 539.

Frise. Voyez *Sacrilége*, t. V, p. 322.

Géorgie. S'il arrive que quelqu'un soit volé, il se
transporte à l'église, et se plaçant devant l'image à
laquelle il a le plus de dévotion, il lui dit : « Tu
sais que j'ai été volé, et que je ne puis avoir le
voleur entre mes mains; je te prie donc, par ce
présent que je te fais (c'est toujours deux pains et
une bouteille de vin) de le tuer, de l'anéantir, et
de lui faire comme je fais à ce bâton. » En pronon-

çant ces derniers mots, il plante un pieu en terre,
et l'enfonce de manière qu'on ne le voie plus.

GERMAINS. Voyez au présent article la subdivision sous le titre *Angleterre*.

GOTHS. Les anciens Goths punissaient sans miséricorde le vol du bétail, et du blé coupé laissé sur le champ ; ces sortes de propriétés qu'aucune vigilance humaine ne peut suffisamment garder, on les abandonnait à la garde du ciel.

GRÈCE. Voici ce qu'on lit dans l'*Histoire critique des pratiques superstitieuses*, par le père Lebrun (édit. de 1732, t. 1er, p. 219 à 221) : « Une des pierres dont on se sert depuis très-long-temps pour un usage qui ne peut être naturel, c'est l'*ætite*. Dioscoride dit qu'on s'en servait en cette manière pour découvrir les voleurs : on la broyait, et mêlant la poudre dans du pain fait exprès, on en faisait manger à tous ceux qui étaient soupçonnés ; et on assure que le voleur ne pouvait avaler le morceau (1). Belon rapporte que les Grecs font communément la même chose, si ce n'est qu'ils y joignent quelques prières. Cette superstition est fort ancienne, comme on peut le voir dans les notes de M. Gale

(1) L'ætite est aussi nommée *pierre d'aigle*, parce qu'on prétend qu'elle se trouve dans les nids d'aigle. Matthiole dit que les oiseaux de proie ne faisaient jamais éclore leurs petits sans cette *pierre*, et qu'ils la vont chercher jusqu'aux Indes orientales. Quelques peuples anciens, les Grecs et les Italiens, lui ont attribué la propriété de faciliter l'accouchement, lorsqu'elle est attachée à la cuisse d'une femme, ou de la retarder si on la lui met sur le sein. Je suis surpris que le P. Lebrun n'ait point rapporté ces faits dans ses *Superstitions*.

sur Jamblic, dans le glossaire de Lindenbrok *in leges antiquas*, et dans ceux qui ont commenté ces paroles du canon du concile d'Auxerre : *Qui sortes de ligno aut pane faciunt.* Plusieurs ont écrit qu'on découvrait les larcins par diverses pratiques qui paraissaient naturelles, comme on a prétendu que les diamans, l'émeraude et les perles faisaient reconnaître les adultères. Zara et Paucet disent qu'on découvrait les voleurs par le mouvement d'une hache plantée à un pieu ou à une longue perche. Il y a eu des gens qui ont fait métier de découvrir les voleurs et les vols par le moyen d'un astrolabe; et il s'est trouvé plusieurs philosophes qui croyaient voir bien clairement la raison de cette pratique. Le ciel, disaient-ils, est un livre dans lequel on voit le passé, le présent et l'avenir. Il est dit dans Joseph et dans Origène que Jacob avait lu dans les tables du ciel; pourquoi ne pourrait-on pas lire aussi les événemens du monde dans des tables qui représentent la situation des corps célestes? Combien de pauvretés ne s'est-il pas dit en ce siècle là-dessus par Postel, par Flud, par Agrippa et par l'auteur des *Curiosités inouies !* L'Église, qui ne peut être séduite par ces folies, les avait condamnées il y a très-long-temps, et on lit dans plusieurs anciens pénitentiaux, que celui qui aura cherché dans un *astrolabe* des choses perdues ou dérobées fera *pénitence* deux ans. Au douzième siècle, un prêtre, par simplicité, alla chez un devin, non pas pour invoquer le démon, mais pour savoir si l'*astrolabe* indiquerait le vol qui avait été fait à une église. Le pape Alexandre III en fut informé, et la simplicité du bon prêtre n'empêcha pas que son action ne parût une faute considérable, et qu'on ne l'éloignât de l'autel durant plus d'un an. » Voy. *Amende,* t. I, p. 266.

Hallifax. Les anciens habitans d'Hallifax devaient, sous peine de confiscation de leurs biens, poursuivre le voleur et l'amener au bailli. Voy. la subdivision au présent article intitulée *Angleterre.*

_ Hébreux. La loi de Moïse permettait de tuer le voleur de nuit, et non celui de jour. Les voleurs devaient rendre quatre fois la valeur de la chose dérobée. Celui qui ne se trouvait pas en état de payer ce prix était *vendu.*

Hurons. Voyez *Nu,* t. IV, p. 474.

Inde. Il y a deux sortes de vols, dit le code des Gentoux, le public et le caché. Un homme se rend coupable d'un vol public, lorsqu'il trompe dans le poids ou dans la qualité des choses qu'il vend. Le vol caché consiste dans l'action que commet un homme lorsqu'il dérobe à un autre, par violence ou par adresse, les effets qui lui appartiennent. L'amende est communément la peine du vol public. Ainsi, dit la loi, « quiconque n'étant pas versé dans l'art de guérir fait prendre à quelqu'un une médecine, ou si, dans sa profession, il ne donne pas au malade le remède qui lui convient, il doit être condamné à mille *puns* de cowris, si le malade était d'une caste supérieure, et à cinq cents *puns* de cowris si l'homme était d'une caste inférieure.» Quant aux vols cachés, ils sont presque toujours punis par la mort du coupable, à moins que l'objet ne soit assez modique pour exiger que le magistrat s'en tienne à une amende. Quoique les Bramines soient les auteurs de ces lois, ils ne sont pas exempts, comme on l'a prétendu, des peines qu'elles prononcent. «Si un brame, y lit-on, d'un talent médiocre, qui n'est ni savant, ni ignorant, commet un vol qui mérite la mort, le magistrat imprimera sur son front, avec un fer chaud, la marque du *pudendum muliebre*, et il le bannira du royaume.» On lit dans le récit du père Bouchet sur les oracles indiens, inséré au tome 9 du *Recueil des lettres de quelques missionnaires* : « Quand plusieurs personnes deviennent suspectes d'un vol, et qu'on ne peut en convaincre aucune en particulier, voici l'expédient dont on se sert pour le déterminer : on écrit les noms de tous ceux qu'on soupçonne sur des billets particuliers, et on les dispose en forme de cercle : on évoque ensuite le démon avec les cérémonies accoutumées, et on se retire après avoir fermé et couvert le cercle, de manière que personne ne puisse y toucher. On revient quelque temps après, on découvre le cercle, et celui dont le nom se trouve hors de rang est censé le seul coupable. »

INDOSTAN. Il y a dans toutes les grandes villes de l'Indostan de riches banquiers nommés saucars qui se servent, pour faire les fonds des lettres qu'ils fournissent sur les pays où ils n'ont pas de correspondans, de porteurs d'argent qui se chargent du transport à tant par lieue, pour quelque pays que ce soit. Ces porteurs sont des gens à toute épreuve. On raconte qu'un de ces hommes ayant emporté une somme considérable à un banquier de Madras, les gens de son état remboursèrent au banquier, sans y être obligés, la somme qui lui avait été volée, et que deux d'entre eux allèrent à Goa, où s'était réfugié le voleur, qu'ils lui coupèrent la tête, la portèrent à Madras, et se présentèrent chez tous les banquiers de Madras pour la leur faire voir, afin que la punition de ce crime consolidât la confiance dont ils avaient besoin.

ISSINI. Chez plusieurs nègres, il n'y a parmi les vols que ceux des bestiaux et des enfans qu'on punisse de mort, *parce que*, disent-ils, *les animaux sont des créatures muettes qui ne peuvent crier au secours, et les enfans sont incapables de se défendre.* Le despotisme de ces contrées enfanta d'autres abus. Si un Issinois fait un vol considérable, et qu'il craigne d'être découvert, il donne au roi la moitié de son butin, et le crime reste impuni.

JALOFS. Un voleur convaincu est vendu aux Européens. Celui qu'on accuse de vol, et contre lequel on n'a pas de preuves suffisantes, doit lécher trois fois un *fer brûlant*; s'il résiste à cette épreuve, il est déclaré innocent. Dans certaines occasions, on le dispense de l'épreuve; mais l'accusateur et l'accusé sont condamnés au bannissement. L'épreuve du vol se fait quelquefois avec de l'eau bouillante.

JAPON. Le vol de la plus petite pièce de monnaie, répété trois fois, est puni de mort. Lorsque les Hollandais faisaient spécialement le commerce du Japon, le vol qui leur était fait ne rendait le naturel passible que de la restitution et de quelques coups de fouet; mais le Hollandais qui fraudait la *douane* avait la *tête tranchée*, ou subissait le supplice de la *croix*.

KALMOUKIE. Le vol est le délit le plus rigoureusement puni; il emporte des peines corporelles ou de grosses *amendes*, et même la *confiscation* totale des biens. La loi condamne le voleur non-seulement à restituer le vol, mais encore à avoir un doigt de la main coupé, quand même il n'aurait pris qu'une bagatelle en meubles ou en vêtemens; le coupable a la faculté de se racheter de cette dernière peine en donnant cinq pièces de gros bétail. Les dispositions concernant le vol sont portées si loin, qu'il y a même une amende fixée pour le vol d'une aiguille ou d'un bout de fil. Galdan-Khan ajouta un article particulier au recueil des lois de la Kalmoukie. Il porte que celui qui est chargé de l'inspection d'une centaine de tentes doit répondre des vols commis par les hommes placés sous ses ordres. Si les chefs du Khatoun ne dénoncent pas le coupable d'après les formes prescrites, ils sont condamnés à avoir le *poing coupé;* si un simple Kalmouk ne dénonce pas un vol dont il a connaissance, il est *mis aux fers.* Quiconque est convaincu de vol pour la troisième fois est condamné à la perte de tous ses biens. Les amendes sont partagées entre le toïon, les prétres et le dénonciateur.

KAMTCHADALES. Quand on surprend un voleur, si c'est son premier larcin, on lui fait rendre ce qu'il a pris, et on le laisse vivre solitaire, sans lui donner aucune espèce de secours : on *brûle les mains* de ceux qui se sont rendus plusieurs fois coupables du même délit. Si l'on ne peut découvrir un voleur, on prend un bouquetin à qui on brûle les nerfs dans une assemblée publique, avec beaucoup de cérémonies magiques : ces peuples ne doutent pas qu'au moyen de cet enchantement, le voleur ne souffre les mêmes tourmens qu'on fait souffrir à cet animal.

KIRGHIS. Le voleur est condamné à rendre dix fois la valeur de l'objet qu'il a pris.

LACÉDÉMONE. Voyez *Larcin*, t. IV, p. 3o8, 3o9 ; *Verges* (battre de), t. V, p. 541.

LAPONIE. On a recours au magicien pour connaître le voleur. Ce fourbe fait verser de l'eau-de-vie dans une assiette, puis, feignant d'y voir, comme dans un miroir, la figure du coupable, il fait appeler en particulier celui qu'il soupçonne, et il le menace d'ouvrir sa boîte et de mettre les esprits à ses trousses s'il ne restitue promptement l'objet volé.

LOANGO. Les nègres du royaume de Loango ont imaginé un expédient qui doit produire plus d'effet que les peines les plus sévères. Ils exposent les coupables de vol à la risée des passans, en les attachant à un arbre, les mains liées derrière le dos.

MADAGASCAR. D'après les lois *Massin-dili*, le voleur est obligé de rendre le quadruple de ce qu'il a pris ; sans cela il est mis à mort, ou il devient l'*esclave* de celui qu'il a volé. Voyez *Amende*, t. I, p. 271.

MALABAR. Un voleur devient infâme : il est puni avec tant de sévérité, que souvent le vol de quelques grappes de poivre conduit au supplice. Comme on ne connaît pas l'usage des prisons pour les criminels, on leur met les *fers aux pieds* ; et, dans cet état, on les garde jusqu'à la décision de leur procès. Les enfans des Naïres portent un bâton qui indique leur naissance ; ils servent de guides et de sûreté aux étrangers , parce que les voleurs malabares ont pour principe de ne jamais faire de mal aux enfans.

MALDIVES (Iles). On coupe un doigt aux voleurs, lorsque le vol est considérable.

MAN (Ile du). Le vol d'un cheval ou d'un bœuf n'était pas puni de mort à cause de la difficulté qu'il y avait à cacher le vol dans ce petit territoire, ou le soustraire hors de l'île ; mais le vol d'un cochon ou d'une volaille était un crime capital à cause de la facilité à cacher le vol.

MAROC. On lit dans l'histoire du règne de Mouley Ismaël (1714, p. 171) : « Sa brutale cruauté l'a porté jusqu'à cet excès, que de faire lier à quelques-uns avec une ficelle ce qu'on n'ose nommer, et l'arracher avec violence. Esprit d'André de Frontignan éprouva ce supplice. Un esclave ayant dérobé un morceau de cuir qui sert de nappe aux Maures, et qui ne valait pas plus de dix sous, le donna à Esprit d'André à vendre pour avoir un peu de pain ; il le vendit à un Juif entre les mains duquel le cuir étant reconnu, il nomma celui qui le lui avait vendu ; le roi l'ayant su, fit dépouiller Esprit d'André en sa présence et souffrir ce tourment. » Voyez *Amende*, t. 1, p. 267 ; *Main coupée*, t. IV, p. 356, 357.

MEXIQUE. Le Mexicain qui se plaignait d'un vol,

était anciennement obligé d'en nommer l'auteur ;
et s'il prouvait la vérité de l'accusation, on le chargeait de l'office de bourreau.

Mogol. Comme en Angleterre, on poursuit, depuis le commencement du dix-septième siècle, le
voleur par des cris et des huées ; tout le canton où
le vol s'est commis est amendé et répond de la valeur de la chose volée.

Moluques (Iles). Dans ces îles, et particulièrement à Limor, le voleur est obligé de restituer son
vol et de payer une *amende ;* si le vol est considérable, on le condamne à l'*esclavage.*

Pérou. On ne traitait pas de voleur celui qui dérobait des comestibles ou des ustensiles de table :
on croyait que chaque individu avait un droit ina-
liénable à sa subsistance et à tout ce qui peut y
avoir rapport. Bien que tous les autres vols fussent
légèrement punis, le vol commis par un soldat entraînait la peine de mort.

Perse. On coupe le nez, les oreilles ou les poi-
gnets aux voleurs ordinaires, mais on fend le ventre aux voleurs de grands chemins, et on les laisse
ainsi expirer au milieu des plus cruels tourmens.

Philippines (Iles). Si le coupable de vol n'est pas
connu, on oblige toutes les personnes suspectes de
mettre quelque chose sous un drap, dans l'espérance que la crainte portera le voleur à profiter
d'une si belle occasion pour restituer sans honte.
Si rien ne se retrouve par cette voie, les accusés
ont deux manières de se purger : ils se rangent sur
le bord de quelque profonde rivière, une pique à
la main, et chacun est obligé de s'y jeter; celui qui

sort le premier est déclaré coupable. La seconde épreuve consiste à prendre une pierre au fond d'un bassin d'eau bouillante ; celui qui refuse de l'entreprendre paie l'équivalent du vol.

ROME. Suivant le Code Papyrien, celui qui était attaqué par un voleur pendant la nuit, pouvait le tuer sans encourir aucune peine. Lorsque le vol était fait de jour et que le voleur était pris sur le fait, il était fustigé et devenait l'esclave de celui qu'il avait volé. Si ce voleur était déjà esclave, on le fustigeait, et ensuite on le précipitait du haut du Capitole (1) ; mais si le voleur était un enfant qui n'eût pas encore atteint l'âge de puberté, il était châtié selon la volonté du préteur, et l'on dédommageait la partie civile. Quand les voleurs attaquaient avec des armes, celui qui, ayant été attaqué, avait crié et imploré du secours, n'était pas puni s'il tuait quelqu'un des voleurs. Pour les vols non manifestes, c'est-à-dire cachés, on condamnait le voleur à payer le double de la chose volée. Si après une recherche faite en la forme prescrite par les lois, on trouvait dans une maison la chose volée, le vol était mis au rang des vols manifestes, et était puni de même. Celui qui coupait des arbres qui n'étaient pas à lui, était tenu de payer vingt-cinq as d'airain pour chaque pied d'arbre. Il était permis au voleur et à la personne volée de transiger ensemble et de s'accommoder ; et s'il y avait une fois une transaction faite, la personne volée n'était plus en droit de poursuivre le

_____

(1) Plus tard, le châtiment fut laissé à la volonté du maître.

voleur. Un bien volé ne pouvait jamais être prescrit. Telles sont les dispositions qui nous sont restées du Code Papyrien. Suivant les lois du Digeste
et du Code, le vol connu sous le terme de *furtum*
était mis au nombre des délits privés. Cependant,
à cause des conséquences dangereuses qu'il pouvait
avoir dans la société, l'on était obligé, même suivant l'ancien droit, de le poursuivre en la même
forme que les crimes publics. Cette poursuite se
faisait par la voie de la revendication, lorsqu'il
s'agissait de meubles qui étaient encore en nature,
ou par l'action appelée *condictio furtiva*, lorsque la
chose n'était plus en nature ; s'il s'agissait d'immeubles, on en poursuivait la restitution par une
action appelée *interdictum recuperandæ possessionis;*
de sorte que l'usurpation d'un héritage était aussi
considérée comme un vol. On distinguait le vol,
quant à la peine, en manifeste et non manifeste;
au premier cas, savoir, lorsque le voleur avait été
surpris en flagrant délit, ou du moins dans le lieu
où il venait de commettre le vol, la peine était du
quadruple ; au second, c'est-à-dire lorsque le vol
avait été fait secrètement, et que l'on avait la trace
du vol, la peine était seulement du double ; mais
dans ce double, ni dans le quadruple, n'était point
compris la chose ou le prix. La *rapine* était considérée comme un délit particulier que l'on distinguait du vol, en ce qu'elle se faisait toujours avec
violence et malgré le propriétaire, au lieu que le
vol, *furtum*, était censé fait sans violence, et en
l'absence du propriétaire, quoiqu'il pût arriver
qu'il y fût présent. La peine de la rapine était tou-

jours du quadruple, y compris la chose volée : ce délit était pourtant plus grave que le vol manifeste qui se faisait sans violence; mais aussi ce vol n'était puni que par des peines pécuniaires, comme les autres délits privés, au lieu que ceux qui commettaient la rapine pouvaient, outre la peine du quadruple, être encore condamnés à d'autres peines extraordinaires, en vertu de l'action publique qui résultait de la loi *Julia de vi publicâ seu privatâ*. Tibère fit mettre à mort un soldat aux gardes qui lui avait volé un paon. Voy. *Abigeat*, t. I, p. 266; *Bâton*, t. II, p. 391; *Sacrilége*, t. V, p. 323; *Verges* (battre de), t. V, p. 539 et suiv.

Russie. Avant Pierre-le-Grand, le vol a été puni successivement par la mort, le knout, l'amende ; depuis on a appliqué le voleur à la question, et la peine de mort n'a plus été infligée. Les recéleurs ont subi le sort des voleurs. Voyez *Amende*, t. I, p. 269; *Exil*, t. IV, p. 49 et suiv.; *Larcin*, t. IV, p. 510; *Sibérie*, t. V, p. 355.

Scythie. Le vol était le plus grand de tous les crimes, et on le punissait très-rigoureusement.

Siam. Quoique l'opprobre soit attaché au vol, à ce point que les plus proches parens d'un voleur n'osent prendre sa défense, ce délit est très-commun. La peine ordinaire du vol est la condamnation au double, et quelquefois au triple, par portions égales entre le juge et la partie. Les Siamois étendent la peine du vol à toute possession injuste. Ainsi quiconque perd un héritage par suite d'un procès, non-seulement le rend à sa partie, mais paie le prix de ce qu'il rend, moitié à la partie et moitié au juge. Voyez *Argent fondu*, t. I, p. 309.

TAïTI. Lorsqu'on surprend un voleur, ce qui en général arrive pendant la nuit, l'homme qu'il a volé peut le tuer sur-le-champ; et si on en demande des nouvelles, il lui suffit, pour sa justification, de dire les raisons qu'il a eues de lui donner la mort. On ne punit guère les voleurs avec cette sévérité, à moins qu'ils ne dérobent des choses réputées très-précieuses, telles que des pièces d'estomac et des cheveux tressés. Si un voleur s'enfuit après avoir pris des étoffes ou même des cochons, et qu'on le découvre ensuite, on ne le punit point, lorsqu'il promet de rendre la même quantité d'étoffe ou le même nombre de cochons. On lui pardonne quelquefois quand il s'est tenu caché plusieurs jours, ou bien il en est quitte pour une légère *bastonnade*.

TARTARES. Voyez *Larcin*, t. IV, p. 309.

TLASCALA. Le vol était considéré comme un crime impossible à pardonner.

TONGOUSSES. C'est par le moyen des magiciens qu'on découvre les voleurs; mais j'ignore la peine infligée aux coupables.

TSCHERKASSES. Le vol commis chez un prince est puni par la restitution d'une valeur neuf fois plus grande que celle de l'objet volé, et par la perte d'un esclave. Si le vol a été commis chez un ousden, outre la restitution de l'objet volé, on doit lui donner trente bœufs.

TURQUIE. Anciennement on obligeait le voleur à donner dix fois la valeur de ce qu'il avait pris. Vers la fin du siècle dernier, le district où le vol avait été commis, ou la rue, si le vol avait eu lieu dans une ville, était tenu de payer le prix de l'objet volé. Aujourd'hui le voleur est pendu ou a la tête tranchée. Est considéré comme voleur celui qui ne rend pas l'objet que le crieur public annonce avoir été perdu et qui l'a trouvé.

YZIPÈQUES, peuple du Mexique. L'Yzipèque qui accusait un autre de vol, devenait son bourreau, s'il réussissait à prouver son accusation; mais si la preuve n'était pas admise, l'accusé exécutait l'accusateur.

VOLT. Mot ancien qui exprimait une opération magique. « Lorsqu'on voulait, dit un auteur moderne, estropier, faire languir ou mourir un individu dont on ne pouvait facilement approcher, on composait un *vœu* ou *volt*, et on *l'envoultait.* Voici en quoi consistait *l'envoultement.* On fabriquait une image en limon, le plus souvent en cire, et, autant qu'on le pouvait, on la façonnait à la ressemblance de la personne à laquelle on voulait nuire ; de plus, on donnait à cette image le nom de cette personne, en lui faisant administrer par un prêtre, et avec les cérémonies et prières de l'église, le sacrement de baptême; on l'oignait aussi de saint-chrême. On proférait ensuite sur cette image, certaines invocations ou formules magiques. Toutes ces cérémonies terminées, la figure de cire, ou le volt, se trouvant, suivant l'opinion des fabricateurs, en quelque sorte identifiée avec la personne dont elle avait la ressemblance et le nom, était à leur gré torturée, mutilée, ou bien ils lui enfonçaient un stylet à l'endroit du cœur. On était persuadé que tous les outrages faits, tous les coups portés à cette figure étaient ressentis par la personne dont elle portait le nom » (1). Ces maléfices n'étaient point inconnus des anciens, et particulièrement des Grecs ; mais ce fut surtout dans les treizième, quatorzième et quinzième siècles qu'ils furent employés. On en voit de nombreux exemples en France et en Angleterre. Dans ce dernier pays, le duc de Glocester, depuis Richard III, voulant s'aplanir le chemin du trône, fit traîner au supplice les partisans du jeune roi, son neveu ; parmi eux l'on distinguait lord Hastings, puissant par son rang et son crédit. Richard, pour le perdre plus sûrement, l'accusa d'avoir attenté à ses jours par l'envoûtement ; et, à l'appui de son accusation, il montra aux seigneurs de sa cour son bras maigre et flétri, réduit, selon lui, à cet état par les maléfices d'Hastings et de la reine-mère. —On emprunte à l'auteur déjà cité au commencement de cet article, les faits suivans qui eurent lieu en France. «En 1319, Marguerite de Belleville, magicienne de Paris, dite la *sage-femme*, déclara en parlement qu'une demoiselle (femme noble) nommée Méline la Henrionne, veuve de Henrion de Tartarin, épouse en secondes noces de Thévenin de la Lettière, chevalier, était venue lui demander *une chose* pour faire périr son mari. Marguerite de Belleville lui répondit qu'elle s'en occuperait, et que son mari, qui allait aux joûtes et aux tournois, tomberait mort de dessus son cheval ; elle ajouta

_____

(1) Dulaure, *Histoire de Paris*, tom. II, p. 433 et suiv.

que cette demoiselle, surprise par son valet, fut effrayée, et jeta *la chose :* ce qui l'empêcha d'en faire usage. Quelque temps après, la demoiselle Méline vint de nouveau s'adresser à Marguerite·de Belleville : elle s'était adjoint un prêtre, nommé Thomas, chapelain de Marcilly. Tous trois composèrent contre le mari de Méline un volt. Le prêtre baptisa ce volt, et lui oignit le front avec le saint-chrême : il déclara que le volt ne vaudrait rien si on ne l'oignait trois fois avec ce saint-chrême; la demoiselle Méline répondit que son mari en avait assez. — Méline la Henrione revint une autre fois chez la magicienne Marguerite de Belleville; elle y parut accompagnée de plusieurs personnes; d'un ermite appelé frère Regnaud, demeurant à l'ermitage de Saint–Flavy, près Villemort en Champagne; d'un religieux jacobin, du couvent de Troyes, nommé Jean Dufay, et d'une femme, dite Perrote la Baille de Poissy, ou femme du bailli de ce lieu. Tous les cinq, d'après la demande de Guischard, évêque de Troyes, concourent à la composition d'un volt, dans le dessein de faire mourir la reine Jeanne de Bourgogne, épouse de Philippe-le-Long. Le volt fait, le frère jacobin le baptisa, et lui donna le nom de Jeanne : la femme Perrote fut la marraine. La magicienne Marguerite de Belleville déclara qu'elle ignorait d'abord la personne contre laquelle se faisait le volt, qu'elle n'en fut instruite que quinze jours après. Elle déclara aussi qu'elle était *charmeresse,* qu'avec certaines paroles elle faisait trouver les objets perdus. Elle fut mise dans les prisons du Châtelet; on ne trouve point quel

fut son châtiment. » A l'époque des troubles religieux et des guerres de la ligue, on vit des fanatiques faire des volts contre la personne de Henri III;
et jusqu'au règne de Louis XIII on trouve de nombreux exemples de cette pratique absurde et criminelle. Les personnes convaincues d'envoultement étaient nécessairement rangées dans la classe
des magiciens et des sorciers, et punies comme tels.
— *Voyez* ENVOUTER, t. III, p. 488, SORCELLERIE ;
SORCIERS, SORTILÉGE, t. V, p. 393, 394. . .

VOYER. C'est ainsi qu'on appelait le seigneur
qui était propriétaire de la voirie, et qui la tenait
en fief, ou le juge qui exerçait cette partie de la
police, et enfin l'officier qui avait l'intendance et
la direction de la voirie. Il y avait, chez les Romains, quatre voyers, *viæcuri*, ainsi appelés parce
qu'ils étaient chargés du soin de tenir les rues et
chemins en bon état. — Il est question de voyers
dès le temps de Henri Ier; ils exerçaient la moyenne
justice, et ne connaissaient de la voirie que comme
dépendance de la police.

VUE. *Voyez* YEUX, t. V, p. 636 et suiv.

W.

WARRENT. C'est ainsi qu'on appelle en Angleterre un ordre d'arrestation. — Ces mandats ne se
délivrent qu'avec la plus extrême circonspection,
nul peuple ne poussant plus loin que les Anglais
la susceptibilité relativement à la liberté individuelle. Mais aussi un warrent en règle est un ordre
sacré contre lequel toute résistance serait qualifiée

rebellion. Il est rare qu'un Anglais s'oppose à l'exécution de ce mandat, à moins de vice de forme. *Voyez* Voies de fait, t. V, p. 571 et suiv.

WEREGILD. C'est ainsi qu'on nommait l'amende qu'on payait du temps d'Alfred chez les Anglo-Saxons, dans le cas de meurtre involontaire. Le roi en avait la première part, qu'on appelait *frith-hote*, pour le dédommager du désordre fait et de la perte d'un sujet. Par la même raison le seigneur en avait une autre part, à laquelle on donnait le nom de *man-hote*; enfin la troisième part, nommée *mag-hote*, ou *cengild*, appartenait de droit à la famille du défunt, laquelle avait droit de vie et de mort sur le délinquant si celui-ci ne la satisfaisait pas. Mais comme les parens étaient dédommagés de leur perte dans ce cas-là, ils étaient aussi obligés de payer pour ceux qui leur appartenaient. Lorsqu'ils n'étaient pas en état de payer le weregild, et que le meurtrier prenait la fuite, les parens, et quelquefois même les voisins, étaient obligés de payer à la famille ou aux parens du mort tantôt le tiers, tantôt la moitié du weregild (1).

WILDFANGIAT. «C'était ainsi qu'on nommait en Allemagne un droit singulier qui appartenait à l'électeur palatin. Il consistait à s'approprier ou à rendre serfs les bâtards et les étrangers qui venaient de leur propre mouvement s'établir et fixer leur domicile dans le Palatinat ou dans quelques pays adjacens. Au bout de l'an et jour ils

(1) *Encyclop. meth. jurisp.*, tom. VIII, pag. 354.

étaient obligés de prêter serment et de payer une redevance à l'électeur palatin. Dans cette jurisprudence singulière, les enfans suivaient la condition de leur mère, libres ou serfs, comme elle » (1).

WINCESTER. *Voyez* BICÊTRE, t. II, p. 423.

WORCK-HOUSE, maison de réclusion à Londres. *Voyez.* BATARD, t. II, p. 361.

X.

XÉNÉLASIE. C'est la dénomination d'une loi de Sparte. La crainte que le commerce des nations voisines ne corrompît les Spartiates, fit prendre à Lycurgue une précaution assez singulière : il défendit de faire de longs voyages, et fixa à un espace de temps fort court le séjour que les étrangers pourraient faire à Sparte. Quelques auteurs ont prétendu à tort que ce législateur avait entièrement défendu l'hospitalité. Cette loi, qui portait des peines assez sévères contre ceux qui auraient voulu l'enfreindre, fut une des premières qui furent transgressées lorsque les Spartiates, se laissant aller à la corruption générale de la Grèce, commencèrent à trouver le Code de Lycurgue trop coercitif pour leurs nouveaux penchans.

Y.

YEUX ARRACHÉS, BRULÉS, CREVÉS. Me voici arrivé au dernier article du dictionnaire de la Pénalité;

(1) *Encyclop. méth. jurisp.*, tom. VIII, pag. 334.

et cet article est le digne complément de cette série de supplices et d'atrocités inventés par le fanatisme, par la fureur et par le génie infernal des tyrans des nations. J'ai déjà, dans quelques endroits de cet ouvrage, rapporté plusieurs exemples de ces affreux supplices; mais j'ai passé légèrement sur ce sujet, me réservant de le traiter plus en détail dans ce dernier article. Encore un effort, et la pénible tâche que je m'étais imposée sera accomplie. L'action barbare de brûler et de crever les yeux n'est pas aussi moderne que sembleraient l'attester les sanglantes annales du Bas-Empire et du moyen âge, époque à laquelle cette atrocité révoltante fut le plus fréquemment offerte en spectacle aux peuples épouvantés et tremblans sous le joug de leurs tyrans. Il sera facile de s'en convaincre par la liste des nations chez lesquelles ce supplice fut en usage, et dont quelques-unes remontent à la plus haute antiquité.

ACHEM. Le roi de ce pays, au rapport de tous les voyageurs, semble se faire un jeu des tortures épouvantables auxquelles il livre ses sujets. Il laisse à peine passer un jour sans quelque sanglante exécution; et le supplice de crever les yeux est un des plus doux qu'il puisse ordonner. On peut juger des autres!

ALLEMAGNE. L'empereur Henri VI ayant tiré une forte rançon de Richard Cœur-de-Lion, qui lui avait été livré par le duc d'Autriche, se servit de cet argent pour faire la conquête des Deux-Siciles sur Guillaume III, héritier des Tancrède. « Si les prétentions de Henri étaient justes au fond, dit un auteur, jamais la justice ne se développa sous des dehors plus odieux. Le nom de Henri n'a pas été assez flétri par l'histoire ; il méritait d'être livré à la haine des générations, non pour avoir ravi la couronne à Guillaume, mais pour avoir accumulé sur lui toutes les cruautés d'un barbare. Il lui fit *crever les yeux*, il le dégrada de l'humanité, et le priva de la faculté de se créer des vengeurs » (1). — Vers le milieu du 15° siècle une intrigue de cour ruina le crédit du chancelier Pierre Desvignes, ou plutôt *de la Vigna*, qui par trente années de services signalés s'était acquis l'estime et la faveur de Frédéric II. Ce prince, prêtant trop facilement l'oreille aux calomnies des ennemis du chancelier, lui fit crever les yeux.

ANGLETERRE. *Voyez* BASSIN ARDENT, t. II p. 343, et CHASSE, t. III, p. 221, 225, 224.

ASSYRIE. Nabuchodonosor ayant vaincu et fait prisonnier Sédécias roi de Judée, le fit venir devant lui à Reblatha, petite ville de Syrie ; là, après lui avoir reproché son infidélité et son ingratitude (Sédécias lui devait la couronne), il fit égorger ses enfans en sa présence, lui fit *crever les yeux*, le chargea de chaînes et le fit mener à Babylone.

BAS-EMPIRE et EMPIRE D'ORIENT. Tout le monde connaît l'histoire de Bélisaire à qui Justinien, trompé par les ennemis de ce grand homme, fit *crever les yeux*. On se servit long-temps, pour cette opération, d'une broche ardente ; mais, à dater du

(1) *Constitutions des principaux États de l'Europe*, par De la Croix, tom. III, pag. 121.

règne de Michel Paléologue, le vinaigre bouillant fut employé. — *Voyez* VINAIGRE, t. V. p. 552.

ESPAGNE. Voici un extrait curieux du *Constitutionnel* du 22 novembre 1824. « Parmi les conseillers de Castille chargés par le roi Ferdinand VII de lui donner une consultation sur l'affaire des *Afrancesados*, il en est un qui a osé proposer par écrit, qu'au lieu de leur accorder une amnistie, on leur *crevât les yeux*, d'après les termes d'une ancienne loi qui prononçait cette punition contre les traîtres. Madrid, 11 novembre 1824. » Que penser d'un pays où, dans le dix-neuvième siècle, on fait une proposition pareille? — *Voyez* VOL, t. V, p. 576 et suiv.

FRANCE. Tel était l'état de barbarie du huitième siècle que les abbés coupaient à leurs moines une oreille, un bras ou une jambe; ils leur faisaient aussi quelquefois *crever les yeux*, au lieu de leur imposer des peines canoniques; et le concile de Francfort, auquel présidait l'empereur Charlemagne, fut obligé de défendre ces châtimens. Dès le sixième siècle, Chilpéric, d'après ce qu'en dit Grégoire de Tours, prenait plaisir à dévaster les campagnes, à incendier les habitations. Lorsqu'il donnait des ordres aux agens de son fisc, il était en usage d'employer cette formule : *Si quelqu'un s'écarte de mes ordonnances, qu'on lui arrache les yeux.* Dans le onzième siècle, les comtes de Coucy et de Namur se firent une guerre cruelle au sujet de Sybille, épouse de ce dernier, et qui, nouvelle Hélène, avait suivi Coucy. Les prisonniers faits de chaque côté avaient les *yeux arrachés* et les pieds

mutilés , ou bien étaient pendus. — Charles-le-
Gros fit crever les yeux à Hugues-le-Grand, duc de
France, dont il craignait la puissance ; ce fut aussi,
indépendamment de la loi du talion, le supplice
infligé aux deux agens de Fulbert qui mutilèrent
Abailard.—Voyez *Aveuglement*, t. II, p. 136, 137;
Vol, t. V, p.576 et suiv.

HÉBREUX. Les exemples de ce supplice sont rares
dans l'histoire de ce peuple : encore ceux qu'elle
rapporte se trouvent être le fait des étrangers sur
la personne de leurs compatriotes. Ainsi Samson
fut privé de la vue par les Philistins; et Sédécias
par Nabuchodonosor.

INDES. Ali-Raja, amiral du fameux Hyder - Ali,
père de Tippoo-Saëb, ayant fait, au nom de son
maître, la conquête des îles Maldives, fit crever les
yeux au roi de ces îles. Hyder-Ali, indigné d'une
pareille atrocité, destitua Ali-Raja et l'exila. — On
lit dans l'*Encyclopédie*, t. XXI, p. 535 : « On assure
qu'il y a des Indiens assez sots pour se crever les
yeux, après avoir vu ce qu'ils appellent les saints
lieux de la Mecque, prétendant que les yeux ne
doivent point après cela être profanés par la vue
des choses mondaines.»

LOCRIENS. Voyez *Adultère*, t. I, p. 107.

MINGRÉLIENS. Ce supplice est fort usité chez ce
peuple. On fait rougir deux plaques de fer de la
grandeur d'un sou, attachées au bout de deux
pointes qui s'unissent à un manche de bois, et on
les appuie sur les yeux du criminel.

PERSE. Il est rare que l'avénement au trône d'un
monarque persan ne soit pas marqué par quelque

cruauté qui n'est pour le nouveau souverain qu'une mesure de sûreté. « Pour premier essai de son autorité, il prive de la vue tous ses frères, ses oncles et leurs enfans mâles. Le ministre chargé de cette affreuse exécution se rend à la porte du sérail, et présente aux eunuques l'ordre du monarque; on amène à la porte les malheureuses victimes de la crainte du nouveau maître, et tandis que les eunuques les tiennent, l'officier leur ouvre d'une main la paupière, et de l'autre il sépare l'œil de sa cavité avec la pointe d'un couteau. Après cette opération, on les rentre dans le sérail, on panse leurs plaies avec des caustiques, et le tyran ne croit commencer son règne que lorsqu'on est venu lui apprendre que ses ordres cruels ont été ponctuellement exécutés » (1). Les Persans se croient moins cruels que les sultans turcs qui font mettre à mort leurs parens; il faut être réellement barbare, ajoute avec raison l'auteur que l'on vient de citer, pour disputer sur le plus ou le moins de barbarie.—Dans le dix-septième siècle, Séfi, schah de Perse, ayant fait mettre à mort avec une atrocité sans égale un de ses principaux officiers, un page du schah, présent à l'exécution, par un mouvement d'horreur, détourna la vue de ce spectacle. Séfi s'en aperçut : *Puisque tu as la vue si tendre*, lui dit-il, *elle t'est inutile;* et sur-le-champ il ordonna qu'on lui crevât les yeux. Ce prince, en mourant, ne laissa qu'un fils nommé Abbas. Il avait commandé quel-

_____

(1) *Hist. des différens Peuples*, par C. Dorville, tom. III, pag. 155 et 156.

que temps auparavant de lui passer le fer rouge sur les yeux, on ne sait pour quel motif. L'eunuque chargé de l'exécution eut pitié d'Abbas, instruisit ce jeune prince à contrefaire l'aveugle, et feignit d'avoir rempli les ordres de Séfi. Celui-ci, à son lit de mort, témoigna les regrets qu'il avait d'avoir privé de la vue son seul héritier. L'eunuque se chargea de guérir entièrement le prince, ce qu'il n'eut pas de peine à opérer. La joie qu'en eut Séfi adoucit ses derniers momens. — En 1729, Nadir, plus connu depuis sous le nom de Thamas-Kouli-Kan poursuivit, au nom de son maître, l'usurpateur Airaf jusqu'à Candahar, où il le fit prisonnier. Il lui fit alors trancher la tête après lui avoir d'abord arraché les yeux. Quelques années après, lorsque lui-même usurpa la couronne, il eut soin de faire crever les yeux à tous ceux qui pouvaient le lui disputer.

SANDWICH (Ile). L'homme adultère, sous le règne du roi Tamahama, était condamné à avoir les yeux arrachés. Voyez *Adultère*, t. I, p. 115. Voici comment on procédait à l'exécution. Dès qu'un Sandwichien du bas-peuple était convaincu d'avoir eu des relations trop intimes avec la femme d'un des chefs, celui-ci avait le droit de le faire arrêter et condamner à avoir les yeux arrachés. Cette cruelle opération, qui ailleurs est quelquefois mortelle, dans ce pays ne l'est jamais. Deux hommes tenaient le coupable par les pieds, deux par les bras, un autre par les cheveux, tandis qu'un sixième, chargé d'exécuter la sentence, lui donnait sur l'œil un grand coup de poing; presque en même temps il lui plongeait l'index dans l'angle lacrymal, et lui arrachait le globe. L'autre œil était enlevé de la même manière. Quand le coupable était guéri, à peine voyait-on une légère cicatrice sous la paupière inférieure.

SYRIE. Voyez *Adultère*, t. I, p. 107.

TURQUIE. Voyez *Bassin ardent*, t. II, p. 343.

VENISE. Théodat, quatrième doge de cette république, succomba sous les efforts d'un parti puissant à la tête duquel était un factieux nommé Galla. Celui-ci parvint à se faire élire à la place de Théodat, auquel il fit crever les yeux; un an après il subit lui-même ce supplice et fut exilé. Monégario lui succéda; mais ce doge se conduisit avec tant de hauteur et d'insolence, qu'il fut à son tour victime du ressentiment populaire; et comme ses prédécesseurs il fut privé de la vue.

FIN DU CINQUIÈME ET DERNIER VOLUME.

TABLE

DES MOTS COMPRIS DANS CET OUVRAGE.

Nota. Le chiffre le plus fort sert d'indication à l'article principal, et les mots qui n'ont pas de tomaison appartiennent au tome numéroté en tête de chaque colonne.

652

TABLE DES MOTS

TOME III.

E.

F.

J.

N.

O.

P.

Q.

R.

S.

T.

Y.

TOME V.

Z.

FIN DE LA TABLE.

AVIS

AU RELIEUR

POUR LE PLACEMENT DES GRAVURES.

---

ct-compliance